U0144153

上圖的無軌電車車身上每一個畫上去的紅色星星，代表五萬公里的行駛距離。長久以來，平壤地區的公共交通都是以這種老舊車種為主。最近幾年的公車雖然還是一樣擁擠，但是設備已經變得新穎現代。

北韓人也愛汽車。一九九〇年代初期，寬廣街道上還是進口車的大雜燴，部分車況值得同情，大部分真的是或者假裝是德國的產品。二〇〇二年起，平和（Pyonghwa）自動車，一個與南韓統一教合資的公司，在平壤南部的工廠製造各類不同車款的現代汽車。

陰森冷清的街道長時間以來是北韓令人憂慮的標誌之一。現在至少首都的情況已經有了徹底改變，特別要感謝國內的汽車工業、從中國進口的燃料，以及成長中的中產階級。

柳京飯店原本屬於形象工程計畫，有一百零五層樓，三百三十公尺高，一九八七年開始動工，一九九二年工程中斷；自此以後十六年，這棟廢棄建築物成了首都裡清楚易見的經濟破產標誌。二〇〇八年，全國唯一一家經營行動電話網路的公司，埃及電信集團Orascom著手替門面鋪上外牆。現在柳京飯店是平壤的地標之一。

一九七二年為了慶祝金日成六十歲生日，在平壤中心萬壽台山丘建立的雕像是崇拜領袖最大也是最重要的地方。二〇一二年四月，金正恩接掌政權僅僅四個月，就替加工過並補上他父親金正日雕像的紀念碑揭幕。金日成現在變得老一些，戴上眼鏡並微笑。二〇一二年秋天，整組雕像又做了一次修正；金正日穿上派克大衣，兩個人都望著同一個方向。

幾十年來無所不在的宣傳標語幾乎全都用醒目的紅白色組合。二〇一二年秋天開始，街景裡出現越來越多刻在灰色花崗岩上的標語，品質高，但是比較不明顯，從遠處幾乎看不見。就像下圖右方出口上邊的字幅，相對之下，左邊用金色寫的「商店」就看得更清楚了。

電信業是北韓基礎建設中眾多弱點的其中一個。老舊的固網只有少數的電話接線端，公共電話常常是唯一的溝通工具。二〇〇八年和埃及Orascom合資建立的高麗電信，目前提供全國超過兩百萬客戶手機服務，趨勢仍在增加中，網路覆蓋範圍超過百分之九十。

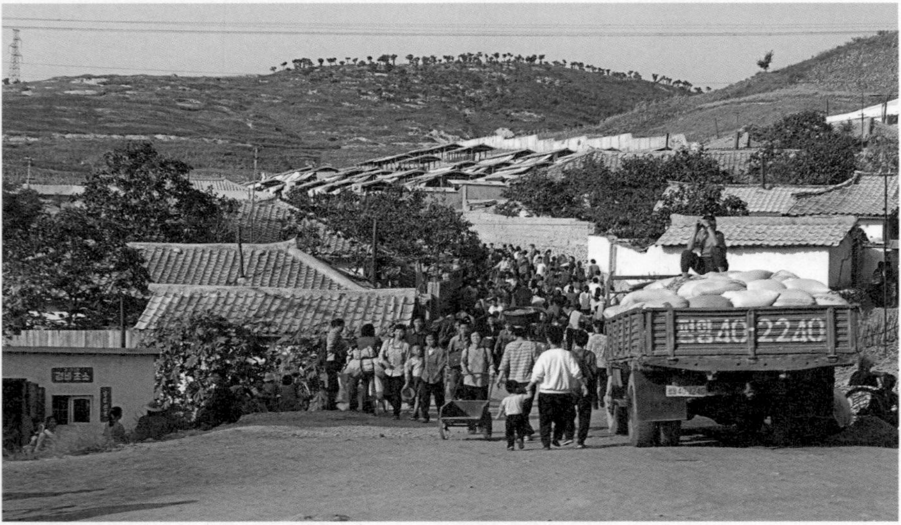

特別是在鄉下的商人還常常坐在臨時搭建的攤子上，幾乎隨處可以看到他們的身影。由國家批准並且機構化的自由貿易形式是每個縣都有的市場；這裡可以看到位於首都南方的縣城居民前往照片後方的市場，很典型地被稱為與北韓接壤的中國省分「吉林」。除了少數例外，外國人不准進入市場。

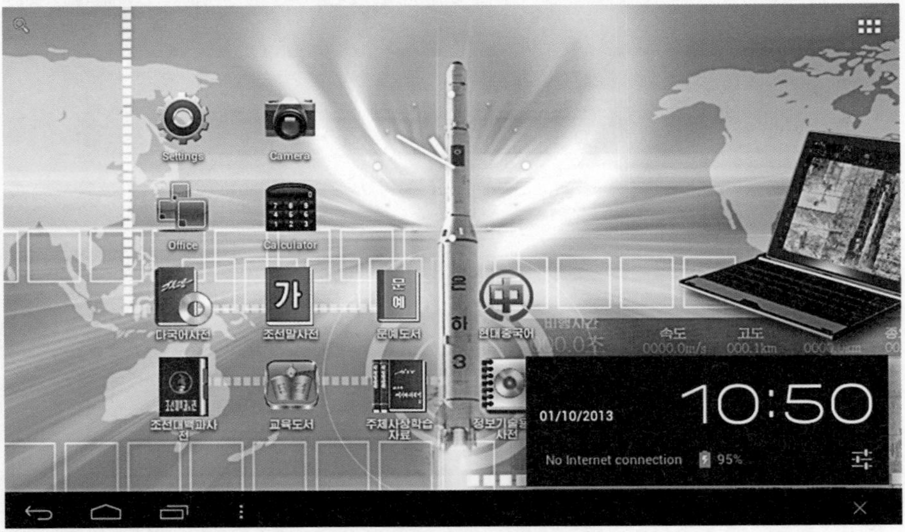

北韓的平板電腦三池淵沒有無線區域網路，但是可以用線路連結內聯網。螢幕截圖顯示：背景看來很愛國，就跟一些應用軟體一樣，可供人研究領袖的作品。也包含一部範圍廣泛的百科全書、一本多種語言字典和中小學所有的教科書，還包括幾本翻譯成韓文的外國電子書，例如瑪格麗特·米契爾的《飄》。

富裕家庭出生的孩子在金日成揭幕的保齡球俱樂部「金色小道」中，用代幣玩從日本進口的電動遊戲機。西北方邊境城市新義州的攤販小孩只能在夢裡想像。

一對年輕情侶在平壤的一家新餐廳約會；當他們離開時，盤子裡還剩下一半的食物。鄉下半私人的餐館如雨後春筍般冒出來。但對許多人而言，肉類是少有的奢侈享受，只有在假日時和朋友一起享用。

城市裡結婚的緊張
氣氛，和鄉下比較
悠閒的婚禮。

金日成曾經對空蕩蕩的貨物架表達過不滿，之後貨物架就一直都被堆滿了貨品，但是這些貨物常常只是裝飾，可以從缺少價目表一點看出。東西都是從地上成綑的貨品中賣出。如今購物在北韓已經普遍正常化，例如在市場上或是像地鐵站裡生意興隆的書報店裡。

腳踏車是鄉下最重要的運輸工具。流動的腳踏車修理攤子是常見的生意點子。通常女人賣菸草、飲料和點心，帶著補釘工具等待擱淺客戶上門的多半是上了年紀的老先生。

一九八〇年代末期以後，北韓在民間只有零星地蓋房子。新的大型計畫，如二〇一二年在平壤揭幕的萬壽山公寓，要向人民顯示日子比以前更好了。鄉下大部分人民的生活要明顯樸素許多。

위대한 령도

흥남비료련합기

조선로동당 총비서이시며 조선민주주의인민공화국 국방위원회 위원장이신 우리 당과 우리 인민의 위대한 령도자 김정일동지께서는 흥남비료련합기업소를 현지지도하시였다.

내각총리 박봉주동지, 당중앙위원회 비서들인 김국태동지, 김기남동지, 당중앙위원회 부장 동지, 당중앙위원회 제1부부장들인 주규창동지, 리재일동지가 동행하였다.

위대한 령도자 김정일동지를 현지에서 함경남도당위원회 책임비서 홍성남동지, 함경남도인민위원회 위원장 김풍기동지를 비롯한 도와 기업소의 책임일군들이 영접하였다.

기업소의 전체 당원들과 근로자들은 당창건 60돐을 빛나는 로력적성과로 맞이할 불타는 일념을 안고 증산의 불길을 세차게 지펴올림으로써 비료생산에서 련일 새로운 혁신을 창조하고있다.

밝혀주시고 《비료는 곧 쌀이고 쌀은 곧 사회주의다.》 라는 유명한 명제를 내놓으시였다.

김정일동지께서는 위대한 수령님의 손길아래 승리와 번영의 한길을 걸어온 공장의 영광스러운 발전로정을 감회깊이 회고하시고 수령님의 령도와 세심한 보살피심에 의하여 기업소는 나라의 믿음직한 대규모의 비료생산기지로 전변되였다고 하시면서 수령님의 불멸의 혁명업적은 조국청사에 길이 빛날것이라고 말씀하시였다.

김정일동지께서는 이어 합성직장, 비누직장을 비롯한 생산공정들을 돌아보시면서 기술개건정형과 생산실태를 료해하시였다.

흥남의 로동계급은 당의 과학중시사상을 높이 받들고 실안탑과 흡진배풍정을 비롯한 여러 생산공정들을 현대적으로 개건하여 비료생산을 높이였으며

조선로동당 총비서이시며 조선민주주의인민공화국 국방위원회 위원장이신 우리 당과 우리 인민의 위대한 령도자 김정일동지께서는 흥남비료련합기업소를 현지지도하시였다.

내각총리 박봉주동지, 당중앙위원회 비서들인 김국태동지, 김기남동지, 당중앙위원회 부장 박남기동지, 당중앙위원회 제1부부장들인 주규창동지, 리재일동지가 동행하였다.

위대한 령도자 김정일동지를 현지에서 함경남도당위원회 책임비서 홍성남동지, 함경남도인민위원회 위원장 김풍기동지를 비롯한 도와 기업소의 책임일군들이 영접하였다.

기업소의 전체 당원들과 근로자들은 당창건 60돐을 빛나는 로력적성과로 맞이할 불타는 일념을 안고 증산의 불길을 세차게 지펴올림으로써 비료생산에서 련일 새로운 혁신을 창조하고있다.

김정일동지께서는 먼저 기업소의

밝혀주시고 《비료는
사회주의다.》 라는
으시였다.

김정일동지께서는
손길아래 승리와 번
공장의 영광스러운
회고하시고 수령님의
살피심에 의하여 기
직한 대규모의 비료
다고 하시면서 수령
적은 조국청사에
말씀하시였다.

김정일동지께서는
누직장을 비롯한 생
면서 기술개건정형과
시였다.

흥남의 로동계급
사상을 높이 받들고
정을 비롯한 여러
으로 개건하여 비
공장의 면모를 일신

上：阿里郎節裡偉大領袖金正日誕生的房子散發出溫暖的燈光。
下：不怕修改：左邊是咸興市化學聯合企業傳統內閣黨報的一份影本，中間有個漏洞。右邊是原文，上面有朴南基的名字，他被認為應該要對二〇〇九年貨幣改革失敗負責，就像他的名字一樣，人也消失了。他的官銜（黨中央委員會的部門領導）並沒有取消。

北韓，下一步?!

國際經濟學家所觀察的北韓現況與未來

陸迪格．法蘭克——著　王瑜君、王榮輝、彭意梅——譯

RÜDIGER FRANK

NORD KOREA

INNENANSICHTEN EINES TOTALEN STAATE[S]

致台灣讀者

北韓內外的局勢並非只是侷限於朝鮮半島的問題；雖說，半島上的對抗，受害最深的主要還是兩韓的百姓。就許多方面而言，兩韓可說是美、蘇之間從一九四五持續到一九九〇年的第一次冷戰的一項遺物。不久之後，它們也可能會變成率先引爆冷戰二・〇的地方之一；只不過，在這場「戰爭」中，主角將換成美國與中國。

相應的，這場衝突的影響顯然也將波及朝鮮半島以外的地方。在最糟的情況下，可能會演變成一場真槍實彈動用核武的戰爭，除了慘絕人寰的數百萬條性命喪生、核污染，以及全球性的氣候災難等恐怖後果以外，諸如中國、日本和南韓等經濟大國，也將遭受毀滅性的影響。這些國家都是全球整體經濟重要的市場與供應者。全球的生產及緊密串連的股市將崩潰或至少嚴重受創。這樣一場災難所帶來的影響，也許多年之後仍能在世上最遠的角落察覺。基於這樣的理由，我們或許可以抱持樂觀，因為這種極端情況絕非任何一方所願，而且這樣的劇本裡將不會有贏家。不過，另一方面，我們從歷史中也學到了，錯誤的決定其實屢見不鮮。在如今的這一局裡，我們也不能完全排除這種可能。

從台灣的角度看來，另有一個非常特殊的問題。很顯然，中國與美國都很有興趣在朝鮮半島當老大。中國想要確保自己的核心領域，把美國趕出這個區域；美國則想要延緩甚或阻止中國崛起。因此在地緣政治上，朝鮮半島處於劍拔弩張的態勢。美國總統川普視自己為實用主義者，對於交易總是深感興趣。萬一，北京與華盛頓方面祕密達成協議，中國願意在美國對北韓動武時按兵不動，藉以換取美國放棄對台灣的支持，在中國攻占台灣時同樣也袖手旁觀，那會如何呢？這樣的協議就目前看來似乎是難以想像；不過直到不久前，人們也料想不到美國居然會對自己最親密的盟友發動貿易戰。順道一提，歷史上確實有類似的先例，像是一九〇五年的「桂太郎—塔虎脫協定」（Taft-Katsura Agreement），在這項祕密協定裡，美國承認了日本在朝鮮半島所擁有的利益，相對的，日本方面則接受了美國在菲律賓的霸權地位。

但願這樣的情況不會重演，台灣與朝鮮半島不會淪為列強利益交換的標的。然而，任誰也無法保證這種情況絕對不會發生！也因此，特別是對於台灣的人民而言，瞭解朝鮮半島的現況，仔細觀察當地的發展，尤為重要。為此，本書願以德國的視角，為台灣的讀者在這方面助上一臂之力。

陸迪格．法蘭克二〇一八年三月寫於維也納

〈推薦序〉

北韓，下一步？——台灣學者的觀察與看法

朱立熙

做為台灣唯一在大學開設北韓相關課程（政大「北韓研究」、台師大「探索北韓」）的研究者，北韓這個無法預測的國家，究竟該如何定義，實在讓人頗為困擾。通常我都會在第一堂課告訴學生：北韓不是個國家，也不是個政權，它是個宗教，而且是個「邪教」（韓文稱為「似而非宗教」，也就是英文的Cult）。這樣的說法，其實同為朝鮮民族的南韓人也會同意，只是他們不願意公開說出來，以免羞辱北韓而造成雙方情勢的緊張。

二〇〇八年我在政大開設「北韓研究」課迄今十年，選課人數從最低的六人，到今年新學期達到兩百五十人，每年一再創新高。而台灣的出版界從二〇一一年六月開始一窩蜂出版「脫北者」等北韓相關的書以來，迄今已不下二十多本，可謂汗牛充棟。

台灣的「北韓熱」，連日本媒體界頂尖的北韓專家、《東洋經濟週刊》編集委員福田惠介都嘖嘖稱奇。過去七年每年都造訪北韓的他，也每年都應邀來台演講，帶來最新的北韓資訊。他甚至發現，他在台灣的粉絲比日本還多。

究竟什麼因素讓北韓這個「社會主義最後一塊樂土」使台灣人趨之若鶩呢？而且高

價的旅遊團接二連三從瀋陽或丹東入境北韓。我只能以「好奇心」來解釋，而且它確實是台灣觀光客環遊世界好幾圈之後，還沒有去過的最後一個地方。這樣的好奇心讓北韓書與北韓旅遊團持續發燒不熄。

其實，在大部分台灣人的北韓熱之前，我就對北韓充滿了好奇。尤其對一個長期在南韓唸書與工作的台灣媒體人，只懂南韓而不懂北韓是說不通的。於是從一九八九年到一九九一年，我先後從新加坡、紐約、澳門、北京等不同管道，跟北韓駐外機構接觸，表達我想造訪北韓的意願，終於在一九九一年六月得到「祖國平和統一委員會」的邀請前往北韓一週，成為首位訪問北韓的台灣媒體人。

當時台灣與北韓都有共同的危機感——要被長期的盟友所拋棄，所以金日成下令打「台灣牌」，要給北京一點顏色看看。基於「敵人的敵人就是朋友」的認知，北韓開始努力跟台灣接觸，在一九九二年台韓斷交前的一年間，北韓來台的訪客絡繹不絕，最高層級甚至到了主管對外經貿的副總理金達鉉（金日成的親表弟），他還在台北跟我國簽署了互設辦事處的協定。

後來受制於核武檢查問題，使得台朝間無法進一步擴展關係，但由此可見北韓對台灣充滿了善意與好感。他們不僅想要「經濟學台灣」，還想要「政治學蔣家」，如何父子世襲政權，還能夠維持政治的安定與經濟的持續發展。這是我在北韓親身的體驗。訪朝之後，我寫了五篇的紀實報導，從此成了黑名單。

後來我翻譯了一本韓籍德國教授寫的書《南北韓，統一必亡》，它是以東西德統一的經驗，警告南北韓統一的話，會把兩邊都拖垮。因為南韓沒有當年西德的經濟實力可以合併統一北韓，而且現在的北韓比當年的東德更破敗。統一二十多年之後，德西挹注了數兆歐元都還填不平德東的窟窿，更別說南北韓之間的鴻溝更深更廣，德國式的統一對兩韓都是惡夢。

這本由出身德東的經濟學者法蘭克所寫的《北韓，下一步?!》，跟《南北韓，統一必亡》有許多神似之處。本書作者經常在行文之中，不時會以北韓的事例來對比當年的東德，而《南北韓，統一必亡》則是引用了許多北韓與東德各項科技交流的情報來分析北韓，而且資訊蒐集到二〇〇四年，揭露了許多當時不為西方世界所知的北韓狀況。這都是難能可貴的「方法論」：從德文的資訊與德東人的視角來觀察與剖析北韓，自然會與美國優越本位或日本兩極化的「北韓觀」不一樣。

作者很細膩地描述北韓工人運動場很有名的大會操「阿里郎」，每一個場景的意義，透過他的剖析，神龍活現地映現在讀者眼前。如此以文字刻畫阿里郎的內涵，還是歷來所僅見。而且，他以兩德與兩韓分裂情況的不同、人民往來與資訊交流的不對等，以及北韓與東德的懸殊落差等因素，來解析兩韓統一的困境，比南韓人一廂情願地期待統一而到德國取經，提供了更務實的觀察。

本書作者跟我在同一年（一九九一）造訪北韓，他最後一次造訪北韓是在二〇一三年，所以他著墨最多的是金正日時代的北韓。那個經過一九九〇中期的連續的水旱災造成嚴重糧荒的時代，以至於全國人民必須度過「苦難的行軍」的日子，乃至於二〇〇〇年代初期經濟改革的失敗等等，雖然在金正恩自二〇一二年掌權之後，都已成為過眼雲煙，北韓確實已經完全脫胎換骨了（詳見福田惠介寫的導讀）。不過，藉由本書所提示的谷底北韓，如何能夠在金正恩時代破繭而出，恐怕才是更值得西方世界去認真探索的。

因為作者只寫到金正恩時代的前兩年，那是他政權基礎還不夠穩固，必須透過攏絡與整肅的兩手策略來鞏固權力的階段。直到二〇一三年十二月，金正恩將他的姑丈張成澤以政變奪權為由，加以整肅處決之後，他才算是真正掌控了國家大局。留學瑞士的金正恩，也才能夠將他在西歐學到的社會民主的理念與機制落實在施政上。

本書作者提到的金剛山觀光特區與開城工業區，現在都已經停擺了，威化島與黃金坪經濟特區也仍未見績效。與南韓投資有關的金剛山與開城未來重新啟動並非不可能，不過那必須繫於兩韓關係的改善。儘管美國總統川普幾度要求習近平，希望他能對北韓施壓，但是習近平除了口惠，確實是做不到。

中國自二〇一三年起加入支持聯合國對北韓的制裁決議案，從當年起中國對北韓的政策，就把「中朝問題」（雙邊關係）與「朝核問題」（國際多邊關係）脫鉤。中朝問題對中國有利（投資與貿易等），北韓的經濟與投資百分之九十以上依賴中國。中國如果直接制裁北韓，受害的是自己。

二〇一七年北韓一共發射了十七次、共二十枚的導彈，以及一次氫彈試爆（九月三日第六次核爆成功，十一月二十九日再發射了「火星十五」導彈）。而且，北韓的洲際彈導飛彈（ICBM）越射越遠，一萬三千公里的射程實力打到美國本土綽綽有餘。聯合國安理會也因此在一年之內，通過了四次對北韓的制裁決議案，創下了最多次的紀錄。

儘管川普一再揚言，不排除軍事鎮壓行動來逼北韓就範，但是真正能夠化解危機的關鍵在於南韓的文在寅總統，而不是中國的習近平。南韓和北韓頻頻接觸，把美國排除在決策過程之外，尤其是文在寅一再警告，美國對北韓採取任何先發制人的軍事行動之前，必須徵求他的同意，也讓美國傻眼。

因為如果美國草率盲動把金正恩政權推翻，在重視「血統主義」的北韓又後繼無人的情況下，崩潰的政權將導致數百萬難民湧進南韓、中國與日本，這是東北亞更大的災難。所以最反對美國以「德州牛仔」方式壓制北韓的，當然就是南韓與中國了。

文在寅對外的立場一貫是「左派、親中、親北韓、反日、反美」，對內則是走「民粹」的路線，所以一直維持在六成上下的高支持率。他當選之後，因為對北韓的和解態度，造成了美國與日本惡夢的開始。他親北韓的立場，會使南北韓關係穩定改善，中國與美國對北韓的角色與影響力必然就會退化。這當然是川普所不樂見的。

而且，一個不能否認的事實是，金正恩二〇一二年掌權近六年以來，北韓國內經濟明顯改善，國際制裁的效果相當有限，更讓北韓有恃無恐。只要北韓經濟持續成長，人民生活大幅改善，會讓金正恩得到民心的支持，打著「經濟建設與核武發展並進」路線的金正恩，繼續發展核武與導彈，應該是不會改變的。即使聯合國的制裁越來越高壓，但是對北韓經濟會影響到何種程度，仍有待觀察。畢竟，在幕後相挺的國家正就是中國。

對於兩韓因二〇一八年的冬奧而促成雙方高層的交流，世人並不能抱持太樂觀，只能視為一次性的交歡作態而已。等北韓高層代表團回去後，他們會展現什麼動作，再來解析都不會太遲。金正恩派胞妹金與正到南韓遞出的橄欖枝，不能排除兩韓對於「靠自力」解決國族問題已經事前建立了默契，也就是說，不再任由周邊的強權國家所擺布，他們要建立自己的自主性，但是這究竟可能嗎？

畢竟受制於國際現實環境，兩韓從來就很難「做自己」，或是自主地操縱自己的命運。這只能說是朝鮮半島的歷史宿命，因為它真的是「生錯地方」，永遠要被周邊的列強輪番蹂躪。這個錯誤的地理，導致它悲劇的歷史宿命不斷地循環，兩韓人民的「恨」也就難以化解。

從兩德看兩韓，只能當做一面照映的鏡子，但是絕不可能模仿或套用，畢竟國情與民族性，乃至地緣政治的因素都相去太遠了。這本德東視角的「北韓觀」的價值，正就在於此。

（本文作者為「知韓文化協會」執行長）

〈推薦序〉

前東德學者眼中的「真北韓」

沈旭暉

北韓總是近年熱話，市面上有關北韓的書越來越多，但不少討論都是流於樣板化或獵奇式心態；即使是「脫北者」的心路歷程，正如我在專欄中早前講述，不少也千遍一律，而且頗有譁眾取寵的嫌疑。要深入了解北韓，還有甚麼其他渠道？出生於東德的學者陸迪格．法蘭克的新作《北韓，下一步?!——國際經濟學家所觀察的北韓現況與未來》，也許是不錯選擇。

陸迪格．法蘭克的恩師曾告訴他，要寫一本北韓的書，「至少要在當地實地旅行兩星期，或研究北韓二十年以上」。結果他兩者都做到，前者很容易，後者則很難，這位東德人卻足足研究了北韓接近二十五年，才動手寫這本書。他的出身和經歷，也可謂北韓的平行時空：在東德土生土長，以韓國研究為志業，最初的研究興趣在南韓，但在一九九〇年代機緣巧合到了北韓金日成大學學習韓語，自此才下定決心，了解北韓。

在一九九〇年代，包括東德在內的無數社會主義國家連翻崩潰，年輕的法蘭克曾認為「北韓絕對活不過六個月」。這件事沒有發生，但即使到了現在，每隔一段時間，就有人預測北韓「即將崩潰」。會做出這種預測的人，卻是遠遠低估了北韓的實力，以及金氏政權在高壓以外的手段。

經濟學是作者的專長，他以經濟學知識介紹，分析北韓經濟發展，就提出很少人有的觀點。例如他認為，以北韓的龐大天然資源，絕對有潛力發展為「亞洲新小龍」，甚至超越包括南韓在內的昔日亞洲四小龍。當很多人只強調北韓經濟落後，嘲笑北韓「災民遍野」，他卻看出近年平壤急速發展的趨勢，亦討論到羅先經濟特區、開城工業區等在北韓國內鶴立雞群的地區。兩韓分裂前，北方的經濟發展曾遠遠優於南方，而今天全球化時代對資源的需求，其實比從前更甚。加上北韓要照顧的人口比南方少，一旦經濟騰飛，也可以輕身上路。

作者也不認為金正恩是個狂人，其實這在學術界早是共識：金正恩在北韓這棋局下的每一步棋，都有道理可循，可謂現實主義、邊緣政策的典範，而非一個瘋狂土皇帝。這本書中以明確、紮實的事例，讓讀者進一步理解這事實，具有自成一家的說服力。

兩韓能不能順利統一、統一後會有何發展，是很多人關心的問題。十多年前，朴成祚的《南北韓，統一必亡》以東西德統一的案例，明確指出兩韓統一不是簡單問題，甚至將令兩個國家同歸於盡。本書作者亦認為，兩韓統一過程將面對重重困難，需要謹慎行事，不過「但有一個夢」，他堅信南北韓總有天必會統一。

總之北韓遠比一般人想像中複雜，要了解這個極權國度，需要從不同角度出發，而不能單以意識形態想當然。又有什麼比來自東德、又了解北韓的過來人，更能提供超越立場的視角？

（本文作者為香港中文大學社會科學院副教授）

〈推薦序〉

理解北韓想什麼，才能想下一步怎麼走

楊虔豪

二〇一〇年，還在唸大學，為探尋更多北韓內情，我隻身前往首爾，就帶了個簡陋的手持攝影機和腳架，約訪了一位又一位脫北者。那時，有關北韓的英文著作或資料相當匱乏，更別說是華文了。我很渴望從那些越過圖們江、幾經顛簸、輾轉來到南韓的「新住民」身上，獲知更多有關那神祕國度發生的事。

這當中，大多是因生活困頓而選擇離開；也有原本居住在平壤，因家人觸犯到黨被整肅，而被流放到邊疆地區的，也有在軍隊中，對體制失望，選擇逃離。如同拼圖般，我想藉他們的故事，一一還原出北韓樣貌。這也是目前，包括南韓情治單位在內，獲取並整理出北韓發展的常規方法。

對親歷一九九〇年代中期，稱為「苦難行軍」的大饑荒——他們的敘述相當類似——共產體系下的配給再也等不到；沒東西吃，班上同學越來越少，最後連老師也死去。國際援助從未送達百姓手中，倒是在黑市能目擊到印有英文機關符號的物資袋，吃活人的傳聞甚囂村內。大家每天想著如何活下去，如何養活家人。

交通、經濟、教育等系統全面癱瘓，越來越多人跨境前往中國，在毫無身分、可能隨時被拘捕遣返受酷刑的情況下，打工、結婚，或來到南韓，再賺錢匯回北韓親友。外部世界對這封閉疆域所知甚微；大量餓死曝光，已距事發當下過了一段時間，才有人開始預測北韓不久將崩潰，但最後，這國家撐了過來。

除文攻武嚇外，我仍能從脫北者出身的專門記者及日本同業中，得知近來發生的變化：那裡仍受嚴格管制和封鎖，但首善之都與國家的展示櫥窗——平壤，計程車、陳置琳琅滿目貨品的商場、西餐廳與大型娛樂設施接連出現，民眾穿著時髦，人手一支行動電話……資本主義的元素正流入這封閉的國境。

更有脫北者朋友當著我的面，撥打手機給北韓的親人——儘管這可能為自己招惹麻煩——他們在電話裡說知道台灣，講述著北韓子女的生活，最近私下偷看什麼韓劇，米價波動，要不要透過掮客把孩子送來南韓。在高壓與政治意識形態注入的封閉國境內，電話那頭聊的每件事，似乎都在與既有的迂腐制度對抗。

至今，我面會逾百位脫北者，整理出若干他們的故事，拍成帶子，寫成報導，也在學校放給韓文系學生看；但我發現，自己獲得的拼圖不過是數萬個中的十多個；而以記者的角色觀察北韓，並看著世人如何面對北韓，我越來越覺得宛如盲人摸象——每個人好不容易得到一些片段，就以為這是北韓的全貌。

大學畢業後，我成為正式定居南韓採訪的記者，處理北韓新聞也碰到困擾：海外媒體或社會輿論對北韓的情報如飢如渴的當下，南韓成為蒐羅與發送相關新聞與評論的陣地。但或許是「當局者迷」，南韓面對北韓，流於兩個極端情緒，導致相關內容就像被加入太多調味料，我們因而真實面貌漸行漸遠。

對北韓採強硬態度的保守派（政媒皆然）只顧強調國家安全，甚至不惜將主張與平壤當局對話的進步派「抹紅」為赤色分子；許多北韓內部消息未經核實就由他們放出來，任意傳播。最後，北韓議題成為他們打壓異己、轉移保守派政權施政不力的目光，並激起中老年支持者恐慌、化為選票的工具。

進步派則過度陷入南北民族對話與和解、走向統一的憧憬中，不少人對獨裁專政的北韓當局如何侵犯人權和文攻武嚇視而不見；沉浸於共築民族大業的幻想，只想透過與北韓交好來解決韓半島僵局，對現實面上國際關係角力和包括北韓在內的戰略考量，怎麼互相作用，對韓半島產生影響，卻理解薄弱。

*

在《北韓，下一步?!》中，出身東德、通曉韓文，同時也是經濟學者的作者陸迪格不僅有做為前分裂國家的經歷與觀點，也以自身能力和職位，廣泛接觸原文資料，並定期透過機會接洽北韓官員，在有限的資訊下，透過各種思路，為外界重新梳理出北韓過去的發展模式，再做出褒貶。

重要的是，陸迪格手上也有幾張「拼圖」——二十年來，橫跨金日成、金正日與金正恩三代掌權，他多次前往平壤、開城及經濟特區，在現場互動——儘管拼圖數量仍極其有限，且可能受官方誤導，但他第一手現場見聞，搭配歷史材料與學術知識，把這塊拼圖的界限和框架給找了出來，讓人理解未來該「怎麼拼」。

因為分立已久，加上北韓的自我封鎖，許多南韓人，無論立場是保守或進步，看到台灣與中國間能有密切來往，都會一廂情願投以羨慕眼光，但不少人忽略「中國因素」可能對台灣帶來的威脅，還有台灣民眾對中國的反感及擔憂。事實上，不少南韓人面對「統一」，精神上的興奮大於實際的研究與準備。

我並非故意要打碎南韓朋友的美好夢想，只是當民族主義衝過了頭，人們往往缺乏務實，最後才來後悔。面對期盼統一的南韓，也屢屢借鏡東西德，東德出身的陸迪格認為德韓兩造基礎與時空皆異，很難得出有意義的結論，但他還是詳細分析究竟哪裡不同，還有該如何去面對與解決南北差異。

而我身為記者，處理北韓新聞時也時常得傳達周遭的南韓、中國、日本、俄國與美國的反應，讀者看了總覺複雜難懂，但《北韓，下一步?!》最有趣的部分莫過於陸迪格假設了南北統一或不統一，周邊諸國的理性反應與行動，從統一問題延伸出國際關係，東北亞局勢就能迎刃而解，了然於心。

不管南韓國內要對北韓強硬或友好，甚至去作「統一大夢」與準備付諸實踐，還是外部世界要面對北韓、理解與進一步出面解決韓半島僵局，都會碰到蒐集資料的大難題，但更重要的是，如何在情報受限的情況下先卸下自我成見，理解北韓在想什麼，或會怎麼想，我們才能計畫下一步該怎麼走。

（本文作者為駐韓獨立記者）

〈推薦序〉

金正恩統治下的北韓及其經濟發展動向

福田惠介

自二〇一二年訪北韓以來，我每年都會去北韓探訪。由於本身擔任經濟類雜誌的記者，自然會注重於經濟面的定點觀測。而正好，和現今北韓的最高領導人——金正恩（同時身兼北韓執政黨朝鮮勞動黨黨主席）正式接掌國家大權的時期重疊。首度踏足北韓是在一九九八年的二月。當時北韓的經濟十分惡化，連國內都自嘲為「苦難的行軍」。不僅社會貧困，路有餓死骨，連專門招待外國客人的飯店也端不出像樣的飯菜來，每晚僅能提供兩小時的熱水，還飽受不時斷電之擾。夜晚在平壤市外出，只有主體思想塔的火焰，以及照著萬壽台上金日成主席像的燈光，在漆黑的夜裡兀自亮著。

當時的景像，至今仍是我在解析北韓經濟時用來對照的原點。

不知是否當年初訪北韓，爾後回國撰寫的報導不受北韓當局青睞，此後數年間，申請進入北韓的簽證總被打回票，屢屢無法成行。而在這期間，北韓的前金總書記馬不停蹄地致力於核子武力開發，迅速進行了兩次核子試爆，加上與美國的對立也日益加深，致使北韓在國際上的立場愈發孤立。

另一方面，北韓經濟狀況一直很糟糕的報導可說是壓倒性的主流，如前所述，用「路有餓死骨」來形容北韓經濟的例子也屢見不鮮。我因久未能再訪北韓，對北韓的經濟也就停留在同樣的認知裡。

終於能第二次前往北韓時，那是二〇一二年九月，踏出平壤的順安機場，不由得讓人瞪大了眼睛。記憶中一片昏黑的街巷、道路比起當年明亮了不少。馬路雖稱不上平整漂亮，但兩側多了大波斯菊的植栽，增添了些許活潑色彩。比什麼都讓人注意到的是街上人的表情變明朗了，女性的服裝打扮也鮮活許多。「這實在有趣，眼前的北韓和其他東南亞的開發中國家根本相去不遠哪」，我不由得在心裡這樣想。也讓我對北韓經濟發展動向感到興趣，開發經濟學的好奇心在心中沸騰不已。

在社會主義體制下，甚至是相比舊蘇聯及中國更特別的國家體制下，北韓的經濟還有更加發展的空間嗎？有朝一日是否可能走上像中國一樣，由國家帶動「改革開放」的路線呢？二〇一二年我造訪的滯北韓外商企業與工廠中，其生產設備等水準自然不能與日本相提並論，但卻自成一套獨特的生產運作方式。餐飲及服務業也發展得和中國或其他海外國家相去不遠，特別值得一提的是，食物變得好吃許多。米、麵包等等，相當美味。一九九八年旅行期間喝到只有苦味的糟糕啤酒，如今已突飛猛進，嚐起來更勝南韓的啤酒品牌。

北韓智庫「朝鮮社會科學院經濟研究所」的李基成教授這麼說：「自二〇一〇年起，

北韓的經濟成長率一直維持在百分之七至八。」日本的北韓研究學者對於成長率百分之七至八的說法也表示,「可從平壤的發展程度看出」,清楚地為北韓的經濟成長做背書。但是,平壤在北韓受到特別優越的待遇,多年來皆與其他城市有落差。二〇一七年,南韓的韓國銀行發表北韓二〇一六年經濟成長率為百分之三.九,並說明,「若綜合地方與平壤的經濟情況,經濟成長率至多百分之三.九,甚至可能需要下修」。

此外,北韓經濟至今仍擺脫不了糧食短缺的問題,這點也經由李基成教授指出,「二〇一五年穀物生產量(米、麥、玉米等)約為五百八十萬噸」,以北韓來說,只要穀物生產量有六百萬噸就能達到自給自足。如果這個數據屬實,那麼北韓幾乎可說已解決了糧食問題。

在企業活動及農業營運上,自從進入金正恩政權後,也實行了前所未有的措施。那就是「社會主義企業責任管理制」及「圃田擔當制」。北韓採取計畫經濟,一邊維持固有結構,一方面則將企業、工廠及農田等經營責任交託當地人。這個方法自二〇一三年開始實驗性實施,至今已推廣至北韓全國各地。

不管施行什麼樣的制度,最重要的是國家能夠下放權力,讓各生產單位能夠配合現場的實際情況,自由地經營。承續計畫經濟運作,通告各生產單位每年的生產目標,而一旦達成目標,將定量收穫上繳國家,其餘多的則由生產單位自由裁決處理。透過提高勞動階層達成目標後的利益誘因,達到提高生產量的目標,這個做法可說相當成功。

也因此,平壤市的商場層架裡能夠擺滿各式各樣的商品。然而,直到二〇一二/一三年時，商店內大多都還是來自中國的進口商品，而今北韓國產的各種食品、日用品已經占了層架上的大多數。

在農業方面，將一定面積的農地規劃給十五至二十位農業人員務農的「分組管理制」，轉變為由個人或家族為單位來務農的「圃田擔當制」。和企業的模式相同，達到預期生產目標後，多的部分可以自由處理。生產量能夠顯著提升，可說是拜這個制度大收奇效之賜。

金正恩執政，和金日成、金正日到底有什麼不同？確實，在政治上，金正恩的經驗遠遠不及他的父親和祖父。其父金正日身為繼任者受到二十年悉心栽培，而金正恩的準備期僅有短短四年。但中國的北韓研究家指出，「他擁有的是歐美的留學經驗，加上直屬智囊團提出適切的建議，以及他個人對改善經濟的堅定意志」。

在二〇一八年的新年致辭中，金正恩再度誇耀了北韓在核子武力上的成果，另外也多處提及北韓的經濟。甚或可說，他的重點實際上是在經濟面。在二〇一三年打出「經濟建設與核武雙線並進」牌的金正恩，自述「已經完成核武發展」。也就是說，他接下來的目標就是更進一步改善經濟了。

二〇一三年處決當時大權在握的第二號人物張成澤之後，金正恩的開放路線開了倒車。自二〇一四年後，除了加強黨、政府的權限，市場經濟上交由現場決定的自主方向也稍微受到約制，但那是為了和軍部等舊時代勢力稍作妥協以取得平衡，暫時採納軍部的意向，並適時調整市場經濟的未來流向。

二〇一八年一月，有一些來自當地關於黑市的消息。在美國媒體不斷宣揚北韓的黑市地下交易日漸猖獗之際，前述的李基成教授卻斷然指出，「黑市交易正在減少，不論是相關人士或金額都在萎縮中」。這是因為二〇一二年以來，北韓正式進入金正恩執政後，開立了許多商店及餐廳等商業性濃厚的設施，這做法不但因應了人民的生活需求，也因為帶來有如黑市交易般的經濟自由，間接抑制了不受控制的地下交易，可說是為未來國家經濟的管理做好事先布局。

從李教授的發言中可看出，金正恩的意圖正在逐步化為現實，而其效應也十足反應在經濟成長上。一位平壤的市民這麼說：「我兄弟在黑市做生意，但最近交易規模大減，賺不到什麼錢，最近打算罷手改行了。」看來，今後由北韓政府主導的經濟政策，將會朝更加開放的方向前進。

但是，於二〇一六年針對北韓開始實施的強烈經濟制裁，恐將成為今後北韓經濟營運上的套頸繩。經濟制裁將帶來的影響簡述有：

1. 貿易將失去自由
2. 金融交易將失去自由
3. 無法獲得來自經濟已開發國家的投資
4. 無法進口生產設備等工廠必需的零件、機材等等。

實際上，有很多企業光是無法進口石油，就會在生產程序上遭遇巨大困難。

北韓經濟在此困難環境下，都還能維持現狀兩三年。但是，如果經濟制裁長期下去，局面又會如何發展呢？即使高唱「自立自強」，但被孤立而縮減到僅有國內範圍的經濟，又何來成長的空間。也因此，北韓同時冀望透過南韓來緩和經濟制裁的力道，並增加對外經貿活動。平昌冬季奧運便可視為一種對此採取融合立場的契機。

本書作者陸迪格．法蘭克教授既是世界上具有代表性的經濟學權威，也以北韓觀察家而聞名，法蘭克教授負有在舊東德及蘇聯時期的生活經歷，是一位對社會主義國家的運作具有切身體會的專門學者。將及經驗及研究整合寫成的此書，相信將能引導讀者解讀北韓這個國家的未來動向、其方法論、其發展脈絡。承續前述的現今動向，在具體瞭解北韓上，此書將能為各位帶來極大的幫助。

（本文作者為日本《東洋經濟週刊》編集委員）

目次

前言

一九九一年十月七日，我和五位同學一起搭飛機從柏林飛往平壤，平壤是朝鮮民主主義人民共和國——就是我們熟知的北韓——的首都。這天剛好也是德意志民主共和國（東德）的四十二週年國慶日。談到這個國慶日，我們談天說笑揶揄起來，因為這個德意志民主共和國一年前已經從地表消失了。此時全世界只剩下幾個社會主義國家，而我現在正要起飛前往少數僅存之一的國家，感覺非常奇特。現在回想起來，這趟飛行就是我與北韓結下不解之緣的開端。

我起飛這一天的整整兩年前，也就是一九八九年的十月七日，東柏林出現一場人民集會，最後在官方暴力打壓下收場。兩天之後，也就是一九八九年十月九日，在我的家鄉萊比錫湧出十萬居民在街頭抗議，當時還沒有辦法預料那天的場面會有怎樣的後果，我們萬萬沒料到，那天的集會居然沒有引發國家的進一步行動。這些上街的民眾真的比我更勇敢和更聰慧。我那時候才剛剛領悟到，真正的問題在於系統本身，而不是這個系統的所做所為。但是當時上街頭的人已經開始採取行動了。很遺憾，德國統一的紀念日沒有選擇這一天來紀念那群英勇睿智的民眾。

星期一的萊比錫萬人示威遊行算是為早已經腦殘很久的東德政權敲起了最後的喪鐘。一個星期之後，東德強人何內克也丟了官，再過三個星期，柏林圍牆倒塌了。民眾高喊的口號從「我們是人民！」（Wir sind das Volk!）轉變成「我們是一個民族！」（Wir sind ein Volk!）。一九九〇年三月當時的衛星政黨德國基督教民主聯盟（CDU）贏得人民議會選舉，到了六月的時候，政客協商時承諾的貨幣西德馬克也終於進來了。一九九〇年十月三日，德意志民主共和國正式結束，成為歷史中的一頁。回想起來，這段轉變歷程要形容說是驚天動魄還只是低調的說法，連我自己都萬萬沒有料到會出現這樣的變動，即使我是東德長大的居民，非常熟悉東德的內幕。所以我一直到今天，對於任何關於北韓近期未來的預測，都抱持非常保留的態度。

我在一九九〇年的秋天開始於柏林的洪堡大學進修韓國研究。本來我的興趣是在充滿活力、積極發展的南韓。我很幸運在修課時有機會遇到一位舉世知名的北韓專家，接受她的親自指導。賀兒嘉．皮希特（Helga Picht）是韓國研究學系的教授，熟知北韓事務，有自己第一手的觀察，甚至對北韓高層領導階級也有相當的瞭解。她把對北韓的見解傳承給學生，程度之深刻少有其他學者可以相比。但是她客觀批判的態度不為平壤所接受，所以平壤很快就禁止她入境北韓。從那時候開始，我就把「禁止入境」這件事情當作一種榮譽，我自己也曾經兩次受到禁止入境的待遇。

「轉型」之後接下來的那一段時間，是一段非常奇特的歷史。例如，一直到一九九三年，我們都還有一位北韓來的語言講師朴先生。他和他的夫人和兩位女兒之中的一位住在東柏林的公寓建築裡面，另外一位女兒基於「安全」的理由，被要求留在北韓。朴先生甚至有一次邀請我們去他家用餐。他並不屬於支持改革的陣營。當時可以看得出來，他很用力強制自己去忽略正在他周遭發生的巨變。對於這位聰慧的男人而言，這種壓抑的掙扎想必是很大的折磨。從這位先生的身上，我也學到很多關於北韓的知識。

經過一年在德國的密集課程之後，我已經準備好了去韓國讀大學。當然我原本希望到南韓。但是那個時候出現了一個機會，是來自母校洪堡大學和在北韓的合作單位之間的交流協議。令人訝異的是，這個交流協議在德國統一之後居然還有效力。德國學術交流資訊中心（DAAD）準備提供一筆對我而言幾乎是天價的優渥獎學金來支持我的海外交流學業，我的教授也幫我弄到了簽證。就這樣促成了我到金日成大學學習幾個月的韓語。坦白說，在那時候，我一直將這次海外交換的機會看作是項錯誤的決定。沒想到今天回顧起來，反而是一個千載難逢的幸運奇緣。

一抵達北韓對我就是很大的震撼。從來沒有人幫助我先做好心理準備來面對北韓。連我自己也沒有積極求問。為什麼？大概我心裡自忖，我最起碼是了解社會主義的。除了我自己是在東德長大之外，我還因為父親的海外研究交流計畫的機會，在一九七〇年間有將近五年的時間住在蘇聯。不過，北韓跟我過去的體驗完全不同。我本來以為一九九一年這一趟飛往平壤的旅程，是我回到我過去記憶的旅程。我完全錯了。這趟旅程把我帶入一個既陌生又詭異，而且很快就讓人灰心喪志的超現實世界。

當時我很快就下了這樣的判斷：北韓絕對活不過六個月。北韓的經濟顯然已經病入膏肓，放眼當時世界，社會主義國家像骨牌般一個接著一個垮台瓦解。北韓應該就是下一張骨牌，崩垮的時間指日可待。當時許多赫赫有名的專家，都像我一樣做出錯誤的預測。今天想起來我還可以稍微自我安慰一下。從那個時候起一直到現在，每隔一段時間，總是會聽到有人又提出北韓即將崩解的預測。

我從那時候開始就下決心要來了解這個國家。這個了解的過程還持續進行中，尚未結束。我常常用一句恩師皮希特的話來提醒自己：想要寫作一本關於北韓的書，那麼至少要在那個國家實地旅行兩個禮拜，或者要研究這個題材二十年以上。這句話我當時覺得太誇張了。現在我已經研究這個題材將近四分之一世紀，我才開始動手寫這本書。

現在我是維也納大學的教授，也是這所大學裡面東亞研究中心的主任。這個安穩的職位提供了一項難得的特權：讓我有機會針對有爭議性的議題毫無顧忌地發表我的看法，不用顧及外界的褒貶。我很高興我的意見可以被人聽到，不過有些時候，想到因為我的發言而來的責任，我也會感到惶恐。我的文章和我的訪談發表在南德日報（Süddeutschen Zeitung），也會出現在畫報（Bild）上。我也對卸任國家元首組織的團體，包括美國前總統卡特在內的「長老團」（the Elders）提供諮詢，自己也是世界經濟論壇（World Economic Forum）的會員，不同的國家政府也會來徵詢我意見。二〇一三年九月法蘭克福匯報（Frankfurter Allgemeine Zeitung）將我列入五十位德國最重要的經濟學家名單裡面。這些認可大都歸功於我在北韓研究上的投入。我也常與北韓和南韓的官方單位對話。

一本書可以成就很多，但是一本書仍然有許多侷限。我們也要誠實地問自己，是否有辦法說明介紹「一個國家」到令人滿意的程度。即使嘗試「介紹」自己的祖國，我們也很快就會遇到難以克服的侷限，即便這個時候沒有語言的隔閡，數據和資訊也都容易取得，研究工作上也沒有太多限制。由百萬人口以上組成的社會，實在太多元太複雜了。這樣推論下去，如果對北韓這個主題還會期待能夠找出一個完美而且非常客觀的最終定論，這個期待也未免太不實際。

所以，這是一本非常個人的作品，內容主要是來自我的經驗和觀點。為了展現這個特色，我特別選擇我自己的故事為開端，書寫方式也選擇了一般學者很少用到的第一人稱敘述。我並不是客觀書寫北韓是如何，而是在寫北韓留給我的印象。這本書的素材主要來自於融入我個人色彩的知識，而知識的養分就是來自於我的教育和經驗。

身為一個作者，我所體驗的「真實存在的社會主義」，不只是來自於政治正確的記錄文件，也不只是來自於或多或少帶有娛樂性質的劇情片而已。因此，我不只是對任何關於北韓未來的預測非常小心，對於那些關於北韓人民生活的輕率評論也非常謹慎。

我也從朝鮮學家和區域研究者的角度來寫作這本書。我研究了朝鮮半島的歷史、文學、政治、經濟和社會，我可以直接閱讀韓文文獻，直接與民眾交談。這對研究像北韓這樣一個國家非常有幫助：北韓相關的資料，除了那些出自極端擁護北韓立場，或者極端反對北韓立場的「資訊」之外，其他以西方語言記錄下來而又具備使用價值的數據就很少了。

我的經濟學專業是徹底西方式的訓練，這也影響我對北韓的觀察。維納・帕夏（Werner Pascha）是少數早期就注意到東亞對於經濟學的重要，也投入研究的德國經濟學者。我是帕夏的學生，因此我也抱持研究必須考量制度脈絡的觀點。我認為，只有當我們對於經濟發展背後所浮現的政治和社會環境的歷史脈絡的深度和廣度有一定的瞭解時，我們才能對經濟的發展歷程有所掌握。

還有一點，我在過去二十年間定期造訪北韓，最近一次是二〇一三年九月。我在北韓的身分是學生，是歐盟代表團的成員，既是學者也是觀光客。這樣的造訪通常短暫而且也單向。西方訪客無法在這個國家裡面自由行動，也無法與居民自由溝通。不過這也並不表示行動和溝通完全不可能。我們需要有高度的挫折容忍力和無比的耐心。北韓並不容易對外人開放，也不是立即開放；只要有耐心的嘗試去接近，最後還是會有收穫。

害怕衝突的人，我會建議不要碰北韓的議題。這個議題容易激發情緒的衝動。我常常在活動中被批評，甚至更惡劣的是在網路討論群組裡面被匿名的貼文攻擊。二〇〇六年我在布魯塞爾的歐洲議會的公聽會上面發言提到北韓二〇〇二年開始的改革和引發的效應，當時觀眾群中有一位美國民眾情緒非常激動地對我咆哮：「你根本不懂共產主義！」北韓的情況持續在轉型變動中，這個變動本身就反駁了那位觀眾先入為主的成見。這也提醒我們，那些希望從北韓外部導入政權移轉的要求，其實是大有問題。

但是，意識形態另一邊陣營的人也對我有怨言。二〇〇四年一月我在漢堡的一場演講之後，一個擁護北韓政權的組織咄咄逼人地教訓我：為什麼我沒有提及這個或那個的成就，最重要的，也是讓我印象深刻的，他們攻擊我質疑北韓領導階層的成就，他們說：「你根本不了解朝鮮民主主義人民共和國！」如果要對北韓的議題發言，最好是有非常厚臉皮的功力，不管政治立場如何，也不管實際的知識程度如何，好像每個人對於北韓議題都有自己的既定看法。理性分辨脈絡的態度，常常會被粗暴地拒絕。許多人一看到北韓就是只看到非黑即白的對立。

我常常反問，為什麼一旦碰觸北韓，務實理性的討論就這樣困難？這世界的其地方也出現過極度誇張的獨裁者和軍事強人，其他地方也看到踐踏人權的悲劇，其他地方也有兒童在饑荒中受苦。情緒性的討論對北韓的狀況沒有幫助。為什麼一遇到北韓，我們就出現這些自認為不需要再斟酌修正的既定成見呢？

也許我們就是需要一個「他者」，然後才能夠定義我們自己。對我們歐洲人來說，數百年來，亞洲就是扮演這個「他者」的角色，大家可以去參考薩伊德（Edward Said）的著作。其中媒體也扮演重要的角色。北韓的視覺呈現本身就有吸引人的魅力。當一個接著一個的誇張圖象連續出現之後，誇張的也變成了正常。一飛沖天的火箭，身材臃腫、髮型誇張怪異的領導人，踢著正步前進的軍人，還有那些聚焦模糊，號稱呈現北韓荒涼日常生活景象的所謂「真實的」的相片，這些視覺圖像在媒體上不斷地重複出現，日積月累後觀眾就可以輕易辨識出來，成為這個國家的一種品牌形象。還有，北韓在我們日常生活中並不缺席，在各式各樣的媒體甚至八卦報紙都可以看到。讓我們想想，北韓的版圖不大，而且距離歐洲非常遙遠，能夠造成今天這樣的景觀，實在非常奇特。

這些誇張的媒體曝光度也許有這個背後原因：北韓的政權領導者一直到現在，至少在名義上還是固執地堅持某種政治意識形態，而這樣的意識形態在我們這邊，早就鎖進歷史的檔案庫了。更重要的是，北韓打造核子武器，挑戰美國強權。北韓體系仍然堅持原狀，拒絕像東德一樣倒台崩解，也拒絕跟隨中國和越南的腳步進行體制改革。北韓這個國家，根本就沒有理由存在才對。

但是北韓還是屹立不搖。北韓還存活著，這點令人困惑，不過也是個事實。在這本書裡我嘗試從不同的角度來說明這個事實，希望能夠呈現背後的複雜脈絡。我不期待大家贊同我的看法，我只希望能夠鼓勵大家進行理性務實的討論。無論如何，我們現在已經無法忽略這個國家和其內部的情況，這不僅是當前地域政治議題的迫切需要，也是我們的道德使命。

陸迪格．法蘭克二〇一四年六月寫於維也納

1 傳統與起源

如果我們想要了解一個國家的定位，並且也想要評估此國家發展的歷程，先去理解這個國家過去的歷史[1]，就是一條很有幫助的途徑。北韓也不例外。到底那些事件，經驗和傳統，發揮了深遠的影響？

為了方便說明，我們這裡就分成兩部分來進行。第一部分的歷史傳承是關於朝鮮半島整體，第二部分就專門針對北韓。這兩部分的歷史發展有相當多的重疊。當我們想到未來兩韓可能再度統一的遠景，還有當前兩韓之間的關係，我們就特別有興趣想要了解這兩個韓國共有共享的歷史傳承。而且會很驚訝地發現，這樣共同的傳承還真不少。例如：對於過去歷史成就的自豪，共同的文字，對於所經歷的不公不義的悲痛，對於國族敵人的同仇敵愾：如果未來兩韓走向統一，那麼這些共同點就可以幫助雙方跨越意識形態對立的深淵；最壞的情況可能就是，雙方可以塑造出一個共同想像的敵人。

但是我們也可以找到不少歷史的根源，如何詮釋這些歷史經驗的方式在北韓和南韓的方式是完全南轅北轍，例如對日本占領時期的抗爭經驗的詮釋和對韓戰的記憶。另外還有特別屬於北韓的經驗，例如北韓和其兩個強大社會主義盟友——中國和蘇聯的關係。

共同的根源

「朝鮮是個擁有五千年悠久歷史的國家」，這是在北韓和南韓都常常可以看見的標準說詞。五千這個數字要從象徵意義來理解。朝鮮刻意把自己定位於歷史更長久的中國和較年輕的日本中間。從這個定位也可以大略看出兩韓本身的世界觀，這點我會在後面的章節詳細敘述。

北韓社會認真看待國族神話的程度，可以從他們對傳說中所有朝鮮族的始祖「檀君」（Tan'gun）的態度看出端倪。檀君是一位從天上下降的神祇，和一位從熊轉變為人的熊女結合孕育的兒子，他在西元前二三三三年建立王國，享有超乎凡間的高壽之後，轉化為山神。歷史學者往往會從神話之中發現某些元素其實有真實的依據，這個朝鮮始祖的神話也不例外。那位從天上下降的神祇，可能是象徵從西伯利亞遷移到朝鮮半島的某個文明高度發展的族群，這個族群後來與早已經在當地落腳的熊族群結盟，一起對抗敵對的老虎族群，後來就和熊族群融合在一起。

這種褻瀆神明的詮釋還不算稀奇，在北韓還有更多更誇張的故事。一九九〇年代初期，在偉大的領袖金日成的直接指示之下，北韓科學家開始尋找國族始祖檀君的遺骸。果然在金日成領袖英明的指引下，這些科學家真的達成任務，而且找到的地點就剛好在平壤附近。一九九五年四月初的時候，布拉格有一場盛大的國際韓國研究研討會，北韓來的代表非常認真地向大家發表他們考古挖掘的成果。[2]我到現在還記得非常清楚，當時我的同事們臉上露出忍俊不禁的滑稽表情。今天，這個挖掘出來的巨大骨骸就安置在一座類似埃及薩卡階梯金字塔的巨大陵墓內部，供人景仰。

檀君神話其實也是毫不掩飾地宣示對於整個朝鮮半島的主導權。南韓也尊崇這位檀君始祖，如果始祖的骨骸是在北韓首都附近出土，那麼未來統一的國家中心，還可能是在其他地方嗎？從處理和詮釋檀君神話的方式，就可以看出歷史對於北韓的重要。所有獨裁者的政權正當性，都不是來自於規律性重複的過程，例如選舉，北韓的統治者也不例外。壟斷過去的歷史，還有獨攬詮釋歷史的話語權，才是這個政治體系最重要的基石。

一個完整的政治體系到底是什麼時候出現的？答案眾說紛紜。比較可靠的說法是，大概在第十世紀隨著高麗王朝的建立，在今天朝鮮半島的地區首次出現了國家體制。「Korea」這個名字就是從高麗演變而來，這個名字的出現據說要感謝馬可波羅。傳聞是馬可波羅那個時候旅行到中國，從元世祖忽必烈的朝廷中知道有高麗王朝的存在。Korea這個名詞只有在西方國家通用；北韓人稱呼自己的國家為朝鮮（Choson），南韓人稱呼自己的國家為韓國（Han'guk）。假設未來兩韓真的邁向統一，我們可以想像，要去找出一個有共識的名稱還真的不容易。

佛教兩大教派傳統之一的大乘佛教，是高麗王朝的國教。高麗王朝的統治者選擇這個教派立為國教是很務實的考量。這個教派的教義教導信眾在面對艱困生活環境時要堅毅忍耐，人生的出路是透過良好的德行和貶抑物質欲望來達成。在高麗王朝時期（西元九一八至一三九二），佛教寺院不僅風行全國，經濟實力雄厚，他們的財勢甚至還能夠建立私人軍隊。私人軍隊也讓這些寺院成了國家中潛藏政治風險的獨立勢力。

今天的北韓是以批判的態度來回顧這段佛教盛行的歷史。佛教一旦成為人民的信仰，本身就是主流意識形態的競爭對手。還有，備受批評的封建社會的打壓也與佛教有關。儘管如此，北韓政權還是樂意將佛教視為國族傳承的一部分，在一定的範圍內對佛教多所包容。最明顯的是，今天在鄉下地區還有不少保存很好的佛教寺院，這些地點不僅是西方遊客來訪時必定參觀的標準行程，連本國民眾也喜歡去這些地方遊覽。那些重要神殿的奉獻箱總是塞滿信徒捐獻的香火錢，年輕的伴侶也喜歡在佛教寶塔前面拍攝婚紗照。

十三世紀的時候（高麗王朝時期），朝鮮歷史上出現一種敘述史觀，從此之後，這個敘述史觀在南北韓人的自我認同中不斷地重複出現：深受外來政權侵略的受害者角色。從一二三一到一二五九年之間，蒙古人從北邊六度進攻侵犯朝鮮半島，戰力孱弱的高麗王朝幾乎無力抵抗。高麗王朝成為漢族與蒙古人為主幹的元朝附庸國，一直到元朝一三六八年滅亡。北韓「先軍政治」的一貫主張，是可以回溯到長久的歷史根源，也就是來自這些飽受外界欺負又無力自保的痛苦體驗。

十四世紀的時候，在中國的元朝政權露出疲態，高麗國也出現了反抗的勢力。這些反抗勢力的背後有儒家思想*撐腰。當時的儒教或者說不上是進步的動力，但起碼被認為是非常現代的思潮。

儒家思想的傳承

如果我們要用儒教來解釋「東亞」，那麼一定會引起許多專家的質疑。不論是東亞做為一個整體，或者其中的個別國家，都實在太複雜，也太多元了，沒有辦法用一個數百年來持續演變的道德學說之中的少數幾個關鍵詞來解釋。更何況，對於儒教有不同的理解，生在十九世紀咸鏡北道的農夫，和活在十五世紀朝鮮世宗時期的首爾宮廷內的學者，他們對儒教的看法一定差距很大。

這裡我就先專注討論簡化版的儒教，現在大家往往沒有意識到這些行為是受到儒教的影響。要成為基督徒，並不需要去研究神學，同樣的道理，我們也不需要去研讀儒教的經典，也還是能夠活出大致遵循儒教的行為來。

要如何呈現這種融入日常生活，廣泛影響大眾的儒教呢？一個奉行儒教的人，在他眼中世界就像一隻鐘錶。鐘錶的每個元素都要精準完成自己的功能，而且要與其他元素

* 李氏朝鮮建國後，就獨尊儒學為統治之術，他們甚至以宗教視之，而稱為「儒教」。

完美地配合。只有這樣，整個鐘錶才能運作。活在社會裡面的每個個體，就像是鐘錶裡面的齒輪、指針、彈簧、軸承。每個人要完成自己的人生使命，就必須先認識自己的使命，而且能夠有能力來實踐。

教育在這裡扮演關鍵的角色：教育啟發每個人認識自己的角色，並且教導每個人如何實踐自己的任務。這裡強調的不是創意，正好相反：如果行為超越了既定的框架，那麼整個運作機制就會被干擾。所以整個教育的內容也是相當僵化死板。簡單來說，數百年來的儒教教育就是首先學習文言文，然後再鑽研一系列有既定先後次序的文言文書目，而學習方法就是背誦熟記。在考試的時候，考生就要展現他如何熟練引用這些書籍中的字句。想要求得一官半職，就必須通過不同難度的各種考試。設法登上最高的官位，就是儒教裡面最極致的人生目標。

我們觀察今天東亞教育體制的優點和缺點，也可以發現一切相似的地方。課程規劃內容總是塞滿一大堆事實知識。在南韓，談到大學入學考試，就有一句常用的成語：四上五下。這句話的意思是，想要金榜題名，每天只能睡四小時，如果要貪睡五小時，就會名落孫山。在北韓，常常要熟記背誦官方文件和領袖的名言。考慮這樣的歷史脈絡，也就不難理解了。

除了這樣的教育體制之外，儒教中的社會，嚴格的階層分級是很重要的概念。要了解背後的邏輯，我們可以再拿出之前鐘錶的比喻。如果鐘錶裡的每一個齒輪都可以自己決定是否要停擺，或者自己任意選擇旋轉的方向，那就會天下大亂。鐘錶裡面有大齒輪，有小齒輪，還需要有人給鐘錶上發條，上潤滑油，除灰塵，偶爾還要修理故障的部分或者更換零件。從儒家的觀點看來，對一個社會最重要的是每個人之間的差異要非常清楚，人與人間的關係也要明確規範。

從儒教的觀點來看，家庭就是具體而微的宇宙，也是理想的國家與社群的典範。父親是無人可以挑戰的家中權威，長子就是繼承父親權威的人。家中每個人之間的關係是按照五倫來規範。儒教中的男人要遵從自己的父親、長官，還有自己的兄長。這個男人可以從他的兒子，他的屬下，跟他的妻子，還有弟弟得到應有的敬重。除了這四種階層高低分明的人際關係之外，最後才是朋友之間平等對待的關係。

皇帝在這個體系裡面扮演中心的角色：皇帝承接天命，在遵循天命之下指引社會發展的方向。如果皇帝沒有達成他的使命，那麼他也會失去天命，而且從高位被罷黜。在歷史上，這種情況的確發生過幾次。

個人是社會中的一分子，且在這樣的定位裡面找到自己的實踐目標和生命意義。有一種有趣的說法是，這樣的個人與社會的關係，其實與米食為傳統中國重要的養分來源密切相關，因為收成稻米必須靠著完美組織的集體合作才能做到。歐洲的情況不同，在歐洲糧食生產可以由少數的農人耕作和經營。但是稻米的生產，不論是過去還是現在，都需要高度的密切合作，特別是水道灌溉的工程。馬克思和後來的魏復古（Karl August

Wittfogel）都特別研究所謂的「亞洲生產方式」的議題。我們也常用「東方的專制體制」來概略詮釋「亞洲人」的行為。[3]

但是我們也不應該過度強調文化決定論。在其他的文化裡面，我們也看到長者備受尊重，女人被打壓歧視，專制極權的權力結構盛行的案例；在其他的文化裡面也看到提倡這樣的人生觀，認為個人只能在群體裡面找到自己的幸福。但是，如果說在儒教的薰陶之下經過了這數百年，卻對整體社會行為沒有留下深刻的痕跡，這也是錯誤的解釋。也許有些人不同意，但是我們還是可以看出來：社會演變的過程中，有些遊戲規則根深蒂固的程度令人難以置信，改變這些規則需要很長的時間。

從今天的日常生活中，無論在北韓和南韓，都可以看到這兩地民眾習性偏好人際之間的存在著明確的遊戲規則。陌生人互相認識的典型儀式過程通常如下：除了對方明顯可見的性別之外，還會詢問對方的年紀，婚姻家庭狀況，還有工作的職位。然後根據這些資料，調整與對方交談使用的語言方式，看看是否要使用有禮貌的敬稱或其他方式，透過這些交談的形式來表達人際的高低位階。來到北韓旅行的人都會注意到，當地人都穿上很正式的衣服。這裡男性標準服裝好像就是西裝加上襯衫和領帶。這是某種標準制式化的展現，也表達了國家體制打壓個體獨特性的想法，這些都是極權統治者的特色。還有在儒教的理念中，外在裝扮應該要反映出內在品格。但是不爭的事實是：大家都以服裝來判斷人。二〇〇四年我以歐盟代表團成員的身分拜訪北韓。我們這個團隊裡面有兩位歐洲外交官，就穿著洗得泛白的牛仔褲和T恤，身上沒帶護照就在平壤街頭遊蕩，結果很快就被逮捕起來，理由是他們在車站拍攝「可疑的」相片。如果他們穿著正確，就不會遇到這些麻煩。我當天也是步行上街，漫步遊蕩了幾乎半個平壤城，隨身攜帶相機，還用連續拍照模式；我穿著深色的正式西裝，完全不受干擾。

談到北韓精神文化的傳承，除了儒家傳統的影響之外，還有一九一〇到一九四五年之間日本軍事獨裁統治的經驗，以及與蘇聯史達林政權還有中國毛澤東政權的聯盟。這些事實，提醒那些期待在北韓出現從下到上的政治改革的人，要再三思量。缺乏民主經驗的事實，當然不足以成為獨裁統治的藉口，卻可以讓我們了解，為何這樣獨裁統治可以生存下來。這也可以幫我們了解，為什麼從外界進來的資訊會對這個政權造成意識型態的威脅。

到了十四世紀末期，那個時候深具現代性且更為進步的儒教，強調個人可以透過教育而發揮所長，自我成就，許多高麗人接觸儒教之後，認為比當時的佛教更有吸引力。佛教當時還是國教，但是早已經過了全盛時期。特別是對於那些被排除在既定權力結構之外的上層階級的高麗人，儒教的意識形態提供了往上爬升的機會。

這個時期有個眾所皆知的故事，正好為這段困境時期做了有趣的說明。有一位出生在高麗王朝上層社會的年輕人鄭夢周，本身深受儒教的啟發。他不滿當時的社會情況，也看到了改革的迫切需要。但是他拒絕跟從發動政變的李成桂，因為鄭夢周是位虔誠的儒家信徒，無論遇到任何情況都要效忠自己的君王。結果他就被謀殺了。

鄭夢周被殺害的地點，就是今天北韓開城市的石頭橋善竹橋。今天遊客可以拜訪這個地點。到底是要為自己的理想奮鬥，還是依照儒教效忠一位平庸的昏君？這就是鄭夢周面臨的抉擇困境。鄭夢周的故事是今天北韓的學校教材，眾所皆知。我也把這個單純的問題詢問陪同我到開城市的北韓官方指派隨行者，問他們今天遇到同樣困境要如何抉擇，但是他們避而不答。

權力政治的傳統

一三九二年，李成桂推翻高麗王朝君主，建立儒教的朝鮮王朝。早在二十四年前，中國的元朝已經被推翻，取而代之的是儒教的明朝。此時的朝鮮和中國成為密切的夥伴，被後世稱為黃金時代。即使是親密的夥伴，在儒教裡面也不一定是平等的關係，中國的領導者是皇帝，朝鮮的領導者「只是」國王，而且這位國王還需要在北京的天子的肯定，才有合法的統治者權位。朝鮮的使節團每年都要帶著人參等貢品，沿著朝鮮半島西岸前往中國進貢。進貢的使節團員熟悉中國的禮儀，懂得中文，也熟知儒教的經典作品，因此中國宮廷也對他們以禮相待，他們滿載中國回敬的禮物，返回自己的家鄉。

「事大主義」（사대주의）不是羞恥，反而是一種榮譽，只有文明進化的的民族才配

享有的榮譽。一直到今天，無論是北韓還是南韓的人都會帶著或多或少嘲弄的語氣說：像日本這個民族，就沒資格享有這樣的名譽。但是今天在北韓，事大主義越來越成為一個負面象徵，指的是像南韓去拍「主子」美國強權的馬屁。北韓這樣貶抑這個概念有其特別的歷史意識，我們可以推測，北韓是帶著潛藏的獨立願望來向北京喊話。

開城是高麗王朝的首都，也是佛教盛行時期的中心。今天這裡是南韓和北韓共同合作經營的工業區的重鎮。朝鮮王朝的新任李氏君主將權力中心移轉到新的首都，就是今天的首爾。在朝鮮這樣一個中央集權的國家，能夠置身於首都，才握有能夠進入權力中心的鑰匙。葛雷格・漢德森（Gregory Henderson）有個很精闢的說法，在朝鮮的政治體系裡面，傳統的權力競爭是以奪取首都為目的，而不是樹立新的權力中心和首都對立競爭[4]。在朝鮮，首都之外不可能出現其他能與之抗衡的權力中心。一旦被驅逐出首都之外，政治生涯就等於結束了。一直到今天的北韓，可以住在首都平壤裡面就是一種特權；被迫遷移到鄉間本身就是一種嚴峻的處罰，無論是生活機能，受教育的品質，職涯升遷等方面，都要忍受種種的落後不便。

一旦開城喪失首都的功用，通往首都（舊稱漢陽，後改名為漢城）的途徑又被嚴格管制，這個遷都的高明手段一下子就讓過去高麗王朝的整個菁英階層頓失權勢。接下來的一百多年，連舊王朝菁英階層的家屬都不准參加儒教系統的公務員考試。

這些舊王朝菁英階層的遺緒，財力雄厚，教養良好，人脈網絡健全，現在他們的政治影響力被斬斷，只好轉向去經商貿易。在這點轉折上，我們可以對照在歐洲受到歧視的猶太人的發展。這些人被稱之為「開城商人」，是儒教時期的朝鮮社會特殊景象。[5] 一九〇〇年左右，開城全人口中高達八成投入經商。特別是高利潤的人參貿易。這些商人建立自己的銀行系統，開拓國內的貿易路徑，一路通向中國。最近北韓在實驗探索，是否可以推動市場經濟導向的國際經濟合作。其中最廣為人知的一項實驗計畫就是與開城市有關。這也實在是奇特的巧合。

從開城商人的案例可以看出，在儒家世界裡面，商人的價值非常低賤，這個價值觀一直到今天，在兩韓的社會裡面都還持續下去，即使高度物質主義的南韓也是如此。只有官方部門才能夠獲得尊敬和榮譽。即使農夫的地位也比商人還要高尚。只有在宮廷裡面才找得到具有專門技術的工匠。在整個鄉村地區，農夫必須自己生產日常生活所需。在歐洲出現的中產階級文化，例如：都會階級的自我認同，去中心化的領導風格，對於國家體制的質疑，還有公民的榮譽感等，這些在朝鮮半島一直到十九世紀末都尚未發達。對照過去這樣的歷史背景，我們今天在北韓居然可以觀察到中產階級逐漸成形的過程，實在是很值得注意的演變。

高度文明和自我隔絕

新的王朝建立於一三九二年，根據創立者李成桂而被命名為李氏王朝，或者用國家來命名而被稱為朝鮮王朝；王朝成立後的兩百年間，朝鮮在經濟和文化上大放異彩。朝鮮和同樣受儒教影響的中國明朝交流密切，帶來豐碩的成果。十五世紀初期，朝鮮的文化盛世更向前跨出一步，甚至開創了自己的語言文字。從嚴格學術研究而發展出來的諺文共有二十四個元音和輔音，除了有小部分的修改之外，這個文字系統一直到今天都還在使用。[6]

靠著這一套文字系統，使用韓語溝通的成年人，可以在短短數天之內就學會如何書寫。但是上流社會貴族菁英，被稱為「兩班」的貴族，為了捍衛自己享有正規教育的特權，就出面貶抑這套新的文字系統為「女人的文字」，他們也成功地將這套新文字打壓下去，阻礙其全面流傳。所以一直到十九世紀末期，整個官方的文字傳播還是一直使用古典漢文。在朝鮮歷史上就是沒有出現類似馬丁・路德的人物，能夠將儒教的經典用新韓文翻譯出來。在朝鮮若要進入官方公務系統，就必須通過官方考試。原則上，每個人都可以參加官方考試，但是實際上，只有少數特權階級有辦法將自己的小孩從七歲開始就送入古典漢文學校接受教育，只有這少數人才有機會參加考試。

即使如此，儒教的倫理和秩序也幫助這個國家邁進一定水平以上的富足生活。這個富足社會當時最大的威脅就是日本海盜，日本海盜打劫岸邊的村莊，殺害或擄走居民，掠奪庫存的糧食。在漢城的政府備受威脅，深感無助，只好下令從海邊看來目視可見距離範圍內，都不准建設村莊，避免引來日本海盜上岸打劫。因為要防範日本海盜而採取的退縮政策，也透露了後來朝鮮的國際外交立場的主調，也是朝鮮有「隱士王國」之稱的歷史來源。

其中一個影響深遠的重大歷史創痛事件發生在一五九二和一五九八年之間，就是以中國明朝年號命名的「萬曆朝鮮之役」。豐臣秀吉率領日本武士借道朝鮮去攻打中國。朝鮮王朝要能夠對抗日本大軍的裝備，只有依靠有經驗但是內在難免恐懼絕望的戰士，海軍艦隊的船身是鐵皮包覆，只靠著單單一位海軍主將來主導。今天我們看到，北韓政權在捍衛國土的考量之下寧可犧牲民眾，任憑他們飢荒受苦。這個萬曆朝鮮之役的創痛經驗，一直到今天還是被刻意保存為鮮明的歷史記憶，提醒人民引為殷鑑，也讓人民在必要的時候願意忍受苦難。

一直等到日本大軍逼近中國邊境時，中國才感到威脅，這時才送出救兵。豐臣秀吉一五九八年過世之後，日本國內爆發爭奪權位的內戰，此時日本才從朝鮮退兵。日本退兵之後，留給朝鮮一個殘破不堪而且治理紊亂的家園。中國這個宗主國，非等到萬不得之前遲遲不肯救援的態度，也讓朝鮮人心寒。但是朝鮮王朝首都的貴族們，還是大多停留在自己天真無知、退縮保守的儒教的夢幻世界裡，不願意看清楚這個殘酷真相：北京在戰略考量上，其實只把朝鮮當作可以緩和前線戰火的緩衝地。希望敵人的戰火在這個緩衝區就被抵擋下來。如果抵擋不住，那麼這個緩衝地就要動員全體民眾和資源，全面抵抗直到成為焦土，盡量不要讓中國核心地區受到波及。若要感恩宗主國的保護，就要付出這樣慘烈犧牲的社會和物質的代價。這樣殘酷的遊戲規則，就在後來的歷史中一再重演。今天我們看到北韓非常堅持要盡可能掌握自己的獨立自主性，特別是在軍事領域方面。我們可以從這裡找到對於這個複雜歷史情結的蛛絲馬跡。也可以了解，為什麼北韓即使對於聯盟友邦也極度缺乏信任。

日本攻打朝鮮之後，朝鮮就再也沒有從這樣的侵略創傷中完全復原。朝鮮王朝的極盛時期已經過去了。在一六二七到一六三六年之間，又有其他的外來勢力侵略，這次是取道北方路徑入侵。滿洲人趕走明朝建立滿清王朝，清朝一直持續到一九一一年。幾個世紀以來，這是朝鮮第一次在中國改朝換代的時候完全沒有參與。朝鮮表面上臣服於鄰國的強大軍事優勢，暗地裡，卻自認為是備受尊敬的明朝的真正傳人；朝鮮人瞧不起清朝，認為它是野蠻族群的外來政權，還私下醞釀推翻滿清的計畫。這裡我們可以看得出來：韓國人缺乏對於強權政治情勢的敏銳判斷能力，是歷史上有例可循的。

從十七世紀是以降，「隱士王國」這種逃避世界的作為更加嚴重。一六三五年，一位荷蘭水手和他的船員要航向日本，因為海難而飄流到朝鮮半島海邊。朝鮮人將荷蘭人囚禁了十三年，這已經算是幸運的案例了；漂流到岸邊的水手會立即被處決。後來他與另外八位倖存者設法逃離，並將他的經驗寫成一本書，書中對朝鮮印象當然不會太好。今天看來，這本書就是第一本用西方語言記錄的朝鮮詳細報告。[7]

持平來說，其實日本也是如此，一直到十九世紀中期，面對西方強權的叩門來訪，從葡萄牙人、荷蘭人，然後是英國人，日本也是感到備受威脅，用鎖國政策來回應。今天我們看到北韓的鎖國政策，和根深蒂固仇視外人的態度，在這裡就可以看出有其歷史淵源。

外來的影響

即使是今天的北韓，也不是完全與外界隔絕。朝鮮王朝晚期也已經受到西方思維影響。西方科技的發展，還有基督宗教的思想也透過中國傳進了朝鮮。天主教信仰特別受到上流社會的歡迎，這個族群卻基於不同原因而被排除在權力中心外。當這群信仰基督宗教的貴族及其黨羽漸漸在政治上形成威脅，國王就殺雞儆猴。從一八〇一年開始一直到一八六六年，總共出現四次大規模的迫害基督徒行動。根據現在官方的統計數字，因為信仰而受迫害的教徒的人數，朝鮮算是全世界排名第四的國家。

到了十九世紀，隨著美國的影響力日益加深，新教的影響力也越來越重要，特別受到尋常百姓歡迎。今天北韓的首都平壤在一八九〇年前後大約有超過一百間的教堂，因為基督徒的比例眾多，在二十世紀初期甚至被認為是東亞的基督教城，還有「東方耶路撒冷」[8]的美名。

在這個歷史脈絡下，有件事情值得一提。北韓的創立者，長期掌權的首任領袖金日成，他來自平壤附近的地區，他的母親和母親的家族是基督徒。還是可以看出他受到基督教的影響。如果我們仔細研究一下這位領袖和他兒子在北韓受到景仰尊敬的方式，無論是從圖形和象徵意義上，都可以看出基督教的影響。金日成出生的地點傳說是下大雪的深夜中，發出溫暖燈光的小木屋：在他出生的時候，天空出現一顆明星，還有他的身邊會釋放出療癒的神效——這些都是明顯的例子。

總而言之，一直到十九世紀末，西方勢力對於朝鮮的影響還是相當微弱。一直到一八七六年才出現了戲劇性的大轉變，觸發改變的原因還是來自日本。對南北韓人來說，日本人留下的是一段非常黑暗恥辱的記憶。

就在那幾年之前的一八六八年，日本啟動現代化運動，也就是所謂的「明治維新」。日本加緊腳步要趕上歐洲的帝國強權和美國，學習的對象之一就是德國。普魯士在一八七〇／七一年打敗法國，也是落後國家急起直追，躋身強權的例子。

日本在經濟、行政，還有軍隊上面推動現代化改革。就如同德國在威廉二世皇帝主導下，想要模仿當時強權擴充殖民地的方式來確保自己「在陽光下」的位置。日本也在尋找可以擴充勢力的範圍。日本的野心還不至於想要拿下遠方的非洲，但是朝鮮就在自己家門口，國力虛弱，也還沒有被其他西方強權占領。

明治維新實行還不到八年，日本就逼迫朝鮮簽署了第一個不平等條約。一八七六年的江華島條約的架構，就是模仿日本二十多年前被迫跟美國簽署的條約。日本享有在朝鮮的治外法權，朝鮮被迫開放三個港口通商，通商的目的也是為了要掠奪朝鮮的經濟利益。在這個條約和接下來的一系列條約中，日本特別強調朝鮮的獨立性。從歷史脈絡來理解，日本擔心的是，在國際法上中國有可能被視為是朝鮮的宗主國，如果這樣，就會阻擾日本併吞朝鮮半島的計畫。

首都漢城的民眾既天真又堅持把希望寄托在中國的皇帝上，但是中國皇帝在鴉片戰爭之後也已自身難保了。一八八四年，一群認同日本現代化的青年貴族從宮廷內部發動叛變，但是功敗垂成。

十年後的東學農民運動代表一股結合宗教信仰與國族主義的勢力，然而東學黨主導的人民政變也失敗了。這些叛變者追求的目標是將外國人驅逐出境，背後思想的主導哲學是「東道西器論」（東方的道路，西方的技術），這個哲學強調要以自己本身傳統和需求為主體，來調整如何吸收西方的觀念與技術的方式。「東道西器論」和今天北韓尊奉的主體思想非常神似。

東學革命導致了中日甲午戰爭，這場戰爭的雙方攻守戰場就在朝鮮國境之內。最後日本在一八九五年獲得勝利。東學農民運動雖然功敗垂成，但是因此而衍生出來的宗教天道教，至今在南韓和北韓都還存在。在北韓，這個宗教是透過官方允許成立的政黨「天道教青友黨」來推動。是的，這個名詞沒有寫錯。

一八九五年之後，中國就不再是威脅日本在朝鮮取得統治地位的競爭對手了，日本加速在朝鮮半島上大量擴充勢力。日本還沒有正式取得朝鮮的殖民統治權之前，就用各種手段一步一步鯨吞蠶食朝鮮的主權，例如：貿易、投資、文化交流，無限制借款給快要破產的朝鮮國王，甚至直接採用稍微修改的日幣當作朝鮮的貨幣。

在這段期間，日本也跟西方的強權達成協議，確保在外交領域上也可以掌控朝鮮。一九〇五年，日本打敗俄羅斯，日本也與當時的世界領導強權英國和美國簽訂協議，讓日本逐步取得在朝鮮半島全面的貿易自由。與美國的交涉的條件是，日本放棄菲律賓來交換美國的簽約，讓美國在接下來的數十年間，除了短暫的間斷之外，完全掌控菲律賓。

一八九七年，朝鮮國王朝鮮高宗在毫無對策之下，只能宣布脫離中國完全獨立，將新的獨立國家稱為大韓帝國。這個名字來自於古時的三韓，三韓是大約於西元元年時期在朝鮮半島的部落聯盟。今天的南韓的名字（正式名稱：大韓民國）也是從這裡出來的。一九〇七年，大韓國皇帝派遣一個代表團到荷蘭海牙參加和平會議，為的是抗議日本逼迫大韓帝國簽署一九〇五年的保護條款。這個代表者團連進入大會的機會都沒有。

大韓帝國國力不振，內部意見分歧，系統老舊過時，而且沒有國際的支援，最後在一九一〇年喪失主權，成為日本的殖民地。

這段歷史經驗對今天南韓和北韓的意義不容忽視。因為日本在占領朝鮮半島之前，先讓朝鮮在經濟上依賴日本。南韓的獨裁者朴正熙在一九六〇與七〇年代強力打造經濟建設，成果輝煌，但是他極力避免讓大規模的外來投資直接進入國內。為了取得經濟發展需要的投資，南韓寧可舉債借款，也不敢再度成為日本經濟的附庸。

今天在北韓也一樣，大家還是記得，當初在失去政治主權之前，就先失去了經濟自主。帶著國族主義色彩的主體思想有許多面向，但一定是以追求最大的自主性為主軸。一旦經濟的接觸太過頻繁，太過重要，或者太偏向單方面，在平壤就會傳出警告的鐘響。北韓的人民都有心理準備，為了政治獨立的原則，寧可忍受經濟上的艱困。一直到今天，我們都可以在南韓與北韓觀察到，他們對於強權，以及強權提出的主張抱持深度懷疑，這種懷疑態度可以追溯到朝鮮在十九世紀末和二十世紀初之間的歷史經驗。被中國還有西方背叛或丟棄的感覺，南北韓人至今還銘心刻骨。

南北韓對於日本的觀點相當獨特且複雜。南韓和北韓都認為這個東方鄰國身上背負重大的歷史罪責，而且對這個罪責至今沒有適度處理。韓國在與日本交涉過程中，常常拿出德國和德國在二戰後積極面對歷史的態度做為正面的示範教材。韓國與日本的領土糾紛，例如獨島的糾紛，韓國人認為這代表日本新殖民主義的企圖，回應的態度也因此帶著強烈的敵意。

但是同時，韓國人也對日本的成功留下深刻印象。當然人們會提問，這個長久以來被視為落後的國家，怎麼有辦法在這麼短的時間內，就可以穩定且持續地取得領先地位。一九四五年後，美國大力推動日本與南韓合作，所以我們可以明顯看出經濟發展上面類似的路線，例如：國家與經濟之間的關係，大型企業集團的設立，還有以外銷為主的經濟成長策略。

在北韓，塑造金日成國族神話的素材就來自於對抗日本的解放戰爭。南韓對於日本的觀感有希望朝正面發展，但是北韓對於日本的觀感就很難改變。一八八四年左右，當時年輕的改革者希望效法日本，結果這些年輕改革者被批評為不愛國。但還是有很多相同之處。十九世紀末期日本現代化改革的口號就是「富國強兵」。面臨國家創立者過世的艱苦時期，以及一九九〇年代末期的嚴重飢荒難關，金日成的兒子金正日提出復原北韓的計畫，使用的口號與日本現代化的口號非常接近，金正日用的是建設「社會主義強盛國家」。有些作者還特別指出，北韓和日本的軍事和種族傳統之間有精神上的連結。[9]

日本殖民三十五年期間，讓朝鮮人的日常生活處處艱辛。日本掠奪剝削朝鮮的經濟，讓朝鮮成為日本準備進攻中國的後備基地。成千上萬的年輕女性被迫成為日本軍方妓院裡的慰安婦。一九三〇年代末期開始，日本決定將朝鮮同化。一九四三年開始，學校裡就不再教授韓語，朝鮮人必須使用日本姓名，也必須敬拜臣服日本天皇奉之為神明。從一九三六年在柏林奧林匹克運動會發生的一起事件，可以窺見朝鮮人受壓迫的情況：朝鮮運動員孫基禎獲得馬拉松冠軍。但是他必須用他的日語名字そん きてい（Son Kitei）領取奧運金牌，這份獎牌也算作日本的成績。

日本殖民時期深深打擊朝鮮人的國族自尊。面對即將失去獨立自主性的威脅，朝鮮人的國族自覺在激發出來的捍衛意志中萌芽。自一八九七年起，知識分子們開始思考要使用數百年前就已發展出來的諺文，希望透過報紙和文宣印刷觸及普羅大眾，讓他們注意到國家存亡的問題。

這種源自於殖民時代，一直到今天發展成非常強烈的國族主義，具有一種抵抗捍衛的特質。他們對國族認同的追求源自於外敵的侵犯，演變到今天，當然就表現出好戰好鬥的氣質。這種國族主義並不是要強迫鄰居韓化，而是要保護朝鮮半島免於各種外來侵犯的傷害，為了保護自己，這土地上的人可以動用各種資源，甚至自我犧牲也在所不惜。所以北韓政權在今天可以輕易地說服百姓發展核子武器的必要性，遇到外國的軍隊部署時，如果北韓視之為挑釁，或者是侵犯祖國的警訊，北韓政權也可以輕易動員民眾堅持不妥協的態度，即使人民要因此付出巨大的經濟與政治的代價。

一九四五年之後北韓內部的權力鬥爭

東亞的二次大戰結束得很突然。一九四五年八月六日和八月九日，美國在廣島和長崎投擲了原子彈，日本馬上就在八月十五日投降。南韓和北韓都慶祝八月十五日為光復節。蘇聯迅速在八月八日對日本宣戰，擔心東京若是突然投降，很可能會傷害蘇聯自己在這個地區的領土利益。蘇聯參戰讓日本損失幾個北方的島嶼，這些島嶼從一九〇五年起日俄戰爭日本勝利之後，就歸屬於日本領土下。蘇聯現在又成為俄羅斯，但是日本一直到今天還拒絕與俄羅斯簽署和平條約。[10]

美國對於勝利突然降臨似乎還沒有心理準備，美軍也一直等到九月初才踏上朝鮮半島。蘇聯軍隊在朝鮮半島上還多停留了幾天，與殘留的日本軍隊陷入苦戰，並且損失慘重。在北韓平壤的牡丹峰公園中有座紀念這些戰役的紀念碑，北韓人稱之為「解放塔」，上面用韓文和俄文記載著：「偉大的蘇聯軍隊……解救朝鮮人民於日本占領的苦難之中」。這段碑文值得特別注意，因為它與北韓的官方歷史解讀完全背道而馳。我發現在北韓有許多神祕難解的謎題，即使我已經花費許多心血來研究，至今還是沒有找到滿意的答案。這段紀念碑上的碑文也是其中之一。

根據官方的歷史詮釋，金日成[11]英勇率領游擊部隊對抗日本二十多年後終於獲得勝利，所以他自然而然成為解放後的朝鮮開國領袖。就在解放塔附近幾百公尺處，就有兩座紀念建築專門歌頌這段金日成英勇的事跡。其中之一是一大片的馬賽克壁畫，呈現當年金日成凱旋歸來回到平壤，面對迎接他的興奮激動的百姓發表演說的情景。這幅壁畫是根據一張照片描繪下來，在這張照片最早的版本中，背景上可以看到有幾位蘇聯軍官和列寧與史達林的海報。[12]但是這些蘇聯意象沒有出現在馬賽克壁畫上，今天這張相片出現在北韓的歷史書籍上時，也看不到這些蘇聯的符號。

另外一座紀念建築就是朝鮮凱旋門。這座凱旋門就像巴黎市區那座體型較小的建築一樣，都坐落在輻射狀車道的中心。周遭的交通擁擠程度雖然還比不上法國首都，不過也明顯增加許多。柱子上刻下兩個年代的數字，一九二五和一九四五，第一個年代是當年十三歲的金日成離開故土前往滿洲國，嘴中還發出誓言，要等成為解放者的身分才要返回故鄉。另外一個是他二十年後實踐諾言的年代。

事實上，從一九四五年八月中旬開始，蘇聯就占據了日本前殖民地朝鮮半島北緯三十八度線北方的地區，然後就按照我們歐洲熟悉的模式，將這個地區改造為蘇聯想要的模樣。其中包括沒收大部分的工業資產。這並沒有太大的問題，因為這些工業資產大部分都是屬於日本人的資產。在鄉村地區就將土地分配給至為幸福的農民。接下來就是發布法規，推動民眾識字降低文盲，倡導女性平權。[13]

這些措施深受民眾歡迎，也鞏固了平壤政權在民眾心中的地位。但是領導階層又是如何組成的？

在大略考量當前北韓領導政權最新進展的脈絡下，很值得我們稍微仔細研究一下，今天這個只有單一政黨（朝鮮勞動黨）和單一領導者的政治體系是怎麼樣演變出來的。金日成必須用盡心思來應付內部巨大的阻力，也要用盡各種手段來維持權力。他的兒子和接班人金正日（一九九四至二〇一一）也必須在父親傳承的基礎下建立自己的權威，然後金正日的兒子金正恩（從二〇一一年起）也同樣在這樣基礎上耕耘。

一九四五年之後，北韓不同政治勢力之間的內部抗爭持續了十多年，這段時期留下的歷史資料相當清楚。[14] 解放戰爭剛結束時，最強的政治勢力是以曹晚植為中心。他是帶有基督教信仰色彩的國族主義者。這股勢力的組織力強，而且因為他們積極抵抗殖民者的逼迫，在人民之間享有很好的聲望。在日本退兵之後，全國各地自發性地出現許多地方自治的人民委員會，曹晚植的國族主義派別也推出了最多代表進入人民委員會。

國族主義之外的第二大的政治群組就是自我標榜為左派的團體。這股左派勢力最早是在不同的政黨和協會之間成型的。裡面包含朝鮮共產黨的剩餘黨員，他們因為積極抗日，常常被關入監獄，所以得到民眾的尊重（所謂的國內派）；再來是朝鮮共產黨員，他們和中國的同志並肩作戰對抗日本，原則上他們屬於中國共產黨的黨員（延安派）；另一股勢力是在蘇聯出生長大的朝鮮族裔人士，他們熟悉俄文和韓文，受過很好的教育，通常已經在蘇聯政府或蘇聯共產黨裡面有過工作經驗（蘇聯派）；最後是在朝鮮北部和中國東北以游擊隊對抗日本人的反抗軍，他們也得到莫斯科的支援（甲山派）。最後一個也是最小的團體，他們一開始只有大約五十個人，領導者就是一九四五年時才剛滿三十三歲的金日成。

為了共同對抗勢力龐大的國族主義勢力，左派勢力團體於一九四六年在朝鮮北部集結；南部因為美國占領勢力的阻擾，這些左派團體沒有辦法聚集。那個時候共產黨的中心還在漢城，漢城是那時蘇聯和美國聯合治理下的首都。之後，朝鮮共產黨在蘇聯管轄地區活躍的支派，聯合了較溫和的新民黨，合組成北韓勞動黨。這裡的「北韓」並不是一個國家，而是指朝鮮北部地區。取用這個名字，是刻意避免和勢力龐大的朝鮮共產黨製造對立關係。

這個新政黨的第一任主席並不是金日成，而是新民黨的前主席金科奉。金科奉後來成為朝鮮第一屆最高人民會議（國會）常任委員會委員長，也兼任北韓國家元首。他一直保有這個極具象徵意義的職位到一九五七年。

透過集結不同派別凝聚力量，以及蘇聯占領軍的大力支持，共產黨員最後成功地將國族主義者趕出了人民委員會和權力中心。國族主義者的出路，要不是被收編入朝鮮勞動黨，要不就是退守到朝鮮南方。這個時候金日成就可以把注意力集中在黨派的內部權力鬥爭。

金日成與史達林的親信，祕密警察首腦拉夫連季．貝利亞（Lawrenti Berija）討論協商過數回，顯然談話的結果很正面，金日成被任命為朝鮮臨時人民委員會的主席，實質上等於是朝鮮半島北邊區域的政府領導人。金日成與莫斯科的關係良好，方便他在黨內部擴充自己的勢力。

等到左派勢力整合，而且國族主義者被驅離權力核心之後，之前提到的幾個派系之間開始彼此較勁。首先國內派遭到其他三個派系攻擊。國內派失勢之後，金日成專心應付延安派，延安派被批評的地方是他們導致韓戰失敗。一九五三年史達林過世之後，蘇聯派也淪為鬥爭的對象。一九五六年八月，有一起政變想要推翻金日成，政變失敗後，金日成就利用這個機會剷除在黨內殘餘的對手，最後終於讓他的甲山派鞏固了主導地位。

我們想要了解今天的北韓，就要掌握一件重要的道理：金日成的掌權並不是一蹴可幾，而是在漫長且複雜的過程中奮鬥爭取來的。金日成是精明的謀略家，可以迅速與人結盟，然後又很快地脫離結盟關係。金日成有相當的魅力，可以贏取盟友和感動追隨者，但是應付自己的敵手時，他可是心狠手辣一點都不手軟。蘇聯那邊顯然看透了金日成的能力，卻低估他掌握權力的企圖心。蘇聯希望收編年輕的金日成為蘇聯的傀儡，但是收編計畫沒有成功。

金日成必須先解決自己黨派內遠比他更強勢並且更有經驗的敵手，才能達到自己的目的。這種抗爭經驗讓他很難接受黨內出現多元的聲音，只要出現些微抗爭的跡象，他就會迅速全力打壓。從一九四八年朝鮮半島分裂成為兩個國家之後，金日成的政黨名稱就是朝鮮勞動黨。依照金日成的指示，朝鮮勞動黨和整個國家都隸屬在單一統合的組織之下，不能容忍絲毫偏差變異。為了安全起見，金日成也避免像中國共產黨推行的大膽實驗，例如大躍進和文化大革命；不過我們也可以推測，金日成沒有像毛澤東那樣的魄力，可以在試驗失敗之後引發的大混亂中又有辦法重新整頓，再度掌權。

我們今天好奇北韓有沒有可能出現反對勢力，就得去追究北韓政權能不能容忍不同的聲音。史達林時代結束之後，在蘇聯和中歐東歐的社會主義國家裡面每個共產黨內部都出現了改革派，有幾個改革團體甚至有辦法成功實踐目標。但是在北韓，至少在過去數十年間從來沒有出現過這樣有組織的改革團體。偶爾我們會看到在北韓內部人事異動：某些領導階層的人失蹤了，或者被罷黜官階打入冷宮。這些都是一些表面徵兆，讓我們窺見北韓統治階層的內部應該存在一個以規訓整頓手段為核心的王朝。儘管我們極力搜集資料，也聽到很多從媒體透露出來的傳言，但是坦白說，我們對北韓政權的運作頂多只有一知半解的模糊圖像。

金日成的地位最遲從一九五六年開始已經鞏固，無論是在黨派內，還是在北韓國內，他是唯一掌權的霸主，沒有人可以挑戰他的權威。接下來的數十年期間，金日成推動一系列的工作：鞏固他的權力，樹立他個人崇拜的權威，推展和穩固他自己版本的偽社會主義意識形態的權力結構，並且培育接班人。

朝鮮半島分裂

一直到今天，無論北韓還是南韓，都認為朝鮮半島分裂是他們國族所經歷過的最重大悲劇。南北韓人都認為他們是強權政治利益下的犧牲品。

從一九一〇年起，朝鮮半島就在日本的殖民統治之下，一直到一九四五年，盟軍逼迫日本投降，同時也接手了朝鮮半島。朝鮮半島這時候被分為兩個占領區，就像當時的德國一樣。自此分裂的兩部分直到今天還存在。分裂本身主要和朝鮮沒有關係，而是因為那時候主導分裂的西方強權遇到更重要的利益考量。這讓兩韓分裂一事更加悲痛。

一九四五年的時候，西方強權對朝鮮半島的興趣，背後原因非常多元，可以追溯到過去的歷史。俄羅斯早在沙皇時期就曾經考慮要將朝鮮半島依照北緯三十八度線畫出兩個區域，一個是俄羅斯勢力影響範圍，另一個是日本的勢力範圍。俄國沙皇是為了確保橫跨滿洲地區的東清鐵路的安全，這條橫跨滿洲的鐵路會連接上不凍港亞瑟港（也就是旅順港，今天中國大連市的一部分），也連結上在此港口內的海軍艦隊基地。日本殖民朝鮮半島，是希望獲利於當地的市場和蘊藏豐富的原料。從戰略上的考量來說，日本最終的企圖是要將勢力擴展到亞洲大陸上，朝鮮半島只是擴張進程的橋頭堡。

為什麼日本投降之後，朝鮮半島要分裂為二呢？一九四五年朝鮮被解放時候的地位是殖民地，從英國的角度來看，問題就出在這裡。如果盟軍戰勝日本之後，朝鮮可以直接獨立，對英國來說會創造出一個令人不安的國際案例。印度是大英帝國的御寶，雖然除了印度之外，大英帝國還有很多其他的殖民地資產，在東南亞就有汶萊、緬甸、香港、馬來西亞、新加坡和其他地區。從一九四一年起，大部分的英屬殖民地都被日本占領。難道這些地方在日本殖民政權退出之後，也都要宣布獨立嗎？倫敦很難接受這樣的方案。英國首相邱吉爾在許多協商戰後規劃的場合一再地提出建議：朝鮮半島最好要先經歷一段長時間的託管統治。這個提議刻意忽略朝鮮半島曾經有過數百年的高度文明。邱吉爾的論點是：一旦日本退出之後，朝鮮人可能沒有辦法獨立治理國家，所以需要西方人導引。

至於談判桌上的其他主角史達林、羅斯福，還有某些場合會出席的蔣介石，根本不在乎朝鮮半島上人民的命運。早在戰爭結束前，列強就已經開始了戰後秩序該如何重新洗牌的角力棋局，這三位英國之外的談判桌上主角早有朝鮮半島以外的其他更優先考量。一九四三年十二月的開羅會議達成協議，讓朝鮮半島在「在指定時間」得到自由且獨立。討論中也考慮設立五十年之久的託管統治。

一九四五年八月發生了一連串事件，在日本投降前五天，有兩位美國軍官被送進一間地圖室，在裡面短暫停留了數分鐘。他們的任務是找出對美國最有利的分界線。他們在地圖上看到北緯三十八度線，這條線剛好將朝鮮半島分成兩塊面積大小接近的區塊。首都漢城剛好就在靠近這條線不遠的南方，屬於美軍的占領區。這又是一次外來強權在沒有徵詢朝鮮人意見就做出影響朝鮮命運至深的重大決定。

日本在一九四五年八月十五日投降之後，從北方蜂擁而至的蘇聯軍隊應該很輕易就可以占領整個朝鮮半島，因為美軍還在距離遙遠的地方，一直等到九月九日才登陸。蘇聯並沒有把握這個有利的時機。蘇聯之所以願意遵守承諾，與美國共同統治朝鮮半島，背後有很多層面的原因。原因之一是：莫斯科希望日本也被分割成不同的占領區，另外，莫斯科也希望歐洲戰區戰後的處置方式，美國可以遵守雙方協商的共識。況且，因為占領了朝鮮半島北部，俄羅斯東邊邊界也自然有了安全的屏障。

朝鮮半島分裂成兩個占領區之後，西方強權與他們在地盟友的合作關係進展相當困難。反對託管統治的聲浪越來越大。一旦史達林相信靠他扶植的政治勢力已經夠成熟，莫斯科就改變立場，出面反對之前同意的託管統治。被分界線畫出的兩個區域裡面，都一樣用最嚴苛的手段迫害政治對手，因此而爆發了大規模的移民潮，並且促成政治勢力的兩極化。兩個韓國都極力鼓吹統一和聯合政府，至於政府要選用哪個國號，這時兩個韓國是各說各話。真正讓朝鮮半島分裂的要素是：不同的政治想像、託管統治的問題、個人的權力和利益、分開的選舉，還有冷戰的浮現。一九四八年八月十五日，大韓民國（南韓）正式成立，讓朝鮮半島分裂成為正式的歷史定局，接著在一九四八年九月九日，朝鮮民主主義人民共和國（北韓）也跟著成立。

韓戰

朝鮮半島正式分裂之後，蘇聯的軍隊馬上撤出北韓。蘇聯留下一個正常運作的經濟系統，穩定的政治結構，還有訓練精良、配備重型軍火的軍隊。美國也因此承受了一樣退出的政治壓力。但是南韓情況遠不如北韓穩定，南韓的軍隊頂多只有輕型武器的配備，只有警察戰力的等級。金日成評估之後很有把握，認為南韓若是沒有美國支援很快就會垮台，並且心甘情願地與擁有經濟優勢的北韓統一。所以韓戰（一九五〇至一九五三）的目的就是要促成統一。因此北韓稱韓戰為「勝利豐收的祖國解放戰爭」。

一九五〇年六月二十五日那天是到底是誰先發起攻擊？這個問題的答案應該很明顯，雖然南韓和北韓對此的看法彼此對立。不論是從戰爭的過程，還是從一九九一年之後開放的蘇聯檔案庫裡面找出來的文件，都可以看出，北韓用強大的兵力擊潰南韓軍隊的抵抗，在短短三個禮拜之內幾乎占據了整個南韓。[15]

當時的中華人民共和國才剛剛成立幾個月，而且不被西方強權接受，無法進入聯合國安理會成為會員，還有蘇聯的代表阻撓安理會開會，所以讓安理會的其他常任會員——美國、英國、法國——可以在幾小時內促成一個聯合國決議案，接著又迅速達成聯合國託管授權的協議。名義上，美軍和美軍的盟友是在聯合國的旗幟之下出兵作戰。美軍和盟友設計了一次成功的軍事突襲，將原本自信滿滿，以為勝利在握的北韓軍隊包圍起來，一舉消滅。事後來看，我們可以形容這次的軍事策略英勇大膽，也可以說冒險衝動，就看從哪一種立場和角度詮釋。此外，南韓總統李承晚積極運作也有貢獻，不僅讓整個局勢逆轉恢復戰前狀態，美軍聯盟還有辦法反擊，一直攻打到中華人民共和國的邊界。

這個時間點是幾乎要爆發第三次世界大戰的關鍵。大家推測金日成入侵南韓，是收到史達林的指示，要發動一場代理人戰爭，所以美國才會迅速猛烈地回應。雖然最後的證據顯示這個推測並不正確，但是在一九五〇年六月的時候，華盛頓當局一定非常擔心，如果不是堅決且全力反擊，類似的戰爭很可能會發生在歐洲。

中國靜觀其變，很久沒有採取行動。一直到美軍已經攻打到中國的邊界，這時候也開始出現討論是否要使用核子武器的聲音，讓中國基於外交考量做出一個決定，中國不派遣正規軍隊，而是讓所謂的人民志願軍進入戰場。人民志願軍犧牲慘烈，其中包括毛澤東的長子毛岸英也喪生戰場，屍骨還葬在北韓；但是人民志願軍也將聯合國軍隊逼退到接近北緯三十八度線的地方。中國派遣人民志願軍的決定，我一直到現在還是覺得匪夷所思，因為當地戰場的地理環境並沒有天然屏障，實在不適合拿出這種形式的作戰前線。目前也找不到證據來證明，這背後是有北京和華盛頓之間的密談。戰爭背後的協商持續了兩年之久，在這段期間，美國絕對的空戰優勢幾乎已經把北韓夷為平地。美國在這段期間投擲在北韓的炸彈總數，比起二戰期間在整個亞洲戰場所丟下的炸彈還要多。最後，終於在一九五三年三月史達林過世後不久，在一九五三年七月二十七日簽署了一直到今天還適用的《朝鮮停戰協定》。

今天的北韓將韓戰解讀為一場成功抵抗美國侵犯的防衛戰，一場猶如少年大衛擊潰巨人歌利亞的英勇事蹟。戰爭的記憶被保留在一座二〇一三年重新整建並位於平壤的博物館裡，以及位於信川郡的信川博物館，以呈現美軍殘酷的暴行。

我拜訪過信川博物館好幾次。即使這裡展示的可能只是片面真相，但是以西方訪客批判的眼光來評論，這裡看見的大多是真實發生過的戰爭殘酷暴行。韓戰是一場從根深蒂固的意識形態中爆發出來的內戰。這場戰爭的戰火前線從南北兩個方向展開，多次橫跨掃掠過國境內大部分區域。如果要比較哪些環境會助長侵犯人權的罪行，那麼這塊土地可說是滋養罪惡最肥沃的土地。交戰雙方都犯下以意識形態為名的滅絕殺戮，往往是假公濟私來報復私人恩怨，激發起人性最底層的邪惡。尤其當我們今天討論北韓與美國的關係，討論北韓與自己兄弟之邦南韓的關係時，我們特別要留意這段歷史背景。我們德國人真的要為我們的幸運感到竊喜，至少在東西德統一的過程中，我們還不至於要被迫去面對如此黑暗不堪的過去。

從地緣政治的觀點來看，韓戰也是影響深遠的重大歷史轉折點。在這裡我們看到美國立場的轉變：美國不再將日本視為過去戰場上的對手，而是冷戰時期東亞舞台上非常重要的戰略夥伴。跟德國比較起來，日本刻意避談處理歷史罪責的態度，常常受到外界的批評。但是日本忽略歷史的態度，與美國基於利益考量而改變對日立場的轉折有密切關係。韓戰爆發這件事讓西歐人心生警惕，為了避免類似的戰爭也發生在自己的土地上，西歐人決定建立共同的作戰部隊，也納入正要重新建軍的西德聯邦軍隊。至於中華人民共和國，不管自己的真正意願如何，都一定被視為是當時東歐共產集團的一部分。一直到一九七〇年代前期，美國總統尼克森才懂得利用中國和蘇聯之間潛伏的敵意，推展他拉攏中國的策略。

冷戰進一步鞏固朝鮮半島分裂的事實，也加強了不同立場的權力掌握者地位，這些立場與權力現在都附上一層濃烈的象徵意義。在冷戰時期，無論是西方還是東方陣營，都非常樂意用物質支援幫助符合自己價值的派系，以展現自己所代表體系的優越性。所以以前從來沒有聽過南北韓的人，現在都知道有這樣的國家。

北韓從這些援助中獲得很大的利益。許多這些援助計畫，我們在德國根本從來沒有聽過。這些計畫其中之一就是幫助北韓第二大城，位於朝鮮半島東海岸的咸興市復健。東德政府在一九五四到一九六二年之間也參與了這個計畫。[16]計畫的內容之一，是要培育建築師和城市設計師，所以今天在北韓，我們到處可以發現一些深受德國建築風格影響的元素，就是當年參與計畫的德國人所培訓出來的成果。北韓的媒體曾報導這些西方來的援助，用語從一開始的「兄弟之情」逐漸降格到「技術援助」，接下來就完全從媒體報導和歷史書籍中消失。

從外國人的眼光來看，北韓欠缺感謝的態度令人失望。但是這種作風就是早期與北韓合作的常態。在與北韓合作中，其領導階級會展露出嫻熟手段，在強勢夥伴之中玩弄謀略心機，讓這些強勢夥伴彼此勾心較勁，讓北韓自己從中得到最大的好處。可以說明這一切的最好例子就是中國與蘇聯之間的衝突。中蘇之間的芥蒂，早在一九五〇年代就看出端倪，但是到了一九六〇年代，衝突逐漸拉高到全面交惡。[17]檔案庫的資料可以證明，北韓外交官技巧熟練地拿出其中一方提供的協助條件為籌碼與另一方交涉，設法得到對方讓步而獲得自己最大的利益，就這樣在雙方之間來回討價還價。

但是這種利潤豐富的手法卻沒有辦法長久運作。一九五六年蘇聯共產黨第二十次代表大會提出「集體領導」與「和平共處」的原則，這些原則會威脅金日成的權威，也會阻礙北韓與南韓的統一。金日成也對毛澤東越來越鋌而走險的政治方向抱持懷疑態度，毛澤東也沒有辦法說服金日成跟他一樣去擁抱大膽的社會實驗，或者在面對經濟和科技上具有優勢的蘇聯公開表現敵對態度。金日成周旋於兩個強權之間，可以活用的空間越來越小，最後從一九六〇年代初期開始，金日成強力宣導北韓的「主體思想」，藉此讓他獨立於北京和莫斯科的控制之外。

如此一來，金日成算是完成了建立北韓國家的第一階段，而且也成功讓北韓脫離被強勢「盟友」指導與監護的框架。從此之後，一直到今天，北韓步上自己獨特的發展路線。這個路線的基礎是從過去數百年的多元豐富經驗之中培養出來的。北韓對於歷史的解讀，可以決定政治體系的合法性，也可以決定北韓領導階層的合法性，過去如此，現在亦然。

我們先知道了這些，再來看今天的北韓，我們會看見一個圖像，北韓就像一個被層層塗漆包覆的物件。最裡面那一層底漆是從一三九二年建立的李氏王朝開始的儒教傳承。接下來的是一九一〇年開始的日本殖民時期經驗，還有一九四五年起蘇聯與中國的影響。最外面的那一層塗漆，就是金日成和他的接班人的作為，當然他的接班人也可以選擇在這層塗漆上面灑上自己喜歡的顏料，只是一直到現在，我們還沒有看到全新一層塗漆完整包覆上去。塗漆上面到處是裂痕，我們可以看到裡層的塗漆顯露出來。有時候塗漆層會脫落，或者不同顏色層混在一起。總而言之，今天的北韓是從上面提到的各種元素組合出來的複雜圖像。如果只從一個面向去解讀，忽略了歷史的根源，那麼我們的了解就不完整，會走上錯誤的方向。

2 意識形態和領導人：國家內部的凝聚力

如果要我舉出一個原因來解釋，為什麼北韓經歷過飢荒、國家創建人過世，而且其他社會主義系統早已經崩解之後，還能夠存活下來，那麼我會毫不猶豫拿出意識形態當作主要理由。這裡的意識型態指的是一種無所不在，從幼兒時期就開始教導，且受到廣大民眾接受的價值體系，這個價值體系也是一種要求嚴格，而且應用廣泛的判斷真理依據。這個意識形態，還有站在意識型態中央的政權領導人，他們扮演關鍵的角色。他們傳達一整套的價值觀給北韓人民，許多北韓民眾在過往的日子裡面服膺敬重這套價值觀，甚至視之為比自身最基本的生理需求，例如食物，還更重要。假設這個政權有一天消失了，不管是突然倒台，還是逐漸沒落，消失的原因不外是意識形態的轉移，或者對意識形態的信念瓦解了。所以一九九五年金正日才會強調：「我們從社會主義在某些國家崩解所學到的教訓是，社會主義之所以會被掏空，一定是從意識形態先被掏空開始，如果意識形態的防衛陣線開始解體，那麼社會主義其他所有的防衛陣線都會一一跟著解體，最後社會主義就成了一堆廢墟。」[1]

許多我們在北韓到處可以觀察到的現象，雖然具有北韓特殊的色彩，但是它們本質上還是源自社會主義和極權政治的根源。這些現象在德國已經消失了四分之一世紀，這個體制背後的邏輯以及它造成的影響已經被淡忘了。所以我現在先來複習社會主義意識形態所造成的廣泛影響，然後將領袖崇拜、主體思想、先軍政治視為北韓脈絡發展出來的特殊案例來研究。

社會主義和共同體：有自覺地做正確的事

社會主義式的社會，如果沒有主導的意識形態就無法存在，這是與市場經濟最大不同之處。為什麼如此？讓我們來仔細看看國家社會主義系統的基本運作方式，看看列寧如何用馬克思的名義發明出一套運作模式，然後再將修改調整之後的版本輸出到不同的國家和不同的歷史脈絡中。這樣我們就會明白。[2]

這個系統的基礎是，系統裡面的人要做「正確」的事，才有辦法讓到處都缺乏的資源能夠做「更好」的分配。但是對整個社會而言，到底什麼才叫做「正確」和「好」，這必須先定義。這就是意識形態最重要的用途之一。無論是國家體系（官僚體系），政治體系（一黨專政），或者政治自由的處置方式（壓迫），在打造這些體系的時候要留意的某些特質，都是直接從這個定義出來的結果。

要往那邊投資？國家如何規劃預算？個人勞動如何計酬？消費商品的分配又要如

何籌畫？所有這些問題都可以用意識形態來決定。所以意識形態不僅能夠影響政治和社會，還能夠直接影響經濟。

其中一個重要挑戰，就是擁有的資產和責任之間的關係，許多社會主義國家在處理這個問題上面都沒有成功。如果大家體驗過共居住宅，有使用共享廚房的經驗，或者曾經比較過公共衛浴設備和私人衛浴設備的使用狀態，就可以了解我接下來要談的重點。如果是私人擁有的物件和設備，大家都比較願意去做有效率的使用和維護。如果是集體共有的資產，或是責任歸屬更為模糊的國家資產，那麼大家的意願就不高。發生在共居住宅裡面令人惱怒的事，若是發生在以共有資產為基礎的國家體制內，很可能就是攸關存亡的危險威脅。要求大家遵守「正確」作為的規定，並不是可有可無的選項，而是確保經濟和整個社會可以運作的不可或缺的先決條件。所以大家自然也都有心理準備，要促成這樣的作為可以落實，甚至在必要的時候，還要動用強制手段讓其實現。

如果在西方社會實踐「正確」作為，我們並不需要手冊，也不需要受過訓練。亞當．史密斯創造了「看不見的手」這個代表自由經濟體系的強有力圖像。這隻看不見的手的背後，是每個人天性裡面利己的傾向，從這樣的天性出發，這隻看不見的手就會自然而然地，而且不需要有指揮中心，就可以做到「正確的事」。國家只要保障私人資產的權利，照顧公共財產，而且依照不同社會裡面所凝聚的不同共識，盡量透過社會體制裡的分配機制，來避免人性自私所導致的不公不義。

但是在國家社會主義體系裡面，背後運作的是另一種邏輯。在這個體系裡面，「看不見的手」這樣的想法會被批評，個人利己的天性也會受到譴責。如果用自由主義者的說法，在國家社會主義體制就是讓人一直違反自己的天性行動。在這裡，個人的利益遠不如社群的利益重要。所謂的社群，在不同脈絡下可以是工作團隊、軍方單位，或者就是政黨。在北韓，人們心目中最高等級而且最珍貴的社群就是自己的國家。北韓的社會主義在本質上根本是一種根深蒂固而且公開展現的國族主義。這是北韓與其他真實存在的社會主義國家最明顯的不同。

我們需要意識形態來勸阻人們不要從事某些行為，或者鼓勵他們去實踐另外一些行為。在宗教上，我們也可以看到非常類似的規範性目標，例如基督宗教的十誡。一旦宗教成為強制性的國家宗教，那麼宗教和意識形態之間的差異就迅速消失。從相反的角度來看，北韓的意識形態也常常被比擬為一種宗教。

從某個程度來說，社會行為可以說是所有社會的構成要件。社會行為來自於家庭的存在，也來自於複雜社會裡面攸關生存大任的合作分工。所以，意識形態的功用並不是為了要產生社會行為，而是為了社會行為背後的價值基礎，還有社會行為的範圍，以及與此相關的個人自由抉擇的限制。

意識形態也意謂著某個機制存在。有了這個機制才能形成、詮釋、修正和推廣這個意識形態。如果是國家社會主義體系，那麼這個機制就是「政黨」，政黨掌握了獨占的權力。在蘇聯和中國，這個政黨的名字就叫做共產黨，在東德叫做德國統一社會黨（Sozialistische Einheitspartei Deutschlands）。北韓的朝鮮勞動黨是意識形態的守護者，而這個意識形態或多或少導引出後來的主體思想。關於主體思想，我們後面會更詳細討論。

因為政黨負責意識形態，國家負責實踐，所以在社會主義體制裡面，通常國家和政黨是融合在一起，在北韓亦然。政黨和國家一起合作，導引人們的行為邁向既定目標。政黨和國家制訂規則，管控人們來遵循規則，甚至不惜動用監聽的方式，不擇手段就是要達到目的。

社會主義系統的創造者和維護者，總是相信這個體制在道德上的優勢，和這個體制內含的普世性真理。北韓也不例外。所以，他們對於意見不同者的容忍度也很低。我們在這裡一定要把這個因果關係搞清楚，這點非常重要。這樣才能夠了解這些常常出現的極端手法，在北韓，國家和個人為了實踐意識形態，往往會使用這些極端手法。屬於這些極端手法的案例為：逼迫政治異議人士、高度限制個人自由，以及違反人權等。

讓人痛心的是，犯下罪行的人對自己所做的錯事並沒有太大的感覺。這裡的人普遍接受為達到目的可以不擇手段。這讓我們想起一九四五年之後納粹政權的高官，還有一九九〇年之後東德情報和祕密警察機構國家安全部（史塔西）的官員所發表的言論；其中最為經典的就是這個可悲又可笑的證言：一九八九年十一月十三日在東德人民議會前，長年擔任國家安全部部長的艾里西・米耶爾克（Erich Mielke）結結巴巴地說出：「我真的愛所有……所有的人。」[3]

意識形態要發揮影響力是從遊說勸導開始，雖然還是會使用威脅逼迫做為最後的手段。意識形態的奉行者相信自己的理念，認為這些就是正確和美好的。他們不認為自己是逼迫者，而認為自己是嚴格的導師。這就也就是我們平常籠統稱之為「宣導」的工作。國家所屬的媒體，例如報紙、廣播、電視，都必須尊奉政黨制定的任務，也就是提供符合既定規範、路線明確的民眾教育。媒體的功用不在於提供客觀資訊，甚至也不是娛樂，而是要傳達價值觀以及行為準則。

如果想要了解這個現象，我建議大家可以隨便上網挑選一個北韓媒體網站，[4]馬上可以感受到那種父權家長教導的聲調。從媒體裡面看到南韓人民的悲慘狀況，還有美國的罪行，也可以從裡面看到全世界如何敬重北韓和北韓的領袖。人們看到在生產力，還有在其他領域的各種不同的成就。除了這些政治的內容以外，還會說明朝鮮文化的優越成就與特殊性。家長教導式的語氣，非黑即白的教材，不斷重複令人疲憊的報導，這些都清楚擺明教導背後的用意，不容許懷疑的空間。

北韓人民能從媒體上知道他們領袖最近的活動，而這些媒體報導也同時發出訊息，要求人民要有相忍為國、共體時艱的準備。[5]二〇一二年五月時，金正恩才剛剛接班掌權數個月，他突然發出不尋常的嚴苛批評，透過媒體傳播發送到全國各地，這也算是他想要傳遞的權力訊息。原因是他去參訪平壤附近一座遊樂園，園地就座落在他祖父金日成的出生故居附近。金正恩看見人行道上的磚塊已經爆開，油漆脫落，走道旁雜草叢生。這段參訪的媒體報導說：「他認為這個遊樂園的黨工和還有負責人服務人民的意願非常冷淡低落。他用很嚴肅的口吻表示：這已經不是一個實務面的問題而已，而是最基本的意識形態的態度問題。」[6]

這段文字透露了一個潛藏的訊息：國家內部的難題並不是領導人或體系的責任，反而是要歸咎於那些無能的官員。這些話裡面傳達了令人不寒而慄的威脅。我們可以看到一個小小的「世俗界」錯誤，就可以被任意扭轉成是意識形態有缺陷的立場態度問題，然後再經過一番意識形態和政治對照比較，最後竟然可以被羅織成一項滔天大罪。根據我自己在極權體制生活過的經驗，這些都是明白直接但又曖昧模糊的威脅劇碼，這套威脅劇碼一方面讓人內心極度不安，也同時賦予這個體系無比的操控大權。這套威脅劇碼提醒我們，這裡是有規矩的，稍微違規都會被察覺，我們隨時隨地都被監控。但是，這些規矩具體來說又是什麼？我們會受到怎麼樣的懲罰？災難何時真的會降臨在自己身上？這些都沒有明確答案。恐懼再加上曖昧不明，就足以讓大多數人在匆忙紊亂之間選擇了服從和自我約束。

在一個以意識形態為基礎的體制裡面，沒有哪個生活領域不被意識形態滲透。在北韓，任何形式的藝術都是為宣導而服務。[7] 例如金正日，北韓建國者金日成的兒子和接班人，也是現在領導人金正恩的父親，金正日早期有名的事蹟就是與電影有關。我們今天可以參考他自己寫的一本書，這本書被翻譯成多種語言，包括德文。[8] 這本書的核心思想可以凝聚成一句話：為藝術而藝術沒有價值。藝術和文化要為使命而服務：「讓人民為革命動員，培育他們成為共產黨員——這就是革命作品的主要內容。」[9]

在北韓，除了媒體和藝術外，日常生活也是被意識形態和宣導所決定。對西方訪客來說，最深刻的印象就是到處可見的紀念建築和政治標語：「讓我們向朝鮮勞動黨獻上最高敬意」、「二十一世紀的太陽，偉大的領袖金正恩同志」、「讓我們用自己的生命捍衛以金正恩為中心的黨中央委員會」、「團結一致」、「讓我們遵從黨派和國家的領導，建設更美好的家園」。

很多地方都掛著擴音喇叭，播放宣導的內容。在地鐵裡面、工作場合，甚至在住宅裡面，到處可以看到擴音喇叭。一大早就有擴音喇叭的車子穿梭在巷弄間，將最新的口號廣傳出去。建築工地會配備有大卡車在車頂裝上數部擴音喇叭，然後對著建築工人一波又一波地播放，有時候是鼓舞人心的口號，有時候是朗讀官方文件，或者是革命的歌謠。「多多益善」原則在這裡派上用場。擴音器喇叭被調到最大音量，震聾欲耳地賣力嘶吼。社會主義裡的宣導不走低調細緻的風格。

自然而然地，人們對這些宣導的反應要不是調整適應，要不就是裝聾作啞。一旦意識形態的激勵策略成為日常生活的一部分，這個策略就會逐漸失去效應。結果就是不斷繼續提高宣導煽動的強度。對外部的觀察者來說，情況一下子就變得非常荒誕誇張。一再重複同樣的刺激，久而久之也會讓人漸漸習慣，一旦習慣了，文宣也就失去效力，這個時候就要祭出身體上的暴力，才能夠驅動人們去做「正確」的事。這裡我們就看到傷害人權的惡性循環，對於國家社會主義體系來說，傷害人權幾乎是必然的惡果。在這樣的國家體系裡面，只有當社會有辦法脫離整個國家社會主義意識形態的牢籠，才有辦法看見人權問題獲得持續且深入的改善。也許不是官方名義上的脫離牢籠，而是實質上的脫離，例如中國的案例。

到底人民真正的想法是什麼，可能我們外來訪客，甚至連這個體系本身都摸不清楚。我的資料根據來源是來自我多次與北韓人交談，甚至包括那些已經離開北韓的人，他們可以比較誠實說出自己真正的想法。我的推論是：一直到今天，大多數的北韓人心裡已經將這些意識形態內化為自己的價值觀，並且奉為圭臬。背後原因應該是：意識形態和國族主義緊密結合，國家積極操弄的戰爭動員心態和外敵圍困的回憶，還有國家滴水不漏持續監控來獨掌資訊。

不過東德的經驗提醒我們，我們還是要小心這樣的評估。在一九八九年十月七日東德國慶日當天，揮著手遊行經過領導人何內克和他手下一群元老黨政夥伴所在看台前面的民眾，許多人早在心裡面已經跟這位領袖和體制做了了斷，所以在數天之後，這些人出來支持政治轉型。北韓不斷成長的中產階級所擁有的富裕生活，還有從中國流進來的資訊，都會讓北韓的單一意識形態越來越衰弱。一九九五年金正日提出「意識形態空洞」的警告，看來有可能一語成讖。

社會的首腦

北韓意識形態的核心就是領導人。沒有領導人，意識形態就不完整。因為只有領導人可以決定，根據一般原則或是根據北韓的特殊脈絡，到底什麼算是「正確」或者算是「好」的。就像人們口中常常提到「領袖的體系」。社會就是社會政治的「身體」，這個身體的「頭」就是領導人。在北韓，可以常聽到人們說，沒有了頭部，社會也無法存活。

北韓絕對不是全球唯一讓獨裁者站在領導尖峰的集權體系。不過，北韓領導人的定位與毛澤東或者史達林的定位又不相同。在北韓，一人權力獨斷掌控的程度，領導體制不間斷存在的壽命，前任領導人的兒子直接成為朝代接班人的兩次案例，這些現象，即使在所有自稱為社會主義國家之中也算很獨特。

金日成創造了北韓的領導體制。他模仿的對象是史達林。這是可以理解的，因為二戰之後，北韓社會的重新建構就是根據蘇聯的模式。不過史達林一九五三年過世了。在赫魯雪夫大力批評史達林的恐怖政權之後，集體領導的概念在一九五〇年代的蘇聯成了主流。最晚就從這個時候起，金日成開始將他的意識形態脫離北京和莫斯科的指導，走上自己的道路。

領導人扮演的角色，還有對領導人絕對忠貞的要求，被寫入在北韓意識形態的法規中，出現在不同的文本脈絡裡面。所謂的「建設單一意識形態體系的十項原則」在其中有特殊地位。[10] 在這個「十項原則」裡面，有個主題以不同形式重複出現，就是對領袖忠貞不二的絕對效忠。這份文件在一九六七年通過，當時，我們所知道的最後一波朝鮮勞動黨的大型清算行動才剛過去；這份文件也宣告了金日成權力爬升階段的終點，因為他已經是北韓社會裡面無人可以取代的唯一領袖。二〇一三年中旬的時候，這份文件為符合現況而更新，主要的變動就是在金日成的名字之外，添加了金正日的名字。

這個領導體系的附帶現象，就是對領袖高度景仰，我們稱之為個人崇拜。早在一九五〇年代晚期，當時的東德外交官員就在內部報告裡面批評北韓個人崇拜的現象，只是在表面上，還是對外呈現出彼此兄弟般的友誼和同志情懷：

北韓大張旗鼓在金日成同志身上，搞起個人崇拜的浩大工程。北韓民眾的成就統統歸屬於他一人的功勞。金日成也沒拿出任何對策來制止這樣的個人崇拜以及其所帶來的種種負面效應。最近以來，若有同志與金日成的意見不合，會受到更嚴苛的逼迫。這些異議分子會被遣送至鄉間，到礦坑勞動，到水壩，甚至到集中營。這種逼迫手段最常用來對付曾經到歐洲社會主義國家工作過，或者留學過的學生和專業人士。[11]

對於西方訪客來說，北韓現實世界裡面最令人不舒服的經驗，就是這種個人崇拜和與個人崇拜密切相關的宣導。最顯眼的表達方式，就是分散在全國各地數百尊超大型的金日成銅像。現在已經有許多金正日銅像加入了行列。巨大的馬賽克牆面和壁畫的數目更為驚人。北韓的景觀大部分是以灰色水泥，或是赭色土壤為主調，在這樣的背景下，這些馬賽克牆面和壁畫用歡愉明亮的色彩，象徵這座島嶼乾淨、秩序、幸福。

這些馬賽克牆面壁畫和雕像都是敬拜偶像的聖地。假日的時候，民眾會前來造訪，在這些聖像前面拍照留念。新婚伴侶們在聖像前獻上花束。運動員將他們的勝利獻給領袖；北韓當地最高學府就是冠上金日成的名字：所有北韓人戴在胸前的徽章上面都有兩位已過世領袖的肖像。

公寓裡擺放金日成和金正日肖像的位置有嚴格的法律規定。北韓文學與文獻裡面滿滿記載了各種英勇事蹟，這些故事述說人們在身處災難時，例如身陷火窟，甚至遭遇船難，寧可犧牲自己的生命，也要奮力拯救領袖的肖像。這些對於領袖不尋常且超乎自然的神性歌頌讚美，早已被翻譯成眾多語言。[12]在學校證書裡面排列在最前面的五個學科是：「偉大的領袖金日成大元帥的革命行動」，「偉大的領袖金日成大元帥的革命歷史」，「偉大的領袖金正日元帥的革命行動」，「偉大的領袖金正日元帥的革命歷史」，「抗日女英雄國母金正淑的革命歷史」。[13]

身為外國人我們特別要小心，千萬不要在北韓人面前對這些我們看起來很奇特的現象隨意開玩笑。任何對領袖崇拜儀式的批評，在北韓會被認為是對領袖和意識形態的攻擊，甚至認為是侵犯整個國族。於一九九四年高齡八十二歲過世的金日成是北韓的核心象徵。二〇一一年金日成的兒子金正日過世之後，北韓也想要將兒子和父親融合為一體。

一直到一九九〇年代中期之前，北韓的人物崇拜就是賦予被崇拜對象超乎自然不同尋常的神性。這些神性部分表現出北韓權力掌控的正統性，除了神奇的療癒能力之外，在前面兩位領袖金日成和金正日身上，還展現出可以與自然現象連結的神奇能力（例如秋天時讓樹木開花），以及宇宙天文的奇異徵兆。金正日出生的時候，天邊出現一顆特別閃亮的星星，在他往生之後，全國的鶴一起展翅朝天高飛，而鶴在儒家思想裡面帶有深遠的意義。到底是象徵意象還是真實的信仰，其實很難清楚區分，就如一本描述金正日生平的書在前言上所說：

金正日同志不只是朝鮮人民政治生命的守護者，而且是朝鮮人身體生命的救星，只要是有利於勞動大眾的健康，金正日就會不顧一切代價，即使犧牲自己，也要讓勞動大眾享有福祉，帶給他們無比的幸福。金正日對人民的摯愛無比偉大，甚至可以讓患病者重獲健康，喚起嶄新的生命，就像春天的雨露一般，提供被祝福的大地飲用止渴……這讓遍布全球的不同族裔都讚嘆不已，也讓他們特別羨慕我們……

但是，遠比身體生命更重要的是政治生命，還有領袖無遠弗屆、包羅萬象的關懷：

人類的政治生命是決定人類價值的最高尚的標竿。我們的身體生命是有限制的，但是我們的政治生命是不受限，可以永遠存在。所以在世間可以找到的最偉大的關懷，就是可以賦予人民政治生命，而且還細心呵護這些政治生命。金正日同志隨時隨地想到朝鮮人民。金正日賦予人民政治生命，這是人民無法從自己的父母繼承而來，也無法從大自然本身取得的。金正日也特別用心照顧，讓這些政治生命透過實踐，還有社會中的奮鬥，能夠獲得更多的榮耀。這樣的關懷表現出來就是一種大愛，金正日胸懷這種大愛來領導人民，讓他們邁向可以產生豐碩成果的革命抗爭，然後帶領他們繼續成長，不斷自我革命，依據勞動階級的典範來不斷自我轉型，指導他們用「主體思想」的價值觀來裝備自己，然後發展成成熟自立自主的人。[14]

我們也必須承認，從一九九〇年代的中期開始，可以看到意識形態的語言出現某些調整。超越自然定律、神祕現象的劇情和圖像，在這個階段很明顯就只是象徵性詮釋的領域。留下來沒有改變的是領袖本身在意識形態體系裡面的中心地位，還有對於領袖的個人特質和他們的成就時序不斷大力歌功頌德。另外，期待人民對體制付出完整的忠誠度，這點要求可是一點也沒有妥協。

來自中歐背景的人，讀到上面那段書中的引言，會發現與基督教的靈魂概念非常類似。在這個脈絡下特別值得注意的是，金日成的母親康盤石和外祖父康敦煜都是坦白公開的新教徒。但是在北韓，天父並不是上帝，而是領袖，而天上的母親並不是教會，而是政黨。儒家思想裡面的「忠」和「孝」，分別是對統治者的忠誠和對父母的尊敬，在北韓的意識形態裡面，兩個概念被很巧妙地融合在一起。有時候我們在西方的文獻裡面也看到有人提出這樣的主張，認為對金日成的個人崇拜，從外面的角度來看是一種國族主義式的崇拜，但是從裡面的角度來看，就帶有濃厚的宗教色彩。

在北韓，為了樹立領袖極權統治的正統性，除了引用傳統來支持之外，也會端出歷史上的成就。每一位在北韓的兒童都會學到，金日成將國家從日本人手中解放出來，金日成捍衛國家抵擋美國人的侵犯，然後他也建設了一個處處照顧人民需求的國家。直到今天，即使那些從北韓逃出到南韓的脫北者，還是不輕易說出任何一句對金日成負面的評價。

對於領袖的形象，無論是口語或文字相傳的描述，還是圖像的呈現，從中可以看出一系列不同的準則。其中最主要的就是父權的主軸：展現這位領袖是位關懷照顧者，偶爾也會表現嚴父的風格，不過大多數的時候是全民慈愛的父親。金日成展現的形象通常是睿智的謀略家和英勇的戰士。但是值得注意的是，他與兒子和孫子不一樣的地方在於，金日成在公開場合現身時很少穿著軍服。金日成的銅像也是穿戴一般普通的服裝。[15]

另外一種領袖姿態是經理人的形象。我們看到這位領袖往往將雙手臂交叉放在背後挺著腹部，正忙著對某個建設計畫或工廠設備做出指示，或者張開雙臂給出指導，因為領袖的指導散發流露出的智慧才氣，讓在身邊隨時準備筆記本的隨從人員忍不住讚嘆驚訝。民眾也可以感受這位領袖身為睿智的理論家和管理者的氣度，他專注地坐在自己的書桌前，直到深夜還在為國憂煩。

將領袖與國際人士放在一起的圖像也非常有趣。這裡面金日成是那位氣度雍容，掌控全局的政治家。帶著優雅的姿態接見那些遠遠比不上他的賓客，這些賓客中有些人會震懾於金日成的氣勢而留下深刻的印象，有些人甚至會興奮地歡呼迎接他。就算是留下的相片中，也要刻意塑造領袖卓越超群的形象。如果大家有機會來到南北韓界線的板門店，我會建議大家仔細看看在當地博物館裡面展出的一九五〇年代早期，戰爭停火協商現場的照片。這些照片都是精心挑選過的，有些地方也被後置處理過，從幾張相片取出部分，然後拼湊在一起。相片裡面的美國人那一邊，有些人用手抱著頭（表現絕望），有些人轉過身，要向他們的同伴徵求意見（表現無助），北韓代表的那一邊則擺出優越的姿態，目光直接篤定向前，留下充滿自信的形象。

一方面我們看到金日成與外國人相處的時候刻意呈現出距離對比的形象，另外一方面，當金日成與兒童或樸實的農民在一起的時候，又是完全不同呈現。在這個情境下，金日成坐在地上，展現燦爛的笑容，自然而然與周遭的民眾融為一體。另外北韓也會再三強調領袖的謙卑，其中常提到的例子是金日成拒絕在他的巨大雕像上再鍍上一層金質表層，而是直接採用簡單的青銅材質。

有一幅油畫名為《領袖拜訪我們的那個夜晚》[16]，我覺得特別有代表性。這幅畫裡面我們看到有位女孩，在一間用茅草覆蓋屋頂的一層樓傳統農舍前面，拿著掃把掃雪。這幅畫的重心是兩隻以棕色皮革製成的泛白色男性長統皮靴。這兩隻長靴擺放在一個較高的位置，腳跟朝向屋子，往下面一層的地方，滿懷敬意地擺放另外一雙平底鞋，鞋尖朝向長靴。這好比是「鞋子召集令」，從大小、位置和排列安置上的象徵手法，可以很明顯看出領袖與平民之間很嚴格的階層秩序。

領袖卓越超群的形象常常用騎士的姿態呈現，通常是騎在一匹白馬上，或者是透過領袖的肢體語言和他周遭環境來表達。若是圖像的呈現，我們會注意到，圖片作者會選擇一個特殊的角度，讓領袖的頭部總是高出周遭其他人的頭部一截，可以凸顯出來。但是如果是領袖的接班人和他的孩子，就可以有例外。若是文字書寫的呈現，領袖所說的話還有領袖的名字總是會被標示凸顯，用粗字體或放大字體列印出來。領袖的照片如果出現在書籍或者報刊裡面，那麼通常會用特殊的邊框標識。領袖的照片不可以被折疊，或被拿來用在其他世俗的用途（例如拿來包裝用）。還有一系列的歌曲是特別用來歌頌讚美領袖。例如金日成就有一首早在一九四六年七月就寫好的《金日成元帥之歌》，還有《我們的大太陽金日成元帥》，以及《獻給領袖金日成之歌》。

幾乎每種北韓出版品都會引用領袖的話語，所以國家創建者和他兒子的整套著作就是最好的文獻來源。光是金日成的見解，就可以填滿上百部書籍。這是見解被視為是智慧的巔峰成就，被拿來密集學習，仔細反覆研讀，不斷地引用和再引用。北韓領導人的著作現在已經被轉成安卓系統的行動應用程式（APP），可以在北韓自己製造的平板電腦三池淵（Samjiyon）和智慧型手機阿里郎（Arirang）裡面使用。

金日成的領導風格，後來也被他的兒子和孫子繼續採用，這種風格我們可以用西方概念裡的「微型管理」來理解。領導人密集走訪全國各地，用所謂「現場指導」的方式來表達自己的意見，有時候甚至要評論一些微不足道的問題。有些批評者指出，這種個人式的領導風格，只是凸顯出組織內的缺乏信任和缺乏分工管理的能力。另外有些作者會稱之為「家長式領導」，或者指出，透過這樣的程序會帶給那位四處走訪的領袖一股無所不在的光環，許多人可以用這種方式親自體驗這位領袖的存在。[17] 這就好像神明下凡親自接觸世人一樣。

金日成的生日是一九一二年四月十五日。這天是「太陽日」，也是全國最重要的節慶日。一九九〇年代末期，北韓甚至採用自己獨特的曆法「主體曆」，將建國者金日成的出生年一九一二年訂為主體元年，二〇一四年就是主體一〇三年。

有一種特殊混種的蘭花被賦予金日成的名字，是金日成的印尼崇拜者在一九六四年特別培育出來的。人們喜歡將這些紫紅色花朵用在圖像上，或用在公開場合的表演中，這就是比喻金日成的象徵。他的兒子金正日則是用一種燦爛紅色的秋海棠花金正日花（Kimjongilia）來做為象徵。

凡是金日成碰觸過或者看見過的物品，就會成為聖物，如果物品的體積小，會被小心翼翼保存在玻璃裡面。人們會在紅色海報上面用金色字體標示這些意義非凡的事件。這些被賦予神聖意義的地點或物品，不容許一般的凡夫俗子使用。在平壤的金日成大學的高樓裡面三座電梯的中間那座，就是屬於禁止凡人使用的聖物。金日成在散步時休憩的石頭，也因此被圍籬隔絕起來。

這種偶像崇拜大部分都是環繞著金日成。相較之下，金日成的兒子金正日在世的時候，比較少產生出這類聖潔之地或者聖潔物品。但是自從二〇一一年底金正日過世後，以及他的兒子金正恩掌權以來，情況有些改變。我們可以觀察到，單獨對金正日一人敬拜，還有將金日成與金正日融合為一體的現象，越來越頻繁。

金正日在金日成大學求學時期在講堂裡用過的桌子，現在用白布覆蓋起來。在北韓境內山區風景最優美的地方，岩石上會鑽鑿幾尺深，刻上金正日的用語和警句做為裝飾。

特別在對金日成的個人崇拜上，常常會整合國族的象徵。例如數百年來在北韓被視為聖地的長白山。長白山坐落在北韓與中國的邊界上，海拔高達兩千七百公尺，是北韓境內最高的山。金日成就是在長白山附近地區率領游擊隊抵抗日本人。官方認可的金正日的出生房子，也座落在長白山的山腳下。一九四二年二月十六日，金正日在抵抗日本的戰火中和簡陋的環境下來到世間。

在所謂的國際友誼展覽館中，可以看到與中國傳統外交政策裡面根深蒂固的進貢概念非常類似的思維。國際友誼展覽館是一座傳統朝鮮風格的水泥建築，屋頂覆蓋上了青色釉彩的磚瓦，建築座落在環境優美的妙香山中，在平壤東北方約兩百公里處。在巨大的青銅大門背後，展示著所有贈送給金日成和他兒子金正日的禮物：東德來的鹽皿，中東來的自動手槍，還有史達林的車子。北韓人和外國人常常被帶到這個展覽館參觀。穿著傳統服飾的女人拿著解說棒，導覽說明這些展示品的故事，這些物品被視為來自全球各地的人向北韓領導者表達的敬意。但是這個地方禁止照相，我不了解禁止拍照的原因何在，但是一直到現在，我的問題都沒有得到答案。

在朝鮮，六十歲大壽是重要的日子。六十年剛好是十二生肖五個輪迴的結束，所以特別有一個名詞「還甲」（환갑）來紀念這個人生重要的里程碑。金日成六十歲生日的時候，首都平壤特別完成了一系列大型紀念建築工程。其中最著名的就是聳立在萬壽台丘陵地上的萬壽台大紀念碑，其中有全北韓最高大的領導人雕像。還有我們前面提到的朝鮮凱旋門，西方人就直接稱之為凱旋門。主體思想塔位在大同江岸邊，高達一百七十公尺，到了夜晚，巨塔尖端裡面會發射出閃爍的紅色火焰光芒。主體思想塔是在一九八二年金日成七十歲生日時建造的，總共動用了兩萬五千五百五十多塊花崗石，每一塊石頭象徵著金日成七十歲生命的每一天。金正日和金正恩到現在都還沒有類似這樣等級的巨

大建築物。二〇一二年四月的時候，萬壽台大紀念碑上金日成的巨大雕像旁邊，也樹立了一尊尺寸相當、紀念他兒子金正日的青銅雕像。

紀念金正日的脈絡裡面，特別會提到的主題是自我奉獻犧牲。金正日二〇一一年十二月突然過世時，他正在前往工廠或工地「現場指導」的火車上，當時外面遇到了大風雪。許多的圖像、文字和博物館展示，就將他在火車上過世的景象呈現為為了人民福祉憂國憂民，不間斷操煩工作而拖垮身體的結果。在頌讚他的口號中，會特別強調他的愛國精神（애국주의）。

領袖崇拜本身會帶出一項重要功能，在整個意識形態體系中不可或缺。根據不同指示，領袖崇拜也會做必要的調整和修正，特別是所有的口號和標語常常會定期更新。金正日二〇一一年過世後，本來的口號「偉大的領袖金日成將與我們長相左右」就再添加上金正日的名字。金日成最後遺體安置在他生前辦公的宮廷，二〇一二年改名為「太陽宮」。太陽宮擴建之後，現在是安置兩位領袖的陵墓，他們的遺體經過防腐處理可以永久保存。通往陵墓的路上還配備一條特殊專用的街車路線。

能有機會去參拜領袖的陵墓，對北韓人來說是莫大的榮耀。西方訪客要去參拜，也要經過跟本地人一樣的程序。首先要通過一個像在機場一樣的安全檢查，然後才允許步入這棟象徵權力無所不在、帶著威脅嚇阻效果的巨大建築。參訪者步上電動步道，經過長長挑高的廊道，來到一個中繼站，在這裡所有人都要經過強勁的冷風機吹去身上的灰塵，才能繼續前進經過儀仗隊，再通過一堆門廊和通道，然後在莊嚴的音樂聲中，刻意調低亮度的燈光下，最後終於進入最神聖的地方。參觀者環繞著領袖的棺木，可以從棺木三個側面（除了頭部的那一面之外）對著棺木彎腰致敬。然後訪客繼續被導引進入其他房間，裡面陳列各式各樣過世領袖獲得的國內外表揚獎項，例如獎章或榮譽狀，訪客還可以看到領袖巡訪各地「現場指導」時所乘坐的火車車廂。

這些各式各樣敬拜北韓領袖的儀禮，會讓許多國際訪客感到很難適應。不管是觀光客、國家邀請的貴賓或商人，在北韓，都會毫無例外地被要求最起碼要對萬壽台和太陽宮陵墓裡面的領袖雕像彎腰致敬。如果國際訪客拒絕行禮如儀，陪同的北韓隨行者可能會接受，但是這樣的舉止會被視為最嚴重的冒犯褻瀆，「嚴重冒犯」的標籤就從此如影隨形，深深影響接下來在北韓的行程，甚至在行程結束後還陰魂不散。我們是向獨裁者致敬嗎？還是我們在對一個國族的象徵表達敬意？考慮領袖對於意識形態所扮演的角色，還有領袖對於這個國家的自我認知所扮演角色，我會傾向於選擇後者的詮釋（對國族象徵致敬）。但是每一位訪客應該自己做出個人選擇。

金正日和金氏王朝繼承者的問題

如同每一位企業家或者每一位國家的創立者，金日成在晚年的時候，也必須面對一個不可避免的問題：在他百年之後的國家何去何從？他生前無所不在的超人形象會是個不小的障礙，尤其對於意識形態體制更是一種負擔。我們有辦法取代這位獨一無二的領袖嗎？對於一個自稱為社會主義的體系而言，可以讓自己的兒子成為國家繼承人嗎？這樣直接轉移權力給自己的兒子，會不會影響人民對北韓政權的信任，動搖這個意識形態體制本身的穩固基礎？

金日成絕對不會考慮的選項之一，就是用集體領導的方式來處理繼承人問題，因為這個體制就是以領袖為核心的基礎而建造出來的。所以體制需要新的領袖。這位新領袖要能夠對金日成忠貞不二，但是也要有自己的特殊角色。如果期待新領袖只是無法複製的本尊的另一分身的話，那根本就是一種自我矛盾的期待。所以，金正日被打造成扮演雙重身分的政權繼承人，一方面是他父親思想最具權威的詮釋者，另一方面是他父親遺產的守護者。

我常常用太陽與月亮來形容金氏父子之間的關係。金日成擁有很多名號，但其中最響亮的就是「國族的太陽」，從很多面向來看，這個「國族的太陽」要認真照字面意義來解讀。韓文「日成」的兩個漢字，字面上的意思就是上升的太陽。我們可以把占據社會中央位置的領導人當成太陽來理解，所有的社會事務都環繞中心運轉，就像太陽系的所有天體繞著太陽運行，許多天體可能本身尺寸微小毫不起眼，但是可以透過反射太陽之光讓本身也閃閃發亮。所以一個民族如果沒有領袖，就好像太陽系裡面沒有太陽。

在這個權力的星群分布中，金正日的角色就好像月亮，月亮會發亮，是因為反射太陽的光。不同於一般皇族世襲的權力轉換，金正日在他父親過世之後，很聰明地並沒有企圖讓自己變成太陽。他處心積慮讓金日成這顆太陽盡可能永遠發光發熱，這樣才可以經由光照反射，讓金正日自己身上也特別閃耀明亮。

不過，金正日也不是一開始就篤定可以扮演這樣的角色。金正日是長子，若是根據儒家思想的傳統，金正日應該是理所當然繼承政權的頭號人選。但是，這樣的推論並不全然正確。金正日自己就是挑選排行老三的兒子金正恩為繼承人，這點並不符合儒家思想。

金日成的弟弟金英柱長期活躍於政壇。但是一直到今天，如果我們追問起金英柱的處境，得到的反應要不是沉默以對，要不是顧左右而言他。一九七五年四月，金正日非正式地被他父親提拔為繼承人之後沒多久，金英柱就從政治舞台消失，也不再介入政黨事務。今天他的職稱是最高人民會議常任委員會名譽副委員長，屬於象徵性的。最高人民會議是北韓的國會。二〇一四年的時候，他正式擔任這個職位，也是他最近唯一公開現身的場合。金平一是金正日同父異母的弟弟，從一九九八年起擔任北韓駐波蘭大使，在目前的政治場域裡面並沒有扮演重要的角色。

金正日是從數十年的歷練中逐漸取得接掌最高先知和首席門徒的合法資格。一開始，他在電影製片領域進行他的「現場指導」。他也費盡心思鞏固意識形態，導引政黨嚴格遵從以他父親金日成的個人和思想為主軸的路線。很快的，一般民眾和菁英階層都認可金正日有資格成為領袖的得力助手。一九七四年二月開始，他被正式標示為「政黨的中心」，在政黨內部已被視為接班人。接下來的重大里程碑就是在一九八〇年朝鮮勞動黨第六次代表大會上，也就是至今為止的最後一次代表大會上，金正日正式獲得提名成為父親的接班人。當金日成這位地位鞏固無法撼動的北韓最高領袖，公開宣告他的繼承人決定，這個決定就不會受到質疑，也不會讓人對整個體制的信心瓦解。

金正日是內定的政權接班人，一直到一九九四年，金正日出現在圖像上，在媒體曝光上，還有在「現場指導」或者其他類似的場合，金正日公開出場的時候大部分跟父親金日成在一起。這段期間出現的圖像呈現上，例如在相片、畫作或者是馬賽克壁畫，我們可以看到一位表情心滿意足，有耐心且專心聆聽的父親，他的兒子在旁邊，態度尊敬但精力充沛地向父親解說和展示。陪伴的隨行人員會與這對領袖父子保持一段距離，以示敬意。

值得注意的是，這位精力充沛的接班人並沒有在國家憲法裡面，也沒有在其他文獻中明確記載下來。這個問題從體制的角度來看，一直到今天好像還沒有其他解決方案。我自己的看法是，從長遠的觀點來看，只有集體領導的體制可以帶來政治上的長治久安。但是，如果沒有調整現存的意識形態，要稍稍脫離目前這個還是以在世領袖為主軸的框架是談何容易。我在此特別強調「還在世」的領袖，因為有一種可能是，統治系統全部以已經過世的領袖為基礎，然後將國家運作的實際責任分攤在不同人的肩膀上。我們從以下的命名就可以看出端倪：一九九八年賦予已過世的金日成新的名號「永遠的主席」，二〇一二年時已過世的金日成的兒子也獲得新的名號，政黨的「永遠的總書記」，另外還有一個早已經獲得的名號是國家國防委員會的「永遠的委員長」。

金日成一九九四年過世之後，金正日有三年時間沒有接掌新職務，也沒有出席公開場合。大家對於這段長時間缺席有很多臆測。推測的原因可能是：根據儒家傳統要守孝三年，或者是高層內部幕後的權力鬥爭，也有可能因為那三年（一九九五至一九九七）正是北韓陷入大飢荒危機的時期。

最引人注意的是，金正日一九九七年正式接掌政權之後，他還是極力維護父親形象和地位的完整，不會因為兒子的掌權而被取代。直到今天都沒有金正日的青銅像，也沒有街道或廣場用金正日命名，紙鈔上也沒有金正日像。傳統上，領袖每年都會對民眾發表新年談話，金正日掌權的十七年之間，新年談話改為在各大報刊登社論。這篇社論雖然沒有金正日的署名，但是無論在北韓境內或境外，大家都認為這是金正日所寫。金正日沒有把自己拱上去當國家主席，而是用「國防委員會委員長」的身分行使權力。金正日非常小心翼翼，不讓父親權威的形象因為新任領導人而效力消退。

金正日雖然將自己的名號從「敬愛的指導者」變成「偉大領導者」，但是就是沒有直接挪用他父親的名號「偉大的領袖」。[18]

父親生前時期所引進的傳統，金正日都繼續保持。例如金正日的生日一九四二年二月十六日，在過去數十年間都是政府官方的節日。一九九二年慶祝金正日五十歲生日的典禮上，官方為了增加外國人比例，我和五位德國同學，還有大概數百名其他的國際訪客才有機會在場。慶生典禮在一座巨大的禮堂裡舉行。壽星坐在尊貴的講壇上接受冗長無止境的祝賀和獻禮，看起來已被折磨得眼神呆滯。有一位來自阿拉伯國家的外交官當場唱起頌揚的歌曲，歌唱者雖然熱情十足，但就是缺少了音樂細胞。幸好我只是個被動的跑龍套角色，這讓所有出席者都可以鬆一口氣。一九九二年二月十六日這天，也是我深受震撼的一天。在金正日生日慶典的大禮堂前面，我看到了生平最壯觀的賓士禮車陣仗。這些公務車來自政黨、軍隊，還有政府機構的貴賓，琳琅滿目，幾乎涵蓋了賓士出廠汽車中所有顏色、車型，還有年分的代表。

雖然金正日釋放出一堆持續現況的訊號，他其實在意識形態和經濟政策上都有自己的重要主張。金正日接掌政權的時間點，北韓的處境正艱辛。一九九〇年代初期，北韓與蘇聯東歐集團的貿易關係丕變，特別是與蘇聯的貿易。外匯收入突變對北韓經濟是很大的打擊。當時東歐各國在這段時期的變局中捲入了經濟轉型的風暴，北韓因為貿易額不高，陷入的困境較不慘烈，但是進口石油成了問題。之前從俄國進口的便宜原油是用來在火力發電廠轉為電力，或者在煉油廠裡精煉為燃料。原油也是化工產業的基本原料，特別是用來生產肥料。

那時候又遇到一連串的旱災和水災，本來長期下來就效率低落的社會主義計畫農業，這時候更加捉襟見肘，沒有辦法生產足夠的糧食。同時這個時候還要將大部分資源注入國防軍備，特別是失去蘇聯的核子保護傘的護持之後，國防軍備對北韓更加重要。後果就是爆發重大危機。即使我們拿到的資料對於死亡人數的估計莫衷一是，但是稱呼此危機為一場大饑荒絕對不誇張。整個國家的糧食分配體系完全崩潰了。人民只好自立自救，靠著在中國邊界半合法的交易或者透過簡單的市場經濟活動自保。

就連北韓境內嚴格禁止自由移動禁令，也因為飢荒危機而失效了好一陣子。一直到現在，北韓人就算在國內移動也需要通行證。城市外圍和街道交岔處都有管制站，如果遇到陌生人，就要趕緊通報官方單位。

飢荒危機撼動了領導階層，領導人也就比較願意放手給人民更多空間。一九九八年修憲，讓當時危機情況下臨時出現的一些新的應變結構組織就地合法，例如私人菜園，一時之間就擴大了許多合法的占地面積。

原本預計在一九九四年舉行第一次的南北韓高峰會議，因為金日成突然過世而延期到二〇〇〇年六月。這次高峰會是金正日完美成功的出擊。我當時人在南韓，還記得很清楚，原本南韓社會對北韓的敵意根深蒂固，突然之間一百八十度大翻轉為正面友善。金正日原本在南韓人民眼中的形象是口齒不清、舉止笨拙，但是高峰會議期間電視媒體中呈現的北韓領導者，卻是一位雍容大度帶著親切微笑的領袖，面對較年長的南韓總統金大中也展現合宜的尊敬態度，而且韓語表達非常流暢。會提到這點，是因為南韓當局多年以來一直在散布謠言說金正日因為車禍受傷，無法正常說話。

高峰會議的平壤東道主金正日在國宴上興致高昂地頻頻敬酒，展現幽默風趣和豪邁的酒力，形象馬上風靡一時。直到今天，根據南韓的國家安全規章，擁有金日成和金正日的作品，或者擁有崇拜這兩位北韓領袖的物件，是會受到處罰的。北韓的網頁在南韓被封鎖。但是在二〇〇〇年的南北韓高峰會期間，首爾街道上有好幾天居然可以看到人們穿印著金正日頭像的T恤。這個景象實在太令人難忘。

南韓總統金大中因為這次高峰會議得到諾貝爾和平獎，金正日卻沒有獲獎。不過，許多人推測南韓應該拿出很多金錢給北韓。金大中的政治對手批評高峰會議是買來的。估計大約有四億美金透過現代集團轉交給北韓，資金的用途和流向沒有交代清楚。金大中的支持者也質疑，為什麼金大中不將這筆款項公開透明攤開在公眾面前，南韓人民評量南北韓之間友善親近的成就，應該會覺得這筆款項非常便宜且值得。金大中和他所推動的與北韓破冰的「陽光政策」是個重大貢獻，實在沒必要遮遮掩掩地處理金流，反而讓金大中和「陽光政策」的聲譽蒙上污點。

第一次南北韓高峰會議帶來的最重要成果，就是在北韓開城特級市附近設立一個共同的產業區開城工業園區，地點靠近南北韓邊界，距離南韓首都首爾只有一小時車程。二〇〇四年十月，我隨同歐盟代表團在那裡參加官方首次破土典禮，當時還真的不敢置信，金正日居然願意讓資本主義的工業園區蓋在自己的領土範圍內。

不過在此之前，金正日已經展現出準備改革的決心。二〇〇二年就出現了好幾個重要作為。例如，在北韓史上第一次與日本當時的首相會面。金正日當時承認了北韓綁架日本公民的事實，這些綁架事件過去在北韓一直被宣導為謊言。金正日還為此道歉，並且同意讓五位綁架事件的倖存者立即返回日本。二〇〇二年七月出現了一系列經濟變革，大概是北韓有史以來最當真且不是表面功夫的改革。二〇〇二年秋天的時候，北韓試圖在西北部靠近中國邊境的新義州附近設立一個特別經濟園區。

不過這些改革都沒有得到預期的效果。本來期待日本會因為北韓的善意而有正向的回應，但是事與願違，想與日本關係正常化的計畫最後沒有實踐，期待從日本收取數十億以上高額戰爭賠償金的希望也落空。經濟改革僅停留在除夕階段。新義州的經濟特區在公告宣布幾天之後，就因為中國當局逮捕了首任特區長官不得不草草收場，特區運作停滯不前。

金正日一連串的改革嘗試沒有獲得預期的成功，原因有很多。其中最重要的應該是他不了解市場經濟運作的模式。還有，他有不切實際的錯誤假設，以為這些改革措施可以不牽動整個體制轉型，只要局部獨立出來進行就行得通。

不過金正日當時也遇到一些外在的困難。二〇〇一年的九一一事件是完全無預警出現的災難，當初也無法預測西方國家會發起反恐戰爭，雪上加霜的是，當時美國小布希總統在二〇〇二年一月的一場演講中指責北韓就是「邪惡軸心」之一。北韓要改革成功必須與西方有經濟合作，但是九一一事件之後，合作變得很困難。二〇〇二年秋天，北韓公開承認曾經劫持日本人質，這個公開認錯的舉措在日本社會引發的反應完全非北韓所預期。日本人不僅不支持與北韓的外交關係正常化，也不同意全面性的經濟援助，日本人甚至要求停止所有合作計畫，也要求北韓要將劫持人質事件的來龍去脈交代清楚。至今北韓仍然沒有給出明確的交代。

二〇〇三年三月美國進攻伊拉克，北韓當初願意承擔風險進行改革的決心，也因此被潑了冷水，達到了冰點。雖然之後還有一些零星的改革，比較像做做表面功夫，也往往受到國安政策考量排擠，國安政策思維也趁這個風頭聲勢崛起，成為主導的力量。先軍政策逐漸贏得上風，然後，北韓在二〇〇六年和二〇〇九年兩次核子試爆。二〇一三年四月在金正恩主導下進行了第三次核子試爆。在經濟上，北韓走回保守社會主義政治路線，這樣的政策必須依賴計畫經濟和國家的強力主導。

二〇〇八年六十六歲的金正日因為腦中風過世。北韓領導接班人的問題變得非常急迫，這是之前完全沒有預料到的。金正日在世時，並沒有任何跡象顯示他已經處理好了接班人的問題。

即使當時政權內部可能有過辯論，金正日之後的北韓是否要採用集體領導的方式，但是顯然沒有得到具體成果。金正日有一回大病幾個月後重新出現在公共場合，那時他整個人急遽削瘦蒼老，步履蹣跚。這個時候人們心裡清楚，北韓政權應該盡快提出接班人問題的解決方案。打造一個集體領導制度十分曠日費時，打造過程本身就需要一位健康充滿活力的領導人。最後北韓選擇了一條可以迅速解決的途徑。另外，北韓政權的特殊之處就是外界無法得知到底是誰有權決定這個接班人方案。黨派嗎？金氏家族嗎？一小撮深具影響力的人？真相如何，我們不得而知。

金正恩

據我們所知，金正日有三名合法婚生的兒子。長子金正男住在澳門。他持假護照企圖非法入境日本去東京迪士尼樂園遊玩，卻事跡敗露。之後他也多次接受西方媒體訪問，侃侃暢談。這些行徑都讓他提早從接班人名單中淘汰出局。不管金正男到底是故意的還是天真白目，總之，他盡情享用他的權貴身分，他沒有官職和頭銜的負擔，也不太理會內部權力鬥爭。

次子金正哲據說缺乏成為領袖的人格特質。這些關於金氏家族的知識我們要感謝一位日本公民。他是金氏家族多年來的專職壽司廚師，接受訪問時總是使用匿名藤本健二，並戴著方頭巾和墨鏡。讀這些流傳出來的訊息讓人興致盎然，但也要謹慎解讀，裡面應該透露了不少真相。

金正日的第三個兒子，也是最年幼的兒子金正恩。他大概是在一九八三和八四年出生。但是很有可能以後官方會記載他是一九八二年出生。改變出生年齡也曾發生在一九四一年出生的金正日身上。北韓人想要特別強調幾個年分的重要性，所以將領袖們的整數誕辰日期集中放在那幾年。也許是審美上的要求，但有更多是實際的考量，如果要一連串馬不停蹄地大事鋪張，慶祝領袖的整數誕辰，國家也會吃不消。金日成出生的一九一二年是做為計算的基礎年分，金正日官方記載的生日是整整三十年後，金正恩就是再接下來的整整四十年後出生。大家推測金正恩的生辰日期是一月八日。這一天到現在還不是官方正式的節慶，但是在二〇一四年一月時，透過美國人丹尼斯・羅德曼（Dennis Rodman）算是獲得半官方的證實。這位特立獨行的美國前籃球明星，在特殊政治氛圍下成了金正恩的朋友。二〇一四年一月八日這天，籃球明星剛好在平壤拜訪金正恩，特別引人矚目的是他為這位獨裁者獻唱了生日快樂歌，這次獻唱在西方媒體掀起一波評論浪潮。[19]這件事就是人們認為一月八日是金正恩生日的證明。

從二〇〇九年開始，就聽到逃出的脫北者提到有位「年輕元帥」的種種傳言，還有崇拜歌頌這位年輕元帥的歌曲如《腳步聲》。二〇一〇年秋天，金正恩才首度出現在公眾面前。九月底的時候，金正恩這位平民和她的姑姑，也就是金正日的妹妹金敬姬，一起被任命為朝鮮人民軍大將。幾天之後，朝鮮勞動黨舉行黨史上第三次黨代表大會。在一九四五年和一九八〇年之間總共出現六次朝鮮勞動黨大會，還有兩次黨代表大會，在一九八〇年之後三十年之間，沒有再出現過類似的重大黨政事件。

金正恩獲選或說被任命為朝鮮勞動黨中央軍事委員會副委員長，這個軍事委員會的委員長和領導人就是他父親金正日。但是金正恩這時候還不是中央政治局的成員。金正日並不如外人所期待，慢慢交出他的權力和地位。他把一些副主管或代理的職務分給自己的親信。顯然金正日原本打算要慢慢培養金正恩成為新領袖。在黨報刊登的一份報導裡面，金正恩的名字列位第四。金正日從來沒有明確公開任命他的兒子為接班人，官方文件從來也不會明說金正恩是金正日最年幼的兒子。領袖的血緣和親屬關係平常不會特別提到，也無法證實。在北韓，血緣關係是個禁忌話題，領袖本來就不同常態的形象，會因為這樣的禁忌議題更加鞏固。

二〇一一年十二月九日，當國家媒體宣告金正日的死訊，那時候還沒有正式的接班人。二〇一〇年朝鮮勞動黨黨代表大會後重新鞏固地位的勞動黨，這時候扮演了關鍵性的國王擁立者角色，直接宣布金正恩為「偉大的革命志業主體思想的接班者，政黨、軍隊和民眾的傑出領袖」。[20]當時也沒有足夠的金正日與他最年幼兒子一同出現的合照。在一枚特別發行的郵票上可以看見這對父子輕鬆愉快地站在一起，但是仔細一瞧，可以看出地上有不少人形陰影，可以推測原本相片中有一群人圍繞這對父子，只是這群人經過後製處理從相片中剔除了。但是原版相片曾經刊登在國營媒體上。從這個臨時的權宜之計，我們可以推測，即使金正日已經重病多時，北韓的宣傳機制還是沒有料到金正日會突然過世，也沒有人膽敢挺身而出，提早為金正日過世之後的情況做準備。

不過從一開始大家心裡就有底，這個領導權力轉移的背後面對的是怎樣的狀況。金正恩從一開始也在大大小小的各種場合中，不斷強調他是如何擔憂全國民眾的物質生活條件。很顯然，他很希望藉由日常生活中感受到的具體改善來贏得他的政權合法性。其實金正恩也沒有其他選擇，他這樣的年輕，沒有辦法虛構出一些成就自我宣揚，也沒有與祖父金日成的親密關係可以用做後盾，金日成才是一切權力的來源。

不過，意識形態的操作不可或缺。金正日過世後，北韓政權馬上啟動將金正日身後神格化的工作，神格化同時，也開始將兩位已過世的領袖融合在一起。從二〇一二年一月起就開始樹立兩個人成對的銅像，或者是將原來金日成的銅像添加上金正日的肖像。從二〇一二年起，金正日的生日定為「光明星節」，因為據說金正日出生那天，一九四二年冰冷二月清澈無雲的夜空中，有一顆星星出現在聖山長白山中一間神祕小屋上方。這顆星被稱為光明星。光明星也是北韓二〇一二年十二月首次發射成功進入太空軌道的人造衛星名稱。

原本「偉大的領袖金日成將永遠與我們同在」的標語就無所不在，這個時候也添補上金正日的名字。我們再回到之前談到的形象：金正恩從父親（月亮）那裡來的合法性太薄弱，與祖父（太陽）之間的距離又太遙遠，所以將父親和祖父兩者融合成一個整體，只有這個整體才有辦法給金正恩所需要的合法光芒和足夠的親密距離。

我們在這樣的脈絡下特別注意到，金正恩除了體型豐滿跟他的祖父很像，他在外型和舉止上都模仿祖父金日成。金正恩的模仿範圍從髮型、高領的深色西裝，還有他祖父常常戴的草帽等。金正恩也學習金日成，喜歡跟一般民眾有肢體上的接觸。這讓保護他人身安全的部門很頭疼，但是對北韓人民就是親民的表現，「平易近人的領袖」自然引來好人氣。金正恩在節慶和其他場合時會主動接近人民。他父親會在新年的時候在報章發表一篇新年社論，金正恩用新年談話取代社論，這也是恢復金日成時候的習慣。

金正恩也早早表現出他的特色風格。他在二〇一一年十二月的時候接掌政權，幾個月後就召開第四次的黨代表會議。一九九八年的時候透過憲法修正，金日成成為「永遠的主席」，二〇一二年的第四次黨代表會議也讓金正日成為「朝鮮勞動黨永遠的總書記」。主導的意識形態也被改名為「金日成金正日主義」，主要重點就是結合了領袖原則、主體思想以及先軍政治。金正恩也在此大會中出任了黨內一個新職位：朝鮮勞動黨第一書記。

黨代表大會結束後，幾天之內就舉行了國會的當年例會。金正日一如預期被追封為「永遠的國防委員會委員長」。金正恩則被任命為國防委員會的「第一委員長」，這也是新創造出來的職位。根據憲法第一百條，金正恩也成為「朝鮮民主主義人民共和國元帥」。金正恩掌握了政黨和軍隊的主導權。在官方名義上，處理政府事務的是總理。但是就像在南韓一樣，總理其實是聽從最高領袖的指示行使職責，在政治上並沒有獨立運作的空間。不過我們也不能完全忽略總理和內閣的角色，在這裡我們會遇到是技術官僚或經濟實用主義者。

二〇一二年四月十三日，就在金日成百歲誕辰節慶開始前兩天，北韓發射了一枚三階段推進的火箭，帶著人造衛星射入太空軌道。這個行動表明這位新上任的領袖在包含洲際導彈與核子彈頭在內的整體國防計畫上不會停下腳步，也不會只滿足於維持現況。

這次官方正式啟動的火箭發射失敗了。以往遇到這樣的失敗，官方都會極力否認。但是這次政府很快就承認失敗。我那時候在平壤，從國營媒體報導還有我的隨同人員那裡知道這件消息。抱持樂觀態度的人會把這次北韓政府的做法視為新上任領袖展現開放務實的作風。無論如何，對一位獨裁者而言，這種舉動實在非比尋常。一般而言，獨裁者總是喜歡渲染美化自己的作為。

新領袖展現的非比尋常舉動還不只這一樁。二〇一二年四月中旬，金正日過世才四個月，一尊二十公尺高的銅像就在平壤萬壽台揭幕了。萬壽台是崇拜金日成的核心重地。為了要安置金正日的新銅像，國家創辦人的銅像要往旁邊移動。更甚者，這尊舊銅像還被重新改造：金日成原本嚴肅的臉被修飾得看起來老一些，然後戴上眼鏡，面帶微笑。舊雕像原來穿著毛裝，這時候被改為西裝，戴上領帶。顯然人們希望看來有年紀的金日成銅像可以表現出父子之間的關係。我們也可以猜測，父親和兒子的銅像面露微笑，也許是表達對眼前成就的滿意，對未來充滿樂觀。

對西方的觀察者而言，這些銅像的修飾也許只是個娛樂話題，但是我們要如何從北韓意識形態來看待這些修飾呢？首先，添加安置上金正日銅像本來就符合新任領袖的意圖。金正恩本來就想要將與他親近但是力量薄弱的父親，和與他距離遙遠但是很強勢的祖父融合在一起。不過以金日成的聲威，他的形象不可以隨意處置，他近似於神祇，是令人景仰的國家解放者、建造者和護衛者。金日成是權力的來源，他的肖像是最高的象徵，他的出生年就是國家年分計算的開始。他在萬壽台的舊雕像已經矗立了四十年，北韓人民也非常熟悉這尊雕像，就如同巨型救世基督像對於里約熱內盧甚至整個巴西人的意義。用宗教來對照，或者引用一些廣為人知的象徵來比喻也許有些誇張，但是我想要表達的是，要去改變一個已經廣泛深植人心，而且具有強烈權力象徵意義的東西，要承擔很大的風險。我們也不知道北韓人民對這改變做何感想。北韓人民不可能討論領袖，也不會討論呈現領袖形象的美學，當然更不會對外國人談論這些。

二〇一二年秋天，這兩尊銅像再次重新揭幕。這次重修看來所費不貲，修飾的結果是僅僅將金正日原來穿的西式大衣改為派克大衣。這讓人不禁要問，為什麼不是一開始就計畫周全呢？難道內部意見不一？難道這位新任領袖已經大權在握，成為可以隨意行事的獨裁者了？這些我們也都只能猜測。

金正日要接掌權力還等待了三年，對照起來，金正恩權力位置的成形和鞏固，還有因之配合而來的意識形態和整個系統象徵符號的調整適應，進行得非常快速。除此之外，金正恩也在政治框架上面展現其他的特色，用最貼切的形容，或許可以稱之為「麵包（溫飽）與馬戲（娛樂）」。這裡有許多案例。首都平壤修復了舊遊樂園區，添加新建的園區，還建造了鯨豚水族館，和一座附有長型溜滑梯道的水上樂園，以及一座軍隊騎馬場改建成為開放式的騎馬公園。這些大力建造中的娛樂設施亮點是位於北韓東方元山附近的一座滑雪場。二〇一三年底的時候已經模仿阿爾卑斯山的格局，建造出不同難度的滑雪波道，以及基礎的觀光設備。值得注意的是，打造這些娛樂設施之際也發動了新一波典型社會主義式文宣，以鼓動生產力提升。特別之處在於，這種高效率的「馬息嶺滑雪場進度」不是用在傳統的生產計畫上，例如煉鋼或是建造水壩。這座滑雪場是用來配合新的策略重點，例如推廣運動以及拓展觀光業。我們也將會看到這個新策略重點如何與主流意識型態中所理解的社會主義英雄事蹟互相協調。

二〇一二年夏天的時候，金正恩身旁突然出現一位外型亮麗，穿著打扮流露西方優雅品味的年輕女性，這讓北韓境內境外都非常訝異。猜測一陣子之後，這位女士的身分揭曉，她就是金正恩的妻子李雪主同志。從此之後在金正恩的官方出席場合，妻子都陪伴在旁。然後，有幾周時間這名女子又突然消失，再回到公眾面前時顯然是懷有身孕了。大約在二〇一二年與一三年交接時，他們的女兒出生。過去北韓將領袖的私人生活視為禁忌，非常刻意迴避這個話題，所以金正恩這樣公開他的私人生活也實屬獨特的創舉。

金正恩這些非比尋常的創舉還不止於此。二〇一二年夏天的時候，金正恩夫婦出席了一場有媒體轉播的演出，演出裡出現了迪士尼人物。這件事讓國際人士臆測多時。這到底是不是傾向美國的潛藏訊號，或者只是洩露了領導人庸俗的品味？北韓是否獲得上演這種節目的授權？這些問題或許重要，或許不重要，一時之間也沒有辦法得到明確的答案。不過，身為北韓問題的觀察者不容忽略這些問題，因為在北韓出現這些違反常態的事件，本身就值得關注。但是我在這裡也不想過度強調這些異常事件，因為我們不見得能夠掌握背後的脈絡。

所以，容我最後再討論一樁怪事件，也就是在金正恩直接指示下創立的牡丹峰樂團。這個女子樂團首度在二〇一二年公開出現。幽默感十足的觀察者可能會說，這個樂團簡直是北韓對於南韓韓流女子樂團的回應。通常北韓的娛樂團體在風格上相當陳腐老舊，但是可以肯定地說，這個新女子樂團是非常明顯深具現代感的異類。牡丹峰樂團的名稱取自首都平壤深受民眾喜愛的公園，樂團成員都是年輕貌美深具魅力的女性，出場表演的時候喜歡穿著西式剪裁合身的迷你短裙或連衣裙，操作樂器非常熟練，不論是歌聲、電子小提琴或者電子吉他，演出水準簡直神乎其技。歌曲本身有高度的政治意涵，大部分是歌頌領袖和領袖的豐功偉業，她們唱出獻給領袖、獻給家鄉，還有獻給軍隊的摯愛。

很顯然，金正恩希望贏取年輕人的認同。所以這個女子樂團的表演雖然還是僵化古板，形式上卻變化多端，採用娛樂產業善於操作、簡單，但是高效率的訴求策略（越性感越有人氣）。樂團成員表演時衣著清涼短少，還有她們挑逗放蕩的肢體擺動，這在以道德訴求為主流的北韓保守社會形成巨大的反差。在飛往平壤的班機上，乘客就可以欣賞這群少女樂團的表演影片。在平壤市區內商業氣息濃厚的主體思想塔一樓可以買到少女樂團的光碟。有一個晚上，我剛好從國家電視台的轉播中看到這個少女樂團在某個郊區城市登台演出。樂團成員們在當地受到國賓等級的熱情接待，有大陣仗的樂儀隊和夾道歡呼的群眾。

除了娛樂領域之外，在陽剛性的政治領域上，金正恩也做出基進的決定。特別是人事政治布局，或者說人事布局整體考量其中的一個區塊。身為一名外國的觀察者，我可以從國營媒體的報導中追蹤研究這些人事布局異動。第一個著名的案例就是李英浩的快速崛起和急速殞落。二〇一〇年九月時，李英浩晉升為副元帥，然後成為朝鮮勞動黨中央政治局常委，以及權高位重的朝鮮勞動黨中央軍事委員會的副委員長。長久以來人們傳言李英浩是金正恩背後的第二號人物，未來還會扮演更重要的角色。二〇一二年七月，當時六十七歲的李英浩突然「因病」而被解除所有職位，背後的來龍去脈，我們到現在也只能臆測。

身為北韓的第二號人物，這名權高位重的人物顯然沒有福報。二〇一三年十二月出現了北韓史上最為曲折離奇的罷黜高官事件。故事主角是金正日妹妹的丈夫，也就是金正恩的姑丈張成澤。張成澤被控訴很多罪名，罪責理由由國營電視台發表，黨報第一版也刊登出一篇說明非比尋常仔細的文章。同年十二月八日，朝鮮勞動黨中央政治局召開擴大會議，出席的有常任委員、非常任委員，還有從政黨和軍隊中挑選出來的領導菁英。張成澤在這場會議上被控訴犯了結黨營私的罪名，尤其是破壞政黨領導的和諧統一，狡詐權謀，表裡不一，對已過世和現任領導欺君犯上等。控訴中宣稱張成澤在政黨裡面另立派別，將犯罪元素灌入中央委員會的部門，壯大自己的黨羽。控訴中也說張成澤削弱了政黨對於刑法單位和警察部門的控制權，張成澤也放棄了階級鬥爭和民主獨裁[21]的理念。

除了這些特別嚴重的意識形態上的罪狀外，人們也控訴張成澤有經濟犯罪行為。控訴中說張成澤破壞了政府對提升民眾生活水平的努力，也規避負責經濟事務的內閣監督，將原物料用虧本賤價賣到國外，破壞了國內的生產力。

從北韓的思維邏輯看來，張成澤犯下這些罪行表示他的道德人格已經崩壞。所以對張成澤的一連串控訴中，又加上批評張成澤已經受到資本主義生活方式的污染、貪瀆、與多位女性有不倫關係。控訴中又說張在豪華餐廳另闢密室用餐，濫用毒品，因為健康理由到國外居留時在賭場豪賭，浪擲千金。[22]

張成澤因為這些罪狀被起訴，而且被判處死刑，也被執行處決了。判刑和處決張成澤的過程中，政府還特別呼籲民眾和政黨摒棄成見，同心協力擁護金正恩為唯一的統一和諧領導核心。因為在控訴中特別提到一個群體和列舉出支持這些控訴的各種元素，所以我們可以推測，這應該是一波政治肅清行動，但是西方公眾直到今天對其中細節還是所知有限。

張成澤的案例拋出了很多疑點，例如，到底是誰整理出對他的控訴？我們看到的是否是一場內部的權力鬥爭？北韓的領導階層對這件事的反應如何？因為受到驚嚇，以後會展現出更強烈的忠誠？還是大家都不確定是否下一次整肅就會輪到自己，所以乾脆策動一場革命？從二〇一四年六月的狀況看來，北韓公眾似乎是支持張成澤被罷黜判刑。不過我們無法預料這件事的長期效應。無論如何，張成澤的案例首度提醒北韓人民可以做出另類選擇，起來反對領導階層。只是這樣的選擇對大多數的北韓人還是無法想像。張成澤的案例也指出，北韓的領導核心居然可以包藏這些重大犯罪元素長達十數年之久，這項事實對最高領袖的智慧和能力也投下了疑點。

在張成澤的案例中，北韓當局特別明確指出張犯下一連串經濟罪行，對於這點，我當時心中有個推測，很可能這樣的控訴也是為了要找出一名代罪羔羊，可以將經濟改革的失敗推到那個人身上。[23]

李英浩和張成澤的高起高落，顯示金正恩有能力在短時間內迅速果斷地處理影響深遠的人事政策。我們考慮金正恩過去展現的決斷力，還有其他魄力十足但或許有些古怪的行徑，把這些因素考量在一起可以推論，金正恩這位新任領袖雖然年紀尚輕，而且接班過程的準備時間也匆促不周全，但是從二〇一四年中期的狀況來判斷，我們推測這位年輕領袖已經將權力穩穩掌握在手中。當然他也絕對不是單獨治理國家，但是金正恩只是傀儡的說法已經很難成立。

另外，張成澤的案例也讓我們明白，至今我們對北韓領導人邁向掌權層峰之前的內部流轉歷程依然一無所知。許多號稱是精通北韓事務的專家在過去幾年一直把金正恩的姑丈張成澤當作北韓的幕後操縱者，不僅認為張大權在握，而且認為他可以將金正恩視作沒有自己主張的少主任意擺弄。這類專家意見在金正日過世之後的聲勢更加大漲。現在看來，這樣的專家看法根本大錯特錯。所以我們要有心理準備，未來難免還會出現更多錯誤的推測。

這段期間內，我們也觀察到金正恩身旁也開始出現民眾對他的個人崇拜。雖然現在還沒有出現金正恩的銅像，也還沒有街道以他命名，北韓人民的寓所裡面還掛著他的祖父母和他父親的肖像，他的頭像也還沒添補上去；在公共建築和在媒體之中可以看到他的肖像，但還沒有誇張製成超大尺寸的個人畫像。

頌讚金正恩的標語現在已經到處可見，數量還在增加中。北韓學校裡面常常可以看見一句銘文，原來用的名字是金正日，現在修改成「金正恩父親，我們感謝您」。每年官方舉辦大型團體表演阿里郎節的活動中，金正恩也會特別受到尊崇。但是這位新任領袖過去的人生經歷官方記錄，至今還沒有透明公開。不論是西方媒體所流傳的金正恩在瑞士伯恩寄宿學校的報導，還是其他不同版本的金正恩青少年時期故事，都還沒有在北韓的國營媒體中發表過。不過，根據過去的經驗，這樣的報導應該會在不久的將來發布。

據我所知，目前應該還沒有花卉使用金正恩的名字命名。但是在二〇一二年四月，金正恩為一株神似金日成花的蘭花新品種命名為Manbokia（Manbok的意思是「大喜」或「飽滿」）。這個蘭花新品種是由平壤花卉養殖中心培育出來的，將來也很有可能會成為金正恩花。

主體思想

根據二〇一〇年版本的憲法第三條，主體思想是朝鮮民主主義人民共和國政治體系的意識形態基礎。主體思想也常常被當作金日成主義的同義詞，從二〇一二年之後，也可以看成金日成金正日主義的同義詞。[24]

主體思想是從兩個漢字「主」和「體」組合而成的概念（自己身體的主人），德文也常常翻譯成Subjekt。對照被動的「客體」，「主體」隱含主動的角色。這裡我們關切的是一個大哉問：人類是否可以掌握自己的命運，而且積極塑造自己的人生？或者人類只能被動地接受命運安排？

已經有不少著作詮釋過主體思想的意義，而且也被翻譯成十多種語言。這裡我引用主體思想創造者自己的一段話來說明：

主體意識形態的意義是，人民大眾[25]才是革命的主人，他們參與革命建設，是革命背後推動的力量。換句話說，這個意識形態的意思是每個人都是自己命運的主人，每個人都掌握了改變自己命運的力量。所以主體意識型態的哲學基礎就是相信人類是一切事物的主人，可以有能力決定一切。[26]

我們要了解這段話的歷史脈絡，才有辦法瞭解這段文字背後真正的意義。根據北韓官方的歷史記載，金日成的主體思想最早出現在一九五五年十二月二十八日，當時他對政黨文宣部門人員演講，首次提到了主體思想。[27]不過也有證據顯示金日成在抗日游擊隊時期就已經發展出這個概念。

但是我們也觀察到，北韓政府費盡心思，想要將主體思想的誕生時辰往前推。麥爾斯[28]分析評估北韓官方的出版作品和媒體報導後得到的結論是，主體思想第一次提出是一九五五年，但是之後停頓了很長一段時間，主體思想的概念在這段期間內很少出現。直到一九六〇年代初期，主體意識形態才漸漸打下基礎，然後在一九六〇年代中期越來越受到重視，在北韓的文宣推廣中成為主導的意識型態教條，越來越密集地出現在公眾面前。

不論主體思想首度出現的時間為何，在整個歷史演變中，這個概念的意義和目的也跟著改變了。一九五五年時，北韓還是蘇聯密切的盟友，但是在政黨內部有激烈的權力鬥爭。在這樣的歷史背景下，主體思想就有重要的內政意涵，能標示出那些投入國族主義的熱情和行動不夠積極的個人與派系。

如果我們接受麥爾斯的分析，將主體思想奠定基礎的時間放在一九六〇年代，那麼主體思想最原始的意義應該是有強烈的外交政治考量。從一九五〇年代末期開始，之前提到的莫斯科和北京之間的競爭對立，對當時蘇聯東歐集團有深刻的影響。蘇聯考慮的是和平共存和集體領導，讓金日成無法信任蘇聯。一九六二年爆發古巴危機，當時美國和蘇聯直接面對面陷入危險的角力，核武世界大戰的風暴一觸即發。當時美國總統甘迺迪對外不惜一切代價玉石俱焚的堅定決心，逼使蘇聯領導人赫魯雪夫最後決定讓步。如果同樣的對峙也發生在朝鮮半島，那麼平壤當局沒有辦法期待莫斯科的支援。回想當年韓戰的時候，莫斯科也根本沒有支援北韓。

所以這樣的情勢讓北韓比較願意傾向中國。不過這時候的中國已經經歷了大躍進的災難，還打算鋌而走險，步上文化大革命這條危險的道路。金日成不相信與中國結盟會帶來和平，所以不管他自己的意願如何，他一定要設法找到一條第三途徑。

這第三途徑首先要滿足許多重要前提。首先，他選擇的第三途徑至少在表面上不要非常明目張膽地讓人一眼看出是一條特赦路線。因為在當時冷戰的氛圍中，世界是非友即敵的二元世界，小國為了求生存，一定要在兩個大陣營之間做選擇，至少名義上歸要屬其中一邊。特別是北韓剛好就在兩大勢力範圍交界的地方。「社會主義」這個標籤，無論是凝聚內部政治意識型態，還是想要與蘇聯東歐集團的「兄弟國」進一步合作，都非常關鍵。這個標籤無法輕易丟棄。

另外，新的意識形態一定要盡可能保持靈活彈性，讓領導者有足夠的空間，盡情去執行他認為正確的事，不至於被太多教條細節箝制住。最重要的是，意識形態和獨裁領袖的存在，是最基礎的兩個條件。這兩個條件要在各種議題領域上協調配合，甚至最理想的狀況，是這兩個條件互相制約，共榮共存。還有，以北韓來說，一定要保留國族主義的空間，過去如此，當今亦然。

主體思想滿足了這些期待，執行起來很簡單也很有成效。它可以配合毛澤東的理論，因為這個概念可以清楚指出各個歷史時期的演變和各個國家的發展相當不同。所以，要解決當前面臨的難題，也有很多不同的路徑。比方說，有一個人站在參考點的左邊，另一個人站在右邊，他們若要共同邁向參考點，出發的路徑選擇方向一開始就不可能相同。

我們將這樣的論點邏輯用在社會主義和北韓的脈絡上，就會推演出這樣的結論：因為歷史脈絡和條件不同，北韓發展出來的社會主義實踐就會與中國和蘇聯的情況完全不同。想要獲得成功，關鍵在於如何將社會主義的基本原則創意彈性地發揮，應用在北韓的具體現況上。一九九〇年代社會主義在東歐蘇聯集團的國家內崩解潰散，北韓社會如此說明這個失敗案例背後的關鍵原因：當時那些國家沒辦法將馬克思與列寧的理論針對國家本身的情況以及當時特殊的情境條件，做出正確且有創意的調整與修正。

「正確且有創意的調整」是一項艱困的任務，只有領袖等級的人物才能夠理解和執行。相較之下，北韓意識形態運作的出發點與東德的社會主義路徑不同。北韓的社會主義並沒有打算向一般公民說明，這個體系是如何進行基本運作，讓一般公民能夠在既定框架之內做出可以自負責任的決定。北韓意識形態的運作模式是：盡力塑造領袖話語權的絕對權威，讓領袖的話語不會被質疑，也不會被推翻。然後全力宣傳推廣領袖的指示，而不是指示背後的考量。若是領袖的話語看起來矛盾衝突，也不再是矛盾衝突，而是顯示出一般人民沒有能力理解領袖的思維與智慧。原因是：領袖的道路對於人民而言實在太過莫大精深。所以人民才需要領袖的引導。

所以，主體思想不僅給金日成充分的空間推展政治，也賦予他在北韓難以取代的地位。關於金日成的定位，我們之前已經討論過了。

主體思想經歷過一段漫長的過程，才從意識形態具體落實為法規條文。在一九七〇年代早期，北韓首先頒布了主體思想的「哲學原則」：人類是萬物之主，也能夠決定一切。仔細研究一下這個看起來毫不起眼的原則，我們會發現這句話根本是直接反擊馬克思的理論。馬克思其實完全順應十九世紀的主流思潮，宣稱自己已經找到人類社會和人類社會發展的「自然法則」。這個自然法則是客觀的，不會受到個人的影響。就好比我們放手讓一個東西墜落，這個東西只會往地板方向移動，不會向上或者向旁邊。不管是誰放手，也不管這個人心裡多麼希望東西不要向下墜落，都不影響東西向下移動的結果。馬克思提出這個自然法則的概念與黑格爾抗衡。引用恩格斯的說法，馬克思將黑格爾的理論翻轉過來。[29]金日成則是又將黑格爾恢復原狀。

馬克思認為，人類社會發展的背後有個主導的「自然法則」，這個法則無法主觀改變。幾乎所有的社會主義意識形態都拿馬克思這個論點來支持他們自己的權力主張。社會主義意識形態的發展進程主要是：共產主義的勝利（社會主義只是其中的過渡階段）建立在科學根據的基礎上，是不可避免的發展，可以比喻成人類發展過程的牛頓定律。共產主義就是這個人類發展過程中最高的成就。在這裡可以聯想到法蘭西斯．福山所提出的「歷史的終結」，雖然福山提出的目的和動機來自完全不同的脈絡。前東德的領導人何內克在被迫下台前的幾個禮拜，借用了奧古斯特．貝培爾（August Bebel）的話，用他慣用的俚俗風格說明這個不可避免的社會主義發展進程，何內克說：「不管是牛也好，驢也好，都無法阻擋社會主義往前邁進的動力。」[30]

但是現在根據主體思想，人類就是「萬物之主」，也等於否定了馬克思的核心論點：人類必須受制於社會演變的自然法則。根據主體思想，只要人類願意，什麼事情都有可能。這世界上並沒有所謂的「在演變歷程中前進」的社會主義：人類才是推動社會演變前進的動力，人類並不是被社會主義演變的自然法則拖著往前走。

我們在這裡可能會聯想到，主體思想有可能會走向個人主義加上自由主義的路線，但是這個路線馬上會遇到儒家思想裡重視團體和諧的思維而踩剎車。儒家思想強調：個人只能在集體生活中成就自己，而集體生活需要一位領袖。

一九八二年金日成慶祝七十歲華誕時，他的兒子金正日發表了自己的作品《論主體思想》，這本書的出版標明了主體意識形態的體系建造階段已經結束。[31]主體意識形態的發展一直到今天還在進行。現在發展進入了先軍的意識形態階段，我接下來會繼續說明。金日成和金正日的主體思想著作，再加上詮釋這些著作的作品，林林總總加起來也累積了數百冊。這些著作整合起來，打造了今天在北韓所謂的「金日成金正日主義」。

這裡還要介紹一些常常出現的基本思想與概念。首先是自力更生（자력갱생）（字面上的意思是靠自己的力量重生，英文翻譯為self reliance）。獨立自主的主導原則還需要帶入四個概念，使其更加具體化：意識形態上的概念是主體，政治上是自主，經濟上是自信，軍事上是自衛。

我們針對這個主題去搜尋各種北韓出版品，值得注意的是，主體思想根本缺乏具體內容。自立自主的思想可以算是屬於西方文化，主要的目的和行動是希望盡量能夠靠自己的力量成就事情。在北韓以外的地方也可以看到這個原則，例如在發展中國家的經濟政策上，會推動進口替代的政策。主體思想脫離了馬克思列寧主義的教條主流，也因此而出現了曖昧的空間與彈性。由於脫離了主流教條，出現了曖昧空間和調整彈性，讓主體思想特別引人注意，放在社會主義意識形態的脈絡之中顯得特別突出。

值得注意的是，北韓會毫不遮掩地公開表現國族主義。約翰・喬甘森（John Jorganson）甚至主張，整個主體思想根本應該歸類為「特殊的國家脈絡之下的族群國族主義」。[32] 大部分其他的社會主義國家至少會口頭上表態，認同《共產黨宣言》裡的最後一句話：「全世界的無產階級團結起來！」但是現在北韓黨報《勞動新聞》的首頁已經拿掉這句口號。馬克思的階級思想實際上是反對國族主義的，因為馬克思號召工人階級要超越國家的邊界，對抗同樣是全球性的資產階級。所以馬克思社會主義的夢想是世界革命。但是在北韓，我們會很驚訝地看到許多標語大剌剌地呼籲：「我們的國族第一」，「我們的國家最優秀」，還有「我們自己的社會主義路線」等等。有時候甚至會看到「我們的種族第一」。

到底主體思想在今天的意義如何？在過去，主體思想可說是北韓在意識形態上的獨立宣言，自我期許從強勢的社會主義盟友莫斯科和北京中獨立。今天主體思想已經不再扮演這樣的角色。一九九一年時，我還常常在北韓各地看到寫著「我們自己的社會主義路線」的旗幟，這樣的景象在今天的街上幾乎已見不到。

今天流行的是國族主義，國族主義也主導了北韓與其最強勢的經濟夥伴中國的關係。我們也常常看到有些人用比較強烈的比喻詮釋主體思想，把主體思想等同於追求完全的獨立自主。這樣的比喻並不正確。主體思想只是主張，我們在與外國接觸的時候要特別注意，不要傷害到自己的獨立性，也不要讓自己的選擇空間受限。有一句流行標語表達得很傳神：「雙腳立足自己的土地，眼光放向全世界」。[33]

主體思想也是領袖原則的最重要根基，是金日成和所有依靠金日成而來的人物、他們權力合法性的最重要來源。在這些功能上，主體思想一直到今天還是扮演強勢主導的關鍵。此外，主體思想所具備的彈性空間，讓這個意識形態至少在理論上可以提供經濟改革和政治改革的機會。

對北韓人而言，社會主義、領袖和國族主義是無法切割的。所以，主體思想最重要的功能，可能就是將這三個面向連接起來。其中最優先的是國族：「國族高於階級與地位，祖國又高於理論和意識形態。」[34]如果有一個體系奠基於這樣的意識形態，抗拒這個體系會相當艱難。如果我們抗拒的對象只是埋沒在陳腔爛調和如山檔案文件中的老舊官僚，那就會簡單多了。北韓懂得善用國族主義的策略，甚至在南韓也有一點奏效，當然，這也讓南韓的領導階層十分難堪。

先軍意識形態

將선군翻譯成「先軍」，或者是英文翻譯 military first，可能會造成一些誤導，以為裡面的核心概念是將整個社會軍事化。社會軍事化其實只是其中一個面向。自從韓戰以來，整個北韓社會可以說早已經軍事化。

首度提到先軍這個概念是在一九九〇年代末期，在二〇〇三年一月時，概念被提升到「先軍意識形態」。二〇〇九年被納入憲法。我們其實很難想像，北韓這樣高度軍事化的國家，其軍隊化程度如何還能夠再提高。從人數來看，北韓的軍隊人數早已經達到這個大約兩千五百萬人口的國家所能夠提供的臨界。在北韓日常生活中到處可以看到各種形式的制服。年輕男子「自願」服役的時間，往往超過十年。女人也在軍隊或半軍隊形式的單位服役。企業、學校，還有行政單位都會定期舉行軍事演習。學童們也穿著學校制服。學生不是走路上學，而是邁步行軍前進，早上到學校，下午參加校外活動，例如勞動服務或是團體體操。繪畫、書籍和歌曲會頌讚軍人的英勇行為，並且呼籲大家一起抵抗國家的敵人。經濟也是為護衛國家而服務，軍隊甚至擁有自己的企業，而這個軍隊企業並不受制於國家計畫的規範。整個北韓就像活在一場永不止息的備戰狀態中。美國學者暨政治評論家塞利格·哈里森（Selig Harrison）傳神地描述這種備戰狀態是一種「圍困心態」（siege mentality）。[35]

也許在這樣逐步提升先軍概念在過程中，北韓的軍事支出真的增加了幾個百分點，也許，早已經進行數十年的核子武器和三段推進式火箭的研發，真的因此而加快了腳步。不過這些都無法解釋，為什麼需要特別創造出一個新的意識形態。北韓現成可用的思想工具已經非常足夠，足以說服民眾，逐步提升軍事裝備有其必要性。

為什麼金正日成功拋出先軍這個概念之後，從此在北韓就贏得卓越思想家的美名？

也許要從概念成形的脈絡去找答案。這個概念最早大概出現在大饑荒的一九九五到一九九七年。這段期間也被稱為「苦難的行軍」。同樣名稱也用在北韓官方歷史記載中抗日游擊運動時期的一段真實故事。一九三八年十二月到一九三九年三月之間，金日成率領部隊在北邊邊境，也就是長白山西方艱辛跋涉，奮勇度過一連串艱難苦戰。這段艱困中求生的時期也讓人聯想到中國共產黨的「長征」。

我們也可以這樣推論，北韓的領導者希望用先軍概念來連接過去抵抗日本的光榮傳統，讓歷史上的英勇愛國情操來支撐一九九〇年代所走過的飢荒艱困考驗。事實上北韓人從過去到現在一直認為，造成飢荒的原因一方面是一連串的天然災害，另一方面是美國的經濟制裁。在北韓人的想像中，這就像在英勇抗拒西方陣營主導的飢荒戰役，既然是英勇抗戰，一切當然要以軍事為優先。不過，早在一九五〇年代末期，東德外交官就已經批評過北韓的領導策略，北韓領導者喜歡利用抗日戰爭的聯想來鼓勵民眾接受艱困的生活條件，要求他們毫無條件的犧牲奉獻。鼓勵民眾在國家危急時要特別回想起當年反抗殖民的奮戰精神，這個策略早就行之有年。

耐人尋味的是，先軍概念出現在北韓每年例行的新年社論：二〇〇三年一月。當時美國正準備攻打伊拉克，已經進入了最後備戰階段，然後在二〇〇三年三月十九日，美國以一場「震懾」為名的猛烈空襲開啟了伊拉克戰爭序幕。一年前的二〇〇二年一月二十九日，北韓心不甘情不願地被迫冠上一項毀譽參半的榮耀，當時的美國小布希總統發表全國演說，譴責北韓、伊拉克和伊朗都是「邪惡軸心」。從美國的備戰籌劃看來，此譴責絕對不只是文字遊戲。我們也可以因此推論，北韓覺得備受美國威脅，也自然想要提高國防守衛層級。不過這個推論本身也有問題，美國的威脅雖然真實迫切，甚至可以說比以前更嚴峻，但是絕對不是此時才出現的新狀況。我們就用北韓常用的措詞來說，早在一九五〇年，美國就攻擊過北韓。

先軍的概念到底要做什麼用？要找到答案的線索，就不要將重點放在「軍隊」，而是放在「優先」上。進一步的解釋，可以從政黨《勞動新聞》中金正日的一段說法找到線索。《勞動新聞》是北韓最多人閱讀的新聞媒體，也是官方的發言管道。金正日的說法是：

> 根據我們政黨的先軍政治，革命的主要力量不是工人階級，而是人民軍。革命的主要力量為何？軍隊在革命建造時期的任務為何？從現在開始，我們對這兩個問題要有嶄新的評估。[36]

從馬克思主義列寧主義的觀點來看，金正日這段話若放在階級鬥爭的脈絡中解讀便沒有意義。根據馬列主義，政黨才是革命的主要動力，因為政黨代表工人階級。軍隊不可能是革命的主要動力，因為軍隊並沒有自己獨特的政治角色，軍隊只是國家的工具，而國家是由政黨控制，因為政黨代表了主導的工人階級。北韓引入主體思想，讓北韓可以脫離傳統馬克思論點裡面重物質輕意識的立場，現在引入先軍意識形態，可以說是北韓繼主體思想之後，想脫離馬列主義框架的第二步驟。

要推向這個第二步驟，的確需要一個全新的意識形態關鍵概念。這也說明了為什麼在北韓，先軍概念被視為主體思想的延續發展。這可不是捕風捉影的說法。二〇一二年，北韓甚至將列寧和馬克思的肖像從平壤市中心的金日成廣場上移除了。[37]早在二〇〇三年三月，北韓黨報就明確指向一八四八年的共產黨宣言來說明：

> 在過去的時代，我們都認為「工人階級優先」的概念是社會主義政治裡面不可挑戰的公式。但是一個半世紀前發展出來的理論和公式（強調為作者所加）不可能掌握當前現實。到底誰是革命的主要力量？這個問題在不同的時代和不同的社會裡面也不盡相同，也無法只是從階級的立場來回答。到底是哪一個階級，哪一種地位，或者哪些社會團體才是革命的主要動力？這個問題要看他們在革命建造過程中所扮演的角色來決定。[38]

可以很明顯看出來，創造新的意識形態的目的是要脫離馬列主義框架內的古典社會主義。蘇聯和其衛星國家所遵從推廣與實踐的就是馬列主義。我們繞了一大圈，到底重點是什麼呢？這些意識形態的謀略操控非常麻煩也充滿風險。透過主體思想，北韓早在數十年前就達到意識形態上脫離北京和莫斯科獨立自主的目標了。北韓在意識形態的抽象層次上繁複雕琢擴建，對於中國這個鄰居來說，早就司空見慣不以為意。中國要處理自己國家經濟成長和因此所帶來的問題，就已經忙得自顧不暇。

所以，種種跡象顯示，先軍思想的目的主要還是在北韓境內。關於這點，還有不同的理論。理論之一：軍隊在政黨的內部鬥爭中，靠著先軍思想得到了好處。這個理論並不是完全錯誤，但是可能性很低，因為所有軍官都是政黨的成員，一旦遇到政治鬥爭情況危急，要做的應該不會是削弱政黨的勢力，而是乾脆接手掌控整個政黨。

理論之二：因為政黨內出現批評金正日的派系，金正日為了掌權就需要軍隊的支持。不過根據過去的經驗，如果真的出現這種情況，應該是金正日在政黨內部發起意識形態的整肅才對，而且他很可能會先取得軍隊的支持。我們很難想像，金正日會用軍隊來取代政黨。假如某位獨裁者給予軍隊政治領導的空間，那麼此人就犯了魯莽草率的大忌。根據統計，獨裁者失去政權最常見的原因之一，就是軍事叛變。

到底先軍意識形態的真正意義為何？有一個比較有說服力的解釋：北韓也想要學習中國模式，逐漸邁向現代化的道路。鄧小平的基本策略就是在引進市場經濟同時，也確保共產黨獨攬政權。中國人稱之為「社會主義市場經濟」。

但是，這個中國模式至少有一個關鍵弱點。簡單地說，期待獲得物質上富裕的動機，會驅使人辛勤工作，願意冒險嘗試和創新轉型。假設現在有些個人因此致富——誘因驅動系統要能夠成功運作，就是真的能拿得出致富的真實案例——這些致富者很可能不只是買新車，還會建立自己的企業，或購買其他私人公司的股權，如此，這些致富者成為生產工具的擁有者。當工人階級的成員自願響應追隨國家的號召，積極投入改革後新型態的經濟活動，而且成功達成任務，成為自己致富的資產階級，這些資產階級反而最後成為國家的敵人。

先軍意識形態就是用聰明創意的巧思，直接切入問題核心，化解這個難題：我們不用再定義和護衛工人階級了，乾脆拿走工人階級的重要性。民眾會效忠於這個體系，是因為他們歸屬於軍隊，因為軍隊才是革命的主要動力。

但是話說回來，到底誰才真正屬於軍隊？工人階級不可以任意加入軍隊。工人階級的成員必須受限於某些特定的經濟關係，其屬性可以說是客觀條件上的自動而發，而且無法隨意改變。軍隊的屬性就完全不同，軍隊是一種純粹政治的選擇，民眾可以自己決定是否要加入軍隊。軍隊的屬性可以非常開放具有彈性，可以是現役軍人，或是預備役軍人。為軍隊服務的企業家、企業僱員和供應商，他們也算屬於軍隊嗎？若有企業家拿自己的獲利支援軍隊，他們也算嗎？軍中成員的家人也算嗎？歸屬於「軍隊」這個新興特權團體的資格條件，政治領導者幾乎可以隨意調整規範，或者說領導者可以有很多彈性和創意的處置空間。北韓現在已經開始逐步邁向經濟現代化道路，如果將來有一天以企業家為主的社會階層穩固成形，屆時理當不會出現新事實和舊意識型態之間的嚴重衝突。

金正恩掌權之後，先軍政治的風風雨雨已經平靜許多。但是這並不表示未來的趨勢是走向和平，也不表示未來的局勢會偏重政黨而非軍隊。很可能只是透露了一個簡單的訊息：為目前的市場經濟改革尋找一個合理的意識形態解釋，並不是當前領導階層最關切的事。

3 政治體制：權力結構的三大支柱

北韓的意識形態反映在國家政治體制的形式結構上，特徵是政黨、政府和軍隊的三權分立。三個單位以各種不同的方式相互連結，所以不能分開來觀察。菁英制的政黨聯繫各個單位，而領袖的地位凌駕所有單位之上。

聽起來矛盾，但是在某種意義上又有它的邏輯：北韓政治系統中越是重要的單位，我們能掌握的確實知識就越少，越是要依靠小道消息和揣測。最為人所知的是由國會和行政體系所組成的政府，就連這裡也一直存在很多無法解答的疑惑。除了領導人本身以外，我們知道最少的是政黨和軍隊內部的結構和運作方式。在這章裡，我想呈現現有的資訊，雖然資訊還不夠完整。

我先從憲法開始。憲法曾經以不同的形式出版，然而在二〇一三年九月，我在平壤只能取得二〇一〇年的印刷版本。北韓官方網站上有韓文的最新版本；基本法的德文和英文翻譯是二〇一〇年的，因此已經過時。南韓的網頁，包括統一部和北韓法律資訊中心的網頁也只提供一九四八、一九七二、一九九二、一九九八、二〇〇九和二〇一〇的基本法。[1]

然而，憲法還算是北韓最透明的法律之一。相對的，朝鮮勞動黨的章程屬於一種祕密文件，我們只有老舊的版本，而且還是斷簡殘篇。至於軍隊，情況更是撲朔迷離。我在這裡還是必須依靠非官方的資訊和叛逃者的報導，雖然面對這樣的消息來源要抱持懷疑態度。

憲法

基本法特別是針對事情應該有的樣子提供資訊，只是掌權者並不必然會照章行事。這種情形在許多國家，尤其是獨裁國家很普遍。我們也必須從這個角度來觀察北韓的憲法。必須留意一個從德國經驗衍生出來的重要觀點：不論現在憲法實踐的情形如何，憲法是（也可能是唯一）將來在法律上處理過往歷史的法律基礎。現在聽起來也許空洞的法條，在政治情況改變後，可能會成為控訴的依據。

朝鮮民主主義人民共和國（縮寫 DPRK）的第一部憲法，當時很明顯是按照蘇聯的範例編寫，在建國進程中為國會於一九四八年九月採用。一九七二年由所謂的「社會主義憲法」取代，之後經過多次修改，最後一次是二〇一三年四月。

二〇一三年憲法的序言開宗明義稱朝鮮民主主義人民共和國為「實踐金日成和金正日思想的主體思想社會主義國家」。[2] 金日成自一九九八年開始被尊稱為永遠的主席，金正日從二〇一二起被明訂為永遠的國家國防委員會委員長。北韓一直明確地把國家的定義跟這兩個人、他們的思想和行為牽上關係。序言是以這樣的句子結束：

朝鮮民主主義人民共和國和所有朝鮮人民將會在朝鮮勞動黨的領導下，尊崇偉大的領袖同志金日成為共和國永遠的主席，偉大的領袖同志金正日為永遠的國家國防委員會委員長，捍衛他們的思想，努力實踐並完成主體思想革命。朝鮮民主主義人民共和國的社會主義憲法是一部金日成與金正日的憲法。國家建設和相關成就所依據的意識形態是以偉大領袖同志金日成和偉大領袖同志金正日所發展出來的主體思想為基礎，而這部憲法就是這個意識型態在法律上的體現。

同樣被提升到憲法等級的是身為「意識形態強權」、「軍事強權」和「核子強權」的自我感覺。尤其是最後一項遭到美國的阻力，他們拒絕承認北韓具有相關的地位。二〇一三年金正恩將它納入憲法，明白表示對美國拒絕態度的不屑，並且認為能勸阻他的國家打消發展核武計畫或是便宜收買的希望都是幻想。

二〇一三年秋天出版的憲法涵蓋一個序言和一共一百七十二條的法條，分成七章。在這裡我將深入介紹幾個特別選出來的法條。

第一章有十九則法條，處理跟政治相關的內容。第一條記錄朝鮮民主主義人民共和國代表整個朝鮮民族的主張。雖然根據第九條的條文，社會主義的勝利只有在北韓才能實現。這反映出北韓現實政治上的矛盾。一方面北韓難以接受朝鮮半島分裂的事實，並且不承認南韓是主權獨立的國家。從一九九一年十二月十七日開始，兩個韓國雖然是聯合國的成員，但是彼此沒有外交關係。另一方面卻有意願務實地跟對方打交道，例如兩韓內部於二〇〇〇年和二〇〇七年召開的高峰會議，以及種種不同的兩韓經濟合作計畫，都是務實的表現。最後一項包括開城工業區和現在遭凍結的金剛山觀光計畫（在德國也稱做鑽石山）。北韓的統一草案擬定在聯邦的頂層結構下，容許兩個制度並存，用一點善意可以把它視為承認南韓的信號。

第三條確認主體思想（주체사상）和先軍政治（선군정치）為中心意識形態。第五條規定列寧發展出來的民主集中制為所有國家機關的運作原則，而國家機構根據第六條是透過直接祕密選舉選出。原則上，這裡的權力機構層級劃分嚴密，每個層級都有明確的上級組織和下級組織，所以稱為集中制。同時，至少名義上會由下而上選舉領導階層，領導人對下有報告職務的義務，也可以被罷免（無論如何是在理論上）。這替集中制多添了一個「民主」頭銜，不過這裡的民主是多數統治少數，也被定義為工人階級的獨裁。

第八條對人權的保障有相關規定，雖然條文內容「國家應該……尊重並保護人權」極為簡短。就我所知，它並沒有具體落實在法律和規定的形式上。鑒於北韓經常被批評迫害人權，所以憲法裡這段條文很值得人注意。

平壤的領導人完全能體會西方對人權問題譴責的影響範圍，特別是阻礙了他們想積極參與國際經濟交流的希望。所以領導階層願意至少做些表面工夫。類似的情況已經發生在幾年前製造毒品和偽鈔的問題上；目前在針對北韓的報導裡，兩者都已經不再是話題。

二〇一三年夏季，一個沒有親北韓態度的組織，美國北韓人權委員會（Committee for Human Rights in North Korea）做了一份報告，六間被認定是集中營的其中兩間關閉了，據估計，到目前為止超過二十萬被拘留的人數應該減少到只有八萬到十二萬人。為了不讓大家產生錯誤印象：對於身受殘酷虐待的政治犯而言，一個人都嫌太多。[3]至於監禁人數降低的原因，我們也不能抱任何幻想，很顯然是集中營新拘禁的人數降低，然而觀察員不能進入集中營。根據傳言，連坐的原則不再被嚴格執行。

我們特別應該提到，北韓在人權問題上也有它典型的態度。他們質疑西方對人權的定義，並從他們的角度譴責美國，由於美國國內無家可歸的人數居高不下，在墨西哥邊境上架設通電柵欄，並在伊拉克殺了上千人，美國才是全世界最大傷害人權的國家。這裡有一個北韓國營媒體對二〇〇八年聯合國人權報導的回應：「關於人權問題，特別是美國應該受到批評，它才是全世界迫害人權的頭號罪犯。」[4]

憲法第十條確定工人階級的領導角色，第十一條明定國家由朝鮮勞動黨領導。其他社會主義國家稱為「無產階級專政」的著名原則，在第十二條裡叫做「人民民主專政」。國家按照第十三條執行群眾路線和青山里精神。

原本來自中國的群眾路線方法主張，以群眾的眼睛來看所有事情，傾聽群眾的聲音，向群眾學習；用新德文來表示，我們可能會說「bottom up」（由下而上）。青山里精神就是實踐這個思想的具體形式。青山里是一個示範農村（里就是村子的意思），在首都平壤南方，施行集體農業。一九六〇年代金日成在這裡現場指導時給了一個指示，由地方決定生產事宜，並讓農民參與相關決策過程。今天可以看到一個巨大的銅製紀念碑紀念這個事件。

這個村子是觀光行程的一部分，我去過那裡好幾次，尤其感到驚訝的是，這地方並沒有特別精心裝飾過。由於這個村子主要具有宣傳意義，西方遊客會被載到這裡來，我沒有想到會看到爛泥路或是顏色斑駁老舊的小房子。

當我們開車穿過一個隧道，孩子們喧鬧地跑在巴士後面，隧道穿過村子中央的一座山丘，可能是一種防空洞。隧道的另一面矗立了一座用掩護網遮蔽，指向天際的四管高射炮。街邊有個膽怯但友善的農民驕傲地向我們展示一頭脖子用麻繩栓住的山羊。某個春暖花開的日子裡，我在開往村子的道路上觀察到一位婦女坐在十字路口，一粒粒地剝了一大把玉米，玉米顯然是從很久以前行經此地的車上掉下來的。北韓一定還有比青山里更貧窮的村落，但是一定也有更富裕和吸引人的村莊。為什麼這個以努力給人留下好印象聞名的國家在這裡不繼續表演它的秀呢？我無法回答。這是眾多圍繞北韓的謎題之一。

曾經在憲法第十三條提到的千里馬運動已經在一九九八年被刪掉了。這是一件非常值得注意的事情，因為千里馬運動是一九五八年開始進行的中國「大躍進」運動的朝鮮版本，核心內容是經由投注大量工作來加快經濟發展的腳步。相關的紀念碑也還一直矗立在平壤中心。它表現的是一匹來自中國神話，帶有傳奇色彩的馬，因為牠有雙翼，所以能日行千里（大約合四百公里），因此成了快速的象徵。這個國家的許多產品，例如一款上了年紀的拖拉機，就叫做千里馬。

憲法第二章二十條條文規範經濟活動。社會主義的生產關係和獨立性是經濟秩序的兩大基本原則。一共有三種型式的財產制：國家所有，集體所有和私人所有。根據第二十條條文，生產工具在國家和集體組織的手上；最後一項尤其是指農業。第二十四條提到國家保護私有財產，包括繼承權，但是不包括生產資本。然而明文規定由「副業」如住宅旁菜園的收穫，以及其他「合法活動」的所得，也視為個人財產而受到保障。所以私人農業的收成以及政府准許在市場上的交易行為所帶來的收入受到憲法保護。

國家是所有天然資源、鐵路、航空設施、郵局和電信機構，以及沒有進一步定義的「最重要」生產設施、港口和銀行唯一的所有人。

第二十五條提到稅賦全免，國家有義務提供人民獲取食物、衣服和住宅的必要條件。特別是針對賦稅必須要說明，由於國家是企業的所有人，所以賦稅當然還是透過獲利的方式又流進國庫。外國企業和合資公司形式上要繳稅。由於二〇一三年開放當地公司有機會決定個人工資，所以可預料現存的國內個人稅法也會連帶修改，可能會使用其他的名稱。

根據第三十二條，政府必須結合物質獎勵以及意識形態與道德手段來當作提高效率的誘因。根據不同的角度，我們可以把它評價為半滿的杯子或是半空的杯子。無論如何，他們顯然明白，單靠思想上的鼓勵並不能讓人達到必要程度的作為。一個樂觀的人在會計的規定中也能找到實用主義的痕跡，因為憲法中也規定要注意「成本、價格和獲利」。第三十四條明文規定，北韓的國民經濟是計畫經濟。相反的，第三十七條又鼓勵人民與外國的事業夥伴成立合資公司，並投資經濟特區。北韓憲法裡很明白地反映了目前經濟政策的矛盾，一方面努力維持社會主義原則，另一方面又努力融入市場經濟的機制。

憲法第三章從第三十九到五十七條的內容專注在文化事務上，一共用了十九條條文頗為可觀，也顯示了文化的高度位階，出自意識形態的原因，相關的文化活動對國內領導人而言有相當高的價值。第四十二條明確要求脫離傳統的社會，並引進社會主義生活方式。二〇一二年在新領導人金正恩手下更改的第四十五條條文確定，義務教育包括一年的學前教育一共十二年，比以前多一年。附加的學年特別用來獲取實務上的重要知識，其中包括來自技術和電腦方面的知識。鑒於以前以意識形態為主的教育，這是邁向實務上令人矚目的一大步。

朝鮮民主主義人民共和國的教育根據第四十七條的規定是免費的，醫療制度也一樣（五十六條和七十二條）。第四十九條規定所有學齡前兒童上托兒所或是幼兒園。第五十七條是關於環境保護的條文，並不是嘴上隨便說說的口惠，而是冷靜考量的結果。例如用北韓清新純淨的空氣招徠飽受霧霾折磨的中國觀光客。除此以外，人們也了解到，為了爭取新的種植面積或是供應柴火而砍伐山坡地樹木，只會增強夏季因為降雨量增加本來就已經很高的洪災風險。最後，替代能源如風力和太陽能大大降低了對進口石油的依賴，從軍事戰略的角度來看，它們能分散生產特性，具有特別的意義。在一次橫越國境的車程中，無數的太陽能板特別引人注目，到處裝設在窗檻和陽台上。在一個顯然有示範功能的村子裡，我也看到一片由小風車形成的森林，每一戶人家都有一座風車。就連在首都平壤也發現有越來越多的街燈上有太陽能電池。現在在溫泉郡（就在龍岡溫泉旁邊）還可以看到一九九八年美國的鸚鵡螺研究所（Nautilus Institute）蓋的一座較大的十五千瓦風力設施。[5]

第四章只有四個條文（五十八到六十一），用比較籠統的形式來規範國防事務。軍事在北韓無庸置疑有很重大的意義，因此這部分讓人很訝異。這裡顯然不是憲法扮演主要的立法角色。軍事屬於特殊範疇，跟政黨一樣有特別的規定約束。

第五章的二十五個條文（六十二到八十六條）闡明朝鮮民主主義人民共和國公民的

權利與義務。例如這裡提到集體主義原則「我為人人，人人為我」（第六十三條），還有保障民主基本權利和自由，以及富足的物質和文化生活。滿十七歲的公民有選舉權。憲法第六十七條保障新聞、言論、集會、示威和結社的自由。第六十八條保障信仰宗教的自由，但是有冗長的限制，不允許濫用宗教自由，將外國的勢力引進國內，或是影響國家和社會的秩序。根據第七十條人人有工作權；八十三條則規定了相關的義務。報酬給付以所謂的社會主義原則為基礎（根據能力分配工作，根據工作表現給付酬勞）。

第七十五條保障公民有旅行和選擇居住地的自由。事實證明實際情況跟文字記載有出入，北韓人不但沒有機會根據自己的喜好，在沒有獲得許可的情形下在自己的國家到處旅行，也不可能決定自己的居住地；更不用說到國外旅行。

服兵役的義務在憲法裡沒有規定；僅在第八十六條提到普遍性捍衛國家的義務，至於具體的規定要參考現行法律。同樣困難的是確定兵役的真正期限。西方的出版刊物一般說是十年；二〇一二年和二〇一三年我在北韓跟人談話時，不同而且彼此沒有關係的人跟我解釋，服兵役是自願性的，最長三年。也許這裡曾經有過改革；但是這裡男人結婚的年紀通常還是在二十歲的尾巴，表示實際上還是有比較長的兵役期限。常規軍裡沒有婦女服務，但是有特殊的單位，裡面只有女性。另外，女性也屬於全國教育機構或是工作場所舉行準軍事演習裡的一部分。日常生活裡，她們雖然身穿統一的制服，但是腳穿私人的鞋子，有時候甚至帶高跟，從這點可以認出這些單位，而且冬天戴自己的手套，讓劃一的橄欖綠制服上多了繽紛的色斑。

最高人民會議

由於北韓官方上是民主制，所以也有一個國會，它的名字是最高人民會議，根據憲法八十七條是最高的國家機關。

最高人民會議的任期是五年，在「不可抗力的情況下」可以延長（憲法第九十條）。國會每年召開一到兩次會議。

根據憲法第八十八條規定，最高人民會議的常任委員會是休會期間最高的權力機關，最高人民會議常任委員會委員長接見其他國家上任訪問的大使，並根據憲法第一百一十七條代表朝鮮民主主義人民共和國。所以他名義上具有國家元首的功能，相當於德意志聯邦共和國的聯邦總統。從一九九八年起由金永南（一九二八年生）擔任委員長。在那之前，他從一九八三年起擔任金日成的外交部長，可以視為北韓在高位最久的政治家之一。鑒於這個委員會的其他成員上台又下台的高頻率，他的毅力不得不教人欽佩。

國會的職權明訂於憲法第九十二條。其中包含修改憲法以及增訂和審核法律。最高人民會議確定內政和外交的基本原則。每年國會的預算報告屬於少數幾個直接由官方公布的北韓國民經濟資訊。最高人民會議不只討論和確認部分會在媒體公布的國家財政預算，還有經濟計畫，但是最近幾年沒有具體的數據透露到外面來。

國會還有一系列決定人事的權限，首先最主要是選舉或罷免國家國防委員會第一委員長，也就是國家的最高領導者。選舉或罷免國家國防委員會副委員長和委員的職責也屬於最高人民會議，但是必須根據第一委員長的提名建議。內閣總理以及副總理的任命也由國會決定，他們同樣可以任免最高檢察院檢察總長和最高法院院長。

如果常任委員會提議或至少三分之一以上的議員要求，可以召開最高人民會議的臨時會議。法條可以在簡單多數決下通過或是修改；修改憲法則需要三分之二的多數同意。國會實際上的工作由各個專門委員會執行，但是他們的工作內容並沒有對外公開。

省和直轄市，市和市區以及縣都有地方性的人民大會，形成一種所謂的地方議會。[6] 議員任期是四年。地方人民議會休會時，由地方的人民委員會接管業務，它屬於行政體系的一部分。

到目前為止，最後一次最高人民會議定期選舉在二〇一四年三月九日舉行，所有選區都提名金正恩為候選人，最後他選擇在一個選區出來競選，並且在那裡獲得百分之百的選票。[7] 每次選舉領導人都在不同的選區競選，這情形在北韓很平常；這是為了表示他們對全國負責，而不是針對某特定區域。

投票被當成對領導人忠誠的證明，所以我們也可以想像全國的投票率有多高。百分之九十九點九七的選民投下他們的選票，全部都投給候選人。六百八十六個被選舉出來的議員名字會公布在國營媒體上，但是只有韓文版本。

北韓並不避諱談論，北韓的選舉跟西方民主體制下的選舉相比，有一個完全不同的功能。國營媒體引用一段親北韓日本人的話：「資本主義國家的選舉是介於一小撮有錢有勢力者之間的競爭。相反的，朝鮮民主主義人民共和國的選舉是喜悅的同義詞，代表能從平凡老百姓團體中選出代表的喜悅。選舉成了展示（人民和領導人）團結一心的重要時刻。」[8] 其他的引文還有以下段落：「選舉候選人是對國家深刻感恩的表現」和「透過選舉，我可以盡到身為朝鮮民主主義人民共和國公民的義務。」[9]

我覺得有趣的地方是，國會席次在北韓顯然不是永久的。通常大約一半的議員不會再被提名為候選人。好在國營媒體對最高人民會議的的選舉資料非比尋常地慷慨，所以我們還知道，不是軍隊也不是工人階級的成員在國會裡占優勢。這兩個團體只推舉了大約百分之十七和十三的議員，除去大約百分之十一的農民，二〇一四年選舉出來的議員有百分之四十三來自文官體系。[10]

這一點明白招認了一項事實，北韓和其他社會主義體制一樣擁有龐大的官僚體系。東德至少在形式上嘗試用不同的技巧證明「工人階級具有領導角色」，例如我的社會背景在各式各樣的表格上固定會被寫成「工人階級」，因為我現在已拿到博士學位的父親年輕的時候曾經做過鎖匠學徒。北韓早就放棄做這種愚蠢的事。

二〇一三年選舉出來的最高人民會議的議員只有百分之十六點三是婦女，鑒於一九四六年就已經立法確定男女平等，以及目前婦女積極參與工作的情況來看，這個比例相當低；主張和現實之間再度出現很大的差距。大約百分之九十四的議員擁有高等教育學歷，三分之二議員的年齡介於四十歲到五十九歲之間。

就我們從脫北者那裡和在當地的談話中得知，北韓人民和他們議員的認同感比較微弱。雖然他們知道選舉時把票投給了誰，但是跟議員並沒有密切的關係，不像在美國。但這也不是什麼稀奇的事；尤其是透過候選人名單的選舉，在西方民主國家也可以觀察到這種比較微弱的連結。議員效忠的對象可想而知是政黨委員會，是他們讓他在候選人名單上的排名比較高，不是選民。

北韓的情形也類似。最高人民會議的選舉本身不過是一個形式上的過程，因為每個席次只有一個候選人；有些作者把這個選舉當成一種形式的人口普查。[11]因此國會議員覺得自己主要是對把他推舉出來並能安全當選的人負責。在這層關係中政黨有最後決定權，同樣的情況也適用於從軍事圈子裡推舉出來的候選人。

讓人好奇的問題是：如何能取得政黨的信任呢？道理跟其他地方一樣，必須有野心，有關係，善於建立關係，並且要展示最高的忠誠度。西方民主體制下的競爭集中在選舉和爭取選票上，北韓則大部分隱身在幕後，用官僚體制內競爭的形式，爭取上司的眷顧和信任。這並不表示這樣的競爭對抗比較不激烈艱難，只是局外人不是那麼容易察覺到內幕。

在這種背景下，我們應該避免跟一般國際媒體一樣替北韓的國會冠上「橡皮圖章」的封號，把它當成單純的形式手續看待。實際上，國家最重要的決定由領導人裁決，並受政黨的支持和軍隊的保護。但是最高人民會議絕對不是一群受人操控，沒有個人面目和意志的傀儡。我們最好把他們想像成一個聚集了幾百個有野心並且成功的政黨官僚團體，他們之中每一個人都在內部激烈競爭中擊倒過無數對手。這些人熟稔體制內的遊戲規則；所以他們能爬得這麼高。只要體制保持穩定，他們就會埋頭苦幹，做別人吩咐的事；相對的，他們享有社會和物質上的特權，例如比較好的房子，比較高的配額和社會威望。

國家大事的決定並不希望他們積極介入。只有容許靈活度的地方，例如地方上的管理問題，議員才會活躍起來。雖然南韓的面積不大，但是區域之間的競爭卻很有名。北韓也沒有例外。南韓的政治特別會受到西南邊的湖南地區和東南邊的嶺南地區之間的衝突影響；在北韓則是西方平安道兩個省分和東方咸鏡道兩個省分之間的競爭。而所有省分的共同點則是對首都平壤的羨慕之情，因為它得到絕大部分的資源，並且是通往權力核心的入口。

一個人民會議議員的首要之務就是不要與最高領導層有任何問題，同時向賦予他高位的人證明，他值得信賴。最好的方法就是為地方的利益出頭。舉一個例子：領導人決定國家需要一個新的滑雪度假村。大家不會質疑這個決定，而是熱情地支持。一個議員可能會極為謙虛地建議，他的家鄉特別適合這個計畫，同樣的態度也適用於其他吸引人的計畫，例如經濟特區。

觀察東德最後幾個月的情形可以發現，這樣的國會在體制不再穩定時，它的作為和意義會發生什麼樣的轉變。東德的人民大會幾十年來跟北韓的最高人民會議有相似的名聲。然而當一九八九年十月執政黨統一社會黨（SED）顯現出衰弱的跡象，很多議員就利用機會展示以前難以想像的主動性和批判性，讓人民大會成了東德一九九〇年三月大選前進行改革的最重要機關。如果環境配合，我們也可以想像北韓會發生類似的情況。

但是我們不應該忘記，選舉在東德逐漸成為人民表達對體制不滿的手段。雖然跟北韓一樣沒有選擇候選人的可能，但是他們可以將選票作廢。當這個趨勢變得一發不可收拾，政府就開始偽造地方選舉的結果。由於手段太明顯，以至於第一批萊比錫的星期一示威活動和類似的集會中，對政府相關的譴責成了重頭戲。我們還沒有聽說過北韓有這樣來自民間抗議的趨勢；但至少理論上有這種可能。就算百分之百確定大選的結果，詢問民眾的意見會是件危險的事。

北韓的政黨

跟北韓有關的事務上，我們一直以來只聽說過一個政黨：朝鮮勞動黨（WPK），但是跟大多數社會主義國家一樣，這個國家有多黨政治。

多黨政治的意識型態根據是社會主義的過渡性格，它不同於終極目標共產主義，社會主義還具有舊社會的元素，所以必須給它們空間。為了同時保障憲法中規定共產黨獨裁的主張，所有的黨派都被集結在一個聯合組織之下，不能單獨參加競選。這種聯合組織通常會有每個國家特殊的意識形態色彩；東德的特色是反法西斯主義，北韓則高舉國家統一的旗幟。

北韓的「祖國統一民主主義陣線」是東德「國家陣線」的對應體，裡面結合了所有的政黨和群眾組織。民主主義陣線成立於一九四六年七月二十二日，是朝鮮勞動黨統治其他政黨的工具。

我沒有具體席次分配的最新資料；最後只能找到二〇〇九年第十二屆最高人民會議選舉的相關資料。二〇〇九年選出來的國會有六百零一位議員屬於朝鮮勞動黨。朝鮮社會民主黨成立於一九四五年十一月三日，大約有兩萬五千名黨員，大部分是所謂的小資產階級，他們在二〇〇九年的國會中共有五十一個席次。

其他二十一個國會議員是國家主義宗教性政黨天道教青友黨的黨員，它成立於一九四六年二月八日，大約有一萬五千名成員，主要是農民。他們的歷史可以追溯到十九世紀後半對抗外國人及其影響的抗爭，最有名的事件是所謂東學農民運動於一八九四／九五年發動的武裝起義，最後導致中日甲午戰爭爆發。天道教青友黨有其宗教基礎，對一個社會主義國家來說非比尋常。也再次顯示，我們不能用單純非黑即白的二分法來理解北韓。北韓媒體常常引用金日成和金正日的箴言「人民為天」，跟東學農民運動的格言「人乃天」非常相似。[12]

北韓其他的政治組織還有：工會組織、金日成社會主義青年同盟、朝鮮農業勞動人民聯盟和朝鮮民主婦女聯盟。北韓跟其他許多社會主義國家有一點不同，他們的公民只能成為上述一個政黨或是一個聯盟的成員。

針對國會所寫的內容也適用於其他的黨派和群眾組織。它們目前還不具重要性，因為體制穩定，而權力單獨掌握在朝鮮勞動黨的手裡。東德的例子可以再度給予提示，這個情況會如何跟著政治狀況的改變而改變。當時由西德基民黨和東德的衛星政黨東德基民黨的政治人物協商統一事宜，如今基民黨推出來自東德的德國總理。

行政

如果我們提到政府是北韓權力結構中的一根支柱，那通常指的是行政機關。按照憲法，行政機關受國會的管轄，而實際上它是領導人和政黨的工具。最高首長是國家國防委員會（NDC）的第一委員長，根據憲法第一百條是朝鮮民主主義人民共和國的最高領導人，第一百零二條也明定他是武裝部隊的最高司令官。自從二〇一二年四月將「委員長」改稱為「第一委員長」後，金正恩就擁有這個職務。他的任期與最高人民會議的任期相符合，可以連選連任。

根據憲法第一〇三條，國家國防委員會的第一委員長主控國家政經發展，親自領導委員會的工作，任命或罷免軍事領導幹部，批准或廢除國際條約，頒布特赦，宣布緊急或是戰爭狀態，並發布動員令。形式上，他對國會負責，有報告職務的義務，但是鑒於人民一直不斷被要求要無條件效忠領導人，所以這項條文當然也不能認真看待。

按照憲法第一〇六條條文，國家國防委員會是朝鮮民主主義人民共和國的最高政府機關，它是由第一委員長、副委員長，以及沒有進一步公告數目的委員們組成。第一〇九條訂定了各式各樣的任務。其中他們負責監督，第一委員長的命令會被貫徹執行。為了達成這個使命，他們有權撤銷其他政府機關的決議，如果這些決議跟領導人的命令有牴觸。少將以上的軍階由國防委員會授予。國防委員會的委員通常是在國會每年開會時任命或罷免，國營媒體會做相關報導。我們可以說，國防委員會目前集合了全國最高層的領導菁英。

憲法第一二三條到一三六條記載有關內閣的規定，它是最高政府行政機構，由總理、目前的四個副總理、[13]不同委員會的委員長、二十八個部長和其他具有不同功能的成員組成。他們的任期規定與最高人民會議一樣。內閣的職務範圍（第一二五條）與國際上的對等機構相符合。負責政府財政預算、國民經濟中各個產業和對外貿易事務。

北韓以外的世界推測，內閣成員大概比較多是以技術官僚或是樂於改革的實踐者為主。但這又是一個必須要小心處理的謠言。我們應該知道，政黨裡面也有一套跟內閣平行的制度，它會直接有力地影響行政機關的工作。所以內閣絕對不是決定經濟政策措施和改革的地方；它可能會是相關想法的發源地，一旦做出決定，無論如何是會被賦予執行任務的角色。

就這層關係來說，身為內閣首長的總理扮演一個特別的角色。我們可以把他想像成一種高階經理人，雖然形式上對董事會的策略型計畫沒有決定性的影響力，由於必須執行計畫，所以也會想辦法去影響它。

朴奉珠於二〇一三年四月得到這個職位時，一度燃起希望，認為可能會進行經濟改革。畢竟他曾經擔任過此一職位，並在二〇〇二年七月公布大範圍的改變。不過到目前為止，這個希望還未付諸實現。

內閣的結構不定期會更改，它由不同的部會和其他機構組成，其中有科學研究院和中央銀行。國家計畫委員會制訂中央經濟計畫（已經有好幾年沒有出版），並負責執行計畫。我們不清楚目前具體的計畫，因為沒有任何消息滲透到外面來。

人民保安部負責監控國家，可以把它視為東德國家安全部（Stasi）的對應機構。公共安全部相當於內政部，是最高的警察機關。政府裡還有一個專門負責擴建首都平壤的部門，其重要性可見一斑。二〇一二年新成立了國家資源開發部；二〇一三年增加了核能工業部和太空發展署。

北韓行政結構中的一項特色是居民組成的小組「人民班」，大約由二十到五十戶人家和一個班長構成。[14]班長親自為團體內成員的優良表現負責，相對的，他也被賦予廣泛的權限，包括夜裡沒有預告的突擊檢查，以便搜查具有顛覆性的材料，例如可以自由調整頻道的收音機，南韓的DVD和類似的東西。人民班的作用很多，無論對內或對外都達到幾乎滴水不漏的監控，因為如果有外人進入這樣一個團體的管轄範圍內，必須馬上通報。除此以外，他們的存在使工作執行和類似活動也更容易。但這並不是北韓的發明；早在朝鮮王朝（一三九二－一九一〇）已經有了「五戶制度」，是十五世紀根據中國的範例引進來的，目的在鞏固政治上的掌控和徵收稅金。

在北韓的日常生活中一直可以看到人民班的活動，最大的特色是，不分男女老幼都參與工作，而且工作時間喜歡安排在周末或是下班後。

我記得一九九二年初一個非常寒冷的冬日，我走在很長的人行道上，要過橋到大同江另一邊的外交官俱樂部。再過幾天要慶祝金正日的生日。一個主要是婦女組成的人民班忙著用雙手、抹布和一些水，擦拭街邊漆成淺藍色，但是被汽車廢氣燻黑的鐵欄杆。當我幾個小時後回來，路上的污水已經凍成冰。

另外一次，我可以從宿舍的窗戶觀察分配白菜的情形。歸功人民班的安排，整個情形井然有序。一輛貨車抵達，把白菜倒在地上，馬上就被分成小堆，準備分給每戶人家。接下來幾天婦女忙著醃製韓式料理不可或缺的泡菜，冬季一個重要的維他命C來源。[15]

過去的這段時間，政府特別把注意力放在城市美化上，所以常看到人民班在人行道上工作，或是在他們房前鋪設小型花園。

朝鮮勞動黨

朝鮮勞動黨（WPK），或者簡稱黨，是北韓最重要的權力機關。它滲透並控制所有其他組織，包括軍隊。我們已經提過，它扮演意識形態守護者的掌控角色；這裡，就我們資料所及，主要是討論它的組織結構。

朝鮮勞動黨的結構大部分是依據社會主義國家裡一般通行的政黨架構，而這個架構整體來說符合蘇聯的範例。最小的組織單位通常是跟一個生產、行政管理或是軍事單位結合在一起的黨小組，或是由一個黨書記領導的基本組織。基本組織又各自結合成為上一級的單位，直到道／郡的層級，那裡就是所謂黨的地方行政機構。黨最高機關可與國會相比擬，理論上每五年開一次黨代會，由選出來的黨員代表不同的地方組織參與大會。根據傳言，二〇一〇年已經把代表大會每五年召開一次的規定從章程中刪除了。第六屆，也是到目前為止（二〇一四年中期）最後一次的黨代會是在一九八〇年舉行的。

黨代會選舉出一個中央委員會，在黨代表大會休會期間執行黨務並召開全體會議。然而從一九九三年到二〇一〇年中間沒有開過一次會議。中央委員會的全體會議休會期間，政治局是黨的實際領導機構，它是中央委員會的一種主席團或是常委會。而政治局也有一個領導委員會，也就是政治局的主席團（中央政治局常務委員會）。

中央委員會的祕書局有不同的部門，它們是黨內部與行政體系相對應的機構，所以也可以被視為第二個內閣（中央委員會的祕書們形同部長）。針對朝鮮勞動黨內的部門有不同的資料，它們的數目大約在二十五個上下。由於黨章全文在北韓屬於機密文件，而且結構也常常有變動，所以很難針對它們做出確切無誤的陳述。但是值得一提是一些特殊的機構，剛好它們也很配合地有隱晦難以理解的名字，例如「三十五號辦公室」（國外情報部門），「三十八號辦公室」（外匯籌措部門）和「三十九號辦公室」（外匯分配部門）。[16]

除了祕書局之外，黨內還有軍事委員會、審查委員會和監督委員會。

朝鮮勞動黨是北韓最強大，毫無疑問也是最重要的政治團體之一。一九八〇年召開的第六屆黨代表大會總共有三千二百二十個代表，代表大約三百萬的黨員出席，也就是全體人民的百分之十二點二。之前黨代表大會就已經不是一直按照五年的正常間隔召開（一九四六、一九四八、一九五六、一九六一、一九七〇）；但是自從一九八〇年開始的漫長休會期間還是很不尋常。北韓人針對我的問題所做的解釋是，黨代表大會只有在發生特殊情況，或是有特殊事件要決定時才會召開。很顯然，蘇聯和東歐社會主義集團的解體，一九九四年金日成逝世，或是一九九五年到一九九七年的饑荒都不屬於特殊情況。

二〇一〇年九月底舉行了所謂的朝鮮勞動黨代表會議，是繼一九五八和一九六六年之後休息了四十四年，第三次舉辦這類型會議。想要理解它和黨代表大會之間的差異不是很容易；明顯的特徵是選舉代表的過程不同，任務看起來類似。二〇一〇年代表會議的目標是已經拖延很久，但是因為金正日的健康狀況快速惡化，無法再延宕下去的繼任人選問題。

這個會議連帶在形式上大大鞏固了身為權力機構的黨，長久以來空缺的職位現在又重新派人上任，最高機關的常態功能就算沒被重新建立起來，至少也有了很大的改善。黨代表選舉了中央委員會中一百二十四個委員和一百零五個候補委員。從中央委員會委員的圈子裡，十七個委員獲選進入政治局，另外十五個人獲選成為政治局候補委員。金正日的三個親戚在黨內獲得職位，他的兒子金正恩成為中央軍事委員會的副委員長，他的姑姑金敬姬被任命為政治局委員，而她現在已被處決的丈夫[17]張成澤則被任命為政治局的候補委員。

跟之前四十四年的休會期相比，在不尋常的短時間裡，也就是二〇一二年四月再度舉行了代表會議。這次會議的目的，主要是形式上在黨的層面確定二〇一一年十二月金正恩已經接掌大權的事實。如前所述，金正日被推崇為黨「永遠的總書記」，主導的意識形態更名為「金日成金正日主義」。黨設立第一書記這個新職位，由金正恩擔任，他也晉升為中央軍事委員會委員長和政治局常務委員。

軍隊及核武計畫

在北韓政治系統裡，軍隊是最受專家爭議的環節之一。領導人在官方場合現身時，身旁總圍繞著軍人，他們身上也戴著很高的軍銜。對內對外倡導先軍思想，而北韓尤其也因為軍事行動如發展核武計畫出現在我們的媒體。金日成廣場上閱兵典禮的大規模群眾是北韓給西方人的主要印象，甚至還用在電視廣告上。[18]所以北韓是由高階軍官組成的軍政府所統治的軍事獨裁國家嗎？

我已經對此發表過意見，認為把軍隊視為獨立的政治力量的假設並不正確，它是領導人和黨握在手裡的一項工具。北韓是用軍隊統治，而不是由軍隊統治。如果我在北韓提一個問題，黨和軍隊哪一個比較重要，我通常得到一個回答，根據「一心團結」的口號，軍隊和黨被視為一體。大概意思是：這個問題沒有意義，所有三個領導人過去和現在在官方場合從來沒有穿過制服。

但是軍隊獨立或是被競爭者利用的風險還是存在。張成澤之所以在二〇一三年十二月被處決，就是因為他膽敢在身邊建立起一群效忠自己的團體，並且加以武裝。據說，他的私人軍隊甚至曾經跟正規軍交過火。[19]然而正是因為這個事件，如果它是真的，那麼我們可以預料北韓的領導人會花費更大的工夫去掌控軍隊，而不是讓它能成為結合實體和政治的致命力量。二〇一四年四月，領導人公開批評一個視察的軍事單位的指揮官，認為他們的表現不理想，就是領導人朝這方面所做的努力，尤其是因為金正恩也批評把士兵派到非軍事區出任務的行動。並不是反對十幾年來把軍隊當成免費的勞工，用於修路、築水壩、建紀念碑，最後甚至蓋滑雪區。從他的角度來看，更主要是防止軍隊在經濟上成為一股勢力，最後在政治上成為國家中的國家。[20]

北韓所擁有的軍隊與人口數目相比很龐大，不過正規軍和準軍事部隊之間的界線是浮動的。官方公布每年軍事支出占國家財政預算的百分之十六左右，但是西方推測，實際支出要遠遠高出更多。

至於北韓武裝部隊的兵力，美國方面的情報數字非常混亂。二〇一二年五角大廈對國會的一份報告中指出，北韓有四千一百輛裝甲車，地面部隊有九十六萬人，七百三十架戰鬥機，七十艘潛艇和不同的飛彈系統。[21]

因為核武計畫搭配上導彈計畫，北韓的軍事常成為西方媒體的標題或是列入不同安全會議的議程中。被批評的不只是這些計畫帶來的威脅，而是這些計畫所需的龐大資源應該用在接濟貧困的老百姓身上，還是用來發展經濟更好。北韓領導人所持的反對意見是，如果繁榮的經濟是用軍事上脆弱和不堪一擊買來的，沒有任何用處，因此特別把國防的重要性放在前面。跟北韓人談話時，我有一種印象，這樣的邏輯也散播在民間。自二〇一三年三月起，北韓宣傳要同時平行發展經濟和核子武器的新政策。

除了上述提到的迫害人權之外，北韓的核武計畫是國際制裁最重要的原因，因此也阻礙了北韓融入國際社會。

核武計畫的起源很早。金日成應該在韓戰期間（一九五〇年到一九五三年）就孕育了願望，想擁有這個令人膽顫心驚的武器，畢竟那時美國考慮動用核武。尤其是因為兩枚較小型的原子彈在一九四五年八月讓看起來占優勢的殖民帝國日本突然投降，在他心中留下了深刻印象。

從一九六〇年代開始，北韓跟蘇聯積極合作核子研究。身為核子物理學家的兒子，我曾在一九七〇年代在莫斯科附近的小城杜布納（Dubna）生活過幾年，因此可以根據我父親的敘述證實，在核研究中心也有北韓的科學家工作。

有一天晚上我父親在吃晚餐的時候，跟我們說了一個關於北韓科學家和他們家庭的軼事。他們被個別安排在不同的房子裡居住，這在杜布納很普遍。和我們一樣，周圍有德國人、波蘭人、俄國人、匈牙利人、越南人和其他許多國籍的家庭做鄰居。但是這些鄰居經常抱怨從北韓人房子裡傳出讓他們難以忍受的氣味。最後發現那裡在製作不可或缺的泡菜，發酵時會產生強烈刺鼻並且揮之不去的酸臭白菜和大蒜的氣味。如果有人跟我犯了同樣的錯誤，把泡菜和其他食物放在一個冰箱裡，他就知道這個味道有多嗆人。杜布納的北韓人不想放棄泡菜，而鄰居不能忍受這個氣味，最後的解決辦法是把所有的北韓家庭一起安置在一個公寓裡。從今天的角度我會推測，這個措施對北韓大使館和在那裡負責監督自己國人的安全情治官員是再受歡迎不過了；也許還是他們自己一手導演的。

我對北韓核武計畫的內線消息也僅止於此了。二〇一一年夏天，我坐火車從莫斯科到杜布納，雖然過了三十三年，這個城市幾乎一點都沒有變。文化館前的一塊招牌上展示十八面仍舊共同參與核研究中心的國家國旗，德國的國旗不在上面，但是有北韓的國旗。

北韓位於寧邊的核子反應爐在一九九三年第一次受到西方大眾矚目。當時柯林頓的行政體系差一點就要發動專門的軍事行動摧毀這座設施，還好在一九九四年十月時，美國前總統吉米・卡特介入，簽訂了一份框架協議。幾年後我有機會和卡特談話，他一直還是對自己當時的外交表現很驕傲，他的努力可能阻止了一場戰爭。

一九九四年框架協議中的一項計畫是，北韓關掉舊的核能發電廠，並放棄收集到可用做武器的材料，以換取原油的供應和兩座由朝鮮半島能源發展組織（KEDO, Korea Energy Development Organization）蓋好的輕水反應爐。[22]二〇一二年，查爾斯・卡特曼（Charles Kartman）主任讓我在紐約學習到很多關於這組織的知識。除了卡特曼，前國際原子能總署的署長漢斯・比利克斯（Hans Blix）和曾經多次訪問北韓核子反應爐的史丹佛大學專家錫克佛利德・黑克（Siegfried Hecker）都向我表達，他們非常遺憾朝鮮半島能源發展組織結束了，並因此失去了限制核武計畫的機會。

美國和北韓現在互相譴責對方沒有遵守框架協議。事實上是，輕水反應爐從來沒蓋成，而北韓在二〇〇二年秋天也跟一位美國代表證實，他們一直還擁有核武計畫。北韓把到目前為止所做的三次核武測試（二〇〇六、二〇〇九和二〇一三）當作嚇阻策略裡的一個防衛措施。美國則將它們視為違反多項國際合約和聯合國安全理事會的決議。可以預料還有第四次核武測試以及後續其他的測試。

在尋求解決問題的答案時，我們不能忽略，從北韓領導人的角度來看，核武計畫有不同的功用。它不只是一個對抗美國攻擊的安全保障，也是北韓少數能超越南韓一步的地方。再者，它也是領導人展示給平時沒什麼好日子過的老百姓的一個成就。

特別致命的情況是，北韓在國際間所獲得的關切超乎比例，正好很諷刺地跟核武計畫有關。如果我們假設，北韓的領導人很在乎這種關切，因為它可以解釋為外交和經濟上的籌碼，那他們為什麼要放棄呢？

在這個前提下，而且二〇一三年後，核子強國的地位公開明白地落實在憲法中，我們可以肯定，這個問題不會很快地解決。以後可以看到，國際社會是否能找到一條途徑跟有核武裝備的北韓打交道，或者核武計畫成為任何嚴肅合作計畫永遠的絆腳石。我們還必須靜觀其變，看看核武帶給北韓領導人的安全感，是否會鼓勵他們勇於冒險改革意識形態，或因為這個虛有其表的安全感，降低了領導人改革的壓力。

二〇一三年三月底，金正恩在黨中央委員會全體會議上明白宣布，對他來說核武強權的地位和經濟的發展密不可分。這個以「並進」聞名的政策，跟一九六二年金日成在另外一個場合用的詞彙有關，字面意思是「同時推展兩件事」。我將金正恩所發表的談話解釋為先軍政策的結束，因為現在經濟發展跟軍事目標地位相等。[23] 這樣的計畫是否可行大家還有爭論；例如北韓想要如何掙得所需的資源，又不需要同時付出極大的努力來改善生產力的問題。這個問題只有長期透過市場經濟改革和對外經濟的開放才能達成。

這裡我們再度回到政府、黨和軍隊三個支柱之間權力分配的問題：我們還不清楚核武計畫到底會增強軍隊的力量，還是也有可能削弱了它。毫無疑問這種武器的運用完全是政治上的決定，而且決定權在國家最高領導人的手上。有可能，軍隊需要更高經費來建設傳統武器系統的要求，會以核武計畫為由被打回票。由於兵役的情況不明，減少軍隊也是這種態度的可能做法。如果從軍隊的權力政治角度來看，成功擴充核武反而是一場得不償失的勝利。

4 經濟：未經雕琢的鑽石

長久以來，北韓的經濟屬於典型的社會主義式。在東方集團瓦解了二十多年後，我們幾乎再也無法理解那實際上代表什麼。對於我們之中的許多人來說，簡直是無法想像一個對於銷售完全不感興趣的經濟體系；畢竟，買與賣構成了所有國民經濟的本質，不是嗎？然而，或許我該藉助兩個具體例子，簡單明瞭地指出問題所在。

實際存在於社會主義體制中的買與賣

且讓我們先回頭看一看一九八〇年代初期的東德。當時的我大約十五歲大。某個星期天的中午，我的母親去做療養。父親懶得煮飯，我們父子倆餓得受不了，索性就去附近一家叫做「林登霍夫」的餐廳吃飯。過了大約半個多小時，一臉不悅的服務生才總算為我們遞上菜單。雖然我們也點了飲料，但此舉顯然沒什麼用處。點完之後，就遲遲沒有下文。又苦等了約莫一個鐘頭後，我們真的火大了，可是，就算如此，我們又能如何呢？最後也只好收拾起轆轆饑腸，黯然離開餐廳。直到今日，我還是很難理解，為何當時我們會耐心等待那麼久的時間。不過這個極端的例子（我得承認，在前東德的餐廳裡，人們還是有可能獲得迅速良好的服務）倒是突顯出一個重點：身為顧客的我們幾乎沒有一點實權。幾乎沒人想要賺取我們那並不特別具有價值的錢，物價當時還是由國家規定，而且頗為低廉。

儘管如此，我卻在北韓經歷了一種幾乎不可能的升級版。一九九一年十月我飛往平壤，在冬季學期的幾個月裡在那裡留學，由於免費托運行李的上限只有二十公斤，這讓我在要帶與不帶什麼之間傷透了腦筋。身為一位經驗豐富的東德公民，像是咖啡、電池和諸如此類的東西，我都帶了。我選擇把咖啡杯留在家裡。我深信：如果不是在美感上特別挑剔，還是可以在任何短缺經濟（shortage economy）中找到這樣的東西。就在我抵達目的地的當天，我去了「第一百貨」，當時它是廣場上的第一間。不消多少功夫我就找到了咖啡杯，因為在三樓就有一座以極為光鮮亮麗的咖啡杯疊成的金字塔。女售貨員同志不安地微笑了一下，我用自己會的所有韓語向對方表明，我想要購買那些與我相隔不到一公尺的小藝術品的其中一個。想不到，對方居然不假思索地開口說：「我們沒有！」由於我覺得鐵定是有什麼誤會，我再用別的方式說了一次，甚至於，為了保險起見，我還運用了一下自己的默劇能力。結果竟然是：那位好好的女性顯然撐得有點勉強的自我克制外表瞬間崩潰，她臉上的笑容馬上被驚慌的表情取代。她一句話都沒說，就這麼跑掉了。我只能黯然地回到宿舍，沒有帶回半個咖啡杯，只帶回滿腦袋的問號。

到底發生了什麼事？她是不是「想要」賣一個杯子給我，但她卻又「不能」賣給我？畢竟，幾年前，偉大的領袖金日成在某回親臨現場視察時，曾傷心地表示，他見到在這個美好國家的商店櫥窗裡居然空空蕩蕩的，他有多麼難過。或許他想說的是：增產吧！然而，總是圍繞在他身邊殷勤拿著紙筆，將他一言一行全都記錄下來的心腹們卻不是這麼理解，他們顯然以為：領袖不想見到商店櫥窗裡空空蕩蕩。典型的官僚。指示背後的意涵並不重要，重點在於實行。就連那些辦不到的願望，也得讓它盡可能按照字面上的陳述發生。搗蛋鬼提爾（Till Eulenspiegel）或希爾德市民（Schildbürger）或許都曾從中獲得許多樂趣（譯按：此兩者皆為德國中世紀愚人文學裡的主人翁）。

於是，從那一刻起，這個國家的國營銷售機構總是擺滿了商品。然而，無論是領袖還是外國觀光客，卻也都再也不曉得那些店裡到底有沒有東西可賣。遺憾的是，如今就連北韓民眾猛然瞧一眼櫥窗，同樣也不曉得，因為櫥窗裡明明都擺滿了商品。如果真有貨物送來，往往不是被成捆地擺在地上，就是被倉促地堆放在櫃台，緊接著，貨物會被一掃而空。如果確實有些什麼貨，人們就會發覺有人買到了些什麼。在前東德，這叫做「網絡視野」（Netzblick）；警醒的消費者如果在路上見到有人用為了以防萬一總是隨身攜帶的堅固尼龍網，驕傲地帶了什麼「戰利品」回家，譬如甜橙，就曉得有貨可買。簡短詢問一下，這種好康到底在哪裡，之後就火速趕往現場。順道一提，如果在路上突然見到一條長長的人龍，人們往往都會先直覺地跟著排隊，跟著才會問問排在前面的人，究竟在排什麼東西？

後來北韓的情況變了，有些地方甚至改變很大。這些改變相較於我們的生活環境顯得平淡無奇，而且幾乎一點也不值得注意，因此，為了理解這些改變所帶來的影響，我們得先對社會主義經濟的特質簡短地做點功課。數十年來，社會主義經濟在朝鮮民主主義人民共和國裡始終是既存的現實，對於北韓人來說，它則是衡量自己現今處境的比較標準。

經濟體系及其弱點

北韓的經濟可說具有許多強烈的矛盾。高度現代化且高成本的核子與導彈發展計畫，與提供人民基本糧食的大問題形成強烈對比，後者的後果，從長期營養不良到嚴重飢荒，不一而足。在這當中，介於幾個全球最大且最具活力的市場之間的有利地理位置、豐富礦藏、普遍受過良好教育且遵守紀律的人民，提供了成長與經濟成功的現實條件。然而，這個國家卻始終苦於典型的經濟過程國家社會主義官僚化，苦於極端的經濟民族主義，苦於產能利用率不足，苦於過時的設備、能源短缺、缺少外匯。極端民族主義的對外政策與堅決不遵守西方遊戲規則的國際規範，並視此規範掩飾拙劣，就得要付出遭受各種制裁的政治代價。

即便有時北韓在許多方面看起來十分「另類」，可是它壓根就不是什麼特例。北韓經濟體制的許多特質其實都是受限於制度，儘管它的外貌往往帶有典型的地方色彩。藉助我們現有的經濟學工具幾乎都可以理解。

北韓的經濟近乎完全操縱在國家手裡，在生產裡完全沒有私有財產。雖然近二十年來再未提出過任何鉅細靡遺的經濟計畫，不過，資源分配始終還是由中央的計畫官僚掌控。低生產率、缺乏創新和長期短缺，都是無可避免的後果。在北韓，實現政治目標是經濟的責任；現實在其中頂多只是扮演一個配角。市場進出受到了嚴格管制；雄心勃勃的企業家不能創辦公司，實際上早已倒閉的國營企業也不能關門。由此得到的穩定與勞動市場安定，則是這個國家用貧窮換來的。無效率成了持久狀態。

量的指標（多少）相對於質的指標（多好）具有明顯更大的意義。服裝單調可謂是在相應經濟體制中經常出現的一項特徵。這種情況並非總只是出於意識形態。計畫官僚雖然能夠懂得多大尺寸的褲子有多少需求量，卻不會懂得個人在顏色、材質和剪裁上的不同需求。因此，直到數年前，在平壤始終能見到突然一大堆人都穿著同樣款式的服飾上街，例如白色的羊毛圍巾。這當中往往也反映出社會主義計畫經濟的一種極端變型：配給。服飾和電視之類的奢侈品，往往只在領袖生日時才會分發。如今我們在北韓見到一種混合系統。分配始終還是存在，但供給的可能卻明顯變得多樣，至少如今在首都有比較「繽紛」一點。

在社會主義的經濟裡有問題的是缺乏價格的調節作用，誠如長久以來，在北韓也觀察得到這一點。在社會主義體制裡，價格是由政治決定。在最好的情況下，它反映了對於真正的成本與價值的估計，在最壞的情況裡，它則完全是任意的，或屈從於政治考量。諸如食物或房租等基本需求，基本上都受到大量的補貼，相反的，所謂奢侈品則會顯著地加價。相應的反應可想而知；獲得補貼的商品的消費向上攀升。在前東德時期，當國內所有的麵包店把它們的銷售量上報到柏林，從而證實了每個東德人都吃了超大量的麵包，國家那些經濟規劃師必然徹底感到絕望。他們無法想像，或者無法阻止，某些農民買了比正規飼料便宜得多的新鮮麵包去餵他們所養的豬。之後再以國家補助的價格賣掉那些豬肉，賺取高額利潤。有時不新鮮的半塊長條麵包會被直接丟進餿水桶，雖然國家曾經三令五申地試圖阻止這樣的浪費。我敢說，如果讓麵包價格貴上一倍，或許就沒人會那麼做；然而，對於政治局裡的那些老人家來說，基於他們個人的歷史經驗，此舉卻是絕對的禁忌。

不過，特別是在被人為提高售價的那些商品方面，在像前東德那樣的社會主義體制裡，人們的反應並非總會一如預期。這類商品不會乏人問津，人們會甘願支付令人咋舌的價格，因為他們在戶頭裡往往會有很多沒有用處的錢。到頭來，重要的只有通往某些商品的「管道」；錢在一定的範圍裡是次要的。在前東德時期，透過旁門左道，而且一等往往就是十幾年，最後才搞到一部汽車，像這樣的故事簡直多不勝數。

北韓不是前東德，購買汽車或浪費獲得補貼的基本糧食，也都不是北韓的問題；無論如何，還不是。然而，光是在現今這種由國家補貼與相對自由的市場價格所構成的雙重系統裡，供應經常短缺與對於國家經濟政策信任不足，就足以導致巨大的價格波動、不安全感、囤積和炒作等種種亂象。在這樣的情況下，就連只是稍微有點和諧的經濟計畫都幾乎不可能。

要命的還有，扭曲的價格系統至少對國營企業造成了連鎖效應。由於缺少了對於競爭抱持戰戰兢兢，國營企業不太會積極地有效運用自己的資源。基本上，它們的生產不僅數量少，品質差，而且還成本高，創新少。在所有具有所謂的「軟預算限制」（soft budget constraint）的大型官僚機構裡，例如官署或國有的企業及大型集團等等，同樣可以見到這樣的情況。只不過，在社會主義體制中，這樣的機構特別多就是了。

關於這種運作方式，位於萊比錫的工具機聯合企業「十月七日」曾給我深刻的啟發。當時的我就讀於某所十年制工藝中學的「生產工作」科，從七年級起，我才有機會在那家企業裡首次直接接觸到平常只會在教科書上讀到的工人階級。那次的經驗給了我很大的啟發，主要是由於我得在言行上為他們的領導角色辯護。某一回，在瀰漫著洗手乳杏仁軟糖香味的休息室裡，幾個躲在裡頭偷懶的同事聊道，我們在過去幾個月裡未能完成廢料收集的計畫，於是乾脆用割炬把嶄新的鋼板切成小塊，把它們和已經收集到的廢料堆在一起湊數。計畫就這麼完成，問題就這麼解決。擔心成本太高嗎？絕對不會留下什麼把柄。最令人感到自豪的是，人們略施小技就能把這個制度擺平。

除了企業以外，勞動力同樣也深受社會主義的激勵系統影響。由於他們既不會失業，也不會被減薪，況且，由於金錢的作用有限，就算被減薪，也不會有什麼嚴重後果，因此，社會主義經濟中的勞動生產率，明顯低於在市場經濟條件下的勞動生產率。

從前我曾在萊比錫的一家名叫「維克多雅拉」（Victor Jara）的青年俱樂部工作過，週五晚間我都會和某位同事一起當班，至今我都還清楚記得，當我聽到那位同事的故事時，我那又驚又氣的複雜情緒。我們的工作是有禮且堅定地把那些鬧事的酒醉者請出去。因此我們必須保持清醒，而且有許多的時間可以閒聊。當時我就快要參加高中畢業考，我的同事則是剛完成「切削技工」培訓（切削一詞是對於諸如鑽、削、銑、磨等行為的描述，一位喜歡舞文弄墨、咬文嚼字的人，定然能從中獲得不少樂趣）。在閒聊中，我的同事隨口提到，從下星期開始，他得去上夜班。對於我的同情，他完全無法理解；因為在他看來，夜班才是最棒的！他的反應讓我有點傻眼。事實證明，他只要大約在晚上十點左右在工作場所現身，做好兩個工件後，他就可以去睡覺，等快到早上六點時，鬧鐘會把他叫醒，他接著再完成兩個工件，就可以神采飛揚地度過悠閒的一整天。不僅如此，由於輪班津貼的緣故，他的薪水還多過我父親的薪水（我父親是位領有博士學位的原子物理學家）；原先我還曾天真地相信我們這個經濟體制的存活能力，可是，光憑這件事，就讓我大大地改觀。

這還只是一件我個人主觀經歷過的軼事，不具什麼代表性。事實上，在前東德與其他社會主義的國家裡，還是有許多人基於內心的信念，認真負責地工作；我父親就是其中一個例子。然而，這卻改變不了總體成果遠遠落後於總體的能力。這就好比有十個人共同坐在一條船上，卻只有四個人在出力划船，其餘六個人只是袖手旁觀。在北韓，人們長久以來就不斷嘗試藉助政治思想方面的宣傳，像是前已提及的「千里馬運動」，來解決這種體制性問題。雖然剛開始或許都能取得一定的成果，但這類常識總有其侷限性。在北韓肯定也有一大堆這類令人覺得荒謬的故事，如今我已十分期待，有朝一日能聽聽那些故事。

由於在計畫經濟中不存在市場，因此在國家社會主義體制裡典型地缺乏勞動市場。存在於商品生產裡的計畫邏輯，同樣也被套用在人力資源方面。某個政府機關會蒐集或多或少可信的資料，藉此算出特定職業族群的需求，往往還都會提前幾年。國家的教育體制也會展開相應的培訓。在這種情況下，勞動力之間並不存在強烈的競爭，人們也沒對出乎意料的各種發展做準備。在雇主這一邊，當然總是存在著某種網羅最好人才的官僚主義競爭，這也導致了某些在經濟或政治上處於弱勢的領域裡，人員長期配置不足，往往都得濫竽充數。

不過，在這樣的領域裡，如今也有了轉變的趨勢。北韓過去長久以來，黨或軍裡的職務特別搶手，近十年來經濟方面的工作，尤其是那些與外國合作的領域，也變得越來越有吸引力。據傳，從二〇一三年初起，北韓的企業可以自行決定員工的薪水。果真如此，這將是在邁向勞動市場路途上一項革命性突破，將帶來無可預知的後果。不過，這一切暫時還只是傳聞；更進一步地細節，我將留待關於改革的篇章中做詳細說明。

如果沒有有效運作的市場，沒有符合真實情況的價格，在國家社會主義體制裡欠缺能夠發揮金錢作為通用的交換媒介、保值媒介與計算媒介等基本功能的貨幣，也就不足為奇。雖然北韓在一九八〇年代時絕大多數的商品都歸於配給，金錢暫時明顯退居幕後，儘管如此，金錢還是存在。然而，無論是過去還是現在，金錢的功能始終受到強烈的限制。二〇〇九年的貨幣兌換，讓人們再次明白了這一點；當時北韓政府一夕之間改用了一套新貨幣，恣意沒收了以本國貨幣計價的大筆財富。[1]

在我一九九一／九二年留學期間，北韓甚至同時存在三種貨幣並行。給北韓人使用的彩色本國北韓圓；給來自中國、越南和古巴等社會主義國家外國人使用的紅色北韓圓；給像我這種來自資本主義國家的外國人使用的藍綠色外匯券。在這種情況下，我用馬克或美元所換來的貨幣，根本完全無法搭乘地鐵或在街上買杯冰淇淋，因為這些都需要使用本國貨幣。可是我根本就沒有那種貨幣，也不能夠持有；在牡丹峰公園賣冰的小販也完全不能用我的資本主義者外匯券去做些什麼。後來我是怎麼解決這些問題的呢？有位好心的路人索性幫我付了錢，請我吃冰淇淋；至於地鐵，我則是乾脆在管理人員悶悶不樂卻也無可奈何下，坐了霸王車。

我可以帶點自豪地說，這場發生在一九九〇年代初期的貨幣亂象，甚至還為公民不服從催生了一些有趣的機會。當時的價格統一以北韓圓計；透過明顯不利於西方人的匯率，從中表現出某種歧視。於是我用美元（不是很合法地）和我的一些中國同學換得一筆紅色的社會主義者北韓圓，接著拿這筆錢去買了一張前往北京的火車票，如果用馬克換算，這張車票要比我可用藍綠色外匯券購買明顯便宜許多。如果有人質疑我擁有這些貨幣的合法性，我便會出示我那效期直到一九九五年的東德護照為證明。雖然人們還是不免有些懷疑，不過，兩德統一的消息在當時顯然還不是眾所周知。順道一提，當我們在平壤大學裡的某位語言老師得知，我們居然就這樣買到了一張前往中國的火車票（只因為我們想坐火車去一下那裡），至今我都還記得他臉上露出的不可思議表情。在一九九一年那時，對他而言，未經國家指派的海外旅行顯然是難以想像。

缺乏真正的金錢，同樣也在社會主義經濟的外貿上造成了明顯的問題，甚至是一些嚴重的後果。理論上，國家可以利用進口來彌補本國短缺的生產。不過，如此一來就需要外匯，問題是，外匯也一樣短缺，因為本國貨幣無法兌換，外貿無法真正繁榮。在前東德時期，這種情況招致的後果相當奇異且令人痛苦。我的某位友人曾經獲得一隻價值六百馬克的數位「魯拉」（Ruhla）錶，作為成年禮的禮物；在前東德時期，那隻錶大約等於一個月的薪水。不久之後，他在親戚從西德帶回來的一本型錄裡發現，裡頭有隻品牌名為「安可」（Anker）的錶，和他的錶一模一樣，但那隻錶卻只需要幾馬克。你可以想像一下，面對這樣的情況會讓人多驚訝，繼而又多怨恨。當時何內克對於被視為屈辱的外匯飢渴顯然沒有任何極限。除了政治犯以外，幾乎什麼東西全都拿去賣給西方國家。[2]

相應的，人們並不情願把自己的商品提供給那些沒有「真正」金錢的社會主義兄弟之邦。因此，在東方集團裡，基本上進行的是某種所謂的「以物易物」。經濟互助委員會（Council for Mutual Economic Assistance）其實是某種清算所，在那裡，人們藉助人為的計算支付盧布，費盡心力組織一個龐大的交換環。[3]在那當中，每位貿易部長都試圖盡可能把在世界市場上賣不掉的商品倒給其他社會主義的夥伴們，自己則盡量不要收受太多沒有價值的爛貨。

北韓可說是迫使兄弟之邦吞下不利合同甚至單方面轉讓的高手。前東德駐平壤的貿易專員所寫的報告裡，經常充滿了抱怨之詞。[4]在訴諸國際團結與巧妙地利用虛榮與對抗下，金日成總能一再以勝利者姿態在這種小型貿易戰中脫穎而出。有趣的是，即使在東方集團瓦解後，這樣的遊戲在某種程度上居然還繼續進行；與老朋友和新敵人。[5]

不過，北韓基本上是盡可能避免仰賴進口。這個國家之所以貧窮，還有，它之所以可以在東方集團的大崩潰中劫後餘生，原因之一就在於這種與「主體思想」緊密相連的進口替代。

直到幾年前起，人們才能在北韓見到某種改變。促發轉變的驅動力主要或許是一九九五至一九九七年的飢荒。北韓領導人顯然認識到了，整個體制無法在又一次這樣的危機中倖存，於是相應地決定做一些改變；我們或許可以樂觀地把這些改變稱為「改革」。目前北韓的執政當局雖然尚未販售任何政治犯，倒是已將迷人的北韓風景販售給西方遊客，將港口設施與礦藏販售給投資者，將成千上萬的勞動力販售給南韓、中國和俄國的企業。

經濟成長

分析一個國家的經濟，絕大多數始於國民生產總值及其發展的數據。這種概括性數字雖然並非毫無爭議，倒是能讓我們對個別經濟體的表現有個大概認識，而且能讓我們看出，這個國家究竟是處於危機、蕭條，還是繁榮。

然而在北韓的情況裡，總體經濟指標所具有的說服力，問題比較不是出在方法上，缺乏數據資料，各種估計值經常相去甚遠，這才是大問題。舉例來說，南韓半官方的消息來源顯示，北韓的國民生產總值在二〇一一年時成長了百分之〇・八，在二〇一二年時成長了百分之一・二，來到將近三百億美元，大約兩千四百五十萬的人口，每人人均收入約為一二二〇美元。[6]相反的，同屬南韓的現代研究所（*Hyundai Research Institute*）[7]卻推估，北韓的國民生產總值在二〇一一年時成長了百分之四・七，而且年人均收入只有七二〇美元。

那麼，在平壤的人看到的又是什麼？官方說法付之闕如，因為北韓的經濟成長統計未公布。因此，這又需要一點創造力才能至少獲得一個提示。也就是說，如果我們知道北韓的經濟除了極少數的例外全是國有，那麼國家預算理應能夠在經濟成長的問題上為我們提供一個良好的近似解。我們應該暫時忘掉國家預算的數字不可信，數據也不包含軍方所掌控的那部分經濟。[8]

這樣的繞道有個重要的好處：北韓媒體每年都會公布國家財政收支成長的訊息。只不過，就算是在這裡，我們也別奢望能夠獲得完整的訊息。在二〇〇二年七月的改革後，正當我想利用它們來做為計算正式通貨膨脹率的標準值

根據官方國家財政資料所繪製的經濟成長圖

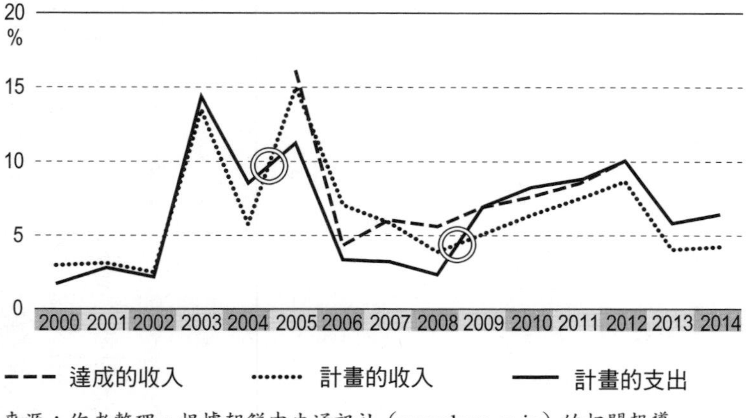

來源：作者整理，根據朝鮮中央通訊社（www.kcna.co.jp）的相關報導

時，北韓居然在二〇〇三年停止公布以本國貨幣計的預算的絕對值。最多也只給了百分比。在許多個別項目上，也只是用「高度成長」輕輕帶過，而且在不同的年分，也並非總是報導同樣的項目。

在這種情況下，對於北韓感興趣的經濟學家得要具備相當大的挫折容忍度。不過，人們倒是可以藉由許多努力和一點運氣來彌補這一點。以我為例，我就發現到了國家財政的官方數據值得注意。有別於我們在社會主義宣傳中預期見到的完美選舉結果和永遠的計畫超額實現，在上頁圖中可以看出，趨勢並非總是上揚，我們看到一種明顯的變型，圖中甚至可以指出經濟政策的個別階段，像是二〇〇二至二〇〇五年的改革階段，或是二〇一一／一二年的權力更迭。

令人振奮的還有，圖中能讀出的數值雖然與南韓那些明顯較低的估計有所出入，但它們彼此卻顯示出驚人的相關性。一個在二〇〇五至二〇一二年間的 r＝〇．六六的相關係數，原則上就說明了，北韓官方的預算數字與南韓對於北韓經濟成長所推估的數值，兩者的起伏大抵是平行的。

如果再更進一步地去探究，就會發現，直到二〇〇四年與自二〇〇九年起，計畫的支出增長得比計畫的收入還快。換言之，北韓面臨著財政赤字。如何籌措資金呢？藉由舉債嗎？那會非常引人注目，因為這個國家無法在國際金融市場上再行融資。在這裡，單方面轉讓，例如從中國，是否扮演了某種角色？

最後且最重要的一點是，我們同樣也看到了二〇一三與二〇一四年的成長率明顯下滑，但這或許更為真實。如果這種下滑情況應該歸咎於金正恩本人或由他所選出的高級官員，例如二〇一三年四月一日接任北韓總理的朴奉珠，有鑑於這樣的現實感與務實，我們就該樂觀看待北韓的新任領導人。

礦藏

北韓擁有約十二萬三千平方公里國土，以及溫和成長的人口近兩千五百萬人。有別於南韓，北韓坐擁異常有利的礦藏資源。在今日朝鮮民主主義人民共和國的領土上，能開採的礦藏包括了金、鐵、銅、鎳、石墨、無煙煤、褐煤、銀、鋅、鉛、鉍、鎢、鉬、高嶺土、螢石、重晶石、明礬、雲母、汞、錳、石棉和菱鎂礦。

根據美國和南韓的估計，北韓有一百一十二個礦區，其中有七十八個開採的是金屬（鐵：十九；金：十九；銅：八），有十四個是非金屬，另有二十個是煤礦。從二〇〇七至二〇一一年，北韓重要礦物的年產量大致如下（四捨五入）：金：兩噸；銀：二十噸；銅：一萬兩千噸；鐵：五千兩百噸；鉛：一萬三千噸；鋅：七萬噸；菱鎂礦：一千兩百噸；石煤：兩萬四千到四萬一千噸。北韓的煤產量在全球排名第二十一，介於羅馬尼亞與蒙古之間。[9]在過去幾年裡，產量顯著增加僅見於石煤方面。[10]

源自澳大利亞的一份資料顯示，北韓在鎢（例如用來製作燈絲）、鉬（鋼合金的重要組成部分）、鉛、重晶石及氟化物方面的蘊藏量，皆屬世界前十。[11]根據同一份資料裡的推估，北韓礦藏的總價值超過兩兆美元。相反的，根據南韓的「北韓資源研究所」（*North Korea Resource Institute*）做的推估，在二〇一二年八月時，北韓的礦藏具有高達九兆七千億美元的價值。[12]如此的價差已然表明，不僅僅是因為資訊不暢通和價格不穩定，人們只能做出一些粗略的估計。儘管如此，其中所蘊含的巨大潛能倒是已然足夠清晰。

SRE礦產有限公司（SRE Minerals Ltd.）在二〇一三年十二月宣布，已與朝鮮自然資源貿易公司（Korea Natural Resources Trading Corporation）簽署了一份合資協定，雙方將在位於平壤北方約兩百公里處的定州市共同開採巨型的稀土礦藏。據估計，該礦藏所含輕、重稀土元素約有兩億一千六百萬噸；截至當時為止，全球已知的稀土氧化物儲量也不過大約一億六千萬噸。[13]

然而，這一切大多都還只是如俗諺所說的「屋頂上的鴿子」（德國諺語，比喻尚未得手的大利）。過去長久以來，北韓一直無法開採這些礦藏，或從往往難以抵達的礦床將它們運出。近年來，這樣的問題主要在中國夥伴的幫助下已逐漸克服。從一九九七年到二〇一〇年八月，中國與北韓雙方一共創立了一百三十八家合資企業，其中有百分之四十一都是屬於礦業方面。這個數字依然在持續上升中；在二〇一一年初時，活躍於北韓的中國企業已有大約兩百家。[14]

南韓並不樂見中國插手，這點其實不難理解。並非只是因為，透過這樣的方式為北韓政權的維繫提供了重要的資金來源。更是因為人們曉得，今日被中國人開採的原料，在兩韓統一之後，再也不可能進到雙方共同的口袋裡。

農業

尤其是因為北韓的糧食供應不穩定，更加凸顯了豐富礦藏的重要性。為何不用礦藏出口的收入來進口糧食呢？

北韓執政當局心中顯然有位階更高的優先事項；其中主要包括了國防與國家獨立。人權團體指責北韓執政當局的這種選擇，譴責北韓的領導人，故意讓自己的人民挨餓、不履行對人民的責任。更有人猛烈地抨擊，特權菁英階級的生活狀況與大多數老百姓的處境形成強烈對比，特別是住在首都以外的人民。[15]

這當中所關乎的並不是特別多的錢；對於這個礦藏豐富的國家來說，情況不是如此。根據聯合國世界糧食計畫署的估計，北韓目前必須進口約三十四萬噸稻米或與稻米相當的其他富含澱粉的糧食。[16]因此，在最糟的情況下，進口數量或許還得上看五十萬噸。若以每公噸大約五百美元的世界市場價格計算，就得要支出二十五億美元，另外還要再加上運輸、儲存和分配的費用。這筆錢北韓可以籌措得到。事實上，當一方面人民飽受飢餓所苦，另一方面卻又同時大舉出口原料、創造外匯收入，我們顯然可以推測，這就是一種政治決定。

當北韓新任領導人金正恩在掌權後立即宣布，改善人民的生活是他的重點要務，那可能不僅僅只是一場週日談話。[17]即便對於其兌現可能性深感懷疑，我們還是可以將二〇一三年春所宣布的核武計畫與經濟發展並行的新政策理解成，在國防占據了首要位置多年後，如今試圖想要實行這個新的優先事項。[18]

順道一提，北韓政府與其官員在處理糧食短缺的問題上，無論面對的是本國人還是外國人，其實都相當坦然。人們並不諱言某段悲慘歲月，並不諱言一九九〇年代的飢荒。即使在今日，不管是在官方的聲明，還是在個人的對話裡，人們也都承認，糧食供應確實頗為吃緊。不過，在成因的解釋上，人們卻沒有那麼地自我批判。除了國際制裁以外，天災被說成是主要的禍根，也說北方基本上比較不利於農業條件。

對此，我們來觀察一下某些比較可靠的事實。朝鮮半島北部的氣候條件對於農業發展確實不太理想。簡言之，全年氣溫波動頗大，全年降雨分布也極不平均。朝鮮半島跨越了兩個氣候帶。相隔僅六百公里之遙，在同樣的海拔高度上，一月均溫卻能相差十度。就算去比較那些不那麼極端的點：在二〇〇九年時，南韓首都首爾的年均溫落在攝氏十二．九度，比起相隔三百五十公里、位在北韓西北部、與中國接壤的邊境城市新義州的年均溫，要整整高出了三度。[19]在一九八一到二〇一〇年這段期間裡，北韓的均溫平均比南韓的均溫低了四度。[20]在兩韓分裂前，朝鮮半島南部原為全國穀倉不是沒有原因。

每年大部分的雨量（從一九八一到二〇一〇年，每年大約有百分之六十的降雨量）都是落在七、八月的季風時期，而且往往伴隨著強烈的風暴。在特別潮濕的年分，平均值會超過百分之九十，在特別乾燥的年分，平均值則會降低到百分之五十七。在一九四五年時，也就是在北韓建國前，德國地理學家赫曼・勞登沙赫（Hermann Lautensach）做了大規模的實地調查後發現，乾旱、洪水與隨之而來的土壤流失及土壤淤積，這些情況幾乎無可避免。[21]當我們把自然災害的罪過完全歸給北韓的政治人物時（雖然他們在讓問題加重上確實也負有部分責任），我們應該考慮到這一點。

北韓的糧食生產多半是以合作社的形式進行。高產量的私營耕地，所謂的「菜園」，明訂於憲法之中。對於與此有關的家戶，它們扮演了十分重要的角色，不過，由於它們的規模很小，對於整體經濟而言只扮演了次要的角色。目前在北韓約有一百七十萬的農戶。每個農戶都擁有一個一百平方公尺的菜園，連同較小的城市菜園，一共有總面積約為兩萬五千公頃的土地實際上為私人所使用。[22]諸如開墾荒地（特別是在平坦的西岸）與田畝歸併，都是屬於非意識形態且非國家的提高產能措施。自二〇〇四年起，最近一次是在二〇一二年的夏季，也一再有關於準私人的小型合作社設立的報導，在這當中，許多這類措施很快就被逆轉。

由於山地結構的緣故，北韓只有大約百分之十七的面積可以用於農業。根據南韓的數據，二〇一〇年時北韓的農業耕種面積約為兩百萬公頃。[23] 根據聯合國糧食及農業組織的報告，二〇一三年時北韓個別作物的耕種面積，稻米約為五十四萬七千公頃，玉米約為五十二萬七千公頃，馬鈴薯約為兩萬九千公頃，小麥、大麥、大豆與其他農作物則約為七萬公頃。[24]

在過去幾年裡，我們可以見到北韓在農業生產方面略有增長。二〇一三年時，稻米產量約為兩百九十萬噸，玉米產量約為兩百萬噸，馬鈴薯產量約為二十九萬六千噸，大豆產量約為十六萬三千噸，其他的穀物與作用的產量則約為六萬六千噸。除此之外，還有提早栽種的小麥、大麥和春季馬鈴薯。

即使是在好的年分，北韓的農業生產也總是供不應求；因此，北韓也非常容易陷入缺糧的危機。根據聯合國糧食及農業組織的最新估計，北韓在二〇一三／一四年的農作物總產量將近六百萬噸，相當於五百零三萬噸的稻米。聯合國糧食及農業組織同時也推估出，北韓的糧食總需求相當於五百三十七萬噸的稻米，換言之，北韓短缺了大約三十四萬噸稻米。在這當中，我們還得注意，由於運輸與儲存所造成的損失及留做來年播種之用，能夠提供使用的數量，其實會遠比收成的數量少得多。秋季時在這個國家走上一遭，很容易會在馬路或廣場上見到到處都有一些大大小小的黃色表面，走近一看馬上能認出，那是為了曬乾而鋪在地上的玉米粒。可是，不僅經常可能會碰到下雨，而且有時汽車也會碾過那些玉米。

北韓執政當局也深知解決糧食供應問題的迫切性。在官方聲明中，農業經常被說成是「經濟建設的主戰線」，過去金日成的名言「稻米代表社會主義」，至今依然很受歡迎。[25]

與此相應，北韓在發展農業上其實也下了不少功夫。根據源自南韓的數據，在二〇〇八年時，北韓從事農業的人口有超過八百五十萬人，大約是總人口的百分之三十七；相形之下，南韓農業人口的比例則遠遠小於北韓，僅占總人口的百分之六．六。[26]除此之外，在春天播種與秋天收成時，城市居民經常會被動員下鄉幫忙，這往往會讓各個學校與辦公室彷彿變成鬼域，沉寂個好幾星期。就連德國大使有時也會去湊一腳，只不過，這多半只是象徵性的。[27]一九六〇年代所宣傳的「四個現代化」（機械化、電子化、灌溉、化學）顯示出存在著哪些挑戰。徒手工作的比例至今依然很高，因為，機器雖然是有，但由於經常缺乏替代零件或燃料，人們不得不回過頭來使用牲口或人力。也因此，在二〇〇四年，當時北韓所擁有的六萬四千部牽引機只有百分之五十七能用；所幸到了二〇一三年，比例已逐漸提高到百分之七十三。[28]

灌溉對於稻米的濕田栽種特別重要。它有很大一部分得仰賴泵的運作，而泵又需要能源。人們試圖藉由興建新的小型發電廠，或興建以自然重力為基礎的灌溉設施，例如前不久剛完成的白馬鐵山水道來解決這樣的問題。這些都需要時間，而且也只能減輕問題。畢竟，受制於燃料與電力短缺，糧食產量最終還是會下降。

對於農業來說，化學肥料可說是另一項同樣仰賴電力和石油進口的關鍵資源。自一九八九年起，北韓在肥料的使用量上大減了近三分之二；這可謂是自一九九〇年起的糧食短缺與農業生產驟降的主因之一。[29]根據聯合國糧食及農業組織的資料，在二〇一三年時，北韓的肥料生產僅能支應百分之十的需求，農地每公頃的產量也只有一九八〇年代的一半。[30]

由於國內的生產設備無法生產足夠的肥料，在這方面北韓十分仰賴外部供給，多半是以救濟物資的形式。根據北韓農業部的資料，在二〇一〇年時，北韓使用了將近五十萬噸的肥料，比起二〇〇四年多了一倍。其中的兩萬四千噸是以人道救助的名義輸入，另外又進口了二十七萬五千噸的肥料。本國所生產的肥料大約是二十萬噸。這點無論如何都值得我們注意，因為在二〇〇四年時還只有五萬六千噸。[31]

總結一下所有相關資訊，我們可以說，北韓的農業其實深受諸多負面因素影響。過小的耕地面積與不利的氣候條件，由於效率不彰的激勵與組織系統、必要資源的短缺（如電力、機器零件和肥料等）和對於外部供應的仰賴，讓情況雪上加霜。能源危機、油價上漲與工業部門衰退，更使情勢愈形嚴峻。此外，由於現有的耕地被密集用於栽種，也造成了地力枯竭、土壤侵蝕，及因此在強降雨中導致更大損害的種種問題。

數十年來，北韓人開墾西岸的沼澤地區，藉以擴大可用耕地，試圖彌補這樣的情況。由於人造肥料稀少且昂貴，因此國家建議人們使用自然肥料。透過引進現代的種子來增加產能，藉由栽種像是馬鈴薯等其他作物，來改善不適於栽種稻米的土地之利用。對於缺乏蛋白質與脂肪的來源，國家則以補助養殖山羊這類特別好養的食用家畜來因應；近來，休耕地已轉變成飼養較大牲畜群的牧場。位於元山市西南方八十公里處，總面積約有兩萬公頃的洗浦平原，便是一個適例。[32]

休耕地變牧場，顯然與改善糧食供應的種種最新試圖有關。據稱，金正恩嚴令禁止飼養那些需以穀物為飼料的食用動物。這當中主要包括了豬隻與家禽，一直以來，牠們就是動物性蛋白質與脂肪的主要來源。取而代之的是，相關場地應當改為飼養食草動物，特別是牛、羊和兔子。他國的經驗顯示，這種過度干預往往會招致災難性後果。一九五〇年代末期的一些致命錯誤決定，像是源自中國大躍進的「更密的播種與更深的耕作」，以及前東德的所謂「開放的牛廄」，都是經典的例子。

專家們認為，在理想條件下，農產品自給自足是可能的，即便稍微有點吃緊。[33]除了是否真能達成，我們還得問問，自給自足是否真是最好的答案。如果把北韓經濟的長處和短處都攤在眼前，那麼，就長期而言，效法其他的工業國家，將有限資源逐漸從農業移往工業生產，特別是主食改採進口，顯然比較明智。誠然，在實際上，就戰略而言，此舉不僅充滿風險，而且須以北韓與主導世界經濟的美國持續改善關係為前提，這些的確都是毫無爭議。不過在此之前，我們也得先問問，北韓自身的工業究竟具有什麼潛能，可以賺取進口所需的外匯和提供農民工作機會？

工業

開門見山地說，北韓具有的相對成本優勢，目前顯然是落在製造業。這點甚至無需對各行各業進行深入分析；光是歷史、結構與社會方面的觀察就足以證明。

朝鮮半島的工業化始於日本人的主導下，主要發生在一九一〇到一九四五年的殖民時期後半段。日本最先其實把朝鮮半島當作一個替代市場，為自己正在發展的工業尋找產品的銷路，到了一九二〇年代，朝鮮半島則成了日本在大陸上進行擴張的軍事與經濟基地。完成了現代化運輸及通訊基礎建設後，連帶也促進了在重工業、化學工業與能源生產方面的投資。最重要的一些廠房與設備，當時都陸續設置於朝鮮半島北部；這點在兩韓分裂之際曾非常不利於南韓。

雖然這些廠房與設備在韓戰中幾乎全被摧毀，不過北韓在一九五三年後又以極快的速度重建。結構與專業技術都是現成的，東方集團的盟友提供了所需的資金，專政則確保了稀少的資源能準確投入那些被賦予戰略意義的工業。豐富的礦藏讓北韓得以推動鋼鐵生產，從而也帶動了重型機具製造。以低廉的價格從蘇聯進口石油，則為北韓的化學工業奠定了基礎。所需的電力主要來自水力與煤炭。

識字運動與後來的國家教育制度，為北韓打造出一支素質優良的生產力大軍，在獨裁統治下，這支大軍不僅紀律嚴明，而且組織良好。國內的幾所大學與留學東方集團的友邦，進一步造就了由工程師、科學家與醫師組成的科技菁英。維尼綸（Vinylon 或 Vinalon；一種用北韓本土原料無煙煤與石灰石所製造出的合成纖維）的製造成功，可謂是這種種努力所獲致的成果之一。雖然嚴格說來維尼綸早在一九三九年就被研發出來，不過，從一九六一年起，它才開始在咸興的工廠裡大量製造。持平而論，就連在國際上遭到猛烈批評的核武、洲際彈道飛彈、衛星及近期的無人機等方面的研發，也都是北韓技術人員高技術水準的明證。

源自南韓的北韓經濟結構數字清楚表明，北韓其實已經是個工業化國家。農業、漁業及礦業所構成的第一部門在國民生產總值所占的比例，在充滿危機的一九九〇年代裡歷經一番擴張後，到了二〇一〇年再度下降到百分之二十一。第三部門服務業，基本上也一直保持在百分之四十以上。至於製造業的占比，從二〇〇〇年起，則有著從百分之二十五到百分之三十六持續且顯著的成長。不過，在一九九〇年，與東方集團合作還非常緊密時，第二部門的占比曾高達過百分之四十三。[34]可以在這裡看出，北韓的經濟自一九九〇年起所發生的重大變革。不過，把一九九〇年的結構詮釋成某種理想狀態，然後把它拿來與目前的發展做比較，這將是一種錯誤。事實上，在我看來，從一九九〇年起，北韓便處在某種接受世界經濟環境的現實考驗、暫時會非常痛苦的重組階段。如同那時東歐的經濟，北韓也是個正在從國家社會主義往市場經濟取向的體系轉型國家；只不過，結構改變的步伐較慢，取得的進展明顯較少。

北韓有九個重要工業區，早在日本殖民時期，這些工業區就已經開始發展。其中四個位在東部沿岸。位置最北的清津，除了金屬工業外，還擁有一個現代的港口；往南一點的金策擁有大型的鋼鐵廠；再往南的咸興則是一個化學工業中心與歷史悠久的港口城市；位置最南的元山，則擁有一家煉油廠與許多機械製造公司。在北韓西南部則有以海州為中心的工業區，其中也包括了開城，許多化學工業都集中在此。接著往北，在西海岸，首都平壤的周邊地區匯聚了大量金屬工業、紡織工業、機械製造、電子及食品加工等方面的企業。位置更北的安州，是個產煤中心。接近中國邊境的江界，側重於機械製造與木材加工。位於最西北的邊境城市新義州是一個對中貿易的中心，同時也以輕工業與紡織工業聞名。[35]

所以，北韓的工業是存在的。它擁有相當悠久的歷史，擁有相對於其他部門顯著的分量，位在這個國家不同的根據地上。北韓有豐富的原料，有素質優良、紀律嚴謹的勞動力。然而，我們卻也一再聽聞北韓經濟的種種困境。那麼，問題到底出在哪裡？

準確來說，問題有三。相信不出讀者所料，第一個問題就是國家社會主義中央計畫經濟的系統無效率。第二個問題則令人印象深刻地顯示在北韓的夜間衛星影像，在那些影像裡，有別於燈火通明的鄰國，北韓幾乎一片漆黑，這明顯反應出該國電力短缺，這也導致生產設備的運作往往遠低於其產能上限。特別是在北韓居於主導地位的重工業與化學工業，電力供應不足是個嚴重的缺陷。不管我們是否相信，北韓執政當局宣稱，北韓之所以進行核子發展計畫，有部分也是為了民生；無論如何，在這樣的背景下，似乎也沒有什麼不合情理之處，尤其是因為這個國家擁有屬於自己的鈾礦。在一九九四年時，為解決第一次核武爭端，北韓與美國在日內瓦簽訂了《朝美核框架協議》，這項協議的內容包括了，由國際組織「朝鮮半島能源開發組織」協助北韓興建兩座新型輕水反應爐，然而，這項計畫卻遲遲不能兌現，甚至最終在二〇〇六年胎死腹中。北韓其實迫切需要核電廠，因為事實證明，一九九〇年代初期曾被視為一大進步的石油電廠興建，其實是相當嚴重的錯誤。在東方集團瓦解後，原本蘇聯的朋友成了俄國的夥伴，從那時起，它們的石油只能用強勢貨幣以世界市場的價格買到，可是北韓無法或不願支付這些錢。當人們轉而改用西方國家做為救濟物資所提供的油料時，在燃燒溫度遠遠更高的情況下，設備也跟著毀了，鍋爐走向了終點。近年來，北韓藉由興建熙川的大型水力發電廠和許多小型發電廠，讓情況在某種程度上獲得改善，然而，距離滿意地解決電力問題依然相去甚遠。

北韓工業面臨的第三個問題是它們的孤立。這樣的情況可以說，多半是北韓自找的，這是一種經濟決策屈從於政治與意識形態的首要性所導致的結果。除了這點以外，國際制裁也是重要原因。

制裁

制裁可說是最具爭議的外交工具之一。它們的效用受到學術研究的強烈質疑，[36]儘管如此，它們還是十分受歡迎與流行。原因之一或許在於，此舉既能在公眾面前展現出堅定的姿態，又不會像軍事行動造成己方人員傷亡。此外，在發動制裁的情況裡，對方的受害者在很大的程度上遭到忽視；事實上，特別是在民主國家裡，這些受害者會讓干涉他國內政的行為很快變得不受歡迎。

北韓自從其存在開始，最晚自韓戰起，就一直蒙受制裁的陰影。[37]在冷戰還存在的時候，遭受到的制裁至少可以透過社會主義陣營的支持獲得部分彌補。因此我們可以說，打從一九九〇年代初期開始，透過制裁對北韓經濟所施予的壓力明顯升高。

各式各樣針對北韓而來的制裁措施，除了影響到外交領域與北韓公民的旅行活動，首當其衝的還是北韓的經濟。這方面所關乎的是貿易限制（主要是某些產品的進口）與金融交易的限制。

對付北韓最嚴厲的制裁措施要不是由美國單邊發動，要不是由聯合國多邊發動。聯合國所發動的制裁，直到冷戰結束後才得以執行，因為，在那之前，北韓的盟邦中華人民共和國與蘇聯會在聯合國安理會裡用它們的否決權阻止那些懲罰措施。直到今日，中國有時還會這麼做，不過，礙於國際日益升高的壓力，有時也不得不收回援手。此外，中國本身其實也對北韓的政策越來越不滿，尤其是在核武問題上。

一直以來，美國在外交上總是不吝於運用制裁手段，對象也非僅限於北韓。在第二次世界大戰至一九九〇年之間聯合國所實行的一百零四個制裁裡，有三分之二是由美國在後面推動。[38]特別是在九一一恐怖攻擊事件後驟然改變的氛圍裡，美國與非美國的企業，如果涉足的生意與北韓有關，都得擔心嚴重的後果。尤其是，如果它們也活躍於美國的市場，或是在美國擁有可被查抄的財產，情況更是如此。往往極為複雜的法律情況導致人們在有疑慮之下，乾脆完全放棄與北韓做生意，即使那些生意實際上並不在制裁的範圍內，以避免誤踩美國官署的紅線。這種預防性屈從與自我審查往往導致西方的商人難以為自己在北韓經營的合法生意找到合作夥伴。菲利斯·亞伯特（Felix Abt）的故事就是一個十分鮮明的例子。他是一位瑞士的企業家，希望藉由生產成本低廉的學名藥，來改善北韓艱困的醫療狀況。[39]

針對北韓所發動的制裁，一方面是基於該國的人權狀況，一方面則是基於該國的武器製造。其中不僅涉及到核武、導彈及擁有相關技術，還涉及到將它們轉讓給其他的國家。然而，如果考慮到北韓自二〇〇六年以來進行了三次核試爆，最近又於二〇一二年十二月成功完成了衛星發射，我們肯定會懷疑制裁的效用。制裁雖然或許有阻滯作用，但顯然無法徹底阻止新武器系統的進一步發展。

在選擇具體的制裁措施時，有時會出現些奇怪的決定。舉例來說，據傳金正日喜歡用昂貴的法國干邑白蘭地籠絡支持者，這樣的傳聞曾在華盛頓甚囂塵上。於是，在二〇〇六年的首次核試後，人們遂在聯合國安理會第一七一八號決議中，禁止向北韓供應這類與其他的奢侈品，希望藉此降低菁英階級的忠誠度，提高發生政變的可能。這未免有點太過一廂情願。類似的措施可說不勝枚舉；例如，在二〇一三年時，瑞士聯邦委員會就禁止一家瑞士的公司為北韓新建的滑雪場提供升降設備。[40]

持平而論，我們必須承認，絕大多數的制裁在法律上都是無可爭議。如果某個政權無視於所有警告，而且不管如何嘗試與其談判，它也都拒絕認真對待，國際社會在侵犯人權與發展大規模毀滅性武器等問題上對它產生質疑，制裁就是對付這樣一個政權的暴力手段。我們當然不能就這麼坐視不管，可是，除了制裁以外，還有哪些方法呢？有鑑於地緣政治的形勢，有限甚或全面的軍事干預會有高度危險性；畢竟，中國曾是在一九五〇年時對美國駐韓部隊的推進做出反擊的鄰國。況且，南韓首都首爾有將近一千兩百萬人，其周邊地區同樣也是人口眾多，首爾距離非軍事區僅六十公里遠，形同北韓沿邊境大量部署的常備砲兵的人質。

相反的，北韓則視自己為受害者。北韓認為，自己需要武器去抵禦強大的敵人，像是利比亞之類的案例就表明了，如果沒有這樣的後盾，一個小國可能會發生什麼事情。[41]另一方面，北韓也譴責西方的雙重標準，因為某些國家被允許擁有核武與洲際彈道飛彈，其他的國家卻被禁止。美國自己在歷經數百次核試，蒐集到必要的數據，或許可以瀟灑地停止核試。也因此，北韓的領導人把整個區域未清楚定義的核武裁撤，列為或許可以結束自己的核武發展計畫的先決條件。

目前我們還看不到解決這場衝突的答案，雖然它絕非完全不可能。不過，這個答案將意味著接受北韓現有政權的生存權利，但是存在於南韓、美國與歐洲等地的政治勢力恐怕不能接受這點。

我個人對於制裁所採取的立場受到以下這項事實影響：它們就像中古世紀的圍城，經常會找錯對象。[42]聯合國的一項研究顯示，針對專制政權發動的制裁，其實只有百分之二的成功率。[43]相對的，個人因本國遭受制裁而淪為犧牲者的機會，恰與現有的政權成反比。換言之，那些窮者、弱者會先遭殃，最後才會波及到真正的掌權者。如果實施制裁的人考慮到這一點，盤算著，他們的制裁措施會引發例如一場飢荒，這場飢荒或許會導致人民起義，進而推翻現有的政府，在我看來，此舉的代價未免太高。無疑的，我們在此面臨到一個艱鉅的道德兩難。

支持制裁北韓的人，實行上會遇到兩個重要問題。首先，在長期措施方面，可以預期的是，人們會設法找出繞道的途徑。像是人們可以改從第三國進口法國干邑白蘭地，例如改從中國。第二，制裁同樣也有如降息般的侷限；到了某個時候，就會再也沒有操作空間。因此，隨著時間推移，針對北韓所發動的制裁也會喪失威脅效果。

近年來最聳動的制裁案例之一，就是美國財政部引用《美國愛國者法案》的三一一條款，來對付一家設在澳門的小銀行。[44] 滙業銀行（Banco Delta Ásia S.A.R.L.）被控涉入北韓的洗錢行為。單單是在二〇〇五年九月底宣布要展開一場相應的調查，就致使該行遭到擠兌。滙業銀行的所有業務合作夥伴也都因此涉嫌，許多人撤回了存款。北韓在該行的存款立刻遭到凍結。雖然涉及到的金額並不算多，只有兩千五百萬美金，但象徵性的作用卻十分巨大。此舉幾乎嚇壞了所有與北韓有業務來往的國際金融機構，致使北韓從那時起得要提著裝滿現金的箱子來進行外貿。

不幸的是，就在幾天前，針對朝鮮半島無核化的問題在北京召開的第四輪六方會談，才剛取得了重大突破。在二〇〇五年九月十九日所發表的共同聲明中提到，北韓願意放棄自己所有的核武，重新加入《核武禁擴條約》（*Treaty on the Non-Proliferation of Nuclear Weapons*，簡稱 NPT），重新接受國際原子能總署（International Atomic Energy Agency，簡稱 IAEA）的檢查。[45] 儘管美國再三強調兩者毫無關連，不過，北韓執政當局卻把對滙業銀行所發動的制裁行動解讀成違約，進而片面地表示，拒絕遵守二〇〇五年九月的共同聲明。一年之後，這個國家引爆了它的第一顆原子彈。

外貿

綜觀前述與北韓的農業及工業有關的種種事實，顯而易見，北韓的經濟問題就長期而言，唯有透過出口導向的成長，以及技術、資金、原料與糧食的進口，才能解決。南韓在一九六〇年代時，也就是在朴正熙治下的所謂「開發獨裁」（developmental dictatorship）期間，就曾這麼做過：進口替代加上促進出口，以及針對性地將緊缺的資源投入具有戰略意義的經濟領域，所有這一切則以受到國家意志拘束的金融部門為後盾。[46]

儘管全面性制裁主要是針對經濟，北韓還是與其他國家有相當程度的來往，但是貿易變得非常片面，經常處於不穩定狀態，遠遠落後於北韓在這方面的真正實力。

由於北韓本國的貨幣北韓圓在國際上不被接受，因此，由正規外貿取得的外匯就算不是唯一，也是進口的一個重要金錢來源。西方國家指控北韓製造偽鈔、買賣毒品及出售核能與導彈技術，這些情況顯示出，獲取外匯的壓力可能會導致北韓將經濟活動從合法轉移到非法領域。然而，大約自二〇一〇年起，這類報導已明顯減少，因此，根據不同的觀點，我們可以說，過去那些指控也許是不正確的，或者，相關的非法活動其實有所收斂。[47]

相對於北韓經濟的其他領域，外貿方面有一項特點：基於所謂的「反向統計」（也就是從不同的貿易夥伴那裡蒐集而來的相關數據）相對較為明朗的數據資料。儘管在完整性上還是令人存疑，而且由於技術方面的因素也得做些修正，不過我們還是可以合理地相信，我們確實能在這方面獲得一些有用且可靠的訊息。這方面最好的消息來源，莫過於南韓的「大韓貿易投資振興公社」（Korea Trade-Investment Promotion Agency，簡稱 KOTRA）。

從圖二裡可以看出：儘管刻意與東方集團保持疏遠，北韓的外貿在一九九〇年時還是蒙受了嚴重損害。幾乎所有之前基於政治因素被認為是有利的協議，若不是被取消，就是被改成只買真正有需要的北韓貨物，反過來，也只以世界市場的價格出售自己的貨物給北韓。也因此，北韓的外貿營業額從一九九〇年的大約四十二億美元，到了一九九一年驟

一九九〇至二〇一三年北韓的外貿，以百萬美元計

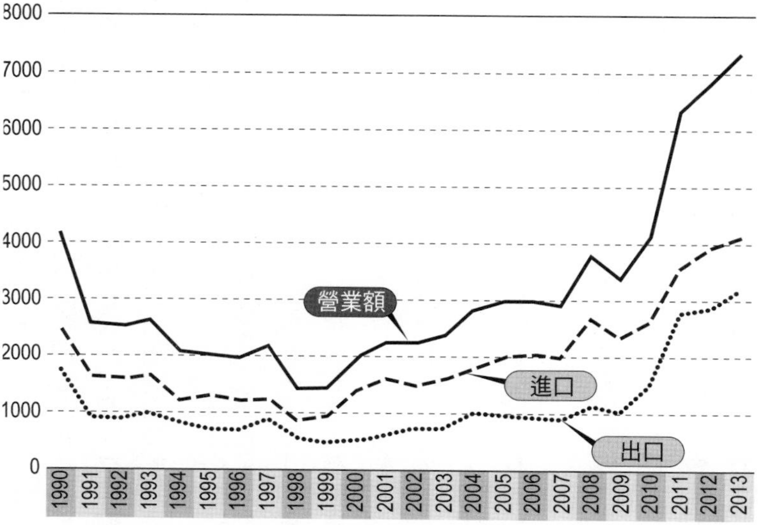

來源：大韓貿易投資振興公社[49]

降為二十五億多美元。一九九八年則來到了十四億美元的低點。[48]

從那時起，北韓的外貿營業額（不包括與南韓的貿易）又再度明顯地攀升，到了二〇一三年時已突破了七十億美元大關。在二〇一二年時，北韓所有的出口商品以礦物產品（主要是石煤和鐵礦）與紡織品最為重要，兩者合計共占了出口商品的六成，其中紡織品占了百分之十七。然而，礦產，主要是石油，卻也是最重要的進口商品，在所有的進口商品中占了百分之二十一；其次則是機械與車輛（占百分之十六），接著是紡織品（占百分之十四）。中國是北韓最主要的貿易夥伴，獨占了北韓百分之八十八的貿易額，遠遠超過所有其他國家。兩國的貿易額達到了六十億美元。[50]當我們的媒體宣稱，北韓迫切需要開城經濟特區所產生的外匯，我們應該把這些數字攤在自己的眼前。根據負責管理該區的一位南韓政府官員所透露的非正式消息，北韓在那裡每年只能獲得一千兩百萬美元的收入。如果把在該區工作的五萬三千名女工每個月近一百四十四美元的薪水一併計入，總收入還是低於一億美元。這筆錢雖然也不少，但只有對中貿易額的六十分之一。

在北韓外貿發展的時序中，有幾件事情值得注意。北韓原先的主要貿易夥伴是蘇聯，在一九九〇年代初期，當人們轉向外匯並取消政治援助時，蘇聯便從統計數據的頂端消失。二〇〇一年時，擁有大批韓裔族群（其中有一大部分是支持北韓）的日本成了北韓最重要的貿易夥伴。然而，自二〇〇二年秋季起，北韓與日本雙邊的貿易額卻又猛然下降到趨近於零。原因顯然在於金正日與小泉純一郎於二〇〇二年九月首次代表雙方舉行了一場高峰會，會議翻起一九七〇年代日本公民被綁架到北韓的問題，激起了日本的民憤，原本希望推動的關係正常化突然急轉直下，雙方關係也跟著近乎完全破裂。反之，北韓與中國的貿易無論是絕對還是相對的都持續穩定成長，甚至於，誠如我們所見，已達到就連北韓執政當局都公開表示不安的地步。

這樣的動態顯示兩件事。如果在政治上有必要，北韓也願意犧牲自己的經濟利益；北韓是有辦法藉由加強與其他夥伴的合作，來彌補在與某個夥伴的雙邊關係中所蒙受的損失。這也說明了與北韓打交道的核心困境。由於個別夥伴國的利益各不相同，以致對北韓的政策不同調，這讓北韓總能一再成功地突破各種限制措施。

二〇一四年中，北韓與俄國的貿易關係有了明顯的改善。二〇一四年四月底，俄國副總理拜訪北韓，是一九八五年以來層級最高的訪問。[51]在這場訪問的幾天前，俄國議會才剛決議，將數十年來北韓所積欠的主權債務的百分之九十一筆勾銷，這筆金額的總數大約為一百億美元。[52]北韓與俄國的雙邊貿易在二〇一二／一三年增長了百分之三十七。在這段時間裡，俄國的區域競爭對手中國由於北韓的核武政策，試圖提高對這個鄰國施予壓力，這所有一切都發生在同一段時間，肯定絕非巧合。北韓以犧牲與中國的關係為代價拉攏俄國的舉動，同樣反映在二〇一三年新編的「阿里郎」大型團體藝術表演的一個段落。一場「冷戰二・〇」會驅使俄國與中國重新結成對抗美國的同盟到何種程度，目前還不清楚。不過，無疑的，北韓將從這種情況中受益，因為它將成為某個陣營的一部分，其成員國也將爭取它的合作，一如第一次冷戰時期的情況。

朝鮮半島內部的貿易是政治環境下（特別是關於北韓核子發展計畫的爭端）的一個犧牲者。它主要包含了向北提供食物與化肥的援助物資，還有輕工業產品的再進口，而這些產品則是由南韓的企業在開城工業區以廉價的北韓勞動力所生產出。在朝鮮半島內部的貨物交換上，目前還談不上真正的貿易。整體的營業額在二〇一二年時約為二十億美元，在這當中，在北韓成功經營的來料加工，讓北韓擁有將近兩億美元的些微盈餘。[53] 換句話說，南韓提供原料與半成品給在北韓營業的南韓公司，從南韓的角度看來，純就計算上而言，這算是出口。相反的，在北韓看來，那些東西是投入北韓的勞動力加工製成的最終產品，而且它們也被送回南韓，所以在統計上應該算是南韓從北韓的進口。這些商品的價格差異就是主要以勞動成本的形式留在北韓的金額。然而，實際上，這其實是南韓自己在和自己交易。

從與社會主義「兄弟之邦」做生意轉變成與資本主義的「敵國」做生意後，人們會期待在貿易夥伴間有個盡可能平衡的收支。儘管如此，北韓在一九九〇至二〇一二年間的貿易收支平衡表卻顯示，這段期間北韓每年都有介於三億到十五億美元不等的貿易赤字。在這二十三年裡，所有的赤字總計將近一百八十億美元，數目相當可觀。貿易赤字代表著一國的進口多於出口，換言之，支出大於收入。舉債或反向的資金轉移是無可避免的後果，然而，這些資金要從哪裡來呢？北韓早就無法從國際金融機構借款。北韓自己的貨幣是無法兌換的，換言之，本國的印鈔機也無法解決這個問題。

顯而易見的解釋是，儘管東方集團瓦解，北韓仍可成功地（在相當程度上）繼續扮演接受基於政治動機單方面轉讓的受援國。事實上，美國國會研究處（Congressional Research Service）的一項研究也證實，在一九九五至二〇一一年期間，由於對北韓嚴厲譴責並予以制裁，單單是美國，就以人道主義與發展援助的形式付給了北韓十二億美元。[54]南韓與中國則是幫助北韓平衡貿易收支的另外兩個大規模的轉讓來源，大抵是以基於政治動機的長期優惠貸款這樣的形式。

在眾多事例中，光是以下這個事例就能讓我們看出，北韓執政當局在資金募集上多有創意。《聯合國氣候變遷綱要公約》（*United Nations Framework Convention on Climate Change*；簡稱 UNFCCC）是北韓參與的國際事務之一。在這當中，北韓對於培養綠色能源方面的能力特別感興趣。「清潔發展機制」（Clean Development Mechanism；簡稱 CDM）是當中的一個重點，它是京都議定書（Kyoto Protocol）減少溫室氣體排放的工具之一。目前北韓正在進行六項在清潔發展機制架構下獲得認證的計畫，可以預期，這些計畫的數量將會持續增長。此舉可以讓北韓獲得更大量的碳排放權，這個國家便可出售它們來營利。北韓目前所擁有的二十萬碳排放權，具有每年大約一百萬美元的價值。[55]

北韓有許多非傳統的外匯賺取途徑。其中包括了在柬埔寨暹粒市興建吳哥全景博物

館。據傳，北韓可收取十年的入場費為回報。負責興建該博物館的是萬壽台創作社（만수대창작사），該社在北韓擁有大約四千名員工，以製作頌揚領袖的雕像、馬賽克與繪畫等紀念文物聞名。這樣的技能同樣也在其他地方受到青睞；來自非洲國家的訂單金額就高達一億五千萬金，其中包括了辛巴威獨裁者羅伯．穆加比（Robert Mugabe）所訂製的雕像。[56]

過去這些年來（還在金正日治下其實就已開始），北韓加大了促進外貿的力道，在這當中，依照傳統最重要的還是國家的控制。國家對於外貿的壟斷確保了這一點，此舉排除了個別企業直接且獨立的貿易關係。近來，在創建經濟特區的路途上，這樣的壟斷已有所鬆動。最成功的例子當屬接近南韓邊界的開城。不過，最近北韓同樣也致力於在東北邊透過羅先經濟特區擴大與中國及俄國的貿易，在西北邊則在新義州擴大與中國的貿易。基於羅先經濟特區地位提升，二〇一〇年一月初，北韓公布了成立一家國有開發銀行的計畫。這家銀行的任務就是為各種開發計畫融資，並與國際的金融機構與商業銀行合作。

然而，只要當前體制的基本特質依然存在，特別在缺乏私有制、競爭與真實價格的情況下，所有這些努力的成果也會有限。北韓是否有意願改革且有能力改革？在下一章裡，我將嘗試給個答案。

5 改革進一步，退兩步

人民相形之下過得困苦，經濟未能發揮它的潛能，東方集團已成歷史，就連鄰邦老大哥中國也正走在邁向直通市場經濟的道路上。光是這一切，應該就足以讓平壤的領導人比清楚還要清楚地明白改革的必要。為何他們對這些信號充耳不聞呢？還是說，人們其實早已對此做出反應？這到底牽涉到什麼？在我們進入後幾章探討北韓的經濟特區與金正恩治下最新的發展趨勢之前，我想先帶領讀者觀察一下，在社會主義的東方集團崩解前及特別是崩解後，北韓的經濟政策發展情況，藉此化解「時間在北韓始終停滯不前」這種迄今依然普遍流傳的成見。

改革 vs. 小改革

並非每種變革都是一種改革，即使它們貌似改革或標榜自己是改革。該如何理解社會主義系統下的改革？我將遵循雅諾什．科爾奈（János Kornai）所給予的定義。[1] 唯有當改革是徹底且極其全面的，換言之，是「切中要害的」，才配冠上這樣的名號。首先，改革並非影響深遠的動盪這種意義上的革命。它其實是一種演化，關乎的是既存體系的種種實質性變化，而非關乎排除既有體系。只不過，即使革命的過程平和且漸進，原則上都會變成改革的最終結果。

為了達到「徹底」，國家社會主義經濟體系的改革必須重新解釋所有權的問題，必須允許私人擁有生產工具，如此才能促進競爭，改變激勵機制。順道一提，在這當中，國家社會主義的體制在根本上截然不同於資本主義的體制，即使它們是專制的，且受到嚴格控管。必須允許私人企業的設立、管理與讓渡，必須有一個貨物與服務的自由市場，必須去集中化地允許個別經濟活動主體做出生產及其他的決定。簡言之，必須廢除生產國有及中央集權的計畫經濟，或者，至少要抑制它們的主導角色。上述種種要求的基礎就是接受改由私有與競爭來主導，藉此提高效率，換言之，憑藉現有資源增加生產，或是利用最少的資源達成種種的生產目標，例如達到主食的充分供給。

為了達到「全面」，一項改革就不能只侷限在某個區塊或某段特定的期間。認可所有權與廢除集中領導，必然會波及國民經濟的絕大多數領域。如果只是例如讓手機的市場自由化，其他區塊依然由國家牢牢管控，如果九個省只有一個省享有種種新的權利，或是，如果種種鬆綁的法令只在夏季有效，那其實沒什麼幫助。

一個經常為人討論的主題是：在一場真正的改革中，意識形態與一黨專政是否一定也要讓步？基本上，這個問題的答案應該是「是」；畢竟當執政黨從自己的權力工具

「國家」裡抽離了經濟的控制，它也剝奪了自己的權力。然而中國的情況卻顯示，改革的政治面顯然可以是經濟面的下游。放眼中國共產黨的情況，我們也可以說，在多元主義有朝一日以正式建立多黨制表現出來前，它會先在黨內以流派與集團化的形式產生。

不過，實情是，社會主義體系有缺陷的運作方式在建立後不久，很快就會製造出許多無法忽視的問題，從而也會迫使領導人有所反應。我把這一切非正式地暱稱為「小改革」，藉以區隔那些真正的改革。科爾奈使用了一個更直白的詞彙「完善化措施」，不過兩者所指的是一樣的內容。他認為，這當中包含了三種行動領域。行政單位的重新組織是其中之一，譬如設立新的部會或合併原有部門。舉例來說，北韓的媒體在二〇一四年六月十八日公布，存續至今的外貿部（貿易省）與合資公司暨投資委員會及國家經濟發展委員會，將合併為對外經濟事務部（對外經濟省）。一方面拖延外貿的自由化，另一方面卻又同時強化它。[2]

第二個領域則是經濟的重新組織，換言之，合併企業與企業的垂直整合。這原則上會導致大型集團形成，把盡可能多的重要輸入供應商結合在一起。最後，除了這些結構上的調整以外，完善化措施的第三個族群則是致力於優化流程。其中所涉及的是改善計畫、借助引入資料處理做控管、修改計畫規範、引入物質激勵機制（譬如發給獎金），甚或加強意識形態宣傳活動的應用。

社會主義國家裡頭的許多人，包括領導人在內，似乎都很難理解，這種粉飾性的變化頂多只有短暫作用，如若想要確實地解決效率問題，除了真正的改革以外別無選擇。我在此所說的完全是自我批判地出於自己的經驗。至少不是只有我一人曾經這麼以為；早在一九八九年十月的和平革命之前，許多前東德的人，主要所想的都是徹底改善自己的國家，而不是無可避免地要把自己的國家「砍掉重練」。當時經常可以聽到有人表示，體制本身其實不壞，問題只是執行不力而已。

時至今日，我的看法完全不同；體制本身其實就是問題的核心！然而，有鑑於包括強烈意識形態在內的因素（社會主義體制結合了多半是以歷史為基礎的，對於自身道德優越性的信念），無論是社會主義國家的領導人，抑或是其人民，其實都不容易理解這一點，更遑論進一步做出妥適的反應。科爾奈所論述的改革，同樣也是以這樣的觀點為前提。

如果放眼於這些標準，對於「在北韓是否已存在改革」這個問題，答案明顯就是否定的。就連我也都懷疑，如今以金正恩為首的北韓領導階層是否已然瞭解到，若要達成他們雄心勃勃的經濟政策目標，所有權與協調機制方面的徹底改革是無可避免的。

在這一點上我們必須承認，一個願意改革的政府其實會讓自己暴露在顯著的政治風險中。光是從所謂的「變革後的倒退」（也就是說，改革在取得所希望的改善成果前，通常都需要一點時間，在此之前，由於舊結構遭到破壞，預期會先發生生產倒退的現象），就能看出這一點。借鑑例如像是蘇聯的歷史經驗，不太可能會令人燃起改革的熱情。畢竟後來蘇聯的改革發起人戈巴契夫（Mihail Gorbachov）在他的國家「重建」計畫展開短短幾年後，便被迫下台。就連在中國，在歷經十年的改革後，到了一九八九年六月，執政當局也只能勉強地在天安門廣場上阻止一場革命。

就北韓的情況而言，不僅還要考慮到南韓的存在做為一種競爭與選擇，更得考慮到強大的美國一直虎視眈眈地盯著這個國家。不難理解，在這樣的情況下，平壤當局最好不要輕取妄動，在有疑慮的情況下寧可什麼都不做，也不要把政權的存續當賭注。推遲迫切需要的改革，受害的一如既往總是人民。儘管如此，北韓倒也還是有些值得注意的改變，但這些改變在西方卻往往太少被理會與認可。這其實很要命，因為和平解決諸如核武或人權等重要問題的關鍵線索就在其中。

北韓經濟中的社會主義完善化措施

即使抱持著最大的善意來看，國家社會主義體制原則上就是有效率不彰與匱乏的憂患。在科爾奈看來，當緊接著革命而來的社會主義「英雄階段」過去之後（通常只會維持短暫的幾年），這些問題就會浮上檯面。以前東德為例，這個階段最晚到了一九五三年六月十七日的「六一七事件」便劃下句點。[3]

在北韓並沒有這種明確的休止，其中的因素包括了韓戰。韓戰讓這個國家處於領導階層至今仍念茲在茲的緊急狀態。藉由直接的壓迫，但主要其實是藉由製造某種受困心態，便能提高忍受那些不盡人意的工作與生活條件的意願，降低造反的傾向。順道一提，對於社會主義的英雄階段時間有限的這個問題，毛澤東曾經想過一種相當不尋常的解答。在一套令人聯想到約瑟夫·熊彼德[4]的邏輯下，他希望藉由不斷地對現有一切進行創造性的破壞，來持續中華人民共和國的革命，換言之，藉此讓社會主義的英雄階段連同其高於平均的犧牲意願，在他的國家永不止息。不過，如今我們卻曉得文化大革命是如何結束：在混亂、破壞、傷痛與退步下。[5]

從一九四五年起，北韓開始了一連串涉及層面廣泛的改變，還能在韓戰結束後受益於社會主義陣營大量的援助。這一直持續到一九六〇年代初期，直到領導階層看出了去做更大修正的理由。在一九五八年為了加快勞動速度的千里馬運動後，繼而又有前面也同樣曾提過的，一九六〇年初的青山里方式，與一九六一年秋的大安系統。這兩者都是優化流程的嘗試，換言之，改善企業內部及國家行政機關與企業之間的溝通。它們分別關係到農民與勞工憑藉自己的經驗加入企業領導的行列。與黨組織進行協調的各種委員會陸續成立。

風潮通常都會有一大堆弱點。其中包括了，相較於複雜的活動，原則上它們在較簡單的手工方面運作得較好，也因此，隨著國民經濟的發展水準提高，它們本已有所侷限的功效還會進一步喪失。我們也不要忘了機會成本：一個人被改派去農地收成或去某個工地工作，他原本的工作就會沒人做。如果派遣地並非原本的居住地，還要再算上交通或住宿的成本。

特別是在這類提高工作效率的運動或風潮方面，背離慣性效應可謂是典型的問題。縱使這些運動或風潮完全具有獨創性，也同樣會產生這種情況。「天黑黑運動」便是一例，這項運動要求民眾必須早起，藉以提早開始閱讀領袖的作品或展開自己的工作。北韓喜歡無縫串連各種往往持續一、兩百天的速度戰。這就好比在要求人民以衝刺的速度跑完一趟馬拉松賽程。大多數的北韓人民和生活在類似體制裡的人一樣，很快就看透這種把戲，因此在反應上也會刻意有所保留。於是他們培養出相當重要的技能，藉此一方面讓自己少做點事，一方面又能讓自己看起來很忙。由於大家都是坐在同一條船上，別對彼此造成太大的麻煩，彷彿是種無言的協議。[6]

這與我在前東德的經驗不謀而合。在企業裡的各種工作上，我的同事們很快就讓我正確地瞭解到，在他們眼裡，一個超級認真的菜鳥是多麼惹人嫌；超越平均的工作效率無異於在破壞「規矩」，這會迫使大家都得跟著他提高效率。領導對於這樣的內部教育措施其實相當無力；他們只能猜想部屬們的真正實力，並且總是對此感到懷疑，因為他們其實很有理由去設想部屬們刻意在保留實力。有別於在市場經濟下，人們要不是用提高報酬來鼓勵，要不是用解雇來威脅，在社會主義體制中，主要的手段還是宣傳與意識形態的激勵。由於本國貨幣的購買力低微，獎金多半沒什麼效用。

我們經常也會見到不同策略的混合運用，尤其是局勢變得危急時。像是一九六〇年代，當北韓由於意識形態與政治上的原因，與北京及莫斯科漸行漸遠，因而在達成自己雄心勃勃的經濟計畫目標上面臨著越來越多的問題時，情況便是如此。一個明顯事例就是金日成於一九七四年二月所宣布的五大前線目標（建設前線、工業前線、農業前線、運輸前線、漁業前線），在這當中，他將意識形態的激勵與召喚外來威脅巧妙地結合在一起。這與前東德曾有過的口號「我的工作崗位就是我追求和平的戰鬥崗位」有著異曲同工之妙。民眾們的日常活動被置於某個上位任務的脈絡中，從而被賦予了更高的價值，藉此，誠如意識形態家所願，催出更高的產能。另一方面，根據同樣的邏輯，效率不彰則會受到更嚴厲的處罰，因為此時所關乎的並非只是貌似或實際的疏懶，而是在保衛國家上怠惰。

至今為止，北韓的領導人總是一再號召各種有助於優化流程的運動。在「羅南的火炬」後，為紀念金日成一百歲冥誕，二〇一二年時又有「平壤的速度」做為擴建首都的運動，以及興建大型水力發電廠的運動「熙川的速度」。各種意識形態的效率激勵模式其實是一樣的：讓民眾們看到一個光輝的範例，然後要求他們依樣畫葫蘆。範例可以是個別的人物；在蘇聯，礦工阿列克謝・斯達漢諾夫（Alexey Stakhanov）可說是家喻戶曉；在前東德，礦工阿道夫・海內克（Adolf Hennecke）則是國家大力宣傳（並未到處受歡迎）的超標偶像。[7]

社會主義的各種運動通常都圍繞著大型計畫。這些計畫對於整個社會具有高度重要性，特別適合用來彰顯無私的英雄主義。在金正恩治下，如今我們見到一種由舊的思想與新的優先權所構成的組合。這些新的優先權包括了改善人民的生活水準與日常的娛樂。因此在二〇一三年夏天，北韓在大規模的媒體伴奏下展開了「馬息嶺的速度戰」，藉以修築一座滑雪場（！）。這是十分不尋常的舉措。我在北韓的聯絡人裡，無人對此有過任何表示，我只能勉強地想像，媒體上仔細刻畫那些身著軍服堅毅且頑強對抗險峻大自然的工人們，與興建一座可以預期唯有少數北韓人才能使用的休閒設施，兩者會有多麼地「和諧」。相形之下，那些為了準備大型慶典（例如黨代表大會，或是包括領袖生日在內的種種週年慶）所發起的運動，或是為了修築道路、修築水壩、提高鋼鐵產量及加快收成速度所發起的運動，顯然與意識形態的調性比較搭。

這令人想起了前東德的一種幻想：微電子與電腦控制的工具機，所謂的電腦數值控制工具機，能夠帶來經濟的轉機。雖然前東德的終結就緊接在何內克（Erich Honecker）於一九八〇年代所發起的一連串相應的運動，可是，特別是從二〇〇九年起，北韓居然也在宣揚電腦數值控制工具機，[8]這不禁令我聯想到還老個幾十年、但同樣徒勞無功的「奇蹟武器」（Wunderwaffe）這個德文詞彙。很顯然，最終在各處都死了一堆希望。

上面所臚列的各種完善化嘗試其實很不完整。儘管如此卻也不難看出，雖然帶有明顯的地方色彩，但北韓的領導人在很大程度上卻仍是以社會主義國家典型的方式行事。

無論是終結意識形態的動力，還是終結集權式的組織，至今都未被認真地考慮。上述的種種運動都不禁令人懷疑，它們怎麼可能與改革有關。不過，特別是從一九九〇年起，在社會主義的世界體系崩潰後，在建國者金日成逝世後，在歷經一九九五至一九九七一連串飢荒的災難後，我們倒是明顯觀察得到一些更為徹底的措施。

市場實驗

早在一九八〇年代初期，北韓的領導人就開始對中國老大哥在鄧小平治下始於一九七八年的種種改變有所反應。在這個脈絡下特別值得注意的是，當時還只是金日成的指定接班人的金正日，於一九八三年前往中國訪問，就在短短一年之後，北韓就頒布了首部合營法。[9]儘管在這件事情上我們只能推測，不過當中的關連其實顯而易見。這部法律主要似乎在促進與旅日的親北韓少數族群（名為「在日本朝鮮人總聯合會」，簡稱「朝總聯」）中的企業家合作。[10]總的來說，北韓早期在經濟開放上做的種種嘗試，像是一九八四年頒布的合營法，主要都是針對這個少數族群。雖然成果極其有限，但這些嘗試卻也顯示出，北韓確實有意尋找新的出路。

在早期的那些實驗中，另一個耐人尋味的措施則是所謂的「八月三日的貨物」，它們延續至今的生產可以回溯到一九八四年八月三日金正日的一場現場指導。企業的工作團隊被敦促，利用在正常生產過程中廢棄的材料，為北韓的消費者製造出從鞋子到廚具等各種消費必需品。在二〇一三年八月二十日開幕的年度展覽上，共有超過兩萬五千多種產品展出。當時官方媒體引述了金正恩的指示：生產品質低、沒人要的消費必需品，一點用處也沒有。[11]這不禁令我想到前東德的一項類似措施，同樣也是在一九八〇年代，所有的企業，無論它們的核心營業項目為何，都被賦予了製造消費必需品的義務，除了令管理階層感到頭痛以外，在產出方面更出現了各種光怪陸離的亂象。舉例來說，如今我家還保有一支由當時全國最大的工具機製造廠所生產的開塞鑽。

同樣在一九八四年也施行了一套新的會計制度。[12]在這套新的制度下，企業的管理者雖然還是必須落實中央所規定的種種要求，但在實踐上卻能有較多的決定權。

這些措施證明了，金正日顯然認真思考了自己國家的經濟現代化，想在脫離至今的社會主義經濟模式下，促進相對於資本性商品的消費性商品生產。北韓的領導人當時顯然已經感受到一股來自人民的相應壓力，並且準備好正面回應。不過，在東方集團瓦解了幾年之後，北韓的領導人卻開始明顯懷疑，這是否是正確的道路？我從一些可信的對話中得知，北韓內部對此曾有過深入探討；在總是令人暗暗欽羨的社會主義歐洲所發生的災難，究竟是因為越來越關注人民的消費願望才導致，抑或是就算不去理會這些願望也難免會發生？

合營法在重重安全措施的護衛下與資本主義關係曖昧，到了一九九一年，在羅先經濟特區的設立下，終於取得了進展。這個北韓第一個設立的經濟特區是由金日成親自授權，但或許是由他兒子所倡議；相關的細節，我將留待下一章再詳細說明。

一九九四年，北韓的建國者金正日逝世，大權改由他的兒子金正日獨攬。不久之後，從一九九五到一九九七年，北韓經歷了毀滅性的飢荒。執政當局能夠安然度過這樣的危機，可謂是北韓體制一項了不起的成就，只不過，這樣的成就恐怕是可一不可再。升高的改革壓力，還有，過去曾因疑似親北韓傾向被判處死刑的南韓總統金大中在一九九八年上台後，整個朝鮮半島的緊張局勢趨於和緩，這種種因素使得平壤的新任領導人變得更大膽，也更願意冒險。

在一九九八年時，北韓與現代集團的子公司之一，峨山，簽訂了第一個朝鮮半島內部的旅遊計畫；就在北韓的憲法為金正日的領導而重行調整的同一年。兩年後，在二〇〇〇年六月，金大中與金正日在平壤舉行了首次朝鮮半島內部的高峰會議。在會中，兩國元首商討了一系列經濟方面的合作計畫，其中包括了鄰近南韓邊界的開城經濟特區的開發。

不久之後，北韓也開始加強先是祕密進行的與日本的雙邊會談，希望藉此讓外交關係正常化，並且督促日本人履行戰爭賠償。二〇〇二年九月十七日，當時的日本首相小泉純一郎率團前往北韓，親自拜會金正日，這是史上頭一回日本首相親赴北韓。[13]此行的成果之一就是日方同意透過日本國際協力銀行金援北韓的私人經濟活動。不過由於許多日本人遭北韓綁架的消息被披露，再加上北韓的核武發展計畫再度惹議，致使日本大眾對此普遍抱持負面的反應，該項金援最終也跟著胎死腹中。

二〇〇二年十月十五日，美國助理國務卿詹姆士・凱利（James Kelly）表示，北韓方面於十月初向他承認，目前確實正在發展一項以濃縮鈾為基礎的核武計畫。[14]不管是關於北韓的這項聲明的措辭，還是關於這項指控的真實性，都有很多種不同的說法。無論如何，事實上，就在這一天，西方世界終止了與北韓的合作，必須要等到北韓根據CVID[15]原則，「完全、可核查、不可逆地毀棄」核設施之後，才會考慮恢復合作。

我對二〇〇二年十月十五日這一天記得還很清楚，因為當天早上我在布魯塞爾與北韓副外相崔壽憲所率領的代表團共進早餐。在前一天，北韓的代表團曾密集地做了多場非正式對談，席中談論的是歐盟與朝鮮民主主義人民共和國之間的合作。其中，北韓方面還預告，將以歐元取代美元做為國際貿易的標準貨幣；後來，自二〇〇三年一月一日起，這項預告確實也兌現。朝鮮方面的建議最令我感興趣的莫過於，如果北韓能有機會借助歐洲的亞利安火箭，將自己的衛星送上太空，他們願意以擱置火箭發展計畫來做交換。我不記得歐洲人有對此表達極大的熱情，但我覺得這項提議十分值得注意。畢竟，在當時的一個月前，北韓才剛在與日本共同發表的聲明中延長了他們的暫停導彈試射。

事實上，合作的跡象早已出現了一段時間。在二〇〇一年五月時，歐盟與朝鮮民主主義人民共和國展開了外交關係。早在兩個月前，也就是在二〇〇一年的三月時，德國便已重新開始經營自前東德終結後就只剩少數人員留守並改掛瑞典國旗的大使館。前東德的駐平壤大使館從那時起就在一個屋簷下收容了三個西方的代表處：德國、英國和瑞典。

然而，在詹姆士．凱利披露了那些舉世嘩然的消息後，歐洲與北韓的合作就在方興未艾中迅即落幕。二〇〇二年十月二十四日，根據朝鮮半島能源開發組織協議，歐盟凍結了原訂輸往北韓的一批價值兩千萬歐元的重油。到了同年的十一月十九日，歐盟理事會做成了一項決議，在核子問題澄清之前，僅能對北韓施予人道援助，至於發展方面的合作則必須完全擱置。不久之後，更繼而通過了一系列制裁的決議。[16]

將（接下來我馬上要提的）二〇〇二年七月的那些經濟政策措施置於剛剛所描述過、在當時還格外正面的脈絡中，在我看來十分重要。因此，我想駁斥「北韓的領導人只是回應了在飢荒後所形成的『街頭壓力』」這種論點。先別說，北韓當時並沒有像在發生阿拉伯之春那些國家裡的那種「街頭壓力」，在飢荒最嚴重的五年後所採取的種種措施，也很難被說成是北韓領導人針對災難所做的特殊回應。在未能履行供給承諾下，由於國家失信導致人民日趨不知所措，強化了當時早已存在的經濟策略思考；人民的因素或許能做為某種催化劑，但北韓領導人的想法絕不可能是因此才徹底轉變。這樣的轉變先前其實早已至少部分地發生了。

二〇〇二年七月的近乎改革

那麼，二〇〇二年七月到底發生了什麼事呢？總的來說，當時正式開啟了一個去核心化的經濟發展篇章。雖然其中也包含了種種回歸正統社會主義立場的試圖，但這個篇章卻明白偏離了過去數十年以思想和中央集權為主的激勵體制。重點在於，這裡關乎的是由國家所擬定與公布的種種措施，顯然已歷經很長一段準備的時間。因此，這其實可謂是一項目標明確的嘗試，旨在為經濟奠定新的基礎，或至少先為此鋪路。

在當時還發生了一連串的改變。[17] 核心要素是調整重要的商品及服務的價格。明顯可見的是，雖然所有的價格都被提高，但在程度上卻有所差異。具體而言，當時人們要處理的有兩件事：一方面要去調整國定價格以符合市場價格，另一方面同時要消除個別商品在估價上的比例失調。舉例來說，一公斤白米的價格上漲五百五十倍，但一公斤玉米的價格卻只上漲五十倍；玉米相較於白米便宜了將近十倍。

為了讓北韓人民支付得起新物價，工資相應地也跟著上漲，至於加薪的幅度則是依據工作的難度，並且至少分兩階段來進行。當時的漲幅落在十八到五十四倍之間。

北韓圓兌美元貶值六十八倍，換言之，價值減少百分之六千八百，可說是特別值得注意的措施之一。這顯示出，在二〇〇二年七月時瀰漫在北韓領導階層中的實用主義；所有的象徵意義都被忽略，即使相對於主要敵人的貨幣價值貶損自己的貨幣價值也在所不惜。

此外，國家向農民收購稻米的價格在這時也明顯趨於正常。在二〇〇二年七月之前，國家以每公斤〇．八北韓圓的價格收購稻米，以每公斤〇．〇八北韓圓的價格售出，換言之，每公斤虧損（或補貼）了〇．七二北韓圓。在新的規定中，收購價改成每公斤四十北韓圓，售價則改成略高的每公斤四十四北韓圓，除了普遍的價格調整以外，此舉更代表著補貼的取消。這是指明旅程方向的一個明確信號：由計畫經濟扭曲的價格結構走向切合實際的價格；這些切合實際的價格遲早要至少部分地取代經濟過程的集中控制。

這會對經濟產生什麼樣的連鎖效應？無疑地，理論上，多數消費者的消費力會下降，因為物價的漲幅遠高於薪資的漲幅。不過我們應當留意，舊的、低廉的物價其實是配給制的一部分。人民無法隨心所欲地以舊的售價買到自己想要的量，頂多只能獲得國家規定的額度。因此，在每個住宅區裡都有一些特別的店鋪，店裡會有一本小冊子，裡頭會井井有條地寫下每個家庭所分配到的份額。如果已達當月的配額，就不能再購買。這種配給站很少設在大街上，大多都是暗藏在住宅區內部。外國人就算花再多時間尋找超市或雜貨店也只是徒勞；因為根本就沒有這種東西。身為學生，我在宿舍裡受到照顧，也可以去外匯店購物。外交官們有時會委託他們的司機或某位清潔工，不必交代任何細節，過了一陣子後，這些人就會帶著外交官們想要的商品出現。

因此，新的價格雖然讓白米、玉米或其他食物原本就已有限的量變貴，但對於購買力的影響卻不似乍看之下那麼嚴重。畢竟，就典型的短缺經濟而言，過去北韓的消費者所面臨的主要問題，其實是貨物與商品的「獲取」，而不是個人的「支付能力」。

然而，倒也還是發生了一些事情：如果我們把所有其他貨物的價格都換算成白米，雖然北韓圓的購買力降低，但對白米的購買力卻是升高的。因此，這對於種稻的農民更具有吸引力，把時間、金錢與精力投資在提高產出。北韓政府想要利用這種物質的激勵，這點顯示出宣傳與壓迫的手段已經遇到了瓶頸。這樣的認識顯然早已滲透到領導高層。如此一來，也為投機者創造了獲利的機會；但這點卻是日後才獲得證明。這種問題其實並不新鮮；從十八世紀時上呈給朝鮮國王的改革建議中，我們就已得知，根據那些建議，國家應在收成的時期買進低價的稻米，在年初傳統歉收的時期再將它們售出，藉以穩定市場的價格。[18]

另一個令人驚訝的實用大膽措施則是，取消至今同時並存的三種本國貨幣。除了正規的貨幣以外，還有兩種所謂「外匯貨幣」的形式，分別是針對來自社會主義國家與資本主義國家的公民所做的變體。從二〇〇二年起，這兩種特殊貨幣都在全無取代的情況下被取消。

雖然，如今事實上又有兩種本國貨幣和兩種並行的價格系統，因為官方的匯率（一歐元＝一三〇北韓圓）與非官方的匯率（一歐元＝九千北韓圓，截至二〇一三年年底）

有著顯著的差異，而且外國人再也不能直接入手北韓的本國貨幣。然而，儘管只有短暫的一段時間，北韓也曾為自己的貨幣能在國際間自由流通創造了某些基礎。

也許，觀察一下中國的情況有助於我們瞭解，當時北韓的領導人願意邁出多大的步伐。在中國，同樣也曾有過給外國人使用的的特殊貨幣，稱為「外匯券」（foreign exchange certificate）。不過一直要到一九九四年，換言之，在鄧小平於一九七八年開始改革開放的十六年後，外匯券才被取消。反之在北韓，這一步卻是在改革之初便已完成，這點不僅反映出改革嘗試的認真態度，也反映出北韓經濟政策制訂者的學習意願。

當我在二〇〇二年八月藉助新的匯率去比較北韓的新價格與世界市場的價格，我幾乎是難以置信；截至當時為止，北韓的價格其實完全自外於全球其他地方，完全是由取決於意識形態的計畫官僚任意規定，既不反映供需，也不反映成本，然而在經過調整後，新的價格的的確確符合了國際的水準！

當時出現了許多半官方的聲明，根據這些聲明，企業必須清楚計算出自己的營利能力，如果算出的結果是負的，該企業甚至可能會被關閉。我是無法驗證這一點；不過，退出市場的可能性，無論如何，卻都值得賦予一個「改革」的標籤。就連「競爭」這個概念也越來越獲得認同。取代從前以壟斷之姿在中央計畫的框架下進行生產，如今企業之間應該相互競爭。我們並不清楚這一點具體的情況到底如何，實際上究竟又到達什麼程度。比較可以確定的是，至少曾有關相應的內部爭論，而且也頒布了一些新的相關法規。[19]

事實不只如此，早自一九九〇年代中期起，作為經濟政策中樞的計畫已在北韓退役。只不過，其中的背景較少是因為改革的思想，較多其實是由於洞悉了計畫的無益。無論如何，蘇聯式的計畫並沒能特別成功。一直到一九六〇年代初期，金日成借助「主體思想」（주체사상）這項意識形態，成功脫離兩大盟友的擺布之前，在莫斯科與北京的幫助下，北韓十分輕鬆就能達成計畫的目標。然而，一九六一至六七年的第一個七年計畫卻不得不延長三年，因為少了來自兄弟之邦的支持，原本那些雄心勃勃的規劃變得難以達成。這樣的局面著實令人難堪，因為就在此時，長久以來明顯較為貧窮的南韓在朴正熙將軍（在二〇一三年被選為南韓總統的朴槿惠的父親）治下，開始了所謂的「開發獨裁」。一九七一至七六年的六年計畫後來延長了兩年，一九七八至八四年的第二次七年計畫也一樣。在一九八七至九三年的第三次七年計畫後，北韓終於不再公布詳細擬定的經濟計畫。此舉並不排除各種經濟計畫依然存在，只不過，它們再也不像在傳統的社會主義體系裡普遍可見的那樣，是公眾認知與自我表現的醒目題材。[20]

基於如此大量變化所得出的唯一富有意義的解釋，可說是十分引人入勝：當時的北韓正站在貨幣化與經濟開放的風尖浪口上。有南韓的觀光客前來國內，有二〇〇〇年朝鮮半島內部的高峰會，與日本的協議也即將完成締結，中央的計畫幾乎不再被人提起，就連匯率也更為切合實際，而且國內的價格同樣跟上了世界市場。與此同時，一項規模前所未有的意識形態運動也在進行，藉以掩護這種種經濟政策的措施。

早在二〇〇一年一月初就出現了一些罕見的情況，取代在黨報《勞動新聞》頭條上報導關於金正日的消息，金正日本人直接對人民發表談話。某篇篇幅只有半頁且附錄了〈偉大的領袖金正日之語錄〉的文章是這麼起頭的：

> 如今已有別於一九六〇年代。因此，以昔日的工作態度來處理事情就錯了。在進入廿一世紀的此時，我們必須按照新時代的種種要求完美地完成所有的工作。

後面接著又寫道：

> 我們必須努力不懈地讓過去所創造出的一切改觀，藉以滿足新時代的種種要求。[21]

對於始終令人畏懼的「改革」概念，當時北韓的領導人可說是靠得近到不能再近了。我們不難看出，金正日本人明明白白地將一九六〇年代說成是「新時代」的對立模式，這確實是相當不尋常，因為人們可以將此舉解釋成，這隱含著對他父親的種種成就所做的批判。然而，在與北韓官員的一些對話中，卻能讓人瞭解到，人們其實把金正日的話解釋成批判經濟計畫、金融及勞動市場方面的蘇聯社會主義模式。特別是外貿，如

今應當按照資本主義的機制與原則來進行。[22]像是「從昔日的舊想法中解放出來」之類的措辭，那時有一段時間經常出現在黨報上。種種的改變變得越來越明顯。在拜訪一家大型國營電纜廠時，我去參觀了一個小部門，這個部門受到來自香港的合作夥伴委託，負責幫他們生產用於電腦、電視、錄影機與汽車的各種電線。在一家紡織廠裡，我看著廠裡的女裁縫在生產著掛有「Made in Italy」的西裝。在大同江啤酒廠（대동강맥주）的展廳裡，人們可以買到許多不同種類的海尼根啤酒。利益當前，人們多半都會睜一隻眼，閉一隻眼。

還必須指出的是，在所有的改變中一再地強調連續性。北韓的領導人顯然誠惶誠恐地以蘇聯與東歐的前例為鑑，在那些地方，由領導階層所促成的種種改變，在廣大的人民中引發了日益升高的期望，最終甚至走到完全失控的地步。當時北韓領導人像口頭禪一再重複的口號是，北韓的種種改變無非只是為了按部就班地繼續發展社會主義。此外，死去的金日成曾經說過的話也被引用：市場不是資本主義社會的象徵，因為早在資本主義出現之前就已經存在著市場。社會主義的過渡性質一再被強調，藉以為利用前社會主義過往的某些元素找理由。市場被描述成兩個部分：一邊是占優勢的社會主義市場，另一邊是古老的農民市場。無論如何，都必須維持住這個泰半都沒有更仔細定義的社會主義原則。[23]

至於這要怎樣才行得通，人們則避而不答。那個時候，我曾在北韓多次參與一些關於所謂「能力建構」（capacity building）的措施。其中涉及到的則是由歐盟或某些半官方機構，例如德國的某些政治基金會，或是設立於瑞士的某些發展援助組織，所組織的訓練措施。在這當中，來自西方的專家會針對像是經濟政策之類的一般性主題發表演說，不過到了後來則主要是針對一些特殊領域，例如外貿融資、市場行銷或會計等等。

二〇〇五年時，我曾於平壤的人民文化宮裡，在大約上百位北韓的官員面前，以抗通膨為題發表演說。他們其實並沒有那麼信任我們這些外國人；中場休息時間我們理應和北韓人分開，然而，在不太甩這些規定的前捷克副財政部長帶頭下，我們這些來自西方的演講人成功地忽略了這一點。在歷經一番尷尬後，很快就產生了一些有趣的對話。在這些對話中，我明白了兩件事情。北韓的專家其實深諳西方的經濟觀念，但他們卻又幾乎完全未能洞悉，這些觀念唯有在特定的系統脈絡中才行得通。在完全秉持著十九世紀末（失敗）的改革理念「東方的道路，西方的技術」[24]，他們主要希望我們能夠給他們一些具體的行動建議，而非教導他們市場經濟的基本運作。不過，也有可能這其實只是官方的路線。畢竟，在活動結束後，有位北韓人央求我寄給他一些西方的經濟學教科書。在我一番詢問下，他向我保證，他確實能夠收到那些書。我當時正好是任教於南韓的客座教授，於是我向他提議，不如寄給他那些書的韓文版。他拒絕了這項提議；他的理由是，他那主修經濟的女兒（原來那些書是要給他女兒的）應該練習英文。

不久之後，在於日內瓦舉辦的一場培訓北韓管理幹部的課程中，我經歷到北韓走向開放的一個亮點。如果我沒記錯的話，那次的活動是由瑞士的某個發展援助組織所贊助，地點就在日內瓦湖畔某個這類培訓的專業供應商那裡，離聯合國歐洲總部僅有數百公尺遠。那是一個為期數週的計畫，其中包括了在陪同下參訪某些企業以及掌握一些具體的商務觀念。我花了一整天的時間，小心翼翼卻也單刀直入地談論南韓在一九六〇與七〇年代時的經濟發展路徑。當時的南韓，憑藉著強大的政府、軍事獨裁，還有原則上屬於私有的經濟，成功克服了一直以來的不發達，開創出了一個成功的經濟模式。當時我主張（迄今也依然如此認為），對於北韓來說，這會是一個在經濟上有益，在政治上可行的發展方案。

令人訝異的是，當時居然無人反對，甚或憤而離席。相反的，在課程結束時，出席的學員甚至還排排站照了團體照；根據主辦者的說法，這是他們前所未有的舉動。順道一提，每到休息時間，這些學員全都不見人影，他們全都挨著提供給他們使用的電腦，自由自在地在那裡上網。

許多數年前還被認為是難以想像的事情，這時已變成可能。雖然開放的氛圍很快地又結束了；但二〇〇二年七月的那些措施卻促成了延續至今且顯著的市場強化，讓廣大的農民受惠，也至少在理論上為對世界經濟開放奠定了基礎。當時之所以暫時未能從中產生出任何東西，其實是由於迅速浮上檯面的一些重大問題，這些問題有部分是結構本身使然，有部分則是因為對市場動力學不夠瞭解。我們可以大膽地推測，七月措施背後的思維其實是依循中國的榜樣。畢竟，中國是一個就在隔壁的鄰邦，兩國之間有著大量接觸，北韓的領導階層也經常前往中國考察。此外，中國還是經濟改革沒有導致政治體制立即崩潰的少數典範。

不過，常言道，「同款，不過不同師傅」。中國自一九七八年起的那些改革始於一個截然不同的國際政治環境下，完全有別於二〇〇二年時北韓所面臨的局勢。先前還存在著冷戰與兩大敵對陣營。由美國所領導的西方陣營，對於支持中國的改革開放很感興趣，其目的之一在於讓從一九七九年底起便與阿富汗的聖戰士陷入苦戰的蘇聯更為困窘。到了二〇〇二年時，這類盤算早已不再扮演要角；相反的，當時的一年前，也就是在二〇〇一年九月時，美國的紐約和華盛頓遭到了恐怖攻擊，小布希政府動員了所有的力量與愛國情操，發動了類似十字軍的反恐行動。

這時的北韓無法期待美國的支持，事實上，情況甚至正好相反。如果我的情資無誤，日本政府由於和北韓走得太近，而且還在未知會美國的情況下準備於二〇〇二年九月舉行高峰會，當時遭到美國人的嚴厲指責。一個「自願改革」的「流氓國家」，不符合動員自己的國民與猶豫的盟邦去發動戰爭所需的形象。我並不想這麼說：美國也許是故意阻擾北韓的改革。[25]不過無論如何，華盛頓當局絕對沒有伸出援手。

除了不利的國際政治局勢以外，還有一些比較偏向於結構方面的差異，這些差異讓北韓遵循中國途徑的選擇鑄下大錯。首先明顯可以看到的差異就是國家的規模有所不同。中國有個潛力巨大的國內市場，就算沒有比較強烈的對外關係，還是能夠發展出成功的經濟。我知道，對於許多冒險前進似乎人人稱讚的中國的許多西方企業來說，這個市場往往只是個可望而不可及的海市蜃樓。不過，中國有上億的潛在消費者，儘管他們剛開始的消費力很低，對於投資者來說卻是難以抗拒的巨大誘惑。相反的，北韓的人口只有兩千五百萬。

此外，中國還有相當務實的優惠機制，藉以在經濟上與能力強大的僑民合作。台灣或許對於這樣的合作採取保留態度；不過，香港、澳門、新加坡和東南亞的許多華商，卻把這視為難得的良機。後來就連美國的華僑也來參上一腳。

在北韓的情況裡，則有南韓可以扮演這樣的角色。二〇〇〇年的高峰會正是朝著這個方向邁出明確的步伐。不過，當時的南韓總統金大中卻得為此在自己國內與極端保守的勢力角力，這些人既不願忘懷韓戰期間上百萬的犧牲者，也不願忘懷在那之後的幾十年內不時發生的暴力衝突。在南韓，與北韓的合作始終會先被定位成政治問題；在北韓，情況也一樣。

能對北韓的經濟改革提供技術、資金與購買力等方面援助的，頂多只有旅日的親北韓韓僑，這些人多半居住在大阪一帶。然而，在試圖解決日本公民遭綁架的問題未果下，這扇門起先也被關閉。在二〇〇二年秋季前固定往返於北韓元山港與日本新潟港之間的渡輪萬景峰號（만경봉호），如今幾年下來，已經靜靜地停泊到生鏽。將萬景峰號改

為供中國觀光客使用的遊覽船始終成效不彰。無論是金錢抑或是商品（像是因品質優良而在北韓廣受歡迎的日本腳踏車），都無法再在日本海上找到通路。[26]

然而，如果從經濟的角度來看，採取中國模式最大的障礙其實是北韓本身的經濟結構。如前所示，二〇〇二年七月的價格改革令農產品的生產者受益，不過，由此產生的負擔卻得由在工廠裡工作的城市居民來承受。這與中國自一九七八年起的情況其實毫無二致；當時中國政府實際上預示了農產品的價格自由化，並且賦予了農民自由選擇想要栽種何種作物的空間。[27]只不過在中國，農民是多數（占總人口百分之七十七）；相反的在北韓，農民卻是少數（占總人口百分之三十三）。顯而易見，北韓政府面臨的問題是：它必須重新分配資源來幫助吃虧的族群。為此所需的經費得要透過向受益的族群，亦即農民，徵稅而來。如果相較之下農民多、城市居民少，就比較容易這麼做。然而在北韓，受益的卻是少數。若要補貼占多數的城市居民，勢必要動用到不能用的資金。於是通貨膨脹正一如預期那樣一路暴漲。

對此的第一個指標就是，突然間多了許多零的新鈔開始在市面上流通。截至當時為止，半個世紀以來，在一般日常生活中所能見到的最大面額紙鈔，就只有五十北韓圓的鈔票。如同在社會主義國家中常見的那樣，政府人為地壓低並穩定了物價。通貨膨脹？這種事只在墮落的資本主義經濟中才有。

然而到了二〇〇二年，北韓卻出現了面額高達五千北韓圓的紙鈔。它們反映了價格大幅上揚，這種情況並非僅用前述普遍提高物價與薪資就能解釋。遺憾的是，關於某些基本產品的市價，例如二〇〇二至〇四年間白米的市價，我只掌握到一些殘缺不全的資料，我只能根據它們做個大概的推估：在七月措施推出後的頭兩年當中，北韓每年的通貨膨脹率必然曾經達到百分之兩百。[28]

促成這波價格上漲的機制十分清楚：農民與批發商如今可以部分地自由買賣自己的產品，在依然為物資短缺所苦的民眾嚴重的需求過剩下，價格也就隨之不斷攀升。正確說來，一個長年以來一直被隱匿與壓抑的通貨膨脹，終於在此時猛然且奔放地浮上了檯面。不難想像，一想到先前中國的通貨膨脹率，相形之下只不過是小小的百分之二十八，就引發了一九八九年的北京天安門事件，北韓的領導人在面對當時那樣的情況心裡會有多麼震驚。[29]

很顯然，大難已經臨頭。儲蓄，如果有的話，像陽光下的冰塊那樣融化。同時還有一些趁火打劫的奸商，這些人在極短的時間裡累積了可觀的金融資源，進而也累積出勢力。以普遍的平等為基礎、隱含的社會契約開始動搖。

北韓領導人在絕望下尋找出路。當時，我在與北韓人士的對話中一再會被問到這個問題：全世界的人究竟都是如何控制通膨？然而，所有西方的解決方法都栽在一件事上：它們必須以更多的改變，甚至是以真正的改革為前提。可是，由於美國在二〇〇三年初入侵伊拉克，因此北韓的領導人越來越不願意去做這些事。北韓的領導人著實恐懼，改革可能招致弱化，這可能會被理解成一場國際干預的邀請。

我曾經和北韓的經濟專家討論過，透過總需求或貨幣供給量這些途徑，針對性地影響價格，但這依然只是純理論，因為不僅缺乏，而且也不能夠打造控制所需的那些工具。況且，這些方法其實也沒什麼用，因為人們無法無止盡地降低對於主食的需求，而且許多交易早已是用外幣在進行。當時通膨的主因其實是，相較於相對穩定的需求，供給太過疲軟。倉促之間，唯有進口才能救援，但國家不僅缺乏外匯，同時也沒有意願去花這些錢。

在供給增加的地方，價格也就跟著下降。靠近中國邊界的那些市場，也就是在那些小規模的邊境交流發揮影響的地方，情況就是如此。我曾經於中韓交界處在中國那邊乘車巡視，令我感到十分訝異的是，雙方的邊境管制多麼鬆散。雖然兩邊都有巡邏的隊伍，卻幾乎見不到柵欄、瞭望塔或死亡地帶，不符合人們會對像北韓這種對外封閉國家邊境的想像。在中國那邊，圖們市的市中心有許多小路筆直通往一條同名的平坦河流，這條河構成了中國與北韓的邊界。我在光天化日下見到了，當然北韓的士兵同樣也見到了，有位男性頭上頂著一大包東西下到河裡，接著十分鎮定地往中國這邊走來。在邊界橋上，地上只畫了一道黃線標誌出兩國的邊界，人們也能從北韓那邊破損的路燈與中國這邊完好的路燈看出這道分界。北韓商人每天都在免簽下過橋到中國來，在這裡，他們可以在一個被圍起來的區域裡和中國的夥伴做生意；一切合法且十分簡易。

不過，若要迅速且持久地降低需求過剩，這種非正式的雙邊貿易規模還不夠大。此外，由於北韓國內的交通依然十分不便，這樣的效應很難遍及全國。因此，物價在北韓南部一般說來高於北部；這也導致了一個荒謬的情況。聯合國世界糧食計畫署（World Food Programme）指出，住在平壤南方這個國家糧倉裡的人民所獲得的食物供給，居然還不如住在其他許多區域裡的人民。[30] 北韓政府從人民手中取走了大部分的收成，而且沒有替代的供應選擇。

為了解決問題，當時還有一些有點奇怪的嘗試。例如在二〇〇三年初時，北韓政府自韓戰以來首次發行了國債，也就是所謂的「人民生活公債」，藉以消弭過剩的流通性。[31] 這些國債沒有固定利率，而是依循彩券的原則運作。它們的銷售是借助軟性施壓或基於愛國的理由，不過，從經濟的角度看來，對於買方來說，這是一種可預見的損失，因為這些債券的真實價值由於通貨膨脹的緣故徹底地萎縮。

在二〇〇三年初時，「農民市場」正式更名為「市場」。這不僅僅只是一個象徵性的步驟。早自一九五〇年起，一個月裡每逢尾數是一的日子，換言之，每個月的一日、十一日、二十一日，農民都可以把自己不用上繳給國家的農產品拿到市場上販售，這在北韓已是行之多年的普遍慣例。為此，國家提供一些場地，民眾可在那裡擺些臨時攤位。從二〇〇三年起，就連工業產品也允許在這些地方販售，不僅如此，開市的頻率也提高了。

如果流出的一些內部消息可信，那麼如今已是天天開市。儘管薪資的購買力節節下滑，而且嚴重缺乏工作設備，男性們還是繼續去工作，因為參與社會生活和取得配給、幼兒園入學名額、居住空間及其他許多資源，都與此有關。女性倒是很快地利用了這些新機會。她們辭去了原本國家給的工作，開始專心製作像年糕之類的商品或經營一些小買賣，她們的收入不僅能夠補貼家用，往往甚至是家庭最重要的經濟來源。

然而，所有在這一節裡所描述的小覺醒（或許可以說成是北韓經濟體制徹底改革的序幕），卻很快又被（促成這些從一九九八年開始準備，直到二〇〇二年七月才正式展開的種種改變的）同樣的領導人喊停。當時究竟發生了什麼事情？

危險的改變

一直到一九九〇年代初期，北韓的領導人辦到了，將金錢幾乎完全排除在人民的日常生活之外；在所有的社會主義國家之中，這種情況可說是絕無僅有。物資由國家來分配。唯有國家才有能力去滿足人民在食、衣、住、子女教育、社會威望、權力、健康與其他人們渴望之物等方面的願望。所有這些東西的取得，說穿了，其實就只是個政治資本的問題，換言之，關乎的無非是不是黨或軍之類組織所屬的成員，有沒有關係或人脈，有沒有革命家庭的背景，有沒有終生都忠心且熱誠地完成國家交代的任務。

在二〇〇二年七月所推出的種種措施下，所有這一切都被打上了問號。後果可以預見，正如它們是無可避免的。社會勢所當然地改變了，而且，由於起始情況特殊，走向了徹底的極端。

一些例子可以說明這一點。你是否還記得，我曾於一九九一年十月試圖在平壤買個咖啡杯未果的事呢？雖然我就站在一個用杯子堆成的巨型金字塔前，但他們無論如何就連一個杯子也不肯賣給我。到了二〇〇五年十月，也就是改革開始的三年之後，儘管依然標榜著嘗試回歸正統的社會主義，情況卻已完全改變。在平壤的許多商店裡都掛上了一些手繪的廣告牌，藉以吸引顧客上門，刺激顧客消費。這些牌子上的廣告詞都是用韓文書寫，換言之，針對的是當地居民，而非針對（一般人或許會以為的）帶來外匯的外國人。最令我印象深刻的是三張這樣的海報。

其中一張上這樣寫道：「值此值得紀念的節日，我們特以百分之十的折扣來提供我們的商品」。其中「值得紀念的節日」所指的不是國慶日、耶誕節或感恩節，而是建黨六十週年紀念日！對於銷售與賺錢的新興趣，被舊的意識形態外殼包裝起來，藉以在外觀上保持政治正確。然而，我們其實不難想像，在這些表面的背後所發生的變化。女店員（事實上，北韓的店員幾乎清一色是女性）主要的工作不再是去維護擺飾和回絕顧客，如今她們得要盡可能創造更多的營收，而且，很顯然，人們也解決了補貨的問題。空空如也的貨架？再也不是問題；現在所要避免的是空空如也的收銀機。

另一個廣告牌則是邀請顧客：「請進來喝杯咖啡或生啤酒並且下下棋。」不明究理的人或許會認為這是一家咖啡館，但這張海報卻是掛在一家服裝店的門口。很顯然，人們對於銷售紡織品所達到的營收並不滿意，因此積極且有創見地尋求新的經營理念。如果是在別的地方見到這種情況，我絕不會大驚小怪；然而，在北韓，這簡直可謂是「革命性的突破」！

請別忘了，唯有存在著買方，東西才賣得出去。另一張海報上則標榜著，「可用我國的第一張儲值卡消費」，而這樣的用語顯然不是絕無僅有。這些卡雖然剛開始只能在十幾家商店使用，但也顯示出一個有錢消費的族群正在形成。這個新興的中產階級並不屬於規模相對較小的上層菁英。那些上層菁英從幾十年前起就住在一些被劃定的區域，並不去參與一般老百姓的日常物資供給。相反的，新興的中產階級則是，一如既往地，與廣大、和自己一樣的普通老百姓住在一起，他們出身於此，抱持著典型暴發戶的驕傲，享受自己新取得的富裕。

在這種種新的情況底下，產生出一些新的行為方式，可說是一點也不足為奇。在二〇〇五年時，我去了開城一趟，當時我打算在路邊向等著遊客來光顧的小販買幾幅水彩畫。由於我有意一口氣購買多幅畫作，於是我便試著向小販用力殺價。一幅畫原價是三歐元，我想買四幅。我問小販這樣要多少錢。「十二歐元」，對方回答。接著我還價說：「十元？」當我注意到這位小販似乎覺得我不太會算術，我趕緊向對方解釋，在我們那裡做生意就是會這樣討價還價。過了一會兒，他聳了聳肩，勉強地答應了，接著他離開了一下子，去幫我把我買的畫包好。我付給他十歐元，然後就繼續四處走走看看。晚間返回下榻的旅館後，我想把那四幅畫取出來看一看，這時我才發現，裡頭居然只有三幅！在失望之餘，我很快地便轉為訝異，這位小販為了自己的利益，居然不惜冒著欺騙外國人的風險。貪婪超越了恐懼。就連這方面的常態化，顯然也開始在北韓蔓延。

從前，當父母在為子女的未來設想，人們在為自己的人生考慮出路，男性和女性在尋覓自己未來的伴侶，政府總是被列為首選。人們努力想要成為黨的成員。為此，人們可能要從軍多年，而且還要勤快且熱情地參與每週的批判與自我批判大會。出身於一個革命家庭或與一個這樣的家庭聯姻，可說是晉身特權菁英階層的入場券。萬一不幸出身於前地主或南韓戰爭難民的家庭，就會對自己十分不利，即使特別努力，也只能稍微抵銷一點自己的出身所帶來的負面影響。這種相應的、稱為「成分」（성분）的階級制度，在過去很長一段時間裡強烈左右了北韓人在人生中可以做的一些選擇。[32]

然而，隨著北韓社會的貨幣化，這種情況逐漸發生了改變。儘管政府依然具有強烈的吸引力，如今卻有了別的選擇。如果有錢，不管自己的政治或社會地位如何，每個人都能購買越來越多的商品或服務。就連官員們的關照現在也能用錢來買，因為這些人也開始對金錢產生了濃厚的興趣。從前花錢行賄其實沒什麼用，因為收賄的人拿了錢能做什麼呢？送禮還比較實在。因此，過去流行轉送大大小小的各種禮物；不過，由於送禮相對來說比較困難，因而也侷限了這類行為。還記得在前東德時期，如果想要加速獲得自己提出的某些申請，一小包咖啡是孝敬官員不可或缺的伴手禮，有人甚至會送上某些稀有的汽車零件。從過去到現在，只要在有官僚把守著某些人民想要的東西之處，大大小小的賄賂就會相伴而生，北韓自然也不例外；然而在新的經濟遊戲規則下，貪污受賄的範圍與規模也跟著持續擴張，繼而逐漸演變成一個危害體制的問題。

二〇〇二年七月所推出的種種措施有著各式各樣的影響，這些影響明顯動搖了國家及其各種機構的權力。這些影響，在一個原本高度同質的社會中，促成了日益顯著的差異化，為廣大的人民開闢了新的蹊徑，引領他們去做些新的嘗試。關於北韓毒品問題的一大堆報導，我雖然無法完全核實它們的正確性，但它們倒是蠻符合人們對北韓的印象。[33]相反的，上升的安全意識卻是我們清楚可見的現象。和在中國的情況一樣，在一度曾是均貧且受到高度監視的北韓，許多高樓大廈的一、二樓，如今都裝上了鐵欄杆。在有東西可偷、收入差距逐漸拉大、失手被逮的風險高過可預見的獲利等情況下，財產犯罪的情況日益嚴重。

回歸新正統的社會主義

若以播種來打個比方，人們曾經耕耘過、施肥過、盤算過、猶疑過、爭吵過，最後才將種子種下。然而，七月措施的幼苗在尚且脆弱之時就已被剝奪了陽光、水和養分。它們無法發展成真正的改革。

這個失敗有許多父親，雖然它們之中沒人樂意承認自己就是「凶手」。有鑑於上述那些在意識形態與行政方面所做的準備，以及那些就北韓的情況而言是極其令人訝異的改變，我相信，那確實是一場提早結束的改革實驗。

造成這些改革計畫提前失敗的原因並非只有一個。除了想要仿效主要是致力於農業的中國，卻忽視了重要的結構差異以外，北韓領導階層對於總體經濟的脈絡顯然仍是見識有限，同樣在這當中扮演了某種角色。此外，日本臨時縮手原本講好的數十億金援，也是一個沉重的打擊。

在西方，特別是在美國，從一開始就瀰漫著巨大的懷疑。我當時曾在紐約的哥倫比亞大學任教，也經常往華盛頓跑。在那裡，我可以第一手地瞭解到，絕大多數的政治人物、官員或智庫的成員，絲毫未曾考慮過北韓有可能獨力進行改革。唯一的希望是外交部，不過，他們幾乎是不可能抗拒得了在我看來極度保守的財政部與中情局的影響。

像這樣的情況，我們或許可以把它稱為一個「自我實現的預言」。直到今日，我依然認為，西方國家錯失了一個幫助北韓走上改革之路的難得機會。對於美國及其盟邦的許多政治人物而言，在九一一恐怖攻擊事件後那麼高漲的氛圍下，要他們秉持務實的態度，去與一個在我們的媒體上有時被醜化成小丑，有時被醜化成萬惡罪魁的獨裁者攜手合作，這顯然不是什麼容易的事。北韓在沒有政權更迭下變遷，這種事情顯然不是西方國家所能接受的。

錯失良機並不等同於世界末日。如今在北韓，掌權者是一個不太需要背負過去的包袱的新領導人。我有理由認為，在可見的未來，就會再有另一次的改革嘗試。為了能夠更聰明地利用下回的機會，值得我們好好地從過往當中學習一些經驗，特別是從導致二〇〇二年改革失敗的那些原因，以及其中所隱含的種種動機和發展。

「政治」經濟學這個概念並非毫無來由。除了所有在實現改革的過程中所犯的技術性錯誤以外，讓改革陷於停擺的，終究還是有國內外政治的原因。

當時的國際政治局勢，前面已簡單描述過。二〇〇三年三月二十日，當美國仗著優勢的高科技空中武力把巴格達炸成廢墟，北韓的領導圈子同樣也拉起了警報。美國擺脫了冷戰的兩極世界的束縛，顯然鐵了心，就算國際社會大多反對，也要實現自己的利益。這時的北韓必須嚴肅看待自己的國家成為攻擊清單上下一個目標的可能性。在這樣的背景下，經濟改革的重要性自然得要退居第二線。並非完全新穎的策略方向就是，穩定與防禦準備。秉持著受到強化的熱情，北韓重新燒起核武與導彈發展計畫這個冷灶。在軍事優先的名義下，這個國家進入了高度警戒狀態。政府竭盡所能，試圖重新達到才剛放鬆的絕對控制。

就連在國內政治方面，在執政當局看來，也存在著令人不安的信號。當我在二〇〇二年時得知七月措施這樣的事情時，我立刻感到吃驚並不是沒有來由，因為，根據我在北韓、東歐實際存在的社會主義體制及統一後的德國裡所獲得的經驗，我大概能夠猜想會有什麼結果。更多的個人主義，是以集體主義為代價。更多由自己所創造出的經濟富裕，會製造出更強的自我意識，降低效忠國家的意願。體制的某些忠實擁護者見到那些沒那麼忠心耿耿但卻日益富裕的鄰居時，肯定會不禁自問：自己所走的路到底對不對？曾經有過的平等，如今已被社會中日益升高的差異化所取代，這使得在這個過程中落敗的人深感挫折。從一九九〇年代中期飢荒裡復原的過程中發生了些什麼，或許我們難以想像。當時絕大多數的人都受到同樣的災殃，到了此時，人們卻可以預期，民眾當中有一部分人明顯更有辦法挺過如今的劫難。眼見差異越來越大，各地方又不時傳來種種失序的消息，這讓北韓的領導人不禁不寒而慄。

北韓這樣的體制就像一棵橡樹那般強韌。監視器無所不在，家家戶戶都懸掛著領袖的肖像，人民遊行、高喊口號，大聲地表達出自己對於體制的忠誠與犧牲精神。

然而，如果有人相信，光憑這些表象就能確實瞭解一個社會的真實狀態，那麼不妨請他們去看看一九八九年十月七日的一段影片。當天正是前東德的四十週年國慶，歡騰的民眾紛紛列隊從他們那些老邁的領袖們面前走過。兩天之後在萊比錫，居然有超過十萬人上街向政府抗議，其中不乏日前跑去參加國慶活動的忠誠參與者。沒過多久，東德政府便徹底垮台。即使整根樹幹早已腐蝕，一棵橡樹還是可以保持著強韌的假象。一旦在正確或錯誤（端視每個人不同的看法）的時點上颳起一陣強風，大樹隨時都可能應聲倒地。

在正常情況下，導致這種腐蝕的種種發展基本上是不可逆轉的。北韓人品嚐了知識的禁果。他們認識到金錢的價值與負面。感謝與中國的種種正式與非正式接觸，對於自己國家以外的世界，他們聽的、看的、讀的越來越多。行動電話改善了彼此間的溝通。不少人把握了這些新機會，為自己與家人創造了溫和的富裕。有些人看到這些人的富裕，也想有樣學樣。如果沒有戰爭或其他創傷性事件讓這個社會從根本重組，這個國家或許可以阻擋、延緩或妨礙這些新的趨勢與行為方式，但卻再也無法消除它們。

然而，從大約二〇〇五年起，北韓的執政當局試圖要做的卻正是這樣的事。身為該國的訪客，人們很容易能覺察出，一年前還態度開放且對西方經驗興趣濃厚的人，突然間，卻都顯得封閉而冷淡。

在國營媒體中再度大量出現了諸如社會主義與主體思想之類的詞彙；先前，自大約二〇〇〇年起，這些詞彙的使用率曾明顯減少。至於北韓的領導人，這時則再度被以其意識形態的頭銜「總書記」來稱呼；有別於改革期間，人們主要是以其世俗的頭銜「偉大的領袖」來稱呼他。過去的一些標語，例如「讓我們工作、學習與生活得像抗日游擊隊那樣」又變得隨處可見。諸如「不可分割的整體」、「集體主義」、「自給自足」或「精神力量」之類的標語，也都重新復活。

從一九九〇年代中期起，大約有一百三十多個醫療、發展援助、教育事務或其他方面的外國非政府組織在北韓活動。[35]有些組織由於當地的工作條件不符它們的標準，很早就撤離了北韓。留下來的非政府組織雖然沒有直接被趕走，不過從二〇〇四年底起，它們就受到或多或少的軟性施壓，被迫思考自己的去留。它們的法律地位改變，在當地的活動變得困難重重。官方給的理由是，在一九九五至一九九七年的飢荒過後，人道救援的階段現已結束，從二〇〇五年起，所有的合作必須立於一個新的

國營通訊社文章裡使用的金正日頭銜，反映出了二〇〇一年至二〇〇五年的改革方向

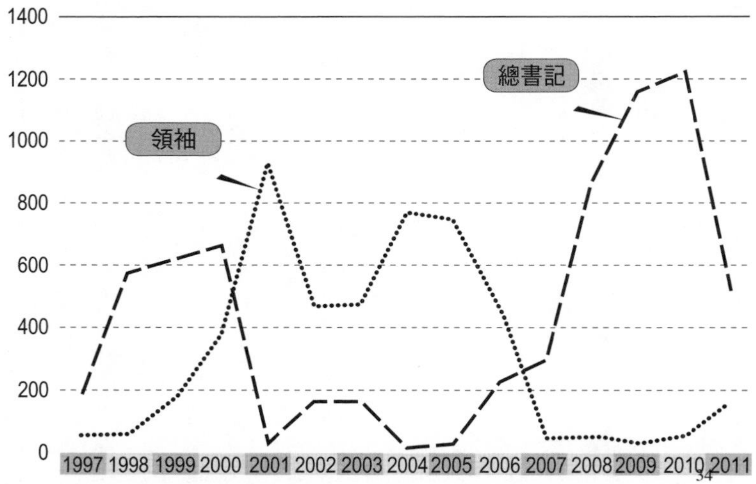

來源：資料係根據朝鮮中央通訊社；構想、加權及評估出自作者本人

基礎之上。事實上北韓擔心的是日益增加的資訊流入與流出。於是許多非政府組織相繼離開了北韓。儘管如此，還是有些非政府組織例外地留了下來，它們不顧顯著的艱難險阻，適應了種種新的生存條件，迄今仍不斷地為外界提供珍貴的北韓實況觀察；像是聯合國世界糧食計畫署便是這些值得關注的例外之一。

到處都可見到執政當局致力於回歸改革嘗試之前的時期。我們至少可以猜測，金正日本人的健康情況惡化，也是強化這股倒退趨勢的原因之一。隨著金正日在二〇〇八年夏季時疑似中風，整個不安的氣氛到達一個高點。執政當局試圖回過頭去利用從前那些被假定為是可靠的方法，來因應當前的局勢。為何這是一個終究毫無希望的嘗試，我已經探討過；貨幣化在北韓所引發的社會變遷是不可逆轉的。但它卻被推遲了。

到了二〇〇八年冬季，身體只是略微康復、彷彿老了幾歲且明顯變得瘦弱的金正日居然宣布重啟一九五八年的千里馬運動。在他父親於半個世紀前發起這項加速運動的同一個地點，在直接仿效這位歷史先驅下，兒子這時號召起「偉大的革命熱潮」。[36]多年來幾乎已為人所遺忘的速度戰，再度又吹響了號角。人們在黨報上可以讀到意識形態的動能不僅重要，而且應該被強化。不要淪為「資本主義糖衣毒藥」的犧牲品，這類警告堆積如山。在二〇〇八年十月時，《勞動新聞》上頭有篇報導這麼寫道：

（參與一項有總理出席的活動的）與會者強調了，強化中央政府管制、強化監控經濟計畫及強化鼓吹民眾集體意識的方法之必要性。

新的意識形態運動發起，成立由國家控制的經濟建設的「特攻隊」，宣傳經濟民主主義。在外交政策方面，不信任居於主導地位，美國更常被更具攻擊性的字眼標記為主要敵人。由於在二〇〇八年初南韓改由一個新的保守政府掌權，許多朝鮮半島內部的計畫都遭到凍結。在二〇〇八年夏季時，有位南韓的女性遊客前往北韓的金剛山觀光，她在未經許可下散步於受到嚴格把守的邊界區域，由於她對北韓哨兵的呼喊未做出適當的反應，最後不幸被槍擊身亡。從那時起，南韓便停止了觀光交流的計畫。[37]與此同時，北韓媒體羞辱南韓總統，又重新回復到一九九八年金大中就任前慣有的程度。兩韓和解的十年劃下了句點。出現在媒體上的軍事用語數量急遽上升；根據我的估算，在二〇〇二至二〇〇八年間，幾乎增加了一倍[38]。

在二〇〇一年時，金正日還曾經要求北韓的官員們，有鑑於新時代的到來，不應再以一九六〇年代的方式行事。時隔短短八年，他在朝鮮中央通訊社的報導中所說的話卻變成了：「官員們應當本著一九五〇與六〇年代當時的官員們的工作風格，積極地引導民眾。」[39]

從二〇〇四年起，北韓執政當局也開始大舉干涉市場的功能性。允許投入市場的女性有了最低年齡限制，並且設有向上的幾個級別，藉以將年紀較輕的女性趕回國家的工作崗位。在二〇〇四年時，我還是可以在平壤逛市場，只不過不准拍照。時至今日，外國人嚴格禁止進入市場。如今我再也不能踏進有過我的「咖啡杯經驗」的那間第一百貨。

在經濟政策上，我們可以明顯看出回歸典型的社會主義焦點，化學工業與重工業獲得大力推動，再度以犧牲輕工業為代價。外貿依照指示將重點擺在資本貨物的進口，因為在金正日的指示下，進口消費貨物被批評成錯誤的策略。

就連北韓在二〇〇六與二〇〇九年進行的頭兩次核子測試，在這個脈絡上也可視為是一種新正統、保守的轉向。種種跡象都顯示出，北韓要採取的是劃界與對抗。北韓的領導人努力地描繪出外來威脅正步步進逼的景象，藉以緩和改革喊卡在內政上招致的痛苦。

為了再次稍微倒轉歷史巨輪，北韓的領導人不惜付出一切代價。二〇〇九年十一月，北韓的領導人在顯然思慮不周且顯得絕望的情況下，突然宣布現行的國內貨幣將以一百比一的比例，兌換成新發行的國內貨幣。由於無論是物價、收入還是儲蓄，統統會以相同的倍數貶值，除了因此而產生的製造、運輸與分配新鈔的微小的交易成本，這項政策本身根本完全沒有經濟上的效果。不過，並非所有的錢都能兌換，每個人其實只能兌換有限的金額。有傳言說，當時北韓各地怨聲四起，曾發生過一些抗議事件，於是執政當局只好將可兌換的金額提高到四十五萬北韓圓，這在當時的黑市大約可換到一百美元左右。

此舉的意圖顯然就是在消除一大部分從二〇〇二年七月措施起的這數年間，以現金或銀行存款形式所累積起的債權。我們只能透過一些個別的小道消息得知，這對北韓民眾造成了些什麼直接影響。受害最深的莫過於那些滿手現金、卻未將它們兌換成外匯的人。為了避免得向國家交待自己手上鉅款的來源，許多人乾脆把自己的錢燒掉或丟入河裡。40

這項作為的主要打擊目標無非就是那些不僅富有，而且還培養出了勢力的人，這些人的存在對國家的嚴格控管是一大威脅。不過，我們倒是能從以下的事實看出，北韓領導階層的新思維已到了什麼程度：北韓執政當局不再只是光會利用警察或特務，而是開始曉得利用貨幣替換去消弭商人階層的勢力。前者的形象更適於威權壓迫的國家，正如西方公眾普遍以為的那樣。

然而許多相對較為貧窮的人，他們或是希望能夠從改革中分到一杯羹，或是長期省吃儉用積攢了一些金錢，他們同樣也深受其害。有些人為了女兒的婚禮或兒子的學業，好不容易存了一點錢，如今那些錢一夕之間居然幾乎成了廢紙。如果我們能夠相信脫北者的陳述，當時的挫折、失落必然十分巨大。這股嚴重的挫折感可能也導致各地一時之間怨聲載道。地方官員對此感到震驚；但另一方面，他們自己也能理解民眾的不滿。傳入首都的消息相應地在執政高層拉起了警報。

據說，為了平息民怨，當時有個高階官員被當成了替死鬼。不過有鑑於資訊狀況，對於攸關北韓執政高層個人命運的種種傳聞，我們還是應該謹慎以對。畢竟那些傳說已經死去的人突然復生之事實在太多了；近來，在二〇一四年五月時，某位知名女歌手發生的事就是一個適例。[41]然而事實上，時年七十七歲擔任計畫財政部長的朴南基的確從螢光幕前消失。據稱他是遭到了槍決。朴南基曾是二〇〇二年一個被派往南韓的代表團的十八位成員之一，此行的目的是要在陽光政治方面向南韓取經。代表團中的另外兩名成員，一位是於二〇一三年初出任內閣總理的朴奉珠，另一位是金正恩的姑丈張成澤，他則是在二〇一三年十二月一場罕見的公開處決中喪命。

朴南基的事情可以說是欲蓋彌彰。在二〇一〇年秋季時，我拜訪了位於興南的一家化學工廠，此地鄰近數十年前在前東德協助下重建的咸興市。這次的參訪始於強制參觀這家該國最大化學工廠的史料室。一些放得超大、報導北韓領導人前來視察的報紙文章，也是其中的展品。在某些文章上有些奇怪的缺口。這些不是很精美的缺口，原本顯然就是一些現已被移除的名字。姓名遭移除者的頭銜及緊接在名字後的「同志」，完好無缺地保留了下來，出版日期也一樣。我仔細端詳了一下，其中有篇被清洗過的文章發表於一九五六年，當時我並沒有特別感到訝異，因為這種習自史達林的媒體清洗，從前在社會主義陣營裡其實是司空見慣。不過，當我在《勞動新聞》二〇〇五年的某篇報導上見到缺少了某個名字的三個音節時，我倒是有點驚訝。在某位友善同事幫助下，我從澳洲的某間圖書館那裡獲得了印刷版的拷貝。從那篇報導上移除的名字正是朴南基。基本上，查禁一定很徹底；如果去把那篇文章的線上版翻出來，絕不會再在那裡頭找到朴南基的名字。

無論誰是真正該負責的人，或誰是被抓出來負責的替死鬼，都無法改變貨幣兌換所導致的一項既成事實，那就是原本對本國貨幣就已很低的信心，如今徹底崩潰。那些有能力看出這種情況但之前未能洞燭先機的人，這時紛紛轉往像稻米之類的有價實物或黃金及外匯去避險。於是，在新貨幣普遍被棄如敝屣的情況下，物價再度暴漲；才剛剛被刪掉的兩個零，在很短的時間內又被抵銷掉。執政當局在經濟上對此所做的反應合情合理，但在政治上，情況則完全相反。從二〇一〇年一月起，所有以外匯進行的交易全部禁止。執政當局想要堵起這個漏洞，藉以迫使經濟再度屈服於國內的、由國家所控制的貨幣的枷鎖下。但這也只不過是種嘗試。

時至今日，如果你在北韓詢問一下關於金錢、物價和薪資的問題，你會得到一些最誇張、最矛盾的回答。很難相信，在平壤地下鐵的書報攤買個打火機要三千北韓圓，但一個在中級國家機關上班的雇員，每個月居然卻只能賺一萬北韓圓！在中國，一個打火機大概是賣四十美分，從中我們可以推得一比七五〇〇的美元市場價格，這與我們的認知大致相符。一個在首都工作的國家雇員領一份只比一美元多一點的月薪？就算是在北韓，這也很不合情理！

我認為，這些答案是由於把薪資換算成適用於外國人的價格，根據這些價格，一美元相當於一百北韓圓。得出的結果就是一個月的薪水是一百美元；這聽起來比較切合實際。由此我們可以推斷，如今對於北韓人來說其實存在著兩種貨幣系統：在其中一個系統中，人民依循著舊的配給模式，用從國家那裡得到的錢，在一些特殊的商店裡購買自己分配到的貨物；在另一個系統裡，則是根據市場法則，進行著以外匯為基礎的交易活動。直接使用硬通貨的情況其實屢見不鮮，無論如何，自二〇一〇年秋季起，我就曾親眼見過北韓人也在平壤的計程車上用美元付車資，這類情況我也曾在游泳池、餐廳和保齡球館裡見過。

時至今日，受惠於二〇〇九年錯誤的貨幣替換政策的主要是觀光客。他們可以在中國，如今也可以在重新務實地面對這場慘敗的北韓，購買那些被乾淨地封裝在塑膠膜裡當成紀念品販售的無效紙鈔。

結論是什麼呢？在進行了幾個年頭的完善化措施後，到了二〇〇二年夏季，執政當局開始明顯地大展身手。雖然最後在未能獲致所希望的經濟成果下告終，可是對於整個社會並非沒有留下任何影響。執政當局想方設法要阻擋種種不受歡迎的後果，但這完全無法將情況澄清。無論如何：如今的北韓不再是七月改革前那同一個北韓。

6 經濟特區：金雞母與危險因子

在退回正統立場的過程中，帶傷僥倖存活的經濟元素之一，就是北韓的經濟特區。這種特區並非社會主義的發明，它們也存在於市場經濟中。根據的道理甚至是一樣的：做為關鍵行為主體的國家意欲為投資與貿易創造特別有利的條件，然而基於種種原因，卻也不願讓這些條件普遍適用於整個國家。這種經濟政策有個雖然不是第一個但或許是最知名的案例，就是一九七九年以後在共產中國裡所設的一些經濟特區，尤其是深圳，對於經濟與出口的成長，特別是對於整個中國的經濟改革，深圳都扮演了至關重要的角色。[1]

並非所有的經濟特區都一樣。「經濟特區」是個上位概念，代表了一系列不同的安排。其中包括了自由貿易區、工業園區和所謂的加工出口區，在加工出口區裡為國外進口的半成品來料加工（contract processing）且以出口為目的。在北韓更有根據專法所設的觀光特區。在這裡，每個經濟政策家都可以發揮無限的想像力。

特別是在社會主義體制裡，經濟特區往往在很大的程度上都是一些孤立的實驗室；一些新的想法或計畫，在套用到整個國家之前，會先在這些實驗室裡做一番嘗試。倘若已逐漸趨於鞏固的領導中樞認為，改革雖然必要，但也同樣具有高度風險，經濟特區則可以提供一個相對安全的環境，提高改革成功的可能性。

顯然，經濟特區必須滿足一定的前提條件，包括在地理上產生的營收及經濟重要性等方面具有足夠的規模。此外，對於參與投資的外國企業來說，政策延續與法律保障也十分重要，如此一來，它們才會願意承擔鉅額投資的風險。如果企業必須擔心自己在下一秒鐘很有可能會被驅逐或沒收，就會對於建置那些貴重或無法迅速撤離的廠房和機具裹足不前。

最後，尤其同樣也從北韓政府的角度看來，還必須考量到政治的面向：北韓執政當局對於將適用於特區裡的法令立即套用到全國有所顧忌，這並不是沒有理由的。因此，經濟特區便根據政治上的偏好被設置於某些特定區域裡。在一個發展差距極大的國家中，那或許會是一個經濟特別弱的區域。在朴正熙治下的南韓，某些省分被刻意挑選出來，藉以討好這位獨裁者在當地的擁護者。至於在北韓，為了至少可以限制住危險思想擴散，孤立於國家的其他部分則是一個重要的考量因素。如果特區就直接設在國境邊上，就能消弭過於明顯的交通可能會遭民眾質疑的問題。

至今為止，在北韓共有四個大型經濟特區，分別都在這個國家的某個「角落」。位於圖們江三角洲的羅先經濟特區在東北角，金剛山國際觀光特區在東南角，開城工業特區在西南角，連接中國丹東的新義州經濟特區則在西北角。這幾個特區都各具特色，值得我們仔細觀察。

羅先：大計畫

這個占地七百五十平方公里，至今已有近二十五年歷史的北韓第一個經濟特區，就位在中、俄、韓三國的交界處。在北韓的領土上，它包括了羅津與先鋒兩個城市，以及在經濟上十分重要的清津港。清津港與羅津港曾是北韓對俄貿易的重要轉運站。在二〇〇一年時，羅津與先鋒兩個城市合併，分別取其原名的第一個音節改稱為羅先。早在一九九一年時，這個以界河圖們江為名的區域「圖們江三角洲」，就在聯合國開發計畫署（The United Nations Development Programme；簡稱 UNDP）的領導下，展開了圖們江地域開發計畫，並被北韓政府劃為自由經貿區。在與聯合國開發計畫署的合作中，擬定了許多大型計畫，根據這些計畫，這塊中、俄、北韓三國交界處將被發展成東北亞的「新加坡」、「鹿特丹」或「金三角」。且讓我們借助一點數據來說明這一點：以圖們江三角洲為中心的東北亞自由貿易區，內含大約三億人口，國民生產總值上看三百兆美元，相當於當時世界貿易總額的三分之一。[2]

資本與金錢的投入必然是值得的。因此，在一九九一年聯合國開發計畫署的研究報告中，便強調了夥伴國家各自相對的成本優勢。除了港口以外，北韓還應提供廉價的勞動力與原料，才能彌補在資本與技術方面的短缺。俄國對於勞動力及朝鮮半島的不凍港感興趣，有別於中方主要的著眼點是在通往太平洋的出口。至於像是日本和南韓等國家，在這當中則是扮演金主的角色，期待能在有利的生產條件與低廉的成本下受惠。

一九九三年一月三十一日，根據北韓最高人民會議常任委員會所做成的第二十八號決議，通過了羅先經貿區的法案。法律條文從那時起曾做過多次修正，分別是在一九九九年、二〇〇二年、二〇〇五年、二〇〇七年、二〇一〇年與二〇一一年。[3] 我們不難看出在過去十年裡日益增長的動能。

條文中明訂，投資人的獲利及帶進特區裡的資本貨物，都能毫無阻礙地輸出。其他的規定則涉及到賦稅減免。允許在羅先經貿區裡從事的業務範圍包括了運輸、貿易、投資、金融、旅遊及服務。高科技、國際物流、生產設備、原料加工、輕工業、服務業與現代農業，則是重點扶植產業。那些有害國家安全或有違「健康的社會生活與道德生活」的計畫，連同那些在經濟和科技上已屬落後的計畫，統統被否決。這些規定儼然就是允許政府可以根據自己的判斷，管控羅先經貿區的進入或居留。

這個特區顯然主要是開放給「居住在朝鮮民主主義人民共和國國土以外的韓國人」，換言之，開放給南韓人和親北韓的旅日少數組織「朝總聯」的成員。他們都是設立此特區的首要目標族群，主要是做為融資者與投資者。

在設立的最初幾年裡，包括中、俄兩國之間缺乏互信在內的種種原因，讓這個特區面臨了很大的存續困境。始於一九九三年的核武衝突也造成了負面的影響。當時資金的注入十分貧乏，很長一段時間裡，種種計畫就跟賭博沒什麼兩樣。有些學者更指出，運輸路線發展有很長的一段時間不夠充分，諸如供水、供電等基礎設施也有很大的缺陷。[4]一直到二〇〇三至二〇一三年，胡錦濤繼任中華人民共和國最高領導人，決定大力協助截至當時仍相當落後的北韓，這個特區的發展才開始有了起色。到了二〇〇七年，羅先經貿特區的港口開始對外國船隻開放。二〇一〇年一月，在金正日直接裁示下，羅先升格為特別市，整個特區的發展登上了高點。

在新任領導人金正恩治下，羅先特別市同樣扮演了重要的角色。二〇一二年八月，北韓與中國簽訂了一項協議。原本包含在聯合國開發計畫署計畫中[5]的羅津至元汀的公路在二〇一二年十月通車，與中、俄兩國都有了公路連接。

在羅先經貿特區上，北韓主要的優勢在於掌握了通往太平洋的出口，這點是中國與俄國所不及的，因為兩國在遠東的港口到了冬季往往都會結冰。在二〇〇八年時，北韓將自己境內一段長五十二公里的鐵路租借給俄國四十九年，藉以讓通往羅先港的入口現代化。為此，中國的某個財團也向北韓租借了港口的一部分同樣四十九年。[6]於是，在吉林省政府的協調下，中方挹注了大量資金在興建與發展聯通羅先港和中國之間的道路上。

進駐羅先經貿特區的正式代表團體也包括了宣揚基督信仰的傳教士團，這點顯示出，著眼於賺錢的孤立區域也能打破意識形態的界限。這些傳教士團在當地創辦了（經常可在媒體上見到的）國際天主教醫院，這與一九四五年之前已長期存在於朝鮮半島北部的本篤會有關。[7]雖然傳教的確被禁止，不過外國人自己的宗教行為倒是沒有受到妨礙。可是，一九九四年決定興建醫院，一九九七年開始動工，直到二〇〇五年才終於落成，這樣的情況也顯示出好事到底有多磨。[8]

從二〇一一年起，羅先特別市開始有了一年一度的貿易展。根據參觀者的報導，在所有的參展廠商中，來自中國的企業占了壓倒性的多數。[9]在二〇一一年之前，這類拓展商務的活動只有在每年於平壤舉行兩次的商展上才看得到。

羅先經濟特區自成立以來，一直遠遠落後於伴隨它所產生的巨大需求與願景。雖然在過去的十年裡，尤其是在二〇一〇年之後，這個特區有了顯著的發展，不過人們始終還在期待它能有決定性的突破。這樣的潛能無疑存在著。只不過，真正的成功關鍵卻始終在中國手上。

金剛山：吸引南韓觀光客的北韓自然美景

第二個成立的經濟特區位於北韓的東南。早在一九八九年一月，在已故現代集團創辦人鄭周永首次訪問北韓時，金剛山的觀光計畫便已獲得初步的討論。

鄭周永生前很喜歡講述他個人創辦這個國際大型集團的故事。他是在一九一五年出生於今日的北韓。在韓戰的動盪中，他帶著交給他看顧的牛離開故鄉，後來他把牛賣掉，用這筆錢做為打造日後的現代帝國的基礎。不管這個故事是不是真的，至少提供一個適合與這位大資本家打交道的藉口。在一九九八年時，鄭周永決定要公開清償自己真正的或據稱的債務，而且要連本帶利。當時他分兩批，將一千零一頭牛送去仍為飢荒所苦的北韓；用現代集團所生產的卡車，這些車輛同樣也餽贈給牛隻的收受者。10

此舉為朝鮮半島內部的一項巨型觀光計畫奏響了序曲。計畫的核心是位於北韓這邊緊鄰南韓邊界的金剛山。我個人是在一九九一年時頭一次去到金剛山，那是個十分有看頭的風景區，除了嶙峋的怪石、清澈的湖泊與如畫的瀑布，還有修築完善的步道。在深受薩滿教薰陶的朝鮮，山扮演了一個重要的心靈角色。就連數百年前的佛教僧侶也對山有所偏好，因此金剛山裡藏有許多在文化史上十分吸引人的古剎。不過，這座山脈內部凸入大海，特別壯麗且被稱為「海金剛」與「內金剛」的部分，當時我倒是只有從一些外國學者口中聽聞，因為這兩個地區都被劃為禁區。我的那些同事可是費了九牛二虎之力去疏通，才得以成行。

從這裡也不難看出，金剛山的開放對北韓來說是一大挑戰。雖說人口稀少有利於將當地居民與觀光客相互隔離，但無論是海上邊界、空中監視，抑或是潛在的滲透路徑，從軍事的角度看來，都讓此地變得高度敏感。一場發生於二〇〇八年夏天的事件，導致這項計畫劃下終點。

起初，在現代集團特有的幹勁加持下，迅速地構築起一個現代化的度假勝地。利用集團自己的船隻，南韓的遊客從一九九九年起開始被載往同樣也是由集團自己興建的碼頭。在不受北韓一般民眾的打擾下，南韓的遊客可以在那裡無憂無慮地欣賞自然美景，尤其是，在他們回家後，還可以講述一些自己去北韓遊歷的精采故事，也就是那個不久之前還被無限上綱地渲染成邪惡王國的國度。我曾多次於開城和平壤見到南韓的觀光客。他們的行為很有意思；一方面扭扭捏捏，內心充滿著不安，一方面卻又像去到了野生動物園，激動地拍下自己所見到的每個北韓人。這不禁令我想起了《太陽大道》（*Sonnenallee*）這部電影裡的一場戲，「看哪，有個東德人耶！」。

為何北韓這個國家容許這樣的羞辱呢？如同前東德尷尬地將一些政治犯賣給西德那樣，如今被提升為經濟特區的金剛山地區，對北韓來說也是一個可觀的財源。在與先前的社會主義盟邦本著特殊條件進行的貿易於一九九〇年代初期瓦解後，再加上嚴重的飢荒迫切需要新的解決方案，這個相對孤立的地區提供了一條生路。好處是，不需要冒太大的政治風險，而且在投資興建與營運管理上自己也不用出很多錢。壞處是，如此一來，本國的遊客大多不許去那裡。兩相權衡，北韓執政當局接受了這項計畫。

在一九九八至二〇〇八年期間，前往金剛山觀光的人次合計大約為一百九十三萬，其中只有一萬三千人次是非韓國人。剛開始時，為了進入金剛山，現代集團的峨山子公司每月都必須繳交一千兩百萬美元，無論實際的觀光人數是多少。幾經磋商，後來則改成每人抽一百美元。直到二〇〇五年的那段期間，北韓就收到了九億四千兩百萬美元，這還不包括開發權利金三億八百萬美元。[11]這對北韓政府來說是個穩賺不賠的好生意。南韓政府很快就發現到，為了不讓現代集團蒙受鉅額損失，這些在政治上想要促進的交流，有百分之七十得由政府補貼。

在二〇〇三年時，基於包括海路交通成本過高等原因，雙方商定改以陸路方式輸運遊客。這在軍事方面可說是極具爆炸性，需要與當時正因美國入侵伊拉克的事件而高度戒備的北韓軍方進行冗長且複雜的磋商。自二〇〇八年三月起，曾經有過一小段時間，南韓民眾甚至可以自行開車前往金剛山。在戛然而止前，這可謂是此項計畫的另一個高點。

如同許多事件，我們也必須在這個問題上區分一下原因與時機。恰好就在二〇〇八年初，一個新的政府在首爾接掌政權，這絕非巧合。金大中和盧武鉉這兩位被認為是「進步的」[12]的南韓總統，在他們執政的十年期間（南韓憲法規定，總統一任的任期為五年），大力鼓吹了鬆綁與北韓的合作。這個被稱為「陽光政策」的路線確實取得了卓越的成效；在前面關於北韓改革的章節裡所提到的種種事件，幾乎都是發生在這段期間。今日北韓的許多正面發展，其實依然受到了當時奠定的基礎所影響。

然而，陽光政策既沒有促成北韓的政權更迭，也未能阻止北韓的核武發展。雖說，這些並非這項政策明確的目標，不過，南韓民眾對於這項政策卻是如此理解。我跟這個路線的幾位建築師很熟，而且在二〇〇七年時，我還有幸與金大中總統及其夫人暨政治伴侶李姬鎬進行對談。因此，我敢肯定地說一句，這項政策絕對不是一些天真的傢伙所做出的愚行，事實上，情況正好相反。

「陽光政策」這個名字是源自於伊索寓言。太陽和北風互相爭執，到底誰比較厲害。最終他們決定，以誰有本事讓某個路人脫掉外套來分出高下。先出手的北風用力地吹著那個路人，想把他的外套給吹掉，沒想到，吹得越用力，那個路人反倒用外套把自己的身體裹得越緊。接著輪到了太陽，隨著太陽的熱讓溫度越來越高，路人就自己脫掉了外套。最終太陽獲勝。

也就是說，這個政策的核心就在於如何對北韓發揮影響。是要以威逼的方式，迫使這個國家除去諸如軍事計畫、意識形態或自我封閉這些「外套」，還是要像金大中的理念那樣，試著以友善的交流來取代威逼、恫嚇。很顯然，如果要採取這樣一種政策，不僅只能寄希望於長期經營或許可以換來的成功，還必須勉為其難地接受，某個在許多方面與自己的價值觀不相容的政權的存在。反對陽光政策的人甚至指出，友善對待這種政權，無異於在為虎作倀或養虎為患；而且，事實上，在寄希望於一種漸進的政權更迭下，也就代表著告別直接或間接推翻那個政權的想法。並非只有南韓的強硬派認為，這樣的政策根本就是在跟魔鬼交易。

十年陽光政策沒有獲得充分溝通，但是取得的成功無可否認。時至今日，幾乎沒有人將二〇〇二年七月時北韓的種種改革措施，放進觀光計畫、高峰會和南北韓之間各種其他形式合作的脈絡裡觀察；誠如我所指出，這是不對的。除此之外，南韓的選民也對於自己的政府向北韓獨裁者提供種種非法或至少是不透明的給付，感到失望。批評之聲日益高漲，許多民眾認為，金大中個人為了追求諾貝爾和平獎的榮耀，不惜花錢與金正日在二〇〇〇年六月搞了一場兩韓高峰會，居中穿針引線的則是現代集團。[13]

因此，對於自二〇〇八年初繼任、來自保守派陣營的總統李明博，南韓民眾並不期待他再給予北韓任何妥協或讓步。然而，他卻並非僅止於此。他不但讓過去幾年裡所完成的大部分計畫一步步倒退，更阻止了新計畫實現。在觀望了一段時間後，北韓媒體又再度回歸到一九九八年之前粗野辱罵南韓領導人那種常態；在這當中，李明博經常被稱呼為「老鼠」，其他像是「法西斯主義者」或「馬屁精」之類的稱號，也經常冠在他的頭上。[14]南韓這邊也不甘示弱，舉行了許多以北韓領導人家族的圖像為標靶的射擊練習。至於幫助北韓在幾年內讓人均國內生產總值達到三千美元的提議，則被北韓的執政當局視為挑釁悍然拒絕。[15]

對於一起至少從外貌看來彷彿是由天真、不成比例的嚴厲及悲劇性的意外所組合而成的事件，我們或許應該將它置於以上所述的脈絡下觀察。時年五十三歲的朴萬子是來自首爾的一位家庭主婦，在二〇〇八年七月時，和每年為數大約二十萬的南韓民眾一樣，她也去金剛山遊覽。清晨時分，她獨自一人要走去沙灘散步，此舉讓她往邊界方向靠近，以致誤闖某個（根據一些證人的描述，標示不清的）軍事禁區。無論是否真如北韓官方所宣稱，經過了多次警告與警告射擊，抑或根本就沒有任何妥適的警告，這位朴女士至少是身中兩槍，命喪當場。雖然對於這起事件曾進行過一番調查，但這些調查並不符合南韓的要求。在雙方相互攻擊指責下，緊張的局勢持續升高。於是南韓停止了兩邊的觀光交流。儘管期間曾有過多次交涉的嘗試，但由現代集團峨山子公司所主導、已歷十載的金剛山與開城的觀光計畫，終究還是劃下句點。

這時人們可以清楚地看出在北韓產生的那些「沉沒成本」，換言之，那些在計畫告吹時再也拿不回來的投資，具有多麼大的風險。據估計，當南韓從這項計畫縮手時，損失的金額高達四億四千萬美元；其中約有半數是屬於現代集團。

時至今日，整個金剛山計畫在南韓人的記憶中變成苦澀的回憶。人們很有理由質疑政府會如何彌補現代集團的損失。有人提到了一些天文數字，也有人提到了，現代集團從南韓政府那裡取得並轉交給北韓的鉅款。有位南韓的專家多次提到了，為了確保七項兩韓合作計畫的權利，現代集團支付給北韓五億美元。[16]不管種種關於非法支付的指控真實性如何，二〇〇三年八月四日，當時已過世兩年的鄭周永的兒子暨接班人鄭夢憲自殺身亡。關於這項計畫的大部分文件與統計資料，也跟著消失在南韓政府的網頁上。

在二〇一一年八月時，北韓曾經試圖利用事實上已被沒收的現代集團的物業，與某位來自中國的合作夥伴重振這項觀光計畫，只不過，迄今仍未能取得較大的成功。

開城：北韓經濟特區之星

截至目前為止，開城工業區所製造出的頭條，遠遠超過北韓其他的經濟特區。這個工業區位在北韓的領土上，離同名的城市開城不遠；開城曾是高麗王朝的首都，在王朝垮台後，此地變成了朝鮮半島的一個商業中心。一九五一至一九五三年兩韓進行停火談判的板門店，離開城工業區僅有幾公里遠。在進行對話的期間，這個村子周圍曾有過某種和平地帶。對於開城而言，這是個很大的幸運，因為這讓該城免於遭受美軍的地毯式轟炸；當時美軍的地毯式轟炸幾乎完全摧毀北韓的其他地方。時至今日，在整個朝鮮半島上，開城可謂是少數幾個還能讓人懷舊的城市之一。[17]

這個城市的南方有個廣闊的平原，這個平原在板門店那裡成了一個由西往東橫跨整個朝鮮半島、寬四公里的非軍事區，南北韓的分界線就落在這個非軍事區的中間。就戰略而言，開城在除此之外多山的邊境地帶裡是一條可能的主要入侵途徑，在戰爭時期主要都是重型車輛取道於此。因此，在發展成為工業區之前，這片平原基本上都是在軍方管制下，其中有一大部分被劃為禁區。如今，在非軍事區邊緣的一片大小約六十五平方公里的土地上，成立了一個綜合的工業園區，其中包含了住宅區、高爾夫球場、辦公室和工廠，約有一百多萬人住在裡頭。

二〇〇〇年六月，在第一次的朝鮮半島高峰會中，雙方商定了設立開城工業區的計畫，到了同年八月，南韓的現代集團與北韓的亞太和平委員會簽署了一項相應的協議。當時並非只有我一人懷疑，這是另一個宏偉但卻無法實現的願景。然而，二〇〇四年九月，我站在現代集團的推土機在整理開城平原時所揚起的塵雲裡，難以置信地看著那片土地上當時僅有的幾棟行政建築和施工人員所居住的貨櫃村。在那些我在南韓經常見到的黃、綠色障礙物上，除了現代集團峨山子公司的標誌以外，還有「안전제일」（安全第一）的字樣。許許多多橘色卡車（當然是現代的）排成一列彷彿無止盡的車隊，從我們這個由一些學者和至少八位歐洲大使所組成的團體面前駛過。那次的參訪是由佛里德里希．瑙曼基金會（Friedrich-Naumann-Stiftung）所安排，他們的駐首爾代表烏爾里希．尼曼（Ulrich Niemann）可說是最早看出這個時代跡象的少數幾人之一，不僅如此，他更投入了自己所能運用的資源，去促進北韓發生各種正面的改變。

一年之後，我再次去參訪了這個工業區。在南韓典型的快節奏下，不僅街道鋪設好，建物的數量大增，就連第一批廠房也興建完成。雖然稍微有點延遲，不過，從二〇〇五年起，一項原已規劃好的觀光計畫也正式啟動，此後，南韓的觀光客可以遊覽開城及其周邊的歷史景點。直至今日，如果我們下榻美麗的傳統朝鮮風格的民俗旅館，或是去參觀種種精心修復的歷史文化景點，譬如朝鮮半島的第一所大學成均館或某些王室陵墓，我們就進到了某個為了每日數百人次的觀光客所興建、但實際上每週卻只有數十人次使用的基礎設施。每回我去開城，我都會坐在民俗旅館的紀念品小鋪裡，和那些極其無聊的店員們喝杯人蔘茶。我們不談政治，只是聊聊日常生活當中的一些小事。店員們有時會慨嘆，來自南方的富有同胞既不向他們購買當地盛產的人蔘產品，也不向他們購買著名的高麗青花瓷。

為了對這個目標群體招攬生意，即使祭出一些有點奇怪的企劃也在所不惜。開城是朝鮮半島歷史上著名的佛教中心。南韓的遊客有不少人是為此慕名而來，然而，許多超過六百年歷史、大部分是以木頭修築而成的景點，其實早已不復存在。因此，人們不僅做了很多精心的修復工作，南韓的一些公司甚至將某些完全毀滅的佛寺，例如靈通寺，重建於它們在北韓的歷史原址上；主要是為了南韓的觀光客。我曾在這座嶄新的佛寺正式開幕的前幾日去參觀。當時現場已排好了舉行開幕典禮所需的座椅，到處都能聞到新鮮的油漆味。這不禁令我想起了迪士尼樂園。

相較於觀光計畫，設立於城市附近的工業區明顯成功多了，雖然此處的經營也並非毫無困難。我個人前前後後總共去過那裡三次，這是我個人所獲得的印象。由於這個工業區是由南韓人經營，因此資訊的取得相對較佳。

南韓的鐘錶公司浪漫神（Romanson）為首批進駐這個工業區的廠商，曾在此生產頗具寓意的「統一時計」。產品也包括了運動鞋在內的三德公司（Samduk）不甘落於人後，曾在宣傳海報上標榜著「統一之鞋」。只不過，並非所有的廠商都洋溢著這樣的熱情。南韓日本合資企業太成畑公司（Taesung Hata company）進駐開城工業區的消息於南韓與西方的媒體曝光後，他們的美國客戶隨即取消了每月價值約三十萬美元的訂單。[18]就連在歐洲，「Made in North Korea」的產品也同樣惹議。瑞典的新創企業「諾可牛仔褲」（Noko Jeans）曾經短時間販售過在北韓縫製的牛仔褲。他們的銷售合作夥伴PUB百貨在飽受民眾批評下，只好撤回訂單，相關的合作計畫也歸於停擺。[19]

雖然經歷過許許多多風風雨雨，開城工業區還是存活了下來。園區內各企業的電腦上雖然運行著Windows系統，當中也內建了Internet Explorer瀏覽器軟體，但就是不能連上網際網路。誠如我從某位南韓的經理口中得知，這裡真正的大問題其實是對外通訊。在美國實行的禁運下，缺乏了連接南韓電話網絡所需的設備，因此，要往僅僅相隔六十公里的首爾打電話，反而得要取道中國；這得花上十分高昂的電話費。雖然這個問題總算在二〇〇五年時獲得解決，不過我們卻能藉由這個例子清楚地看出，與北韓的經濟合作有多麼困難。順道一提，這當中並非總是美國人的錯。在遵守合約或突然片面改變協議上，北韓方面其實也可說是聲名狼藉。

要求南韓人用小木板把自己的車牌遮起來，算是園區日常生活中怪異的細節之一。對此，北韓方面給我的正式答覆是，見到車牌上的南韓地名，人民會為國土是否會分裂感到悲傷，為了避免人民蒙受這樣的痛苦，故而有此規定。聽聞這類典型的北韓式答案，頭幾天往往會讓人覺得新鮮有趣，可是在那之後，反倒會讓人感到濃濃的哀傷。其中的重點在於國家分裂這項事實；南韓的車牌上完整標示出核發車牌的省分。有別於在德國，人民可以在柏林近距離體驗兩德分裂，在朝鮮半島上，國家分裂卻依然是個模糊的事實。也許正因如此，北韓的領導人確實擔心，見到那些車牌可能會在自己的國民身上引發強烈的情緒。

在我於二〇〇五年十月前往北韓訪問時，從開城出發，理論上大約只需一個小時，我就能返抵當時我在首爾的住處。然而我的歸途卻花了好幾天時間，因為我得先返回平壤，接著從那裡坐飛機去北京，再從那裡坐飛機回仁川，最後還得搭一個半小時的公車，才能回到首爾的北部。有的時候，自己親身去體驗一下分裂所造成的種種荒謬，會很有助於理解身處其中的滋味。

兩年後，到了二〇〇七年的夏天，在陽光政策即將落幕之前，我對南韓大都會首爾離北韓有多近有了更清楚的認識。搭上一部南韓的專車，大約只花一個多小時，我們這個專家參訪團就已通過了都羅山站附近的兩韓邊界。那是我首次跨越三十八度線，再度去到了開城工業區。不過，比起上一回到此參訪，整個氣氛卻是多了一點緊張，原因或許是在於隨行的南韓同伴與他們表現出的猜疑，當然，一年前北韓首度核試成功也是原因之一。

園區裡的建物數量持續增加，整個地貌也讓我不禁想起，數年前我曾帶著懷疑的眼

光見過的那些計畫與模型。不過，特別耐人尋味的莫過於在南韓日常生活中常見的一些店鋪，居然也出現在這裡。其中包括了在南韓無所不在的連鎖超商全家便利商店及友利銀行（우리은행）的分行。在這兩家店鋪裡，分別都有南韓的男性與北韓的女性共同合作。這樣的性別組合其實很顯著：在開城工業區裡，相對於五萬三千名北韓女性，大約只有九百名南韓男性。

這裡的經濟條件對於投資者來說其實並不差。投資人可以每平方公里每年四十六美元的價格，連續租用土地五十年。投資的企業，除了在最初的五年裡免除最高百分之十四的公司所得稅以外，後續的三年稅賦也減半。獲利則會被課徵百分之一到二不等的稅。[20]從開城工業區的種種情況看來，它無疑是個巨型計畫。根據南韓統一部所提供的統計資料，南韓在這個工業區的開發上投資了大約八億美元。在二〇一三年時，進駐該園區的廠商共計有一百二十三家；在前一年，也就是二〇一二年，它們的產值達到了四億七千萬美元。必須說明的是，這裡所指的並非獲利，而是指先以半成品進口到該園區，在那裡加工後再重新出口到南韓的貨物的總價值。這點非常重要，因為我們經常會讀到一些關於據稱北韓利用該園區大舉獲利的虛幻數字。就開城工業區而言，北韓的主要收入來源應該是廠商支付給女工每個月一百四十四美元的薪水；合計每年大約是九千多萬美元。[21]順道一提，在園區草創之初，當時的工資每個月只有五十四美元，明顯比現在的工資要低得多。開城工業區的工資之所以能夠上漲，主要必須感謝中國的工資調漲。

透過親自參訪，我對北韓全國各地的生產情況大致還算得上瞭解。我曾參觀過化學廠、電纜廠、釀酒廠、鋼鐵廠、餅乾廠，還有許多的紡織廠。人們或許可以假設，由於我是個外國人，所以他們會給我看一些最先進的設備。不過，即便如此，它們還是一點也比不上開城工業區裡超現代、明亮且完全沒有思想宣傳的環境。因為這些工廠並不需要煽動人心的標語或英雄鬥士的壁畫，它們本身就是純粹的宣傳。無須多說些什麼，每個北韓的女工也都曉得，三十八度線以南的地區溢流著牛奶與蜜。南韓試圖用力加強這樣的印象。有報導指出，北韓的女工必須將自己大部分的工資上繳給國家，消息披露後，一些南韓的企業主索性換個方式來酬謝北韓女工，有些廠商把午餐備辦得更豐盛，有些則是會額外發送「好麗友」（Orion）的零食。

被稱為卡路里炸彈的「巧克力派」（Choco Pie）有個十分瘋狂的傳言。十二個一包的巧克力派，在亞瑪遜購物網上賣九十九美分，在中國同樣也是賣這個價錢。然而，在北韓的市場上，光是一個巧克力派就要賣令人難以置信的十美元。[22]這個價格是中國地區售價的一百倍，差不多值二十公斤的米，換言之，相當於一個月的配給。如果不是所有關於北韓饑荒的報導全都在說謊，那麼就是有人在缺乏專業知識下，把市價換算成與黑市差了八十倍的官方匯價。我個人認為，後者比較有可能。這個例子顯示出了，對於來自北韓的一些聳動的傳聞，我們應該多麼謹慎地看待；特別是，在網際網路與因為成本考量而日益依賴少數國際通訊社的媒體推波助瀾下，這類不實傳言往往會迅速廣泛地傳播。

另一個讓我感到有意思的細節就是某間工廠裡的洗手間標示。雖然南北韓說的都是韓語，可是六十多年的分開發展卻也留下了痕跡。在北韓，人們遵循著一種非常民族主義的語言政策，會用自己創造出的詞彙去取代英文用語；此舉可媲美法國。就連數世紀之前從中國那裡繼受而來的一些漢語詞，北韓人也會盡可能避而不用。因此，例如廁所在北韓就被稱為「衛生室」（위생실），在南韓則是借自美語的 powder room，稱其為「化妝室」（화장실）。在開城工業區裡，同樣也是使用這個詞彙。這或許象徵著，開城事實上是個稀有的交會之地，在那裡，每天成千上百個微不足道的小細節，促使雙方在十分個人的層面上有更好的瞭解。

那是我至今最後一回參訪開城工業區。至於開城本身，在那之後的幾年中，我倒還蠻常去，最後一回前往是在二〇一三年的九月。那個其實舉目可及的工業區是不許遊客前往的。不過，遊客們倒是可以去板門店聽聽看北韓在韓戰中獲勝的故事，以及美國人分裂朝鮮半島的不是。在行駛了很長一段時間，穿越許多稻田，經過越來越窄的道路，接著爬上壕溝裡的一小段坡道後，人們可以從邊防部隊的一個前哨見到在朴正熙治下所興建的鋼筋水泥牆，它巨大、高達八公尺、向南用土堆積，這是南韓用來防止北韓的坦克越過全長兩百五十公里的分界線。

令人訝異的是，在兩韓緊張關係的重重逆境下，開城工業區居然能夠長時間基本上毫髮無損地存續。這得歸功於雙方都盡力讓開城工業區置身於種種衝突事外；其中包括了北韓連同二〇〇六與二〇〇九年頭兩次核試在內的核武發展計畫、二〇〇八年南韓女遊客在金剛山遭北韓士兵射殺的事件、二〇一〇年三月的天安艦沉沒事件、二〇一〇年十一月的延平島砲擊事件，當然也別忘了，雙方還經常會粗野地辱罵對方的領導人金正日與李明博。

儘管如此，到了二〇一三年初，開城工業區最終還是淪為日益升高態勢的受害者。北韓於二〇一二年十二月成功發射了一枚三節火箭，並將一顆人造衛星送入運行軌道，在國際間引發了一場憤怒與批評的風暴。北韓堅決反對對於其主權的任何限制，其中包括了太空的使用。這點被西方國家祭出聯合國的幾個既有決議加以駁斥；即使北韓譴責這根本就是雙重標準（因為南韓在短短兩週之後也發射了一枚火箭上太空，卻未曾激起類似的反彈），也於事無補。

北韓繼而又於二〇一三年二月十二日進行了第三次核試，之後招來了一連串外交制裁，其中包括了聯合國安理會的二〇八七號與二〇九四號決議，連中國都首次贊成了。[23]北韓隨後加大力度強烈地抗議，美國與南韓的部隊以「禿鷹」為代號，在其邊境舉行年度聯合軍事演習。在這場持續數週的危機中，北韓威脅將動用核武攻擊美國的目標，讓緊張氣氛達到了高點。

這也導致了北韓於二〇一三年四月九日將所有勞動力撤出開城工業區。南韓政府隨即也命令自己的國民，同樣離開開城工業區。重新開放的談判在同年七月開始進行，到了九月中旬，雙方簽署了一項相應的協議，其中包含了彼此同意讓開城工業區走向國際化。二〇一三年年底，原本的一百二十三家廠商大多都重新回復生產。

在二〇一三年的十月中旬，北韓政府宣布，將在來自諸如新加坡、香港和中東等地的廠商參與下，於開城建立第二個工業園區。[24]這在許多方面都很耐人尋味。這顯示出，在開城工業區的微觀層面上，北韓同樣想要維持自一九五〇年起在對外合作方面便一貫遵循的，非對稱的風險分散策略。從本質上講，無非就是要在重要的計畫中，盡可能多把一些相互獨立的夥伴拉進來，如此一來，無論出於任何緣由與其中一位夥伴發生問題時，還能與其他的夥伴繼續合作。如果有人想從這樣的計畫中下車，他本身所冒的風險（百分之一百）會多過北韓因此可能蒙受的損失（百分之一百減X），這讓北韓執政當局明顯提高了自己的喊價能力與轉圜餘地。這也顯示出北韓十分看重開城，並不是去藉助其他三大特區的其中之一來達到創造內部均勢的目的。或許是由於政治性質使然，因為這裡涉及到一項由許多動機所支持的兩韓合作計畫。

在暫時關閉期間，針對開城工業區讓誰在多大的程度上受益這些問題，曾有過許多的討論。終極的評價肯定是取決於觀察者的眼；在我看來，最終獲益較多的其實是南韓，因為，北韓執政當局必須面對很高的政治與意識形態的風險，南韓卻可對一個自己原本不甚熟悉的國家有更深入的瞭解，如果我們把這些因素考量進去，那麼我們就不得不說，北韓每年從中所獲取的低於一億美元的收入，要得其實並沒有很多。

不過，從北韓的角度看來，除了外匯收入之外，渴望獲得技術移轉也是推動開城工業區的一項重要動力。然而，在幾個重要工業國家於一九九六年針對傳統武器與軍民兩用的貨物及技術之出口控制，所簽訂的「瓦聖納協定」（Wassenaar Arrangement）下，這樣的願望幾乎不可能實現，因為，根據這項協定，幾乎沒有任何高科技及相應的設備可以輸出到北韓。開城工業區同樣也受限於這些規定。

在與工業區裡的南韓管理階層人士的對話中，他們總是一再向我強調，對於學習經營現代、複合式的廠房，以及相關的流程、結構及設備，北韓有多麼地感興趣。這與設立經濟特區的典型動機是一致的：渴望獲得專業知識，期盼有朝一日自己可以不依靠外國的夥伴，獨力運用這些專業知識。

對於南韓來說，情況也同樣複雜。對於許多如今在開城工業區營運的南韓企業而言，前進開城，在某種意義上其實是在逃避上漲的薪資成本。中國或東南亞是可能的替代選項，只不過，特別是對於規模較小的企業，由於高昂的資訊與交易成本，走這些替代途徑其實並不容易。另一方面，從南韓人的角度看來，開城工業區擺明了就是一項政治計畫，因此他們可以把國家的扶助與保證考慮進去。現代集團就是一個最鮮明的範例。

不過，能與北韓的體制及人民互動，這件事情本身，其實就已具有無比的價值。當事涉瞭解北韓的某些情況，如同世界上的其他地方，南韓往往也是只能依靠一些猜想或可疑的傳言。然而，有別於在歐洲的我們，對於南韓來說，這可不只是單純的學術問題。不管人們是否害怕經濟崩潰和由此產生的成本，是否害怕核武攻擊、是否害怕中國的干預，無論如何，無知都可能帶來惡果。與成千上萬的北韓人日常互動，傳遞了一個目前沒有其他選擇的當前氛圍寫照。向來十分保守的南韓總統李明博之所以不在開城工業區的事情上從中作梗，並非沒有理由。有時我們這些同行之間會開玩笑地猜測，在北韓的女工和南韓的管理階層中，到底哪一邊潛伏著更高比例的特務？

我們也別忘了，這裡還存在一個兩韓統一的面向。雙方可以在經濟特區這個受保護的實驗室裡嘗試嘗試，在超越那些純理論的研究與空談下，實際的經濟合作會是如何。人們可以從中發現問題，靜下心來尋找解答，共同累積至今所缺乏的合作經驗，進而建立互信。

開城工業區從許多方面看來，可謂是北韓對外面的世界所開啟的一扇門戶。沒有任何意識形態的教育可以阻止北韓女工對南韓與南韓人形成某種印象。雖然種種關於「巧克力派」的故事有點誇張，但它們卻頗具說服力地明白顯示這裡發生了什麼事：貧窮的北方遇見富裕的南方，五萬次，每天。雖說沒有一位北韓女工將自己的種種印象寫成部落格、推文或上傳至臉書；然而，這並不代表種種資訊就因此不會找到它們的出路。誠如一九九〇年之前東歐的經驗所示，特別在那些對於非國家所認可的知識管控得十分嚴格的國家裡，口耳相傳格外發達。開城工業區裡目前約有將近五萬名的北韓青年女工（她們百分之八十的年齡介於二十到三十歲之間），就算她們每個人都只告訴自己的父母、一個兄弟姊妹和三個朋友，也會有大約三十萬個北韓人，固定從第一手報導裡得知兩韓的合作計畫。如果這些人繼續再轉述給其他六個人，那麼，理論上只要進行四輪，立刻就會舉國皆知。這也就是為何園區裡的女工早已不再全都只是來自園區的周邊。

如果我們考慮到這一點，那麼有件事值得注意：就連北韓政府也一直堅持著不去關閉開城工業區。無論所希求的是金錢、科技、專業知識，抑或是與南韓的合作，可以確定的是，北韓執政當局就算面臨著許多顯而易見的風險，還是對於這個園區的續存抱有十分濃厚的興趣。我個人強烈主張，應當把這樣的情況詮釋成值得支持的務實所流露出的跡象，而不該透過制裁或拒絕合作，去阻止這個工業園區的擴大與發展。

我多次遊覽開城這個城市，亮點之一總是登上市中心的一座小山丘，那裡矗立了一座尚未有金正日隨侍在側的北韓國父金日成的塑像，但大多數的人都會在那之前向左轉，好去欣賞老開城市區裡的四合院斜頂及曲折街道構成的美景。由於從二〇一三年一月起，來自西方的遊客再也不必在機場交出自己的手機，因此，如今在這個山丘上經常可以聽到此起彼落的嗶嗶作響，因為到了此地，手機連上了與此僅隔數公里遠的韓國電信（KT）與SK電信的網路，提取了被攔住數日的簡訊。

新義州、威化島與黃金坪：大張旗鼓，不要偷偷摸摸

北韓的第四個經濟特區位在該國的西北角，介於韓方的邊境城市新義州與中方的邊境城市丹東之間。這個特區真正的名稱應該叫做「威化島黃金坪」，這個在西方人耳裡聽來繞口名字源自兩座位於界河的島，它們在法律上屬於北韓。這個經常被簡稱為新義州的經濟特區，相較於在它之前或在它之後的所有經濟特區，所擁有的歷史或許最多采多姿。

有別於在很大程度上算是孤立的羅先經濟特區，北韓與中國的一些自然發展出來、規模較大、經濟活動旺盛的城市或區域在此交會，它們之間的貿易關係有著深厚的歷史淵源。在古時候，每年從首爾出發至北京的貢使，就是從這裡橫渡中文稱為鴨綠江的界河。

如今這條河上有座鐵路公路兩用橋，旁邊還有一座舊橋的殘段；在韓戰期間，美軍為了切斷敵方的補給線，遂將那座舊橋炸毀，如今這座斷橋成了紀念中國與北韓友誼的景點。在中國的丹東設有一座銅質紀念碑和一門防空砲，用以紀念當時的戰爭，許多帶著好奇與消遣的態度望向北韓，並為自己明顯的經濟優勢感到慶幸的中國遊客，都喜歡與它們合影留念。在販賣紀念品的攤子上只要花幾塊人民幣，就能買到在北韓被當成小聖物，繪有北韓領導人肖像的徽章，外國人只在非常特殊的情況下才有幸獲得。中國不

能夠接受黑夜，到了晚間，中方這邊一直到河流中間邊界處的橋面，一路燈火通明。因此這座橋宛如終結於虛無之中，彷彿是明白地告訴每個觀察者，何處是光明的國度，何處又是黑暗的國度。強烈建議每個指責中國在迫使北韓改革上施壓不夠的政治人物，都該去丹東走走！

我是在一九九一年十二月第一次去到那裡，當時我從平壤搭火車去北京旅行時經過，幾星期後，我又沿著同樣的路線返回。早在那個時候，我就已對當地所具有的一種（當時在北韓幾乎感受不到的）極其活潑的氛圍，留下了深刻的印象。無數的商販與個人，在海關人員的監視下，帶著形形色色、大包小包的東西，從中國去北韓。

這裡頭顯然並非總是完全沒有任何文章。在回程途中，我與一位同學和兩名年輕的北韓女性共用一個四人包廂，她們是去北京拜訪完親戚後返家。她們的其中一張床完全被一些大包裹堆滿，於是她們就一起待在下舖等著過海關。她們一直懇求我們，如果官員進來，要待在她們身邊，不要離開包廂。她們並不想把話說得更明白，我們猜想，也許她們希望借助我們，免於被貪婪的海關官員勒索鉅額的「規費」。後來實際上發生了些什麼事，我其實並不清楚，因為我們立刻被海關官員趕出那個包廂，他們把門關了起來，我們被迫在門外等了好幾分鐘。

從那之後我更常搭乘這條路線的火車，而且總是一再經歷一些耐人尋味的事。有一回，我帶了一台新相機，一如既往，北韓的一位女性海關官員為了檢查我的照片，把我的相機討了去。幼年時期在蘇聯待過的我，曾聽過一段關於列寧如何在沙皇的官員來家裡搜索時把他們耍得團團轉的軼事。他十分配合地在自己的書架前擺了一個小樓梯，好讓進門搜索的官員也能搆得到最上排的書籍。不明就裡的官員傻傻地吞下這個誘餌，從上層的書籍開始，一本接一本、一頁接一頁地檢查。等查到第三層的時候，官員已逐漸變得疲憊且漫不經心，之後甚至完全忽略掉擺在最下排的那些禁書。

當時我心想，列寧曾得逞過的詭計，我應該也能如法炮製。於是我調整相機，讓這位女性海關官員見到在這趟旅行中我先前在北韓拍攝的兩千多張照片前，必須先瀏覽我在華盛頓、阿姆斯特丹和北京等地所拍攝的數百張照片。

然而，我太低估北韓海關官員的訓練素質。這位女性海關官員熟練地按了幾下按鍵，立刻將螢幕轉成快速瀏覽模式；這是那款新型相機的一項功能，我自己都不曉得有這種功能，從那之後，我總會用這項功能來娛樂一番。這位官員是否對於我折服於她的科技知識或其他什麼本事感到洋洋得意，我並不清楚，無論如何，她很快地刪除了一些反正照得也不是很成功的照片，接著就往下一個包廂走去。順道一提，如果是搭飛機離開這個國家，沒有人會對外國人的相機感興趣。就連替代的儲存媒體也不會被檢查。北韓執政當局的行為並非總是合乎邏輯。

新義州對於北韓的領導人似乎很重要。在與現代集團創辦人鄭周永於一九九八年十月底的一些對話中（這些對話也促成了金剛山的觀光計畫與開城工業區的開發），金正日曾強調，他個人十分樂見一個由北韓和南韓共同開發的工業區落腳於新義州。[25]相反的，現代集團卻寧可去開發位於西海岸靠近非軍事區的海軍基地海洲，藉以利用那裡的港口。順道一提，在舉行於二〇〇七年迄今最後一次朝鮮半島高峰會議中，同樣的提議也曾被提出。南韓屬意海洲，北韓則屬意新義州連同威化島。

當時北韓提出支持新義州的論點，如今依然被廣為宣傳。這個城市位於由公路、鐵路、港口和機場所組成的完善交通網絡之中。緊鄰中國，確保了對國際運輸網的連結與通往大型銷售市場的入口。由於雨量分布不均，導致朝鮮半島大部分地區都面臨著缺水的問題，不過有鴨綠江可資憑藉的新義州則沒有這樣的問題；這點也適用於電力方面，鄰近的水力發電廠可以提供所需的電力。就連通訊基礎建設，就北韓的情況來說，也可算是發展得相當完善。除此之外，金正日偏愛新義州，顯然也有內政方面的考量。中國的邊境城市丹東曾經處在北韓這邊生氣勃勃的貿易中心的陰影下；然而，隨著中國的改革開放與北韓的經濟同時轉趨沒落，從一九九〇年代起，整個情況有了徹底的改變。因此，金正日意欲借助現代集團重建人民受損的自信心。[26]

耐人尋味的是，究竟是基於什麼原因，現代集團在經過一番仔細審查後，最終拒絕了新義州。雖然人們承認運輸網絡的確存在，同時也懷疑它的品質。修建一路通往遠在五百公里外的首爾的基礎設施，需要投入的資金過於龐大。至於新義州的地緣優勢，則被認為是片面地著重在通往中國的入口上；真正的世界市場，反而更難抵達。因此，人們擔心，萬一設置了其他的經濟特區，新義州就會在位置上居於劣勢，從而也會讓投資人裹足不前，這使得這項計畫的收益遭到質疑。除此以外，還有各式各樣的環境問題。最終，現代集團選擇了開城。

北韓在推動新義州的計畫上並不平順。在現代集團表示猶疑後，到了二〇〇二年九月，北韓又做了一個新的嘗試。當時披露給外界知道的消息，聽起來頗為不尋常。北韓打算成立一個規模大約一百三十平方公里的經濟特區，而且還要仿照中國的「特別行政區」，給予其同樣的名稱「특별행정구」，賦予近乎治外法權的地位。根據朝鮮中央通訊社的報導，這個特別行政區將由「中央」直接管轄。除了一部基本法以外，據說新義州特別行政區甚至還有自己的旗幟。大多數至今定居在此的北韓人將被遷走，外國人則可完全自由地遷入。特別行政區裡將以美元做為流通的貨幣。特首將由最高人民會議主席團成員之一的楊斌擔任，他是位頗具傳奇色彩的華裔荷蘭公民，在二〇〇一年時，還曾登上《富比士雜誌》的全球中國富豪排行榜的第二名。

雖說北韓顯然曾與中國討論過這個特別行政區的成立，可是最終成立的決定卻是北韓獨自做成。中國的執政當局是從媒體得知這個消息，而且並不因此感到高興。[27] 楊斌自二〇〇二年十月四日起遭到中國軟禁，到了二〇〇三年更因多種經濟犯罪被判刑。因此，北韓第二次意欲在西北設立一個經濟特區的嘗試，同樣也歸於失敗。當時我曾自問，這個失敗，與兩週前推動對日關係正常化的失敗，兩者之間是否有關連？日本的數十億資金將因此不會到位，新義州在短短的時間內要去哪裡籌措必要的財源？二〇〇二年十月中旬詹姆士．凱利所踢爆的北韓正在繼續推動核武發展的消息，是否被解讀成另一項絕望且有點非正統的集資試圖？雖然對此沒有具體的線索，但總有一定的邏輯可以推測。

二〇一一年六月，在金正日訪中過了短短一個月後，北韓第三度試圖在新義州建立經濟特區。在日後被處決的張成澤參與下，簽訂了一份在威化島與黃金坪兩個島上設置一個免稅的自由貿易區的協議。[28]人們很快就提出一個有點苛求的類比：這裡將成為「北韓的香港」。諸如中國人與外國人免簽之類的規定，都令人聯想到了二〇〇二年的新義州計畫。

除了稅賦與關稅的減免以外，為了鼓勵投資，北韓更祭出一連串措施，像是允許設立商業銀行，使用外匯為正式的支付工具，允許直接雇用勞工，不必非得向北韓的企業借調。無論是手機還是網路，都可以暢通無阻；至少會達到在中國境內那樣的程度。營業空間保證可以租用五十年。至於本區的重點扶持產業則是通訊科技業、觀光文化業、現代農業及輕工業。

中方則是發表了開發鄰近區域的一些更大型的計畫，而且，根據衛星照片，我們清楚地知道，中國確實已著手在開發丹東的周邊。[29]從二〇一〇年起，人們開始著手興建一座從中國沿岸通往黃金坪的橋梁，預計將於二〇一四年完工。[30]其他的基礎建設計畫同樣也在進行著。有別於新義州，住在黃金坪的居民並不多，因此必須遷移的規模也相對較小。然而，除了定期的公告與一些相關的法令以外，至今為止仍不見北韓方面做出什麼能與開城工業區相提並論的大動作。

在二〇一〇年十月時，我曾去過一趟丹東，並且從中國這邊去觀察那兩座島。它們看起來其實並不特別具有吸引力，不過，如果考慮到在丹東這裡令人難以置信的活力，這項計畫的成敗，事實上只是中方的意願問題。一旦執政當局下定決心，那裡的新經濟特區必然很快就會取得長足的發展。我們可以比肯定還肯定地說，這當中其實主要就是中國和北韓之間的雙邊合作計畫，其中遼寧省政府在區域發展這個面向上扮演了一個特別活躍的角色。

經濟特區是變革的先驅？

在中國，改革開放政策與經濟特區是密不可分的命運共同體。在北韓，經濟特區卻從未扮演過如此吃重的角色。就目前的情況看來，現存的這些經濟特區頂多只能說是稍微進步一點的「完善化措施」，國家試圖借助它們去振興運行得不太正常的經濟，去開闢外來的財源。它們並非某種思想徹底轉變的表現，投資人或許也都是如此認為。

羅先、金剛山、開城和新義州這四個經濟特區在地理上的分布，反映出北韓領導人的戰略思考，特別是，讓那些地方盡可能孤立地遠離北韓人民。由於在每個特區裡的合作夥伴都只是來自一個或少數幾個國家，萬一出了什麼問題，大可斷尾求生地放棄其中某個特區，不至喪失所有來自經濟特區的收入。在最好的情況下，北韓甚至可以在夥伴國家間從中漁利。

過去幾年裡，在關於將南韓的鐵路網連上歐亞網的討論上，我們也能觀察到類似的情況。在修築縱貫朝鮮半島的鐵路上，人們有兩個選項：要不是沿著朝鮮半島的西海岸修築，去連接中國的鐵路網，避開俄國的西伯利亞鐵路；要不是沿著朝鮮半島的東海岸修築，去連接俄國的西伯利亞鐵路，避開中國的鐵路網。我的經驗告訴我，北韓很可能兩個方案都會嘗試，如此一來，就能根據自己的喜好或政治局勢，交替地開放或封鎖兩條路線。由於中國和俄國都對這條理論上是從倫敦到東京（曾有人主張興建一條連通南韓與日本的海底隧道）的連線非常感興趣，它們早已爭相提出過許多修築鐵路的合作建議，這使得北韓根本不必花半毛錢就能坐享其成。

如果北韓所打的就是這種「分而治之」（divide et impera）的算盤，那麼我們根本就不必期待個別的特區會有真正的國際化。就連在開城，北韓執政當局顯然也不是很樂意放外國人進入兩韓共同經營的特區，而是另外為他們開闢一個他們自己的區域。相反的，南韓卻是一再試圖把盡可能多的外國人一起拖下水，避免萬一再次遇上什麼麻煩時得要獨自面對。

原先有個專為日本投資人預留的特區，它的開發計畫實際上已經過期。如果北韓不想把它併入羅先，可以料想，雀屏中選的大概就是沿著東海岸人口密集區的某地，換言之，咸興或元山。有鑑於北韓至今所採取的策略，以及從二〇一四年五月起重啟的雙邊對談，這會是一個非常合乎北韓邏輯且能迅速取得具體進展的決定。

另有一項明顯是由金正日授意的最新發展就是，北韓政府在二〇一三年五月和十一月公布了至少十四個經濟特區的發展計畫。[31]根據現有的資訊，有四個省分（道）將有多於一個的經濟特區。很顯然，這些特區必須相互競爭。至於究竟哪些企業允許在哪裡投資、會在怎樣的條件下實現、劃定的區域會有多大、實際會落腳於何處，迄今為止，外界對此還不是很清楚。[32]其中一個新的經濟特區應該會設在新義州，這代表著二〇〇二年嘗試失敗後的一個新版本。它與威化島—黃金坪的計畫會有什麼關係，目前尚不得而知。其中有部分的特區則是專為觀光而設。

二〇一四年四月，在北韓最高人民會議年度會議上說明國家預算時，首次提到了「來自經濟特區的收入」。[33]雖然北韓並未公布這方面的實際數字，不過，從在這麼重要的場合裡明白地指出看來，在北韓領導人的經濟發展策略上，這些特區顯然扮演了十分重要的角色。這雖然不會讓它們自動成為變革的推手；然而，在這些特區裡所產生的學習效應將會變得更強烈，會觸及更多的北韓人民。因此經濟特區這項主題值得我們再三玩味。

7 金正恩治下的北韓

北韓的經濟政策在過去的二十年裡生氣勃勃。其中不單只有重大的問題，也包含了或多或少成功的解決方案。雖然，到目前為止，這些方案都在某些內外的誤判與障礙下失敗，但還是帶領這個國家往前邁了一步，並且，誠如我要再三強調的，至少為一個更成功的未來做了一些準備。

只不過，新任領導人尚未有什麼大成就。這並不必然與缺乏改革熱情有關；事實上，每個改變，如果夠深刻，都隱藏著一連串的風險。因此，在我們更仔細地去觀察自金正恩上台後所發生的一些進展前，我們應該先問問，北韓這位新君與他的支持者們，就現實的情況來說，在不自我損傷或對整個國家造成更大損害的前提下，究竟能在徹底改善經濟體系上做些什麼？

國家與市場構成的二元體系？

國家與把它當成統治工具的北韓領導人，他們的合法性源自於這個宣稱：他們對於經濟的管控，正是人民幸福生活的保證。因此，工業與銀行業的大規模私有化，需要黨與金氏家族來重新定義。很顯然，這當中存在著巨大的政治風險。是以，人們幾乎不必期待會有什麼迅速且徹底的轉變，即便這樣的轉變最終幾乎是難以避免。

最初頂多會有一些混合的方式，例如在服務業與輕工業方面，某些規模較小且無關緊要的企業率先走向私有化。事實上，在過去的幾年裡，在餐飲業、小規模的零售業與簡易消費貨物的製造業方面，我們都見到一股驚人的活力。各種組織形式，在法律上雖屬於國家或合作社，可是在實際上涉及的卻是私人的經濟活動。就連私家轎車，目前也都已存在，[1]從它們的黃色車牌就能看得出來。

中國和越南都向世人證明了，即使是規模較大的國營企業，也都能在不立即將其私有化的前提下，透過一個所謂的二元體系，讓它們更有效率。[2]在這當中，國家規定企業必須在固定的價格下生產出一定數量的某種商品。只要達成這樣的計畫目標，這些企業就有權去販售自己想要生產的東西，並且自行決定利潤的運用。這是國家的一石二鳥之計：國營企業一方面維持國營，另一方面卻又更有效率、更大膽創新，且更具獲利能力。經過幾年之後，人們則可以放手讓它們私有化，如有必要，也可藉由控股或其他途徑對它們保持一定的控制。北韓方面也有一些關於這類舉措的傳言，但那或許都只是些在時間與空間上有所侷限的實驗。至今尚無像中國或越南所做出的根本性決定。

不過，北韓並非只在讓工業增加些微效率上下功夫。對北韓來說，根據官媒強調提高農業方面的產量，其實才是重中之重。在這方面，北韓一再地從國外獲得種種迅速改革的建議；可是，一旦北韓的糧食市場真的徹底落實自由化，屆時到底會發生些什麼事？

你不妨想像一下，有六個饑腸轆轆的建築工人，要和他們的一位老闆共享午餐的五個漢堡。在採行中央計畫經濟的獨裁體制下，老闆一人吞食了一整個漢堡，其餘四個漢堡則平均分給六個建築工人。雖說，除了老闆以外，每個人都吃不飽，但至少每個人都還有得吃。如果這時人們把老闆趕走，改由市場來決定，那麼，其中五個支付能力較高的建築工人，每人都可獲得一整個漢堡，至於錢最少的那一個，則將什麼也得不到。要是我們把那六個建築工人改成兩千五百萬個北韓人，把那些漢堡改成像稻米之類的基本糧食，在這個例子裡聽起來或許是有趣的事情，就會變成許許多多可怕的慘劇。只要在這個國家裡存在著供給不足的問題，換言之，最有錢的那群人才買得到東西，這將無異於對那些經濟弱勢者宣判死刑！

順道一提，我們其實能夠輕易算出供給不足的臨界點。考量所有相關因素，我們可以得出，北韓每年的稻米總需求量大約是五百三十萬噸。[3]這個數值大致符合前面引述過的國際救援組織的評估。[4]

因此，在人們放手讓市場及其價格機制來決定基本糧食的分配之前，必須先在稻米、玉米、馬鈴薯或諸如此類的糧食方面，創造出穩定的供過於求。這當中會出現一個兩難，因為關鍵其實就在，人們想要借助從市場發出的信號來創造這樣的供過於求。供給不足是起始狀態，供過於求是目標。

此外，在糧食方面，種種提高產量的新刺激遠比工業方面需要更多的時間，才能見到成果顯現。在北韓，每年會有一次收成。就算一個農民無論為了什麼，在第一年決定自己一定要生產出更多的農作物，而且別人也給了他為此所需要的資源，在他所採取的種種措施真正產生效果前，至少也需要兩到三年的時間。在那之前，供給不足的問題依然存在，依然有飢荒在威脅。

因此，很顯然，在北韓的農業方面，透過市場經濟的激勵由集中的計畫轉變為分散的控制，必須要有國家的種種措施加以掩護。在這方面的解答同樣也是採取混合系統。它的基本思維類似於前述存在於中國工業裡的二元系統：一個計畫與市場的暫時性組合。據此，一定基本數量的糧食將由國家以低廉的價格分配，至於多出的部分，則可自由地在市場上以吸引人的價格向生產者購買。承上例：這時每個建築工人將可從老闆那裡分到半個漢堡，還能視自己口袋裡的錢多寡，在街角的漢堡店再買點什麼來吃。雖然對於在這群假設的建築工人中最沒錢的那個來說，這種方式還是很糟，可是在國家的基本供給下，他至少不會完全空手而歸。

如果再把這個例子套用到北韓的基本糧食上，那麼北韓政府必須做的就是降低分配或以象徵性的價格販賣稻米的比例，同時也讓市場合法化或除罪化。一旦由此所製造出的刺激在過了幾年後提高了稻米產量，從而促成了更高的供給，市場上的價格就會降低，因為大多數人的需求目前是取決於卡路里的需求，[5]而且這樣的需求基本上被認為是固定不變的，只要可以阻止稻米的出口。

也就是說，一旦市場上的供給量提高且市價下跌，國家就能再次縮減配額，藉此，在不會危及人民的生存下，將更多支付對價的需求引向生產者。上述的循環若能一再重複，生產將會繼續增加，價格則會下跌。在經過數次循環後，生產就能逐漸達到市場飽和的程度。這意味著，北韓國內所生產出的東西超過了當所有北韓人擁有足夠的金錢時共同將會消費的量。到了那個時候，國家就能完全取消配給制度，將生產與分配完全交給市場去決定。

如果考慮到，先前我們曾在二〇〇二年七月措施這個脈絡下所討論過的北韓真實發展情況，那麼很有可能就是發生了這樣的事。在過去的十年裡，北韓政府分多階段逐漸降低了配給，這讓國際間大惑不解，因為與此同時卻又出現了不少關於農作物產量增加的報導。[6]不過，就目前所知，國家的配給倒是尚未取消。我們可以得出這樣的結論：目前的總產量還未達到必要的水準。在這當中，政治考量肯定也扮演了某種角色，因為補貼的基本糧食在北韓被視為社會主義的成就。

金正恩的選項

難道沒有更快的方法嗎？如前所述，若要在基本糧食方面實施市場經濟，其關鍵在於提高可支配的糧食數量。人們可以透過國內產量的提高，憑藉一點好運且花費一點時間，來達到這一點，但也可以透過進口，更快達到這一點。就現實情況而言，這也是沒有辦法的事，因為就連上述的混合模式都有個困難：供給面。如果人們確實允許農民自行決定他們想要生產些什麼，當基本糧食的價格下降到了某一點，他們就會以轉作所謂的經濟作物來回應。銷售這類農產品，像是煙草、水果或蔬菜，可以幫他們賺進更多的錢。

因此，如果沒有進口（就算只是想藉此確保基本糧食的穩定供給），北韓的農業改革根本無法完成。可是，為此人們所需要的卻是國際間所接受的貨幣，像是美元。如果不想採取非法手段，只有三種方式獲取它們。可以接受別人贈與，可以借貸，也可以去賺取。

不需要很多想像，我們也能知道，獲得贈與是最受歡迎的收入來源。在過去的幾十年中，訝異的是，北韓的生存之道有不少靠的就是這個。我所指的不單是自韓戰後那些「社會主義兄弟之邦」或多或少的慷慨解囊。特別令我印象深刻的其實是顯然並非金氏家族密友的美國，在一九九五至二〇〇八年期間，居然單方面移轉了共計將近十三億美元給北韓。[7]其他的捐輸大國則分別是南韓與中國。就這方面而言，客觀地來看，我們不得不承認北韓的外交官確實很有一套。

據此，前述與日本關係的正常化，正好就是在二〇〇二年七月改革那時候所籌劃，這點絕非偶然。在日本與南韓早在一九六五年就已簽訂（包括了支付八億美元在內的）關係正常化協定後，[8]到了二〇〇二年時，據傳在北韓領導人金正日與日本首相小泉純一郎之間，也在進行一項由日本支付高達一百二十億美元賠償金的協商。不過，最終正常化的嘗試破局，金錢也未曾流入。不僅如此，非但原本所期待的資金及時雨沒來，一度順暢的對日貿易甚至整個跟著崩壞。到了二〇一四年中，情況惡化到一個低點。直到二〇一四年五月底才重新著手進行的北韓綁架事件調查，方使關係改善顯露了一線生機。

北韓還有哪些透過單方面移轉取得金錢的可能呢？自從冷戰結束之後，北韓就再也沒有可在政治上敲詐的盟友了，雖然俄國與中國始終還是對北韓很感興趣。以停止發展核武來換取經濟援助的承諾別人不再買單，因為北韓出爾反爾、毀棄承諾的不良記錄實在太多。南韓終止了自己的陽光政策，至少在由保守派掌權的期間，南韓是不太可能走回這條老路。至於國際間的各種實質援助，北韓根本也不必指望。

如果得不到別人送的錢，去借總可以吧。遺憾的是，由於在償債上素行不良，而且，特別是由於美國密集地推動各種制裁，北韓在國際間幾乎得不到任何信貸。在北韓可以放手展開長期且全面的經濟改革前，這裡存在著一個非解決不可的問題。從這樣的背景看來，希望在外交上獲得美國認可，希望雙邊關係能夠正常化，這種固執的、在手段選擇上誠然屬於任性的追求，顯然十分務實。

在贈與和借貸的路都走不通的情況下，眼前就只剩下透過外貿與直接投資來賺錢的途徑，只不過，就連這方面，其實也深受種種制裁措施影響。雖然北韓擁有相當誘人的大量天然資源，但這些財富至今還是不足以讓潛在的買家克服政治與道德方面的顧慮。此外，由於這個國家的地貌與不良的輸運路線，原料的提取和運輸不易，大多數西方的礦業公司對於在當地進行大規模的投資，全都裹足不前。

在北韓缺乏選擇的情況下，不僅在北韓的外貿與經濟特區方面，就連在北韓的原料開採與其他經濟合作方面，中國都取得一個非常具有優勢且不單是令北韓領導人不安的地位。不止如此，在二〇一三年裡，北韓的外貿超過八成都是與中國進行。就連內政方面，中國在朝鮮半島北部也一直很活躍。在那些我們所知的（包括一九五六年的政變試圖在內）北韓領導階層的內鬥裡，往往也都有親中族群介入。在二〇一三年十二月於北韓的黨報及國營電台被大肆批判和羞辱、不久之後又被公開處決的金正恩的姑丈，就被說成與中國走得太近。「賤賣原料給外國」是他被控的具體罪名之一，有鑑於前進礦區的那些中國企業，這點擺明了就是針對北京。[9] 中國商人在北韓往往會展現出一種近乎傲慢的自信，這種態度並不一定會博得北韓人民的好感。在我前幾回拜訪北韓時，在關於聯合國安理會中的投票行為方面，我聽到了「中國背叛了我們」這樣的話。這種對外國人的公然表態相當不尋常。此外，我也輾轉證實了，早在我求學時期（大約在一九九一年左右）就已被用來辱罵中國人的一個字眼，至今北韓人民仍在使用。

在這樣的背景下，我們必須再次客觀地問問自己，北韓的核武發展計畫，究竟在多大的程度上，目的真的只是用來抵禦南韓和美國？在經濟、政治、軍事，甚至是意識形態方面，中國這個土地大過北韓八十倍、人口多過北韓四十五倍的強大鄰國，對於北韓甚至整個朝鮮半島來說，都是一個巨大且直接的威脅。因此，我們這些「西方人」切勿老是理所當然地認為，北韓的所有舉動主要都是衝著我們。這並非只是個「謙卑」的問題；事實上，如果我們想要成功地消弭北韓的核武發展計畫，我們就得要確實瞭解這項計畫的目的。如果我的論點是對的，那麼光是提供經濟援助，無論這些援助有多麼慷慨，將會是不夠的。

中國其實一直很有技巧地在暗中積極幫助北韓改革。這個強大的鄰邦，借助每一個機會，不斷地展現自己的經濟優勢，特別是透過邀請北韓人士前往中國參訪、參加各種商展或大舉開發邊境區域。北韓的領導人很難去抗議這類披著友誼外衣的舉措。這種種舉措無助於改善氛圍。因為北韓太不相信外國與更大更近的中國。

無論是從前傑佛瑞．薩克斯（Jeffrey Sachs）在波蘭和蘇聯所宣傳的[10]全面且迅速地實施市場經濟這種「大爆炸」的解答，還是中國所採取的起先只侷限在農業與經濟特區上的自由化，在北韓領導人眼裡，顯然都不具有吸引力，也不被認為合適。然而，就這麼繼續下去，卻也越來越困難。無論是（包括後面將會進一步討論到的新中產階級在內的）人民的需求，抑或是雖然緩慢，但持續在向上提高的北韓工業發展水準，都要求改善經濟效率與減少它的國際孤立。此外，過度依賴中國也顯示出，外貿夥伴多元化在策略上的重要性。事實上，在過去幾年裡，我們可以看出，北韓正在強烈地朝俄國與日本轉向。

北韓，下一條亞洲小龍？

如前所述，金正恩面對的是一個十分複雜的局勢。市場經濟的改革與自由化雖然必要，但在許多方面都暗藏著高度的風險。如果非做不可，相對於徹底的改革，北韓領導人寧可選擇漸進且受控的轉變。金援幾乎不再流入，信貸也難以取得。至於外貿，則幾乎是單一地以中國為取向。與此同時，國內的改革壓力也日益升高。

除了基於各種原因無法直接套用的中國途徑外，在現代化與改革方面，金正恩還有哪些可以借鏡且切合實際的榜樣呢？在這個問題上，所謂的「東亞模式」似乎值得考慮。從日本開始，[11]它以不同的形式，在諸如新加坡、南韓、台灣以及中華人民共和國等國家都獲得了證明。在經歷過一九九七／九八年對東亞造成嚴重影響的金融危機後，它曾一度被宣告死亡，然而，時至今日，在歐元危機的脈絡下，它卻又在國際間的討論中重生。

基本上，東亞模式是建立在一種想法上：一個低度開發的國家不應順其自然地使用自己有限的資源，而是要有目標且盡可能完全只投入在少數具有策略性意義的領域裡。

這項模式需要結合不同的要素。其中最主要的就是一個強大的政府，它們往往是採取威權的形式；在南韓，從一九六一至一九八七年，實際上甚至是軍事獨裁。包含了一個居上位的獨裁者與一支強大軍力在內的一個強大的威權政府；這與我們對於北韓的印象應該相去不遠。

這樣的一個政府，在高素質的官僚體系支持下，發展出一個奠基於標識與扶植策略性產業的經濟政策願景。在那裡活動的企業原則上都是私有的，這點相當重要，因為唯有如此，獲利的動機才能被用來當作驅動力。就這點來說，北韓當前的實際情況與這套模式有所出入；金正恩首先必須跨出私有化這一步。

私有化並不代表國家必須放棄自己的控制。從東亞的「開發獨裁」中，我們可以歸納出的管控私人企業的手段包括了諸如藉由抽取訂單或銀根強迫企業關門，要求企業合併，以貪污、逃稅或類似的罪名殺雞儆猴地懲罰某些企業的管理人等等。[12]不過，在東亞模式中，政府駕馭經濟最有效的工具，當屬原則上政府完全或至少強力掌控的金融系統。企業受到立法者的限制，不許到外國去找錢。本國的銀行是唯一的財源。這些金融機構主要只融資給那些符合國家策略要求的企業。這可說是既簡單，又有效率。

國內的消費最初會遭到忽視；人們主要是在國外尋找市場，藉以賺取外匯。在融資方面，根據不同的國情，人們會透過信貸的方式，也可能會採取直接投資。在南韓，由於擔心日本的優勢地位，後者相對較不盛行，取而代之的是，冷戰期間在美國的政治支持下，南韓獲得了大舉建設。在美國的庇蔭下，南韓得以不受阻擾地大量舉債且實施各種影響深遠的保護政策。對於北韓來說，中國可以扮演這樣的角色；此外，北韓還能夠選擇過去對於中國的改革極具重要性的經濟特區。

另一方面，在南韓與日本，人們扶植了大型的工業集團，有別於在台灣，焦點主要是擺在中小企業。[13]在中國，做為生產設備所有者的軍方扮演了一個重要的角色；在北韓可以觀察到類似的形式。許多國營企業被不同的利益集團把持，這些集團相互競爭，並受獲利動機所驅使。不過，那些利益多半是基於壟斷。過於強烈的國內競爭有違由國家來調和經濟的理念；然而，沒有競爭就不會有效率。謹慎地「輸入」競爭，如同亞洲四小龍藉助促進出口所做的那樣，對於北韓或許也是一條可行的出路。[14]

北韓其實已經符合了實施東亞模式的一些前提條件。其中包含了一個持續在改善品質的官僚體系，這個官僚體系不僅從中國、歐洲與美國的專家那裡學到不少東西，更從自二〇〇二年起所發生的種種改變中汲取了許多經驗。此外，北韓也在某些方面存在著一些有利的條件，或是早已取得初步的成功。北韓豐富的礦藏在中國、南韓與日本這些東亞大型市場之間，占據了一個十分有力的位置。北韓早已是個工業國家。人們教育水準良好且遵守紀律。由於發展經濟特區，還有在無數的合資企業裡與中國密切往來，北韓至少已經具備了基本的專業知識。北韓也正在制度的基礎上下功夫：如今已存在著一些將進一步發展的相應法規，負責的機構也受到一股生氣勃勃的動能所影響，這股動能讓人們看見為求更好的效能所做的奮鬥。前不久，在二〇一四年六月時，原本的「貿易省」被改成了「對外經濟省」。

除了至少部分實施經濟私有化和一個夠專業的金融部門以外，此時依然缺乏的是一個有利的國際環境。目前這主要是意味著對美關係的正常化。不過，由於核武發展計畫的緣故，這點顯然暫時是遙不可及，需要北韓執政當局相應地做出一個勇敢的政治決定。雖然中國近年來越來越有能力，可在緊急的情況下不顧美國的反對，在北韓促成一個東亞的經濟奇蹟，然而，北韓的戰略思考卻是反對一面倒地依賴中國。另一項基本條件是，金正恩自己有意願，敢於向未來跨出具有革命性且影響深遠的一步。

金正恩：高瞻遠矚的領袖還是畏懼冒險的看守人？

起初在這方面並沒有什麼理由樂觀，因為金正恩被認為太過年輕且沒有經驗，難以穩定地統治北韓。人們完全不相信他有力量、遠見和操作空間，足以去碰觸那些充滿風險且影響深遠的改革措施。

相較於他父親的接班訓練階段長達二十年之久，金正恩的培訓時間其實短了許多。在金正日過世前，他待在金正日身邊見習僅有短短幾個月時間。在他接掌政權的一年前，北韓人民才開始曉得有這號人物。在當時相應的種種官方新聞發布中，人們可以看出某種不確定性。應該冠上什麼頭銜？新任領導人會有什麼形象？他的領導風格又會是怎樣？

金正恩很快地就在這方面掌握了主動權，從而讓人對於身為統治者的他有了初步的猜想，認為他有能力將這個國家帶往更美好的未來。他的第一波宣傳機會，至今我依然認為是經過精心安排的。我們已在前面詳細討論過這些，在這裡就只做個簡短的總結。

金正恩最初的一些作為，都旨在傳遞一種以百姓日常生活為念的君主形象。無論是象徵性地擔保輸往平壤的魚貨供應，抑或是為那些守在金正日遺像前的悼念者提供熱飲；儘管這位新任領導人自己也遭逢了喪父之痛，他還是親自且立即地料理了這些事。除此之外，日後他更大力地促進各種百姓的娛樂活動。

在意識形態方面，金正恩展現出嘗試不尋常事物的驚人勇氣。他的父親金正日在死後不久，就被提升到與截至當時為止始終唯我獨尊的建國之父金日成同樣的高度。人們豎起了新的雙重雕像，設計了融合兩位已故領導人的新徽章，將意識形態更名，也對四處可見的口號補充了金正日的名諱。兩位已故領導人融合成為一個宣傳的整體。此外，在金正恩即位僅僅過了幾個月後，他便立即且公開地承認二〇一二年四月十三日的火箭試射失敗，這點也顯示出了金正恩的勇氣。

他顯然很喜歡領導；有別於他的父親鮮少對人民發表談話，金正恩恢復了與人民的直接溝通，並且重啟他父親在位期間被社論所取代的新年談話。在這當中，他主要是要表達自己的願望和想法。無論是他一再公開地批評無能的官員，或者是成立無非只能以性感來形容的牡丹峰樂團，又或者是從來沒有公開引介的第一夫人，這些都不是一生為國服務的那些老官員們[15]的想法。以無數高層的調職與去職所標誌出的跳躍式人事政策，顯示出金正恩的決斷力與權力上的鞏固。

當金正恩於二〇一三年三月三十一日，在朝鮮勞動黨某次的中央委員會全體會議上，公布了前已提及的經濟與核武裝軍事並行發展，一個不受拘束的戰略發展變得清楚可見，在我看來，這點必須詮釋成謹慎地回歸他父親的「先軍政治」（선군정치），這是一套凡事以軍事為重的想法。

目前我們對金正恩並沒有更多的認識。既沒有官方版的出生故事，也不清楚他是在哪裡、在什麼樣的環境下長大。一直有傳言說，他曾經去過瑞士留學。然而，就算這件事情屬實，我們還是不曉得它造成了什麼樣的結果。

我們唯一能做的，就是去觀察這個國家在過去數十年裡所經歷的種種變化，繼而去質問，在金正恩掌政的初期，我們可以在這方面觀察到多大程度的增強或退卻的趨勢。

正在轉型的國家

在這裡，我主要是援引自己過去的種種觀察，以我的學生時代，大約一九九一／一九九二年當時為基礎，藉以去認識與評價種種的變化。這當然有其缺點，因為過去和現在我只看到了北韓實際情況的某些面向。但另一方面，這卻也具有十分珍貴的優點，那就是，我無須去仰賴那些難以驗證的二、三手報導。

早在一九九一年那時，平壤就已是個現代的、相對而言綠意盎然的城市，城市裡有許多引人注目的紀念碑和無數的領導人畫像。時至今日，情況依然如此。由於在韓戰中這裡幾乎被完全摧毀，再加上在許多社會主義國家裡，領導人往往都會致力於將對外櫥窗的首都打造得特別吸引人，因此在這裡，人們在使用國家資源上相對慷慨許多。做為黨與國家的總部所在地，寬廣的街道、巨大的行政大樓、無邊無際的住宅區、寬闊的廣場、各式各樣的紀念碑與顯示排場的處所，構成了這個城市的面貌。

不過，我在一九九一年時所掛念的，其實是可以被稱為「正常生活」或「日常生活」的事。雖然有很多人來來去去，但人們從不真正曉得他們來自何處、去往何方。熱鬧的購物街、市場、餐廳、快餐店和咖啡館，這些在其他大多數城市構成市容的東西，在二十年前的平壤根本就不存在。馬路上幾乎看不到汽車，這讓馬路顯得格外寬廣，卻也流露出一種莫名的陰森。在行政機關的附近會有一些年輕的女交警，身著剪裁合身的制服站在十字路口中央，熱情地指揮著大多根本就沒有的道路交通；這樣的場面往往會惹得外國訪客以奚落的態度嘖嘖稱奇。這些女警和她們的男同事都很認真地看待自己的工作。有一回，我直接穿越一條根本不見人車的馬路，立刻就被訓誡了一番，他們要我去走附近的地下道，否則就會被處罰。順道一提，這是我在當學生時，少數可以直接接觸到未被挑選過的北韓人的一種情況。

在那個時候，如果一個人想從甲地前往乙地，主要都得依靠自己的雙腿。北韓的地鐵網主要是以設計精美的車站聞名（其中的水晶燈與馬賽克裝飾，令人不禁聯想起莫斯科的地鐵），線路卻並沒有普及整個城市。因此，有時我不得不搭乘無軌電車，在尖峰時間，這可是項體能的挑戰。

人們必須先規規矩矩地在車站裡大排長龍。大多數的等車民眾都會禮讓我們外國人排到隊伍的最前面，這點著實讓我感到不好意思。等公車來了，大家必須迅速上車。車子只停一下子，馬上就會開走，完全不管所有的乘客是否都已上車。候車的人往往都大於一部公車的容許載客量。因此，人們會巴著入口的欄杆，跟著緩緩而行的巴士先跑個兩百公尺，等到車上的人挪出了足夠的空間，這時才大膽地跳上車去。我從不記得自己曾經成功地付過車錢，因為我根本找不到、也搆不到指定的投幣口。有鑑於公車裡擁擠的人群，車窗經常不見蹤影，這點對於車內的空氣算是一大利多。

公車的側面被畫了一些大紅星。如果仔細瞧瞧，可在每顆星星裡頭見到「五萬」的字樣。後來我才曉得，那些星星是在標記車輛的里程數。若是我們考慮一下，許多公車都擁有一打以上的星星，那麼我們就會對那些維修人員肅然起敬。我在前東德也見過這樣的現象：由於沒錢買新的，只好一修再修。總的看來，這麼做往往更花錢；遺憾的是，計畫經濟的官僚看不透這一點。

汽車的車況經常都是令人慘不忍睹，輪胎磨到僅剩胎殼，車身則是生鏽。我還記得曾經見過一部只塗了清漆的羅馬尼亞的達契亞，我在一九九一年十月時拍下了那部車。車主在冷卻器的格柵上裝了一個賓士的星星。當時在平壤可見的小客車多半都是來自斯圖加特，各式各樣的車型與年分可說應有盡有。有一回我在街上看到了一部「平壤兩千」，那是一部外型看似「賓士一九〇」的手工仿製品。

到了夜裡，市區整個黑漆漆。就連紀念碑，例如凱旋門，也只有在週末和假日才有夜間照明，而且最晚到了半夜就會熄燈。在靠近地平線的地方，有座巨大且醜陋的灰色爛尾樓高聳入天。高達一百零五層樓的柳京飯店多年來一直未能完工。它側邊的邊緣疑似有點歪曲，而且四處都可見到為了修補草率塗抹水泥的痕跡。某些窗戶被磚塊封死，其他的則門戶洞開，一年四季任由風吹雨打、日曬雨淋。這棟建築物的頂端有座插了面紅棋的起重機，那面紅旗雖然樂觀地迎風飄揚，卻掩蓋不住資金告罄這項事實。官方的說法是，人們特別能從這裡看出領導人愛民如子的苦心；這座飯店是為外國人蓋的，由於為國人所規劃好的一些工程有困難，故而暫時擱置這座飯店的興建。

如果住在平壤的外國人覺得無聊（這種情況確實也經常發生），可以去大同江邊或在牡丹峰公園裡散步。要是天氣太冷，還可以去高麗飯店或外交俱樂部，外交俱樂部裡有一些門可羅雀的酒吧、一些用膠帶修修補補的撞球桌，還有一個三溫暖。至於游泳池，一週當中我只在特定的一天裡能使用，在那天，也唯有少數被挑選過的北韓人才能進入泳池，藉以避免北韓人民與外國人過從甚密。當時並沒有一般的計程車；不過，要是有正確的電話號碼，而且能夠找得到可用的電話，倒是可以預約某種載送服務。

電視節目十分單調，只有兩家國營電視台在播送。南韓的電視和廣播則完全沒有。為此，北韓在特定頻率上發送了強力的載波，以持續或有節奏的蜂鳴有效地覆蓋了敵方的電台。

街上人們的服裝十分單調，而且幾乎所有的人都留著同樣的髮型。頭髮基本上全是黑色，沒有人把頭髮染得五顏六色。人們往往可以藉由在領袖誕辰期間大量發放的同型服裝，看出兒童與青少年的年紀。當時有很多閱兵。我有點猶豫，是否該在此使用「如機器人般」一詞，因為這是一種局外人的觀點。從前我們那些住在西德的親戚老是覺得東德是個灰暗的國度，當他們來萊比錫探望我們時，總會發出一些令我們訝異的評論。當時我們的看法與他們截然不同；時至今日，即使在觀看一些近期所發表的紀錄片，我們的感受依然和當年相同。不管是彩色的還是灰暗的，東亞那種活潑、每個角落各異其趣、充滿異國情調的原型，無論如何，與平壤是格格不入。至於鄉間，則更是乏善可陳，雖然在這裡的人明顯比較開放與好奇。

對比我腦海中這個偏向令人抑鬱的印象，我不禁興致勃勃地想來說一說北韓今日的光景。

我承認，在過了二十年後，相較於曼谷、北京、首爾或東京，平壤如今依然還是那麼平淡、單調、安靜且無聊。然而，比起它在一九九一年時的面貌，這個城市已是不能同日而語。

汽車的數量有了近乎爆炸性的成長；北韓國內的品牌「平和汽車」在這當中也扮演了一個重要的角色。平和汽車與統一教（該教係由充滿爭議的人物文鮮明所創立，文鮮明已於二〇一二年去世）合作，在南浦特別市的工廠生產汽車。前此從未有過任何廣告牌的平壤，大約在十年前，突然開始可以見到一些巨型的汽車廣告看板。在這些看板上還會寫上「從白頭山到漢拏山」這樣的標語，意即從朝鮮半島北部最高峰到朝鮮半島南部最高峰，言下之意就是誓言統一朝鮮半島。另有一個標語則是「憑藉民族的團結力量走向世界」。目前在平壤的街道上也能看到越來越多諸如 BYG 或 FAB 等中國廠牌的汽車。冒黑煙的橄欖綠柴油卡車如今只有在鄉間才看得到。賓士的品牌領導地位早已不復存在。近年來，平壤街道上的品牌多樣性，甚至超過了主要都是諸如現代或起亞等在地廠牌的首爾。除卻極少數的例外，在北韓基本上見不到現代或起亞這些廠牌。為此，我至少遇到過一部「悍馬」。

近來女交警已經退到路旁，在工作時間裡，她們只是盯著那些被大量裝設的交通號誌。唯有當配有深色玻璃與黑色軍用車牌的 SUV 出現時，她們才會參差不齊地敬禮。除此以外，她們可以只在一旁看著越來越大的車流量如何在這裡或那裡導致塞車。

車輛本身大多都既新，狀態又好，如今幾乎再也看不到快磨平的輪胎與生鏽的車體。據說，從前在北韓，車禍多半是領導階層消除異己的一項手段，不過近年來車禍的數量卻激增，就連開啟車輛照明也變成強制性。這是一種真實的進步；過去曾有一回，我乘坐一輛汽車在北韓長途旅行，我的司機以破爛的路面還能允許的車速，駛入一個沒有照明的隧道裡，雖然可以預期裡頭或許會有行人，可是為了節省電池、發電機和難以取得的白熾燈，他居然就不開車燈，當場把我給嚇出了一身冷汗。

早在我還在求學的那時候，人們就開始鑿開一些街道，在上頭鋪上軌道。時至今日，平壤的街道上有太脫拉（Tatra）的有軌電車穿梭。我簡直難以置信，這當中居然還包括了從我的家鄉萊比錫用船運來北韓的有軌電車；我的家鄉萊比錫曾在一九九〇年後大舉推動現代化，導致市府的財政惡化，為了解開過往的包袱，於是賣掉了這些有軌電車。[16]雖然平壤的交通問題並未因此獲得解決，不過，市民的雙腿與老舊的無軌電車倒是可以因此減輕一點負擔。近年來，就連後者也都更新了一些設備，諸如塑膠硬殼座椅和友善的色調，都還蠻具國際水準。不過，就我所知，平壤的大眾交通工具至今依然十分擁擠。

就連在平壤的地鐵裡也能找到一些我的「舊識」。平壤地鐵的一些老舊列車，如今已被前東德的D型列車取代，這些列車從前是行駛於東柏林的U5線，大學時期，我每天都會從位於利希騰貝格（Lichtenberg）的學生宿舍，搭乘這條線前往亞歷山大廣場（Alexanderplatz）。雖然車身上所有可以認出是來自德國的標記全被仔細地移除，不過玻璃上用鑽石工具銘刻的「Tags」標記依然清晰可見。正由於這些車輛被賣到了北韓，從一九九〇年起青少年為了與柏林公共運輸公司作對，而一再於車身和座椅上所做的塗鴉，總算能夠一次清乾淨。每當我對不理解德國人為何要如此破壞車輛玻璃的北韓友人說起這些緣由，他們總是會發出恍然大悟的驚嘆。

在鄉間可以見到大量的腳踏車；偶爾也可見於平壤。我在留學時期多麼渴望能有一台腳踏車！當時它們因為被視為落後的象徵而遭到禁止。我指的是，當時就連在鄉下也看不到腳踏車的蹤影；只不過我並不敢保證那裡就完全沒有腳踏車。「腳踏車政策」在過去幾年裡有過多次改變；總是一再聽說各式各樣的禁令，但這些禁令實際上再也無法落實。如今家家戶戶幾乎至少有一台腳踏車，不僅如此，由於日本進口的二手腳踏車品質較佳，現已超越中國來的便宜貨，成為北韓人的首選。往返日本的渡輪停駛，相應的也讓北韓民眾深感遺憾；除了那些在鄉間幾乎每個十字路口旁經營流動式腳踏車修理站的老人。順道一提，除了這些舶來品以外，北韓也有自己的一家腳踏車品牌。

人們偶爾可以聽到某些家庭在為腳踏車究竟屬誰而發出的劇烈爭執；是屬於男性的一家之主，還是屬於辛苦操持整個家庭的女主人？也因此，長久下來，雙車家庭已成趨勢。為了顧及使用的靈活性，幾乎沒有帶有橫桿的男用腳踏車。街上偶爾可以見到一、兩台登山自行車。[17]每台腳踏車都有一個區域特定的號碼牌，就掛在把手前面的購物籃前（幾乎沒有什麼腳踏車沒有這樣的購物籃）。從不久前起，就連觀光客也能來一趟腳踏車之旅。

直到幾年前，計程車的蹤影才出現在平壤街頭上。近年來大批湧入了來自中國的計程車，這些黃綠相間、被北韓民眾稱為「北京計程車」的現代化車輛，儼然日益增長成為一支龐大的車隊。車窗上的紅藍標牌表示乘客可以用可儲值的 Narae Card 付車資。不過司機也會收美鈔。

雖然外國人在北韓付款還是麻煩，但其實已有很大一部分變得比較簡單。外國顧客先去挑選以外匯韓元標價的商品，接著會從售貨小姐那裡拿到一張單據，然後帶著這張單據去一個獨立的櫃臺。去到那裡，可以向結帳人員表示自己想用何種貨幣支付（多半都是美元、歐元和人民幣），請對方換算一下。接著付錢給對方，對方會在單據上蓋章，並且用當下尚有的外幣找錢。這時顧客就能拿著蓋了章的單據回售貨小姐那裡領貨。我也曾在前蘇聯見過這樣的系統；在那裡，人們顯然也不想把經手現金這樣的重責大任交付給所有的售貨員，只不過交易中兌換的貨幣改成盧布罷了。

無論如何，近年來北韓要的是顧客口袋裡的錢，也為此下了一點功夫。我在二〇〇五年時見到了北韓的第一張儲值卡。時至今日，至少有了兩種儲值卡，這兩種我都有。前已提及的紅藍色的 Narae Card 是由外貿銀行發行，它應該是迄今北韓最為通用的一種儲值卡，如果商家張貼接受此卡的標示都不是貼假的。就連在首都以外，如今也能見到越來越多這樣的標示。除此以外，還有金色的Koryo Card。只不過用這種卡付帳並非總是行得通；如果數據線路有問題（這種情況在北韓其實還蠻常發生），顧客最後還是得以現金支付。

北韓的夜間明顯變得較為明亮。這得歸功於一些水力發電廠的興建完成，當然，風力與太陽能發電等替代能源的引入同樣也功不可沒。近年來，首都以外的許多陽台和庭院都能見到太陽能收集器的身影。在平壤，沿著大同江岸裝設的太陽能電池路燈十分顯眼。

不過，由於電力的需求持續增加，因此人們並不確切曉得這些額外的電力生產還能夠撐多久。像是在平壤，幾乎家家戶戶都能見到空調設備這類消耗電力的裝置，很難讓人在北韓的用電供給上抱持樂觀。誠如一些居住在首都的人所告訴我的，由於民眾的購買力提高，電暖器的數量也隨之上升，到了冬天，經常會因為電力短缺而跳電。

特別引人注目的是，數量激增、上頭寫著「식당」（食堂）和「상점」（商店）的招牌，這些招牌經常是五顏六色、光彩奪目，其中又以金色最為常見。「상점」一詞其實是對某些有點複雜的店家的一種委婉說法，這種店家可能是由一個雜貨店、一個餐廳和一個三溫暖所組成。那裡通常是以硬幣付款，顧客主要是北韓人。就連在鄉下地方，我也曾見過許多新建的食堂或商店。順道一提，後者在幾年前還被稱為「服務中心」。這樣的名稱雖然比較貼切，但由於某些未被進一步說明的原因遭到禁止。

與此同時，各種宣傳標語反倒變得比較沒有那麼醒目。雖然它們的數量還是和從前一樣多，不過，過去所使用的強烈紅白對比手法，如今越來越常被鐫刻在灰色花崗岩裡的文字取代。這些文字雖然更精緻，顯得具有更高的價值，卻也因此再也無法從遠處一眼看出。這是一種「嶄新、自然的風格」，誠如在二〇一三年秋季時，某位明顯經過打扮的北韓導遊在回答我的詢問時所證實。

從前從大老遠就能見到的平壤市中心的那個污點，如今已成了一個未來地標。在埃及的 Orascom 電信公司幫助下（Orascom 電信與北韓的高麗電信〔Koryolink〕共同合作經營北韓的手機網路），高達一百零五層樓的柳京飯店，在蒙塵了二十多年後，終於披上了玻璃帷幕。雖然內部依然是個大工地，不過，感謝外牆，這座飯店近來已成了貨真價實的建築亮點。北韓的導遊喜歡用這樣的笑話來取悅觀光客：那座遠遠就能看見的大型金字塔，其實是個火箭發射台！

其他地方也都各有一些建設。為了紀念金日成的百歲冥誕，二〇一二年四月推出了一個首都的美化計畫，除了在市區裡興建了一些新公園，在兩位已故領導人的大型塑像附近興建了萬壽台公寓以外，更完成了其他許多大大小小的計畫。其中包括了為金日成大學的教授興建一棟高樓宿舍。平壤市區裡多了一座新的民俗公園，一些歷史悠久的遊樂場也被仔細地修復。為此，北韓政府可謂是不遺餘力，甚至還遠從義大利進口了一些遊樂設施。此外，為了大同江上綾羅島的海豚館，更是鋪設了一條長達一百公里、直通黃海的海水管道。

如果去北韓各地走一遭，同樣也會見到四處在密集進行一些工程。老房子被加高了幾層樓，新房子正在動工，某些房屋的外牆正在拉皮。無疑地，北韓正在經歷一股建設熱潮。不過，二〇一四年五月中，平壤有棟已有部分住戶遷入的新建築突然倒塌，導致許多住戶當場慘遭活埋，這場悲劇暴露出這股建設熱潮的陰暗面。國營媒體倒是異乎尋常地報導了這起事件。據說，金正恩還因這起不幸的事件而失眠，一大堆知名的高級官員也為自己的疏失公開道歉。[18]我們可以假設，這是北韓政府對南韓政府做的示威；二〇一四年四月十六日，南韓的客輪「世越號」不幸翻覆，三日後船體完全沉沒，由於處理不當，當時南韓政府正飽受各界強烈的抨擊。不過，另一方面，願意公開承認不幸事件也顯示出，相較於他的父親和祖父，金正恩在處理媒體的態度上顯然更為開放。

就連在個人層面上也發生了不少事情。特別是自從金正恩的妻子於二〇一二年夏天公開亮相之後，許多北韓婦女都以她為典範，留著一頭俐落的短髮，不再留著從前政府所規定的保守髮型。長久以來都被視為禁忌的染髮，如今越來越常能在北韓婦女身上看到。所有的人都穿同樣的衣服，那樣的年代已成過往。時至今日，形形色色的套裝、襯衫、褲裝和鞋子，構成了一個嶄新的畫面，然而，著重的始終還是優雅。我曾見過有人穿著牛仔褲與T恤，不過這樣的人至今還是屬於例外。飼養寵物也越來越受歡迎。街頭上可以見到牽著小狗的婦女，高樓陽台上可見到以柵欄護住的鴿棚。

有些人就算走在路上還是一直盯著自己的手機，不太去理會四周環境，遇到這樣的人迎面而來，我們不得不閃躲。上述這種情況如今也會在北韓上演。北韓目前的手機數量遠超過兩百萬支，數目雖然還有很大的進步空間，不過，就其發展的速度而言，這其實很可觀。[19]無論在城市還是在鄉間，到處都看得到有人拿著手機在講電話、拍照、傳簡訊或玩遊戲。同樣也越來越常可以見到有人帶著北韓國內所生產的三池淵或阿里郎平版電腦，這些平版電腦使用的是安卓作業系統，裡頭還內建了不少北韓國內所開發的應用軟體。[20]

老百姓的休閒活動在過去幾年裡越來越多樣化。餐廳不僅會相互競爭客人，還會翻新菜色，將韓國菜的勁道及簡約與中國菜的口味多樣做出充滿創意的結合。電視上也能看到烹飪節目，更有一款平版電腦專用的多媒體烹飪應用軟體。以外國餐飲為主的餐廳雖然還是很少，但目前在平壤至少有兩家義大利餐廳（他們的員工都曾在歐洲受訓）和各式各樣的漢堡餐廳，甚至還有一家以維也納的價格販售維也納咖啡的維也納咖啡館。

我們其實完全看得出變通的意願。二〇一三年初，我曾經去到一家招牌上標示著販賣「紀念品」的商店，在這家店的門口居然貼了一張用來吸引潛在顧客的醒目海報，上頭寫著「剛到貨的冰箱」。我簡直嚇了一跳：這算是哪門子的「紀念品」，該不是要賣給觀光客的吧？那張海報上頭寫的是韓文，顯然是針對在地顧客。那家店只有一張販賣紀念品的許可證；可是販賣家電顯然更好賺。

有鑑於我自己從前的東德經驗，有件事情特別令我印象深刻：二〇一二年時，我曾在某家商店裡看見香蕉，店裡卻未見大排長龍。很顯然，水果實在太貴了；但無論如何還是有香蕉可買。所以問題早已不在於供給，而是許多北韓的老百姓都缺錢。然而，另一方面顯然也有一大群老百姓其實並不缺錢，而且這個族群的規模越來越可觀。如果在餐廳用餐時仔細觀察一下四周，其實很容易會發現，經常會有人餐點只吃了一半。

城市裡的兒童穿著都挺體面，除了溫習功課和參加學校所安排的活動以外，在僅有的些許閒暇時間裡，他們和鄉下的小孩一樣都喜歡玩直排輪。每到傍晚和週末，所有能夠玩直排輪的大型空地都會被占滿。到了夏天，全國到處都有人在賣被稱為「愛斯基摩」的冰品。在平壤的金巷保齡球館，人們可以在最高樓層玩玩日本來的吃角子老虎機，試試手氣。人們可用外幣換取代幣，如果中獎的話，則可到隔壁的一家商店兌換獎品。除此之外，首都裡還有其他一些像是壁球場或滑冰場等高級休閒活動場所。目前平壤最時尚的當屬健身中心；過度營養的飲食顯然留下了痕跡，富裕所促進的個人主義則使得人們越來越關注自己的外表。

有一個重要商業活動完全把外國人摒除在外，那就是：市場。西方民眾最為熟悉的當屬位於平壤統一街的市場，這個市場也被簡稱為「統一市場」，雖然與「統一」並沒有什麼直接的關係。我最後一回還可以進去逛這個市場是在二〇〇四年，從那之後，就再也不得其門而入。當時我也不能夠在那裡頭拍照，至於原因為何則並未明說。北韓其實到處都有市場，如果曉得要往哪裡瞧，偶爾就能發現它們。舉例來說，如果從羊角島國際飯店的窗戶往外看，就能看到市中心的市場，它的半圓藍色屋頂一眼就能被認出。在鄉間，市場上往往會有十幾或二十幾個毗鄰而立的斜頂攤位。攤位會擺成許多長排，顧攤子的多半是婦女，販賣的東西從蛋、米、青菜、啤酒和燒酒，到衣服、收音機和電視等，可說是形形色色，應有盡有。售價總是有很多個零，且不受國家的管制。外幣則是依照黑市匯率換算。

新的中產階級

如果去分析一下這份還遠遠不夠完全的事例清單，除了顯著的動能以外，我們還能看出兩個趨勢：一是有個相對富裕的新興市民階層，二是首都與其他地方存在著顯著的差距。

很顯然，如今有個新的中產階級形成，特別是在首都，他們的存在可說是極其明顯。人們可以從行動電話、服裝、上餐廳吃飯、持有和使用外幣，特別是充滿自信的肢體語言辨識出他們。這群樸素但明顯可見的新興富裕公民，有著各不相同的出身。除了公務員與黨、政、軍裡各階層的要員以外，還有一些成功的商人、一些有親戚住在越來越富有的中國的人、一些具備外文能力或其他受歡迎技能的人，以及那些（允許）和外國人往來、從而能夠擁有硬通貨的人。他們的共同處在於，他們都不屬於基本上大都隱居在自己獨立的住宅區裡、總是與本國人和外國人相互隔絕的上層階級。不，這個新興中產階級明顯可見，無論是在日常生活中，還是在全國各地。這些人走向了富裕，也不吝於顯露出來。

各地方的發展也並未停滯，事實上，情況正好相反。在首都以外的地方也見得到不少行動電話與餐廳，儘管在數量上還是差了一截。總的來說，我的感覺是，富裕正緩慢且持續地在向下滲透，如今已逐漸擴及二線城市，有朝一日或許也會及於鄉下地方。不過，目前平壤與其他地方的差異仍然十分巨大，首都簡直可謂是另一個世界。長久以來，它一直是經過篩選的菁英階層的匯集地，遷入受到嚴格的管制。在嶄新且美好的消費世界加持下，首都的領導地位顯然變得更大更明顯。除了建築物的樣式與規模，服裝與汽車特別吸睛。

這些對比是否會引發不安、不滿與動亂呢？我想不會。在自己的國家裡建立一個世外桃源，一點也不是什麼愚蠢的政策。身為經濟學家，我很清楚，一般說來，人們都是根據自己的前景來評價自己的經濟處境，而非根據現實情況。如果有人告訴某個鄉下地方的少女，在自己的國家裡存在著一個至少在理論上可能實現的夢想之城，那裡住著一些十分富有、外貌姣好且幸福美滿的人，這個少女並不一定就會對同樣也能在她的村子裡提供類似的美妙生活環境的政府感到生氣，反而會去嘗試、竭盡所能去成為那個幸運兒族群的一份子，要不是藉由遷入首都，要不是藉由改善家鄉的處境。只要存在著希望，人們就會去追求。

更有意思的是去推敲已在新興中產階級身上形成的心理狀態。根據登記有案的手機用戶數量，我估計，在二〇一四年中時，北韓大概已有兩百萬到兩百五十萬支手機，[21]這相當於全國總人口數兩千五百萬的十分之一，著實可觀。這些人取得了不少成就，而且多半是憑藉自己的力量。無疑地，在這當中，與政府的關係或多或少起了某種助力，情況視身分而定。然而，促成這種以物質富裕為基礎的社會地位晉升，並非僅有政府這項因素而已。

另一方面，與其他國家的情況一樣，在迎向富裕的過程中，新興的中產階級同時也喪失了某些東西，這讓他們變得保守、變得沒有冒險勇氣，也澆熄了不惜一切代價對抗帝國主義的英雄式熱情。就算全國到處都布滿了像「誓死捍衛領袖」或「誓死保護領袖」之類鼓舞革命犧牲精神的標語，恐怕也無濟於事。

此外，北韓如今也出現了憂心社會地位降級的新現象，這種情況基本上是不會出現在一個平等的社會裡。為了不要向下沉淪，人們試圖持續地向上提升；賺取更多的金錢，取得更吸引人的職位，發展與擴張新的事業版圖。政府的權力與系統裡的秩序並不因此直接受到威脅，只要這兩者尚未成為前進的絆腳石。然而，如果領導階層突然改弦易轍，如果再也沒有新的機會，而且既有的選項也受到限制，這時會如何呢？禁止營業、限制對外貿易、嚴格管理外匯或像二〇〇九年時那樣基於貨幣改革再來一次沒收，這些都是執政當局可以採取的手段，但動用它們卻也會很快喪失新興中產階級的人心。富裕與成功讓人更有自信，也讓人更不願意忍受家長式的專制與干預。諸如提高市場交易商的最低法定年齡之類的措施，近年來再也未曾聽過。[22]

且讓我們回歸現實：北韓其實還處在這樣一種發展最剛開始的起點。因此，我們無須過於期待一個充滿自信的公民社會。不過，這方面的基礎倒是已經明確地奠定，若無更大的阻力，勢必難以逆轉這個巨輪。

在金正恩治下，雖然尚未發生任何明顯的、正面的、具有改革意義的改變，但卻也沒有任何強烈試圖回歸一九八〇年代社會主義立場的舉動。對於這位年輕領導人的改革潛力，我們是可以抱持一定的樂觀，雖然，與此同時，新興中產階級的人數、財富及重要性也在持續增長中。

麵包與娛樂：破產之路？

金正恩在上台之後主要就是當個散財童子。在二〇一一年十二月剛掌權時，他就對自己的子民們做出了「人民生活提升」（인민생활향상）的承諾。這雖然是句舊口號，卻也是金正恩在他父親死後首次公開露面時所喊出的口號之一。事實上，在北韓各地，就

連鄉間也不例外，也的確看得到生活水準以不同程度在提升的種種跡象。

到目前為止，一切都還不錯。媒體多半把注意力放在北韓生活的其他面向上，而我這本書的一大部分篇幅和無數的公開演講，都把焦點轉移到正面的經濟發展。但關於資源的問題卻總是一再地浮現。

事實上，北韓執政當局到底是從哪裡弄來建設熱潮所需要的資源？按說，這個國家並不產石油，它又是從哪裡弄來汽車的燃料？按說，朝鮮半島的夜間衛星圖片是有目共睹的，北半邊幾乎是黑鴉鴉一片，那麼北韓那些冷暖氣機所需的電力又是從哪來的？二〇一二年九月，金正恩慷慨地為全國學子獻上了延長義務教育一年的大禮，這筆額外開銷的經費又是從哪裡來？新興的中產階級又是如何賺取外匯，來支應他們持續在上升的消費？在這些問題上，我多半會去扯一些關於成本及價格在其中並不算數的國有經濟，或是去談論與中國、原料出口或合資企業。不過，老實說，我自己都不覺得這些答案完全令我滿意。

我再一次無可避免地想起了前東德。何內克於一九七一年上台時，他曾宣揚所謂的「經濟政策與社會政策的統一」。如果把這句話翻譯成看得懂的說法，那就是：國家打算大幅改善人民的生活水準。這話聽起來與前述的「人民生活提升」頗為神似。

且讓我們用一些數據和事實來回顧一下，當時前東德發生了什麼事。前東德執政當局向西方國家借錢，藉以支應雄心勃勃的住宅計畫所需要的資金。他們甚至變賣古董和藝術品，藉此賺取外匯，好去購買當時東德民眾需求量日益增加的咖啡豆。年輕的夫妻不僅可以得到無息的結婚貸款和新居，還享有許多其他的福利，像是食物補貼、童裝補貼或公共交通補貼等等。

可是，到了最後，前東德不僅僅在經濟方面破產，就連在政治方面也同樣崩盤，因為被如此慷慨對待的老百姓很快就習慣了所有這一切的福利，正如這世上大多數的人那樣，心中所想的總是「更多」。追求更多的福利，就像在試圖抵達地平線；無論跑多快，總會差上那麼幾公里遠。儘管生活水準日益提升，但東德的百姓卻沒有絲毫感激，反倒是越來越不滿；這讓白髮蒼蒼的執政當局深感意外。由於執政當局承諾要為國內的一切負責，因此這些不滿也統統算到了他們頭上。

北韓不是前東德，一九八九年也非二〇一四年。中國雖然是個難搞的夥伴，可是，有別於戈巴契夫治下分崩離析的蘇聯，它畢竟是個強有力的經濟夥伴，而這是當時前東德所沒有的。北韓握有價值數兆美元的礦藏，這些東西何內克只有作夢的份。日本和俄國近來正在強化與鄰國的經濟合作，儘管大部分的外援都已經中止，開城工業區每年還是可以為北韓政府賺進大約一億美元的收入。核武發展計畫讓北韓確保了國際社會的一致關注，這樣的關注又能進一步轉換成外匯。

問題只是，這所有的一切夠不夠新任領導人付他的帳單？娛樂與住宅和國防支出一樣沒有生產性，無論如何，在一個價格基於政治上的原因遠低於成本的國家裡，情況確實如此。在一個發展中國家裡，爆炸性的消費十分危險，因為它會占據有限的資源，在經濟上排擠掉對於生產方面的投資。在一九六〇與七〇年代經濟奇蹟的時期裡，南韓前總統朴正熙曾下令民眾節制消費，這點絕非偶然。

北韓一面倒地仰賴礦藏外銷，這與所有單一耕作的情況同樣危險；同樣的情況也適用在過於依賴單一的貿易夥伴。雖說北韓與中國的關係長久以來一直都還不錯（正如某些西方執政當局所希望的那樣），但它們彼此絕非只是單純地情義相挺，肝膽相照，沒有半點的利益算計。中國只會在對自己有好處的情況下幫助北韓。一旦局勢有變，北韓就會有麻煩。

先前已曾多次提到過，對張成澤的公開指控，和在二〇一三年十二月將他立即處決，可謂是獨一無二的事件，這顯示出北韓內部的一些困難；雖然我們並不清楚這些困難的細節，不過它們絕對有可能屬於經濟性質。一般說來，北韓領導人應該會暗中除掉野心勃勃的姑丈，正如先前多次執行過的那樣。然而，在黨報的頭版上仔仔細細交代事情的來龍去脈，還在電視的晚間新聞裡播送，金正恩顯然是想殺雞儆猴。此舉其實危險，因為這麼做等於公開承認，在最核心的領導圈子裡有人反對他。對於北韓的人民來說，違抗最高領袖的命令，至今依然是個無法想像的選項。

金正恩想要發出一個信息，可是對誰呢？如果收信人只是最高領導階層裡的成員，大可例如在中央委員會的一次閉門會議中把事情解決。然而，北韓領導人卻不這麼做，反而訴諸於全體人民。也許我們不該高估一個獨裁者的作為，畢竟他也只是一個人，而且他經常得在沒有能幹朝臣的忠直建言下搞定所有事情，因此經常會傾向於情緒性行為。也許他只是惱怒自己的姑丈，企圖打造自己的經濟王國，甚至坐擁一支私人軍隊。又或者，他其實想傳遞給中國一個明確的信息，如果傳言屬實，張成澤與北京的關係過於親密。

不過，其實還可以想得到，根據過往的經驗，金正恩想要找一些日後很可能會派上用場的替死鬼。承諾提高人民的生活水準、一個日益茁壯的中產階級、在非生產性領域裡進行大規模投資；如若沒有改革，一個像北韓這樣的國家，很快就會走到自己的極限。故而，有鑑於一場可能就快來臨的經濟危機，張成澤或許就是隻代罪羔羊。[23]

果真如此，那麼我們就兜回到了原點。因為，如果我們可以歷史為鑑，倘若長期不斷地在社會福利上投入越來越多的金錢，卻未能同時擁有穩定的財源，再加上，百姓的胃口越養越大，各種期待越來越難被滿足，到最後，便會像前東德那樣，整個國家走向經濟與政治雙雙破產的結局。

不過，倒也是有一套樂觀的劇本。在慷慨了幾年之後，儲備金告罄，[24]短暫的完善化措施遇到了它眾所周知的瓶頸。執政當局的作為壓力隨之升高。也許這會喚醒金正恩及其親信去深入探索勇敢採取行動的必要性，藉以克服對於真正推動改革可能招來的風險所抱持的疑懼。

8 大規模的群眾活動阿里郎節：九十分鐘看北韓

幾乎沒有一個事件能像阿里郎節這個精心籌畫的群眾活動[1]一樣，將獨裁政權對自己的觀點做出這麼好的總結。身為萊比錫人，我對這種以「東方論壇」為名的中央體育館大型活動並不陌生，[2]然而我必須不帶一絲嫉妒地承認，北韓無論在技術上還是內容上，都達到一個完全不同的規模。

首都中心大同江上的綾羅島有全國最大，可容納大約十五萬人的體育場，每年從八月到九月會有一場由十萬人齊力合作的超級宣傳秀。活動參與者分布在兩個平面上：一是覆有人工草皮的前方舞台，供舞者和特技演員表演；另外則是包括整個運動場東面縱向的觀眾台，上面能容納超過一萬六千名學生，構成一幅巨大活螢幕的畫素。每個學生面前是一本大約有兩百頁彩紙的大書，必須精準地在一個特定時間點上翻開，以便迅速、同步而正確無誤地呈現一幅巨大的圖畫。有時候也會融入活潑的元素，例如透過快速開闔這本大書所產生的效果。如果孩子們把形成黑點的頭藏在書後面，圖畫就幾近完美無瑕了。

北韓在幾次為了慶祝黨國週年紀念舉辦的類似慶典之後，於二〇〇二年第一次以阿里郎節的名義演出，二〇〇五年再度舉行，二〇〇七年開始每年舉辦。當時這些活動被視為金正日時期的產品。在金正恩統治下，這個傳統首度在二〇一二和二〇一三年延續下來。二〇一四沒有舉辦阿里郎節的計畫，是為了要從根本上把表演節目現代化。同時，五一體育場必須整修。

人們不由自主地會產生一些對比和認識。無懈可擊的整齊動作是團體成功的先決條件，而個人角色被簡化成一大幅畫作裡的畫素，沒有比這樣的類比能更精確地反映出北韓理想的社會模型。史達林、希特勒和毛澤東的極權系統也都有類似的演出，這個事實已經說明了一切。

為了公平起見，我們應該說明，不只在北韓，其他地方的人也會為經過舞蹈設計的群眾動作著迷。例如美國的足球比賽中也有類似用「活螢幕」表現的「排字」（card stunts）藝術作品。[3] 南韓在獨裁者朴正熙的領導下，同樣也有類似的表演，一九八八年在首爾舉辦的奧運開幕式也一樣。

阿里郎節不僅僅是一齣荒謬的秀，將沒有臉孔的個人置於唯一有價值的集體之下。九十分鐘熱鬧非凡的節目中，還集結了對「主體思想的示範大彌撒」[4] 到「官方的國家歷史」[5] 的描述。阿里郎節是北韓領導人看待自己國家和展示國家的官方形式。表演的內容、結構、特點順序和方式，就跟每年所做的改革一樣富含象徵意義。音樂、圖片和標語裡的思想內容撰寫得讓每個北韓人一看就懂，國內民眾是這類活動的主要目標。

他們也很樂意讓外國人入場，但是必須付出昂貴的門票。到目前為止，我在二〇〇五、二〇一〇、二〇一二和二〇一三年看過四次現場表演。這段期間的票價根據訂票等級的不同，差距在五十到三百歐元之間；通常會推薦第一級一百五十歐元的票。如果我們考慮一下，一部三池淵的平板電腦一百八十歐元，而本國人只要付大約二十五分的入場券，那這個票價就相當傲人了。

我在這裡想介紹二〇一二的阿里郎節表演，一共有八幕，每一幕又可分為四個不同的場景。在開場讚頌領導人之後，接著是序言，以及「阿里郎民族」、「先軍的阿里郎」、「幸運的阿里郎」、「統一的阿里郎」、「友誼的阿里郎」和尾聲。

乾脆陪我進入五一體育場，一起來觀賞這場演出。

體育場前

那是二〇一二年九月十二日的晚上，天色已暗。吃飯的時候，我舉杯敬我的母親，她正在遙遠的萊比錫慶祝她的生日。之後，我們一小隊的外國人被羊角島國際飯店的巴士接到位於島上的運動場前面，當地的觀眾和演員則徒步走在無止盡的行列當中，或還在看似巨大降落傘的體育場前面的停車場上，練習節目的最後幾個環節。現場非常吵雜混亂。銅管樂隊從我們身旁行軍過去，年輕女孩穿著軍裝和迷你裙，興奮的小孩身穿彩色的運動衣。觀眾努力擠進場，形成一大群人潮，到處是叫聲和笑聲。我們儘速在五光十色的噴泉前面拍了一張紀念照，把巴士的車牌號碼記在腦子裡，不確定是否還能再找到這輛車。無所不在的地陪把我們帶到貴賓入口，我們爬上一段樓梯，並從高處短暫地觀看了一下熙來攘往的人群。驗票口後面是一小段夾道的攤子。穿著由當地材料維尼綸製成的朝鮮傳統服裝的婦女，想跟我們販賣飲料、宣傳海報和其他紀念品以賺取外匯，我們的地陪很緊張，催促我們趕快；購物的時間在後頭，表演就快開始了。

我們跑步通過走道，向左拐，再向右拐。我們聽到前方人群竊竊私語，通往巨大體育場的入口開了，體育場被燈光照射有如白晝，裡面擠滿了正在找位子的人。因為付出許多歐元，我們得到最好的位子，在西邊觀眾台上相當中間的地方。桌上鋪有綠色絲絨般的桌布，每個人前面有一瓶水。我們還看到周圍有幾十個外國人和他們的地陪。運動場南端和北端的圓弧坐著北韓人。我們認出左手邊那個在觀眾台正中心的區域，是保留給最高領導人的。我們的地陪帶著敬重的語氣低聲說，如果我們運氣好，他今天可能會蒞臨這次演出，地陪臉上也因為這個很大的可能性，有著一抹陶醉的微笑。然而我們運氣不好，領導人今晚有別的計畫。

然而惋惜之情只持續了一會兒，我們把照相機和望遠鏡頭拿出來並四處張望。運動場裝飾得很有節慶氣氛，整個地面覆蓋著一片巨大的人工草皮。對面東邊觀眾台上的學生無法安靜地坐著，手裡拿著大本夾有彩色書籤的書，因為經常練習已經有些磨損。他們相互推擠、聊天、比手勢、開玩笑，就像孩子一般。襯衫掛在褲子外面，年紀較長的男孩擺出大男人的姿勢，女孩們咯咯地笑。有幾個小孩在喧鬧中打盹。很難想像，在緊接著的一個半小時裡，他們將展現紀律，以最完美的品質在最短的間隔內，呈現一幅又一幅的圖畫。他們的演出是由我們觀眾台後方最高一層樓上面我們看不見的信號控制。如果一萬六千個小孩中，只要有一個人在原本一直都很完美的圖畫裡，一不留意在不適合的地方製造了一個小斑點，那會怎麼樣？如果這張圖剛好是……的臉。我們最好不要往這個方向想。

觀眾台上活螢幕的左右兩邊架設有巨幅的投影牆。孩子的正上方，有一條涵蓋整個觀眾台長度的狹長顯示牌，上面會顯示之後每一幕和每一個場景的名稱，以及演奏歌曲的歌詞，如果有人想跟著一起唱的話。所有的字母都是韓文，但是不要擔心，我會為你翻譯。最上面還可以看到一個巨大的數字，這次是一百，二〇一二年是偉大的領導人金日成的一百歲冥誕。

突然之間，觀眾台上有了動作，孩子們排出平壤市區的名字，也就是他們來的地區。這次似乎有特別多的學生來自偏遠的萬景台。為了暖身，他們把大書以快速的順序開闔，發出大聲的喀啦聲，形成人浪並大聲呼喊。父母親驕傲極了，互相指出自己的孩子大概坐在哪裡。

開場

接著現場變得安靜，燈光調暗。為了搭配《永遠的繁榮》這首歌樂觀輕快的音調，身著藍色、紅色和綠色傳統服飾的女人跳著快樂和無憂無慮的舞步。觀眾席上方出現彩色的花朵和一排字：「我們永遠尊敬親愛的同志金正恩」。然後背景變成紅色，字條改為「領導人和大元帥（指的是金日成和金正日），主體思想的永遠太陽」。再一次變回彩色的花朵，然後我們讀到：「無與倫比的指揮大元帥金正恩萬歲！」他們很巧妙地把對兩位過世者的關聯，也就是繼承者合法性的來源，恰好放在對新任最高領導人的兩個致敬禮中間。為了百分之百確保效果，這個信息還會不斷出現在接下來的九十分鐘裡面。

我周遭的遊客極度興奮地亂吼亂叫，我們的北韓地陪懷疑他們是出自諷刺並不是完全沒有道理，因此也受到激怒。

序曲：「阿里郎」

氣氛一下子有了轉變，燈光暗下來，弦樂器演奏一首莊嚴的樂曲。一部影片投影在觀眾席上，我們可以看到一座傳統的朝鮮建築物，平壤的大同門。也可以看到一個傳統的鐘，用一根粗木棍從外面敲擊，發出兩聲低沉的鐘聲。一位全身白衣裳的女歌唱家在聚光燈的投射下，被駛入一個小平台，在波濤起伏的乾冰雲霧圍繞下，演唱南北韓兩地都很受歡迎、既悲傷又甜蜜的民謠《阿里郎》。同時還有適合的圖片投影在螢幕上。這個故事就跟人類一樣古老，很快就能說完。兩個相愛的人，他必須離開，留下來的她請求他儘快平安返家。據說這首歌的歌名就是從呼喚情郎的那一句「啊，里郎」來的。

如果我們要尋找這個場景的象徵意義，下面的解釋應該很容易理解。朝鮮半島的現況也是一個從整體中分隔出來的兩個部分，他們悲傷、渴望和樂觀地期待再次團圓。然而，只有在南韓才會常用男性和女性來象徵國家的兩個部分，而且北韓必須一直被設定接受柔弱女性的角色。一個古老的朝鮮諺語「南男北女」表示，「南方有英俊的男子，北方有漂亮的姑娘」，所以有一些中年的南韓男子夢想，統一後能透過他優渥的物質條件說服一個溫順和「自然的」北韓女子愛他。如果他的估計沒有錯誤的話；我認識的北韓女人統統都特別有自信，用新德語來說「很強硬」（tough）。

但是北韓女性的相對人口還是明顯高於南韓，因為南韓重男輕女、昂貴的子女教育費以及先進的醫學造成男性人口過剩。受到全亞洲歡迎的南韓電視劇裡夢幻世界的推波助瀾，機靈的商人替人安排與東南亞女子結婚。直到幾年前，南韓的種族大部分同質性還很高，現在也要跟這波移民潮的社會問題對抗。「進口」北韓的女性對很多人來說是一個完美的解決方案，至少她們能聽懂樂觀的南韓丈夫的命令。做白日夢是不被禁止的，無論它離現實狀況有多遙遠。北韓通常是用兩位女性來象徵通往統一路上的兩個國土。

前方，有幾百個身著金衣的女性表演扇子舞，後方，在染成紅色的山脈上升起一輪巨大的太陽。字幅顯示「阿里郎」。這片山脈讓人想起白頭山，北韓革命的發源地。金子的韓文是금，它的基礎漢字也可以發「金」的音。「上升的太陽」的意義可以用漢字「日」和「成」表示，可以直接讓人聯想到金日成，北韓的建國者。他的個人歷史和國家的歷史密不可分，也是貫穿整場表演的主軸。

第一幕：「阿里郎民族」

第一場：「多災多難的國家」

過去的時光多麼美好，但是不幸卻降臨。「多災多難的國家」是金日成自傳第一冊第一章的原始標題。在觀眾台黑色的背景上投影了一幅用草書寫就的字幅：「讓我們大聲地悲嘆，一九〇五」。一九〇五年，儘管朝鮮人抗議，卻遭受國際社會的忽視，被迫簽訂被保護國合約，剝奪了朝鮮的外交自主權，接下來是一九一〇年的併吞合約，導致朝鮮到一九四五年間成了長期依賴日本的殖民地。音樂很適合這個戲劇性事件，一個女聲唱《含羞草之歌》，螢幕上飄過烏雲。舞台前方穿著朝鮮傳統白色服飾[6]的男人和女人，手臂被巨大的鎖鍊綁住，透過無助和誇張的悲嘆手勢來表現被奴役的痛苦。朝鮮有如柔弱的小花，在違背他們的意志下強行被採摘，後方有垂柳在風中飄搖。

從受苦受難的民眾中出現年輕的男性和女性，身穿當時流行的學生制服。他們也受苦，但是人們看到了反抗的開端，只是還沒有秩序，缺乏領導。在後方人們可以看見巨大的枷鎖，長號響起，一道閃電劃過螢幕，並把枷鎖給繃開了。雷聲隆隆，然後是寂靜。針葉林上方掛著夜空裡唯一的星星。舞者從靜止中甦醒，音樂和燈光變得柔和充滿希望。笛聲吹起，星星閃耀。《朝鮮之星》這首歌的第一句是「喔朝鮮，唱自由的歌」。你大概已經猜到，救星在無比的絕望中出現了，是偉大的領導人金日成。

在這裡我還要再一次提到金這個名字，他出生時叫金成柱，為了政治上的抗爭取了一個化名，相當於列寧（本來叫烏里楊諾夫 Uljanow）或者是史達林（原本叫朱加什維利 Tschugaschwili）。金決定給自己取名 Il-sŏng，德文通常寫作 Il-sung。我剛才提過，現在人們把他的名字用漢字寫成「日」和「成」。[7] 原本他的名字 il 寫作「一」，sŏng 寫作「星」。我們已經熟悉南韓有名的電子產品製造商 Samsung（Samsŏng），意思就是「三星」。[8] 所以金的名字原來是「一星」，或是「那一顆星」，就好像剛才描寫的場景裡的象徵意義一樣。自從金日成在很多方面成為太陽以後，他的兒子金正日就取代他成為星星，這個之後還會再談。

無論如何，舞者歡呼，高舉著雙手跳上跳下，然後他們朝星星湧去。這顆星星繼續上升，甚至超過觀眾席，直到掛在上方的數字一百那邊。那裡已經等著一個小型升降舞台，火把被點燃，火焰升上天際。孩子們用彩色板完成一連串複雜的動作，象徵熊熊烈火。觀眾歡呼鼓掌，整個場景籠罩在血紅的燈光下，草皮上的群眾排列成行，現場響起行軍進行曲。

第二場：「朝鮮之星」

爭取自由的組織戰爭終於開始了，觀眾席上展開一面帶有兩個韓文字母的紅旗，它們是「打倒帝國主義聯盟」的祕密記號，這是金日成在幼小的年紀，十四歲時建立的組織。這個組織在北韓被視為勞動黨的前身。活螢幕接下來製作了「革命情誼的第一步從白頭山開始」。這座位於北邊的山，高二七四四公尺，是朝鮮半島上最高的山，革命最顯著的象徵。領導人的家族被稱為「白頭山的血統」，平壤兩個最大領導人雕像的背景就是這座山脈的剪影。山頂的火口湖是緬懷抗日革命先烈的主要朝聖地之一。中朝邊界貫穿湖中央，其實並不是沒有爭議，因為雙方原本都想獨占這座山，中國對兩韓統一的疑慮也跟這個懸而未決的邊界衝突有關。無論如何，從中國那面即使在冬天也可以登上火口湖，那是一段相當冒險的旅程，搭乘日本四輪吉普車以亡命的速度開在冰封路上的兩道凹槽裡。直到目前為止，北韓這面只有在溫暖的季節才可能通行。

身穿藍色運動衣的男人在大聲的呼喊下揮舞著紅色的棋子，背景出現一輛馬車的圖案，上面有一個人敞開雙手。字幅寫著：「你是金赫，我是成柱」。這是一個少有的時刻，除了三個領導人之外，還提到其他個人的名字。我們可以想像，這些人很早就過世了，成為神話的一部分，不會再威脅到領導人。

請允許我稍微偏離一下主題：南韓人比較少有單名，但是北韓英雄中，擁有單名的男性人數多得驚人，這完全是巧合。其中有韓戰的將領南日，以及金策，北韓最大的工業大學是以他命名。如果去參觀平壤的烈士公墓，你會漫步在無止境的銅塑胸像行列之中。每個銅像都是按個人特色塑造，並且被粉刷地煥然一新。花崗岩的基座上有革命烈士的姓名、出生和逝世的日期，以及死亡原因。請你注意一下最上面一列的姓名，或是請人朗讀這些名字：南日、姜健、安吉、金策、崔鉉……全都是單名。這是北韓種種奧祕中，一個我無法解答的問題。

讓我們回到阿里郎，我們前面提過成柱是金日成原來的名字，而金赫（김혁）是最忠貞隨從裡的一員，創作了《朝鮮之星》一曲。他被日本人逮捕時自盡，避免在刑求下供出領袖的藏身之所，自此被視為忠心的象徵。

字幕變換成為「在血和信仰中的同志」，然後換成「同志情誼是我們黨的基礎」。這個場景以「在我們的行列中：千萬人一條心」結束。前方的男人排成「主體思想」這個字，後方變暗，「主體思想」被紅光照亮。觀眾鼓掌，場景結束。

第三場：「我的祖國」

孩子們再度舉起白色的牌子形成可投影的平面，音樂變得多愁善感，高大的杉樹在風中輕輕地擺動。在甜美的豎琴樂聲中，大約有二十位抗日軍隊的女士兵從黑暗中出現，擺出欣喜和歡呼的姿勢。隊伍中心一位單獨的女戰士應該就是金正淑，大多以身著制服的形象出場，她是金日成早逝的第一任妻子，也是金正日的母親。

她對北韓人的意義差不多可以跟天主教地區的聖母瑪麗亞相比擬。她是全國婦女女光芒四射的模範，一個具有革命精神的北韓妻子樣板，晚上替游擊隊員縫補衣服，白天用生命捍衛領導人。特別是最後一幅畫面——金正淑帶著警戒的眼神，伸出一隻手來掩護金日成，另一隻手則用納甘轉輪手槍射擊——可以隨處在北韓的公共場合看到。現場演奏由金日成親自創作的歌曲《懷念》，在莊嚴的歌聲中，特別唱出在家鄉門口與母親辭行的情景，也唱出這個願望：「哦，獨立的一天回來吧！」穿著制服的女革命志士被仙女般的舞者包圍，她們優雅地搖著扇子。背景圖案是白頭山，接著變成是坐落於附近的三池淵，也是另外一個著名的革命聖地和北韓平板電腦的名字來源。

螢幕顯示首都「凱旋歸來門」，也就是外國人所認識的北韓凱旋門，是金日成七十歲的生日禮物，標誌了兩個值得紀念的事件。一九二五年，十三歲的金日成從位於平壤附近的家鄉萬景台向北方出發前往滿州國，嘴上信誓旦旦地說，在他還沒有解放祖國前絕對不回家。這座凱旋門標記了一九四五年他的凱旋歸來，附近同樣有一座雄偉的馬賽克，紀念他針對這個事件的演說。凱旋門圖案旁邊的字重現了這段歷史：「從萬景台到凱旋門是一段無止盡血跡斑斑的旅程」。

接著在螢幕上出現北韓的國旗，並演奏《輝煌國家的讚歌》。前方大約有一千五百個舞者也排成北韓的國旗。這個場景在北韓的國徽和高唱的「朝鮮，朝鮮，願你永垂不朽」下結束。

第四場：「我們的武器」

這段節目似乎是外國男性觀眾最歡迎的，原因是？請等著看。

在後方，一塊血紅色的布前面出現兩支交叉的手槍，角落裡可以看見兩個中國字。這相當不尋常，因為北韓嚴格執行國家主義的語文政策，日常生活中只使用韓文。不過這兩個字有些特殊，它們是「致遠」，意謂「向上瞄準」。我們可以在金日成的自傳裡讀到，他的父親把這句格言和兩把手槍一起送給他，陪伴他的人生。希望他的兒子能給自己立下遠大和光彩的目標，例如解放祖國。

一個軍樂隊演奏《金日成大元帥萬歲》這首歌。他的功績展現在活螢幕上「一萬里的暴風雪」和「一萬里的浴血抗戰」。[9]如果我們願意，在這裡也可以看見與中國長征的共同點。基本上這是個關於革命解放戰士的典型故事。

前方有超過五百位女士行軍和跳舞，她們穿著制服和一條以北韓情況來說不可想像的超短迷你裙。這身服裝的作用為何，我無法說明；這又是另外一個北韓的奧祕。事實是，非常性感，甚至已經算是色情的動作，以及完全不端莊的打扮，跟官方非常古板的道德觀念，也跟阿里郎其他的節目和北韓的平日生活所見成明顯對比。比香奈兒套裝還稍微強調曲線的衣服和只有一點點的性暗示都是禁忌。然而在體育場裡，女舞者在戰爭與革命的背景前面，展示極大的生活樂趣。妖嬌地擺動臀部，抽出配劍，將修長、穿著黑色皮靴和肉色褲襪的腿筆直踢向天空。看得目瞪口呆不可置信的西方遊客，認出裙子下面穿的是卡其色的拳擊短褲。觀眾（也包含當地的）興奮地歡呼。

音樂和舞蹈達到高潮，身穿迷你裙的舞者集合在中間，一起將配劍舉起，形成一個金屬的大教堂。觀眾席上的孩子排成兩幅用金邊圍成的過世領導人金日成和金正日的肖像。兩位滿足地微笑著，群眾鼓掌。背景轉換成「先軍時期的大勝利」，女舞者撤出表演場地。

第二幕：「先軍的阿里郎」

第一場：「我們的懷念永無止境」

這個場景切換得非常突兀。剛才的表演還散發出樂觀和生活喜悅，現在音樂變得有節慶氣氛，草地上出現一朵巨大的紅色秋海棠，上面有過世的金正日的名字，亮片的效果讓花朵閃閃發光。幾百個穿著寬大白衣的婦女圍繞著，並帶著景仰的眼神看著這朵金正日花。他們揮舞著像翅膀的長袖子，讓來自我們文化圈的觀眾聯想到天使，他們戴在額頭上的王冠更加強了這個印象。無論是祈禱的天使還是多情的仙女，這裡很顯然是個神聖的情節。儒家象徵長壽的鶴從天而降。民眾愛戴他們的領袖，就像觀眾台上面的字幕一樣。

然而可怕的事即將來臨，音樂變得戲劇化，我們聽到火車頭在舞台後頭咆哮，看到一片被雪覆蓋的風景，人造的雪花飄落運動場。舞者僵立不動，一定發生了什麼可怕的事，他們呼喊：「元帥！」事實上，根據官方的公告，金正日在二〇一一年十二月十七日的暴風雪中，死於視察途中的一列特級火車上。現在全國的子民懷念領袖，他為了國家鞠躬盡瘁，他們不願接受，也無法承受這個損失。我們可以在舞台背景上看到他的成就：現代化的建築，繁華似錦的風景。觀眾台上出現了一幅字樣：「我們當中曾經有這麼一個偉大的人！」

這朵花被推出去，將悲傷的位子留給瘋狂的決心，繼續推動早逝者未竟的志業，至少可以稍微減輕民眾永遠也無法真正償還的債。[10]「我們萬眾一心追隨一萬年」呈現在觀眾台上，上方的字幕是同名歌曲裡的一段歌詞：「啊，尊敬的同志金正恩，你會受到大家很高的推崇。」

這段歌詞是補充進去的，二〇一二年首度公開演出。在這裡特別能清楚看到，他們如何在嚴重的損失和對金正恩領導下光明未來的希望之間建立起直接的聯繫。值得注意的還有，悲傷只扮演了一個極為次要的角色。就像金正恩相當迅速地接掌了政治上的日常事務般，阿里郎也沒有花太長的時間去自艾自憐。這個要永遠跟民眾在一起的領導人的遺願，必須為民眾的福祉和國家的光榮延續下去。

第二場：「繼續繁榮下去」

現在繼續介紹社會主義生活裡各種不同的成就。從孩子們開始，他們扮演國王，從一座皇宮走到另一座皇宮：「出生後：嬰兒皇宮」，「長大後：兒童皇宮」。先鋒組織的標語被展示出來，跟蘇聯和東德的相對組織一模一樣。「一直準備好！」也是這裡的座右銘。

北韓兒童的完美世界以飛快的順序滑過螢幕：巴士、船、火車、飛機。根據歌詞，裡面有一架是「愛的飛機」，領袖金正恩就是坐這架飛機去探望孩子，並親自關心他們的福利。全國各地都可以在學校入口看到這個標語「父親金正恩，我們感謝你」。螢幕上寫著：「愛下一代就是愛未來」。

雖然夜已深，前方草地上無數孩子們仍高興歡呼表演令人印象深刻的藝術節目，跳繩、球類活動、單輪車，展現出他們的平衡感，現場同時響起夢想之城平壤的歌曲。實際上到目前為止，領導階層很成功地把這個國家不同的發展水準明顯地維持在首都的水準之下，以至於人們很嚮往那裡的生活，而不是嚮往首爾或是東京。無論如何，這似乎是他們的計畫。

觀眾席上排出「我們很幸福」和「我們不羨慕世界上任何其他東西」，是幼稚園門上典型的銘文。雙頰紅潤，有點過重的兒童圖片，現在換成預告幸福和富裕的圖片。結尾的時候再一次出現少年先鋒隊的座右銘全文：「為了社會主義祖國——讓我們一直做好準備！」當小朋友揮著手走出運動場時，觀眾們有節奏地跟著一起鼓掌。

第三場：「創造一個新世界」

這個場景主要在歌頌社會主義經濟建設所達成的眾多成就。完整概述政權眼中最重要的計畫，也是一場令人嘆為觀止的秀，可以觀賞到有一萬六千畫素的螢幕能表現出多少細節。

我們看到西海水閘，這項工程不無爭議。這座防潮堤在西海岸的海港城市南浦附近將大同江和海隔開。一九八六年完工時，這座巨大建築物是全世界最大的攔河堤，用北韓特有的方式建成，尤其是憑藉人們的英勇氣概，為了這項工程動用了三個師的兵力。如同螢幕上的座右銘一樣：「朝鮮做決定，我們就行動！」顯然是不計一切代價。即使年輕人沒有相關的經驗，也會在短時間內穿上潛水服，在水下從事長時間的工作。根據東歐外交官的報導，有幾百個人因此喪命。

這座堤的功用主要是保護位於河流上方的平壤免於洪水威脅，通過堤頂的公路縮短了運輸路程，並阻斷海水倒灌進河裡。因此形成一個巨大的淡水水庫，有利於農業發展。但是原本期望替船運帶來的正面影響並沒有實現，原因在於龐大沉積物造成河床堆積。這座設備也沒有用來發電。

下一個展示的巨型水壩滿足了這個發電功能，根據推測，它象徵了由國家青年建造的熙川發電廠。它在金正恩接掌政權後的短短幾個月內完工，特別是為了要大幅度改善首都的供電情況。對於品質問題的小小提示是這個標語：「讓我們為一千年負責任，為一萬年擔保！」

其他的新計畫也一一在此展現，例如供應首都的新海豚水族館的海水管線，或是興建東海岸端川市的港口，以方便運送當地藏量豐富的礦產。前方有上百個男人和女人穿著體操服或是運動服跳舞和做體操，音樂一直還是洋溢著樂觀、快節奏，類似行軍的樂曲。半個小時以後，已經有第一批西方的外國觀眾對這個相當浮誇的音樂感到有些厭煩，尤其是因為除了五彩繽紛的圖片、絕妙的特技表演和令人震驚的完美舞蹈設計之外，他們其實並沒有得到很多東西。如果不了解內容的前後關係，阿里郎只是一個絢爛繽紛的表演秀。

此後我們看到綾羅島遊樂園；雛型離運動場不遠，位於大同江同名的島上。被挑選出來的工廠勞工可以在那具有國際水準的水族公園內休閒。運動和休閒中心也有同樣的功能，當然也在平壤市內，還有結合在一起的溜冰館，位於一九九〇年代初建立的保齡球場正對面，裡面有老虎機，現在是對首都青少年來說最酷的地方之一。

下一張標題為「傲人的昌城郡」的圖片也是需要一點內行人知識才能了解，人們只看到一個村子和許多食品工業的產品，接著出現「社會主義童話村」這個名字。後面也是隱藏了一段故事，偉大的領導人金日成再一次扮演了主要的角色。昌城郡曾經是一個很貧窮，非常落後，在平安北道北部，受大家同情的一個郡。生活艱難，土地貧瘠，沒有未來，居民也很自卑。然後領導人來了，當場給了一個指導，一切就變好了。如今這個郡富裕成功，受到大家的讚嘆，當地的人也自豪與感恩。

接著是對減少全國伐林和降低因此日趨嚴重的自然災害的努力：「全國造林和再綠化」。這時前方的運動員不斷排出新隊形，音樂還是很激動高昂，場景的最後一幅圖是：「我滿溢人民幸福的國家」。

第四場：「我繁榮的國家」

綠色的雷射光現在投射圖案在黑色的背景上，綠色的海豚躍出綠色的水面。我的北韓地陪有點無聊地低聲對我說，她看這個表演已經看了第七次——意指這一年裡。我點頭表示了解，但是克制自己不發表刻薄的評論。距離我上次看過的表演已經有兩年休息時間，所以我帶著興味觀察那些可能改變了的東西。

人們大概以為前面幾個場景已經充分展示了北韓的成就，但是估計錯誤。這樣的表演無縫接軌繼續下去。現在的主題是蘋果。社會主義的自我表現從過去到現在一直也都是有些世俗，北韓在這裡也不例外。觀眾台上的圖案呈現的是幾年前才開墾好，位在平壤附近的大同蘋果農場，是由一大片水稻田改成的果園。我去過那裡好幾次，屬於觀光的標準行程。一排排無止境的蘋果樹，可以看到示範農村和特意建造的觀景台。當地公關經理滔滔不絕，用高度重要的細部知識向遊客解釋說明。附屬的農村商店裡可以用外匯購買所有跟蘋果相關的產品：蘋果酒、蘋果汁、蘋果乾、蘋果化妝品，角落裡還有蘋果。另外要說明的是，當我詢問時得到這樣的答案：這些蘋果是給勞動人民，不是為了出口。我把從西方諷刺主義油然而生的懷疑保留在心底。

除了這個示範農場外，全國都可以觀察到種植果樹這項新的農業政策趨勢，在我這個門外漢的眼中，看起來還真的滿有意義的。因為通常難以利用的陡峭山坡地現在可以生產食物，同時也可以做水土保持。此外，就算冬天又變冷，燃料短缺，地方上的農民無助的時候，與其他的木種相比，農夫會因為期待甜蜜的收成而比較願意把果樹保留下來。

為了提高美學上的感受，編舞者想出了一些特別的點子。前方的舞者不再跳一些跟顯示的圖片沒有直接關連的舞蹈。我們看到長列由年輕女子舉著的蘋果樹，這些樹開著花，樹枝迎風搖曳。然後樹枝轉動，一霎間，樹上掛滿紅蘋果。幸福的社會主義農家女蹦蹦跳跳穿過行列，並品嘗著水果。一個合唱團歌頌一個能讓人民生活幸福的國家。接著，畫面上出現頭上套著大蘋果的孩子們，預示將會是個大豐收。現在，觀眾台上顯示一座滿是紅蘋果的山和由蘋果製成的產品。

當幸福的採蘋果女還帶著水果跳舞時，我們在後方看到山羊，歐洲人也許會想到小天使小蓮，但這是北韓一九九〇年代中期饑荒後，為了解決糧食短缺問題的一項措施。這個邏輯很簡單，養山羊不花功夫，牠們會自己覓食，而且可以提供奶和肉。如今隨處可以看到山羊，然而牠們有強健的胃口，並且真的吃掉所有面前的東西。根據估計，牠們對土地侵蝕有嚴重的影響。

我們還看到一列其他有利用價值的動物：豬、兔子、魚、雞，連同蛋和小雞。這些兔子應該特別會讓一位德國的兔子養殖業者開心，他二〇〇七年曾將名為德國巨人的品種供應到北韓，並擔心這些兔子的下落。[11]下面草地上農民表演傳統感謝豐收的舞蹈。用紙漿做成的巨形母豬穿著朝鮮女性的服飾在田地上打滾，並生出成打的小豬，牠們顯然對自己最後的命運渾然不知，快樂地在周圍跳躍。螢幕上出現大豆，一個重要的蛋白質來源，是一九九七年後除了山羊之外，另一個避免再度發生食物危機所採取的措施。

接著轉換成科技性主題：我們讀到「循環農業」。領導人再一次在這裡施展他的身手，因為他認識到動物能生產肥料，肥料讓飼草生長，動物吃飼草，然後再度生產肥料，如此循環下去。這無疑讓農民印象深刻。下一張圖展示的是「種子革命」，要提升產量。這場表演以下面一句話結束：「如果領袖和元帥能看到這些，啊，他們會有多滿意！」下方有魚、肥美的豬、山羊和兔子到處跳躍，農民也還一直在跳舞。

第五場：「三千里維尼綸」

四十五分鐘已經過去，但這一波歌功頌德的浪潮還看不到盡頭。現在輪到輕工業，這場表演以讚美維尼綸揭開序幕。它是從一九六一年在咸興市開始製造的一種相當僵硬的人造纖維，由於可以用當地原料生產，所以能降低對進口的依賴。下一張圖強調：「根據主體思想和國內製造的原則來改革輕工業」。

三個女歌手站在一個小舞台上，用美妙的聲音吟詠經典名曲《寧邊的紡絲姑娘》。不明就裡的觀眾會因為輕柔的旋律和女歌手聲音中溫暖的情意猜測這是一首情歌，但是這個情意是針對一項產品：歌頌維尼綸、正日峰上的杜鵑花如何成為織布上的花樣，以及領導人的慈愛如何跨越山川。但是等一會，紡織女是從哪裡來的，從寧邊？這個地名聽起來有點熟悉。實際上，這個地方是以當地的原子能研究中心聞名，將來也會一直如此，因為自從北韓對中國的紡織品開放市場後，當地的產品就陷入困境，但是還沒有傳到阿里郎慶典的籌辦人耳中；後方展示了一整個部隊的織布機，不厭其煩地替勞動人民生產五顏六色的布料，前方有快樂的紡織女在跳舞。

第六場：「更高，更快」

這個場景可能會讓一兩個觀眾想到奧林匹克運動裡眾所皆知的標語「更快，更高，更遠」，然而這裡的表演跟運動只有間接的關係。我們還停留在傑出的經濟成就上，而現在的表演會解釋這些成就從哪裡來——從科學和技術的進步而來。

我們讀到「二十一世紀，突破，尖端科技」，配樂有點像太空巡邏獵戶星座號（譯者按：德國第一部科幻連續劇，一九六六年九月十七日首度播映，受到觀眾熱烈歡迎）的主題曲。圖片切換到一個穿著防塵裝的科學家，一個在工作崗位上奮鬥的人。用堅定的眼神透過顯微鏡觀察，為了實踐他身旁顯示的座右銘「用資訊科技來改革更新國民經濟」。下一張圖畫是一個摩登的國家，大聲呼喊：「向前走上通往智慧強權的道路：生物科技，奈米科技，資訊科技」。

一個特別流行、（幾乎是苦口婆心地）不斷在報紙和海報上使用的概念是CNC（Computerized Numerical Control的縮寫），也就是電腦數值控制工具機。在阿里郎上也不能少了這個字眼：「CNC——以主體思想為導向的工業力量」。現代科技應該解決所有問題。北韓領導人（還）抱著希望，避開早該進行的改革，用改善的措施來取代。

舊的模式依舊存在。決心與鬥志高舉的火把旁邊寫著：「咸鏡南道的火焰，革命的軍隊精神，相信自己的力量，完全服從。」這裡顯示出我常提到的北韓經濟模式裡的意識形態成分。「咸鏡南道的火焰」是眾多宣傳運動的其中一個，這些運動旨在激勵人民做出更迅速更好的工作。所有這些行動的共同點是軍事行動的鬥志，一個示範集體或是一個示範計畫，當做全國其他地方的典範，不可或缺的當然還包括領導人的參與，他通常透過現場的指導，就能啟發相關人員展現自動自發的忠心和增加生產量。

下一張圖出現一排袋子，裝著不同種類的人工肥料。「肥料瀑布」是農業政策裡的一個重要構件，因為北韓可供農業運用的土地不足，而且由於密集的耕作已經喪失了土地的養分。所以收成的結果高度仰賴人工肥料的施用。一九九〇之後的經濟和能源危機讓肥料產品大量減產，也導致了從一九九五年開始普遍性的飢荒。長久以來南韓是個重要的人工肥料供應者，但是這項援助在核測試，以及二〇〇八年保守政權取代進步政權上台之後而中止。為了設法補救，北韓自此以後把重心放在有機肥料，然而成果平平。所以，主要在咸鏡南道的化學工廠生產的當地產品，就具有非常大的戰略性意義。

外面的世界在北韓經濟政策的自我圖像上扮演了什麼角色？阿里郎在這裡也可以提供一個答案：下一張圖叫做「雙腳踏在自己的土地上，雙眼迎向全世界」。這個流傳很廣的座右銘抓住了主體思想的核心，遠比許多冗長的解釋來得更好。也就是說，絕非拒絕跟外國做任何接觸，但是從國家的立場來看，這個接觸必須一直是有意義，並且是為了國家利益進行的。

這樣就符合了下面兩張圖片的主題「金正日的愛國主義」和「愛國主義的熱風」。他去世以後，我發現金正日的相片特別常被用來做為愛國者（애국자）。至於體操女選手在

地上用呼拉圈做的體操跟主題有什麼關係，觀眾不得其解；但是表演的精純還是讓我們印象深刻。

這個場景以「獨立自主的國家永遠興盛」做為結束。體操選手在草地中央搭起一座五個人高的金字塔，就像是加泰隆尼亞地區的疊人塔一樣，由小孩子來做塔頂。他在做了一個完美的倒立後，掉入幾公尺下面準備好的救生網，群眾發出短暫的「喔」後，給予讚賞的掌聲。

第七場：「阿里郎的精神」

正確的心態是一個集體主義體系成功不可或缺要素，孩子們現在舉著白色的板子，白板上投影著一個中古世紀帶著守望塔的城牆，接著是平壤的南門，可以從它多角有特色的拱門認出來，現在是一個遊樂公園的入口。這裡要人們注意到朝鮮悠久的傳統，捍衛自己，抵抗入侵者。整個場景特別是要獻給國家的防身術跆拳道。

「國家的智慧」：草地上的雜技演員穿著仿高句麗時代（西元前三十七年至西元六六八年）的軍裝。北韓把這個以好戰野蠻聞名的王國當作歷史上的前身，而南韓則特別認同新羅的高度文明。由於高句麗的地理位置是通往亞洲大陸的過道，常常特別容易成為侵略者的犧牲品，它也成功擊退了侵略者。第一個在領土上跟現在南北韓吻合的王國高麗，同樣在好戰的祖先那裡追根溯源，也可以從它中間少了「句」這個字的國名看出來。現代兩韓和中國有一些不愉快的摩擦，中國要求將領土遠達現今吉林和遼寧兩省的高句麗當作自己歷史的一部分。

當前方的高句麗戰士費力演出時，人們可以在背景的圖片上看到一位身穿白色跆拳道衣服的運動員，用一記重踢敲碎一整排磚頭。樂器演奏《偉大的國家》這首歌，有趣的是上方跑馬燈播放的歌詞內容：提到飄揚的紅旗，以及人們如何想捍衛每個山丘，抵擋敵對的美國帝國主義者。他們有幾個人坐在我身邊，但是心情不受影響，因為他們不會說韓語，也沒有象徵標誌如美國國旗和類似的東西指向他們。

我覺得非比尋常，因為整個表演中沒有公開攻擊美國或是南韓的圖片。二〇〇五年的刺刀攻擊，以及在宣傳海報和郵票上用火箭攻擊華盛頓國會大廈的圖片都不見了。還有核子武器，原本是北韓的驕傲，通常會激進地宣傳，這次卻隻字未提，也沒有展示。又是一個無解的謎。

一道綠色的雷射閃電照亮了漆黑的場景，舉旗手從一長條鋼索上滑越過我們的視線。當燈光再度亮起時，高句麗的戰士已經消失不見了，在草地上取而代之的是上百個穿著現代白色功夫運動服，繫著黑色大師級腰帶的運動員。觀眾台上是「正日峰上的雷鳴」，後面是閃電。所以這裡的主題是金正日，鋼鐵般的指揮，以及貫徹他堅決捍衛家鄉的傳統，現在由他的兒子繼續。接下來集體表演步伐、搏擊和腳踢的連續動作和示範對抗，被擊敗的對手很快就躺在地上。對這個國家可能的攻擊者來說是何其幸運，他們不用徒手面對這些鬥士，大概只要從遠方按下按鈕和鍵盤就好了。

如果我是功夫表演的專家，那我現在會仔細觀察，但是這個形式的防身術在北韓屬於軍事機密。所有軍事單位（不只特種部隊）都會受到這樣的訓練。士兵身上常常會看到血跡斑斑的手指關節，或是一層厚厚的繭子。但是情形還不只如此，一位年紀較長的北韓人有一次跟我敘述，這種嚴酷艱難的訓練如何摧殘他的骨頭（他們必須一直不斷劈打樹木和水泥牆），直到現在，他都還有強烈的痛楚。

當下方繼續表演示範武術時，觀眾台上出現一個男人和女人的圖片，他們用堅定的眼神握著拳頭。旁邊寫著：「信仰的勝利」，接著用幾筆劃改成「意志的勝利」。我受到短暫的驚嚇，決定相信阿里郎的籌辦人從來沒有聽過萊妮・里芬斯塔爾（Leni Riefenstahl）和她替納粹在紐倫堡黨代表大會所拍攝的影片（譯者按：此片的名稱也叫做《意志的勝利》）。

稍後，「意志的勝利」由口號「讓我們向全世界展現國家的驕傲」接替，男人配合《金日成元帥之歌》的曲調，自信地抬著一幅巨型國旗迂迴出場。

第三幕：「幸運的阿里郎」

第一場：「被雪覆蓋的家鄉故居」

大約一個小時過去了。慢慢地，我們心存感謝，花了一百五十歐元，不僅得到一個好視野，還有一張軟椅子。音樂輕柔，在被雪覆蓋的杉木後面，從暗處浮現出一座山峰。這不是一座普通的山峰，而是白頭山上的正日峰，他的名字用幾米高的紅色字母鐫刻在山峰上。二〇〇九年十二月開始新發行的兩千圓紙鈔上，也可以看到這個搞領袖崇拜用的聖山。

舉著白色紙杉樹的女舞者在草地上溫柔地搖來搖去，他們是我們已經看過的仙女。小調旋律顯示一九四二年是一段困苦的歲月。朝鮮被占領，日本人氣焰很強，是一場艱苦的抗戰。北風呼號，那是二月十六日，天氣很冷。女兵們穿著綠色的制服，帶著白色的毛帽，踏著崇高莊嚴的腳步向前。當一個跟巴拉萊卡琴類似的樂器演奏一首曲子時，讓我聯想起《莫斯科的夜晚》(*podmoskovnye vechera*)，有短暫的一陣子，我好像回到了在蘇聯度過的童年。當然這只是一種感官的錯覺，這首歌就跟這場景一樣，叫做《被雪覆蓋的家鄉故居》。

房子也已經在那裡了。繁複的布景和其他被雪覆蓋的杉樹直接在有畫素小孩的觀眾台前被拉上去，然後出現了一棟簡單的木屋。它沉浸在溫暖昏黃的燈光裡，在白頭山上寒冷、對生命嚴峻的冬夜裡，馬上傳遞出一種溫馨親切的感覺。這個時候沒有想到耶誕節、馬廄和飼槽的人，一定是來自其他的文化圈。當然在這裡出生的不是耶穌，而是金正日。人們可以看到，並沒有從東方來的國王獻上禮物。一個小小的煙火在空中燃放，女兵們像著魔般被木屋吸引過去。這個事件改變了全世界；因此人們也在伴唱的歌曲中唱出「照亮世界的家鄉故居」。

在西方，關於金日成長子的誕生和一九四九年去世的妻子金正淑，流傳一些說法不同的版本。根據這些說法，金正日應該早在一九四一年就出生了，而不是一九四二年，而且是在蘇聯伯力附近的一所軍營出生，不是在神聖的白頭山上，敵國境內的一個簡單木屋裡。金正日以尤里（Yura）的名字和弟弟在那裡度過一個無憂的童年，弟弟後來在一場戲劇性的意外中喪生。在北韓，這樣的說法會被當成是捏造的而駁回，也會被認為是對領導人的侮辱，所以我不想繼續參與這件違法的事，而是把注意力再度集中到北韓的伯利恆。

其實有點奇怪，半個小時前才觀賞過金正日去世的表演，現在又在他出生的現場。也許這也為了表示他根本沒有死，而是跟他親愛的臣民永遠結合在一起。實際上，金正日在二〇一二年被擁戴為勞動黨永遠的總書記和永遠的國家國防委員會委員長。因此他的誕生可以被視為永遠的幸福泉源，可以與他塵世有限生命的逝去所造成的創傷、但是已經被克服的事件分開來展示和觀賞。

第二場：「高飛，哦你，我們的願望」

這個標題可以從字面上來理解，整場表演都是驚險，讓人嘆為觀止的高空特技，並裝飾以雷射燈光秀。觀眾台上的孩子和舞者現在可以休息。

第三場：「讓我們歌頌我們的黨」

大部分不涉及意識形態的馬戲表演插曲很快就結束了。在黑暗中，觀眾台上出現了平壤美化過後的輪廓，可以看到修長的主體思想塔和塔頂的紅色火炬、圓形溜冰場、人民大學習堂、雄偉的凱旋門。合唱團高聲齊唱：「讓我們歌頌我們的黨」。

舞者再度上場，現在螢幕上稱讚朝鮮的勞動黨，韓文大多簡稱「黨」。標語以斷奏的形式一個接著一個出現。我們讀到用大字母寫成的「不能分割的精神統一性」，「無敵的軍事力量」，「新世紀的工業革命」，接著是「社會主義的富強國家」，然後是一項創新：「仰望受尊敬的最高司令官金正恩」，旁邊的圖片是一群充滿信賴向上看的工人。自發性的歡呼聲轟然雷動；金正恩的姑父張承澤應該以此為榜樣，因為他在二〇一三年十二月被處決前，被指責鼓掌時缺乏熱情。

針對黨員情況並沒有官方的統計資料，但是這裡寫著「千萬人團結一心。同志，戰友」，「我們一代又一代受到大太陽的幸福眷顧」。就連我的北韓地陪遇到這個字眼也一直會有點磕絆，因為「大太陽」有可能意指所有三個領導人。在提及金正日和金正恩時，人們常常會看到附帶的「二十一世紀的」。這原本也不是一個重要的問題，不管怎麼說，他們三個人就是一個整體。

舞者在草地排好金黃色的黨徽之前，我們讀到「讓我們一直走共同的道路」。這點很值得人注意。蘇聯選擇錘子和鐮刀來代表工人和農民；沒有思想家和作者。東德耍花招，替錘子和麥穗添加上一個圓規，羞怯地把知識分子也包括進去；我們勉為其難也可以把工程師和技術員當成工人。北韓人比較勇敢，不是隨便在一個地方，而是在黨徽的正中央：有一枝毛筆，傳統士大夫通用的書寫工具，在那裡閃閃發光。孔子在這裡問候大家好。

第四幕：「統一的阿里郎」

場景變暗且變得戲劇化，一個旋轉的地球投影在白色的背景上，一個身穿黑色西裝的發言人被推上一個舞台。他用低沉，先是不幸，然後是痛苦控訴的聲音做了一場感情豐富的獨白，螢幕上是相關的圖片。我們且聽他怎麼說。

「世界的穹頂下，有一個被分割的國家，分裂的阿里郎國家。在超過半世紀的分隔後，白髮蒼蒼的母親再也認不得她的兒子，與她分離的兒子也認不得自己的母親，雖然她曾經用她的奶水餵養過他。哦，不幸的國家！

「自古以來，我們的國家和衷共濟，現在一下子卻被分成兩半，沒有人認得自己的同胞。哦你，世界的良心回答我：我們國家還要在這個由外力帶給我們的悲劇，在分裂的國家中生活多久？」12

螢幕上出現鐵絲網和邊界圍籬，草地上有兩個由白衣婦女組成的三角形隊形，尖角對著尖角，相距有二十公尺之遙，他們傾身朝對方伸出雙手，卻無法跨越中間的分隔。

然而還是有希望，我們在螢幕上看到朝鮮半島，旁邊寫著：「統一祖國是本黨不會動搖的決心」。請注意是本黨，不是軍隊。雖然出現了許多長長短短的制服，但是整場表演中，軍隊並沒有扮演過獨立的政治力量角色。

三角形的隊伍出現變化，頂端的兩個婦女被聚光燈照亮，他們脫離其他人並互相靠近，戲劇性地將彼此擁入懷中，兩個隊伍中的其他人再也遏止不住，衝向對方。在這裡也許可以這樣詮釋：雙方的領導人必須先做安排，然後民族就可以統一。

背景是被金光照耀的通往統一之門，團聚在一起的婦女現在排出朝鮮半島的輪廓，沒有忘記獨島，一個被日本稱之為竹島，並也主張擁有其主權的小島。音樂轉變成帶有勝利和樂觀的旋律，大門開啟，歡呼雷動。打出「通往統一之門——由我們國家開啟」的字幕，配合歌曲《一體》的音樂，我們看到一連串在北韓常用的字眼，可以追溯到金日成為了追求國家統一所用的字眼快速閃過：「一個國土、一個血脈、一個語言、一個習俗」。

然後我們看到用方塊字母寫就的우리민족끼리，可以翻譯成「我們民族之間」。這個概念還是一個北韓網頁的名字，這個概念同樣可以追溯到金日成，是一九七二年七月四日第一次共同聲明，以及二〇〇〇年六月十五日金正日和金大中舉行南北韓內部第一次

高峰會議後共同聲明的要件。內容的核心表達出拒絕外力干涉兩韓統一問題的態度。

這幕表演的最後一幅圖畫是統一之門，由兩個女人的身體組成，他們向彼此伸出雙手。這座拱門是在二〇〇〇年歷史性的高峰會議後一年，建於平壤南邊統一路的底端。從這裡有高速公路直到南部的開城市，理論上可以繼續通往首爾。

草地上的女人揮舞著淺藍色的手絹，這是兩韓通用的統一象徵。我二〇〇五年第一次參觀阿里郎表演時，甚至有一個來自南韓的旅遊團在運動場內，特別是針對這個場景的情緒反應讓我印象非常深刻。除了歡呼和激動地揮舞淺藍色的小旗子外，我認為我甚至還看到了幾滴眼淚。雖然也有不同說法的報導和民意調查：儘管統一的理由不同，也不是沒有對併吞或是巨額開銷的疑懼，兩韓想要統一是絕無疑問的。在北韓我們常聽到一句話：統一後，一切都會更好。

合唱團唱著：「一體，我們是一體！」

第五幕：「友誼的阿里郎」

《國際歌》響起，身穿制服的龍套演員在草地上仿造了一座戰士紀念碑。阿里郎這個部分的表演始於二〇〇八年，為了紀念一九四九年跟鄰國中華人民共和國建立外交關係六十周年的官方「友誼年」的前一年。我已經提過：雙方關係遠比宣傳內容複雜得多。

如果仔細觀察，我們甚至能從這個慶典上看出來。這幕表演裡所有的書面評論首先以韓文出現，然後是中文。根據北韓的國家語言政策，這是非常大的遷就。二〇一三年春天，中國同意了聯合國安全理事會反對北韓的決議後，是年秋天的阿里郎表演就再也沒有繼續這個做法。但是我們還不可能知道，因為現在是二〇一二年九月。

如果把中國和朝鮮好幾世紀的共同歷史擺在眼前，那這裡表現出來的共同根源開始得非常晚：「一起高舉抗日的旗幟」的背景是一面紅旗，至少承認了金日成不是完全獨自戰勝日本的。

下一句格言屬於中國專家的範疇，「抵抗美國的侵略並且幫助北韓。捍衛你的家，捍衛你的祖國。戰友，結拜兄弟」。這是一九五〇年為了扭轉韓戰頹勢，號召所謂的中國志願軍上戰場的官方口號。毛澤東的長子岸英死於戰場，直至今日還葬在北韓的土地上，其他十幾萬的中國戰士也一樣。如果不懷好意地詮釋這句格言，也可以從中看出北韓對中國的批評，以前曾經付出極昂貴的代價對抗並戰勝了資本主義，現在卻忘了自己的革命傳統，投向西方資本主義的懷抱。

當我們看到字幕「根深蒂固的中朝友誼」並觀賞兩國界河時，民間藝術在前方表演，更不用說還有彩色的民族服裝、巨龍、金獅，黑白色的貓熊和類似的刻板印象等幼稚表演，跟中國歌曲《共產黨一定會來》以及觀眾台上圖片裡的革命內容完全不搭調。

離結束的時間還早。螢幕上寫著「我們領袖走過二十年滿州國的暴風雪」，以及「我們向偉大的領袖金日成和金正日以及中國的領袖致上最崇高的敬意」。對一些觀察家而言，可能會覺得在介紹跟中國友誼的場景裡讚美自己的領袖很奇怪，但是鑒於他們努力獲致的成就，再怎麼讚美都不足夠。

然後還有一禎圖片，一年以後仍然特別引我注意。首先是一個由兩道彩虹簡單組成的帶子，上面寫著「跨越世紀的朝中友誼」。

到這裡像是出現了一點疲乏——這麼想卻是錯了。因為二〇一三年九月我再度來到運動場觀賞阿里郎，同樣的一幅圖片又出現，只是這次提到的是朝鮮和俄國的友誼！不需要是對細微弦外之音訓練有素的東亞人，在這裡也能聽到賞給中國的一記響亮耳光。從歷史來看，這是土撥鼠日：試圖挑撥北京與莫斯科互相牽制，我們在一九五〇年代晚期就已經知道這種企圖。其他的參與者也明白。

二〇一二年的表演對中國還有一兩個譏諷。我們首先看到富裕和發展的標誌，甚至有上海部分的天際線，有「對富強中國的祝賀」和「對發展的科學性看法」的口號。然後又要請教中國專家了：「沒有共產黨就沒有新中國」。這不僅指出，過去三十年所有的福利都應該要歸功於黨，不是市場經濟。不，後面還隱藏了更多東西。因為這也是文化大革命時期的一個原始口號[13]。很顯然，這裡有人想提醒中國漸漸被遺忘的根。

這幕戲在和解的氣氛下結束：「朝中友誼會永久流傳，就像鴨綠江的藍色河水」。[14]最後結尾的高潮，一個舞台被推向前方，台上有兩對身穿民族服飾的男女高舉兩國的旗幟。綠色的雷射光製作出和平鴿，振翅飛向天空，《國際歌》再度響起，閉幕式開始。

尾聲：「阿里郎重生為富強的國家」

我們並不訝異這場活動會以對未來樂觀的展望為結束。發誓要統一國家，還有爭取獨立，和平和友誼。一個巨大的地球被推進會場，紅色凸顯的朝鮮半島在正中央。

觀眾台上努力工作了一個半小時的孩子們應該已經很疲累，他們排出「領袖的職志永存」，意指領袖的整體志業，特別是統一大業。之後又輪到金正日再度上場：「永恆大太陽的阿里郎」。同一個時間，運動場上方施放超大型的煙火，現在，平壤其他的地方也知道表演即將結束。

觀眾起立並有節奏地鼓掌，我們讀到：「邁向最後的勝利，前進！」金正恩的名字在這裡雖然沒有被提起，但是也沒有這個必要，因為配樂是《步伐》這首歌，裡面提到一個特定的「金元帥」，他尊重「二月的事」，也就是他這個月出生的父親的遺囑。歌詞另外還用紅色的字幕顯示；這樣的強調清楚地表示和目前的領袖有關。最後要告別的時候，我們看到觀眾台上出現：「朝鮮勞動黨、朝鮮民族所有勝仗的籌畫人和領袖萬歲」和「興盛，金日成的國家，金正日的朝鮮」。

表演就此結束。

9 統一：對未來的展望

有韓國人在場的地方，無論來自北韓還是南韓，一旦我透露出自己的德國人身分，就無法避免，而且通常是在短時間之內就會被問到統一這個話題——這是南北兩韓政府特別強調要努力達成的目標。

然而德國的例子真的那麼重要嗎？我想表達強烈的懷疑。分裂的德國和分裂的韓國這兩個案例，在幾乎任何一個可以想像得到的地方，差別大到無法做一個合理的比較。但是這個事實並沒有阻擋上千個南韓學者來德國取經，希望能為自己的國家學些經驗，甚至南韓的女總統在二〇一四年春天也來了。[1]然而，為兩韓積極尋求德國統一經驗的情形，在東德垮台四分之一世紀後仍然沒有停止，照理說應該會讓人懷疑。很顯然這個探索並不成功。為什麼會這樣呢？

要對德國統一做可靠的分析，必須等上一定的時間才有可能，因為純粹從技術層面的原因來說，許多不可或缺的檔案和認知，要等統一剛開始那段時間的動盪狀況過後好幾年才有。[2]政治與意識形態的觀點也影響德國統一的研究很長一段時間。所以人們在一九九〇年初對許多德國統一現象的了解還是不夠。還有更多理由可以解釋，為什麼兩韓不能，或者不應該從德國的例子得到令人信服的教訓。

無法做比較：朝鮮半島不是德國

最重要的問題是做比較時出發點的基礎太薄弱。人們一般假設，分裂的德國跟分裂的朝鮮半島差不多相同，而前西德大約相當於南韓，前東德大致跟北韓一樣。但是沒有一個假設能經得起仔細的觀察。

是的，德國被分割成兩半，就跟朝鮮半島一樣。但這也幾乎就是全部的相同點。德國的分裂起因於二次世界大戰，身為侵略者和大屠殺者的希特勒和他的政權被戰勝的這項事實。許多德國人把國土分裂當作懲罰接受。相反的，朝鮮半島是日本的殖民地，也就是軸心國的受害者，一九四五年慶祝從壓迫者手中解放出來。之後的國土分裂，從過去到現在都被認為是歷史上極不公平之事，這就是兩韓都對所謂的強權有極大不信任感的原因之一。

從國際法上來觀察也可以發現明顯的差別。直到一九九〇年，德國隸屬於四國共管的狀態，也就是由四個占領國共同負責，雖然大部分的民眾最後幾乎感受不到。盟國管制委員會首先被二加四協定取代，德國的完全獨立自主權一直到一九九一的這一步才算重新被建立起來。[3]所以德國統一的時候，仍有幾萬名外國士兵在德國的領土上。

相反的，到一九四〇年代末期，蘇聯和美國已經從朝鮮半島撤兵。美國人是因為韓戰再度回到朝鮮半島，但是在完全不同的法律規範下。現在還有大約兩萬五千名美國士兵駐紮在南韓，但不是占領，而是在一種正式結盟的框架下。朝鮮半島完全獨立自主只規範在結束韓戰而簽訂的和平條約中，聯合國也參與其中。

在德國統一的進程中，一直必須把第三勢力的法律要求考慮進去，這個情形在兩韓的例子上卻無關緊要。前總理柯爾需要來自倫敦、巴黎、華盛頓和莫斯科給予的綠燈通行許可；相反的，南北韓人一定會很高興能得到鄰國和結盟夥伴對統一進程的支持，但在國際法上並沒有必須與他們協商的義務。

政治和意識型態上也有很大的差別。如果把一八七一年帝國的建立當成基準，一九四五年德國雖然還是一個年輕的國家，但是已經有一段比較長的啟蒙傳統和民主前身。第一次世界大戰、威瑪共和國的失敗、國家社會主義的崛起，以及第二次世界大戰的罪過等等令人震驚的經驗，替東德和西德一九四五年後政治階層的自我認知奠定下基礎。

兩韓的情形正好完全相反，國家統一的局面已經存在幾世紀，但是對民主和啟蒙的認知卻非常有限。現代國家意識的形成是對十九世紀末期日本入侵時所做的反應。[4] 一九一〇年成為殖民地以後，朝鮮組織獨立運動，於一九一九年三月一日的暴動中達到高峰。一九四五年後，對殖民統治者日本的抗爭決定了政治菁英的自我認知，一九五〇後再加上韓戰。

德國絕大部分的人對國家主義情感持拒絕態度，至今也以懷疑眼光加以審視，[5]但是在兩韓，國家主義是統一議題中被各方接受的核心成分。它蘊含的內容廣泛，例如願意為了統一不惜犧牲，南北韓人將統一的理想價值明顯地估計得很高，特別是他們希望達成統一後，能增強與鄰國打交道的力量。

比較官方對統一問題的態度，一九八九年的德國和二〇一四年的兩韓也有很大的差別。東德很早就放棄原本甚至寫在國歌歌詞裡（讓我們為你盡一份心力，德國，統一的祖國）對德國統一的願望。西德在一九八〇年代末期還不願意放棄統一的主張，但事實上，大家已經認清必須接受兩德分裂的事實。就算人們現在不樂意再提起，其實西方人當時就快要承認東德是獨立自主的國家。當何內克於一九八七年九月七日在波昂進行國是訪問，走紅毯經過禮賓衛兵時，他同時能聽到東德的國歌和看到東德的國旗。西德的基民黨甚至考慮更改黨章，讓承認東德的過程沒有阻礙。德國是在幾乎沒有準備的情形下遇到統一的機會，很矛盾的是，這卻幫了個大忙。我們經歷到的快速進程，如果處在有兩個既定針鋒相對的方案並存的情況下，想必會艱難許多。

相反的，統一是兩韓不可更改的國家信念，雖然這份熱情在南韓特別是因為擔心支出過高而有消退的跡象。一個在南韓做的民意調查發現，支持統一的民眾人數從二〇〇七年的百分之六十四左右，降到二〇一三年的百分之五十五。在同一個時期裡，反對人數從百分之十五升高到百分之二十四。除此以外，南韓人對兩部分國土再度統一的展望也越來越悲觀。二〇一三年有大約百分之二十六的受訪者認為統一不大可能，是二〇〇七年的兩倍。針對人們認為統一能帶來哪些利益一題，主要的答案是混亂的國家主義以及對國家安全的擔憂。那些把改善北韓人民生活當成必須統一的理由的人，二〇一三年只占五點五百分比，而百分之四十的受訪者把歸屬感當作主要原因。百分之三十一的人認為統一最重要是可以避免第二次韓戰。[6]但是在南韓，對民族共同點的感受看起來至少與對北邊鄰居的恐懼重疊。南韓於二〇一四年五月公布了一項民意調查，只有百分之十三的人把北韓視為敵對的國家。[7]

北韓沒有類似的調查，那裡只能聽到官方的意見，而這個意見是嚴格主張統一。

德國和朝鮮半島在地緣政治的位置上同樣也有差別。德國位於大陸的中心，一九八九／九〇年，兩個敵對勢力陣營的界線穿過這裡。相對的，朝鮮是亞洲邊緣的一個半島，只有三個鄰國。兩韓統一在全球政治上的重要性不及德國的例子——除非舊的領導勢力美國和新崛起的中國之間的新衝突要在這裡決一勝負。這有可能，但不是必然會發生。

除此以外，差別還顯現在國土統一對區域影響的預期心理。幾乎所有歐洲的鄰國，包括法國、英國和波蘭都有很大的擔憂，害怕統一後的德國會再度對他們的生存造成威脅。

雖然鄰國中國和日本同樣對統一的朝鮮半島持保留態度，主要是因為多起領土的要求，[8]但是這個區域對韓國帝國主義式的稱霸意圖並沒有可以讓人擔心的歷史根據。兩韓統一在較高的程度上來說屬於本國事務，跟德國不一樣。但這並不表示，鄰國對這個議題不感興趣，然而這個保留態度有不同的性質，所以也需要另一種解決方案。

至於兩韓彼此互動的方式，跟德國也有明顯的區別。我們可以感到慶幸，韓戰相同的情況沒有發生在我們身上。因此也形成我們口頭和其他互動上某種程度的節制。當我在東德服三年兵役時，我們的軍官不斷指示，不要把西德稱為敵人，而是對手。相反的，兩韓之間一直都還有射擊演習，而且把對方國家領袖的肖像當成槍靶，也一直會透過媒體打口水仗互相謾罵，北韓還生出一種極有問題的語言創意。[9]兩德邊境曾發生過嚴重事件，尤其是在柏林圍牆邊喪生的人。但是德國沒有像兩韓間經常出現有人員傷亡的武裝衝突。

他們彼此也幾乎不瞭解。跟分裂的德國不一樣，南北韓之間只有零星的表面接觸。如果跟兩德民眾及貨物過境協定、頻繁的書信和電話往來，以及相互拜訪相較，兩韓之間安排的幾百個家庭拜訪就相形失色了。跟其他幾十萬的家庭一樣，我們在逢年過節時也會按時收到包裹，偶爾有親戚從西德來訪。我的祖母從六十歲生日以後，會定期拜訪「在那邊」的兩個姊妹。一九八八年二月，我媽媽雖然離退休還有很長一段時間，她也可以完全公開地前往威騰（Witten）慶祝阿姨的生日。單單在一九八七年一年，就有一百三十萬的東德公民前往西德和西柏林。[10]能合法到南韓旅行的北韓人數卻屈指可數。

尤其是柏林，朝鮮半島沒有一個類似的城市，每天讓幾百萬人深切地感受到國土分裂的種種荒謬情形。身為萊比錫人，我一直問自己，為什麼有人特別挑選兩德邊界中看守最嚴的地方，柏林，試圖從那裡逃亡。[11]難道沒有比較沒有危險的選擇嗎？當我一九八〇年代中期在上翠柳市（Oberschöneweide）火車站的緯度，第一次從火車窗口看到圍牆和後面近在咫尺的西柏林時，我突然了解：這個景象和聽到與讀到的分裂狀況是完全不同的。這個景象很沉重，對很多人來說，沉重到難以負擔。

相反的，兩韓之間的非軍事區位在人煙稀少的地區，一條寬四公里的綠色帶狀區域。南韓這邊有不同的觀察哨，可以用強力望遠鏡看一眼模糊的稻田和幾座低矮的農舍。最多在簽訂停戰協議的地方板門店可以仔細看到另外一邊的情形。但那是用木板屋和涼亭打造的人工世界；分裂的柏林卻是真實、熱鬧、近在眼前，並且折磨人。

沒有任何東西能取代直接的親身經歷，但是媒體也能激勵願望。西德電台在東德的影響非常大；我們家可以接收到的五家電視台中，三台是西德的。當我還是青少年的時候，我只聽北德廣播電台（NDR2），而這是合法的；只有特定團體，例如部隊的成員禁止使用西方的媒體。因此我是在一九八七年開始服兵役時，才開始聽東德的廣播。除了國家准許的娛樂節目外，我無意間發現了一個值得注意，但是被公家機關以懷疑眼光關注的次文化，並很興奮地投身其中。[12]

北韓禁止觀賞或是收聽南韓的電台，而且幾乎也無法接收得到。雖然 DVD 和 USB

隨身碟在穿越中國綠色邊界的路上衝破了這道藩籬，但是內容一般多是連續劇。這裡不可能像東德一樣還有一個默默被接收的龐克文化，更不用說宗教信仰的自由或是許多藝術家享有的遷徙自由。

從過去到現在，兩韓之間的交流從來不曾有兩德政府間交流的密集和頻繁。在南北韓，對共同點的意識和對彼此的認知是很混亂的，而東德的國民透過廣告、國際商店、鄰居或是訪客，非常清楚地知道一切他們所沒有的東西。因此政治學家艾卡哈德・耶瑟（Eckhard Jesse）從東德人的角度把西德很貼切地稱為「對比社會」。[13]南韓卻遠遠不能替北韓扮演同樣的角色。

然而南韓人對北韓所知也非常有限。這也跟住在南韓的脫北者人數很少有關係。一九四九年到一九八九年之間，大約有三百五十萬的東德人離開自己的國家到西方去，而一九五三年到二〇一三年間，只有兩萬六千一百二十二個脫北者從北方逃到南方。[14]鑒於北韓人口比東德多出百分之四十，如果做一個相對性的觀察，我們必須把原本就很少的數目再降低。日常生活裡，大部分來自貧窮東北方的脫北者想盡可能掩藏身分，因為他們害怕在競爭激烈的南韓社會裡會遭到歧視，而且這份擔憂不是沒有道理的。

所以長期以來，南韓對北韓人的想像也同樣怪誕。一九七〇年代南韓的小孩們還會學到，北韓的共產黨員是惡魔般幾乎沒有人性的生物。這個情況改變了，但是直到今日，南韓對自己的同胞還是多有保留。首爾政府還是跟以前一樣，只是有條件地跟人民透露與北韓有關的事。例如北韓媒體的網頁在擁有民主高科技的國家南韓被封鎖，而且單單擁有金日成寫的書就違反了國家保安法。二〇一三年還有民選的南韓國會議員因為支持北韓的陰謀活動而被逮捕和判刑。二〇一三年九月，南韓的軍事單位用了好幾百發子彈掃射一名欲游泳橫渡界河到北韓的男子。[15]

看一眼各自主要的結盟國也可以幫助我們了解情況的差異。謹慎地說，東德在經濟和政治上是蘇聯的衛星國，它不可以自行決定是否製造重型卡車或是購買潛水艇；莫斯科用簡單的一句「njet」（不）就否決了這兩項決定，因為他們對以前的侵略者仍抱持懷疑。相反的，北韓並沒有「大哥」，就算現在有人假設中國扮演了這個角色。這個想法在西方相當流行，但是多半出自於無知或是願望，希望如此一來可以對中國施壓。事實上，北韓在經濟、政治和軍事上相當獨立，讓國家能較少受到外來影響，這也適用於可能的統一問題上。

他們的獨立性不會因為急需跟中國經濟合作而有所改變。這個合作只是更凸顯出另外一個差別：北韓最重要的夥伴是一個在任何一方面都正在崛起的強權。東德當時最緊密的結盟夥伴在經濟上卻一敗塗地，雖然戈巴契夫有最好的企圖心，卻正走向政治解體的路上。時代見證人如艾貢．克倫茲（Egon Krenz）和漢斯．莫德洛夫（Hans Modrow）都公開表示，東德被戈巴契夫賣給了西方；[16] 中國領導人應該不會想到這個主意，至少不會抱著得到大量經濟援助的希望。

如果我們假設，統一會讓兩個國土的發展水平向上靠攏，那觀察兩德當時和兩韓現在的差距將會很有趣。東西德在科技和教育水平的差距非常大；但是如果把兩韓放在同一個觀點下觀察，兩德的差異就淡化了。同樣情形也適用在基礎建設、消費行為，或是對世界的認知上。

德國統一的進程中，有許多鮮為人稱道的運氣，其中之一是我們一起經歷了職場和私人生活大幅電腦化的改變，因為這項改變一直到一九九〇年後才如火如荼地發展。北韓只有一小部分人口才享有電腦和平板電腦，更別提上網的可能性，因為北韓內部的網路受到封鎖。如果這種情形一直持續到統一的時候，那北韓大眾的知識缺陷可用文盲相比擬。兩韓生活現實的極大差異還表現在其他領域，以至於為了協調雙方的差異，得付出遠遠超過為德國例子所付出的努力。這牽涉到與公家機關的往來、新社會關係網絡中的行為，或是在生活和工作上設定正確的優先順序。

北與南，東與西

對各自所謂相似的分裂國土做一個比較，也會發現差異比共同點更多。西德和南韓過去，更確切地說，現在是居領導地位的經濟國家，世界上的許多國家也一樣。南韓依舊在努力彌平快速蛻變過程中經濟和社會上出現的失衡狀況。一九六〇年代初期，南韓是一個赤貧的發展中國家，有貧民窟和嚴酷的軍事獨裁。一直到一九九三年，最後一個前將領才從總統大位上下台。經濟還是由財閥[17]主導，大部分由家族掌握並多元化經營。如果三星跟諾基亞一樣，只要做出一次錯誤決定，就會使全南韓陷入生存危機。

南韓的政治生態是幾乎沒有地方基礎的政黨，首爾幾乎沒人懂得把妥協當成政治的手段。[18]偶爾在國會裡還拳腳齊飛。跟鄰國的關係，特別是對日本，常常受到不信任和復仇主義的影響。南韓在內政和外交上積極爭取正常化和承認，也有最好的成功希望。但是與兩德統一時在幾乎每個方面都令人滿意的西德相比，南韓到現在還是無法相提並論。

特別引人注意的是東德和北韓之間的差異，很早以前在雙邊關係中就已經表現出彼此的不瞭解。[19]雙方少數的共同點是：一個主導的意識形態，一黨獨裁，幾乎沒有市場經濟和值得一提的私有生產工具，也沒有可以兌換的貨幣。然而在國家社會主義體制裡很典型的政治鎮壓方面，客觀的觀察家可以發現很大的差別。一九八〇年代的東德並沒有勞改營和滅絕營，也沒有連坐和公開處決。但這並沒有讓鎮壓的效果減輕，只是讓鎮壓的方式變得更難以捉摸，一九九〇年後，許多受難者很失望地發現這些罪行幾乎無法追訴判決。鑒於國安機關對自己國民所犯下的嚴重罪行，[20]如果北韓突然改變，對鎮壓機關的清算可能不會像對東德國家安全部那樣平和沒有流一滴血。

如果能夠經得住誘惑，不把所有這些「共產黨員」混為一談，那我們也能看到意識形態的差異也很大。德國是馬克思和恩格斯的國家，也是全世界最早社會民主主義的堡壘之一。在經歷過納粹主義和二次世界大戰的痛苦經驗後，雖然進口了史達林主義，卻發展出一種完全不同類型的左派政黨，跟一九四五年和之後的北韓不一樣。除此之外，北韓很早，最晚從一九六〇年代初期開始就脫離了馬克斯列寧主義。取而代之在主體思想概念下建立了一種農村父系式，帶有史達林主義特色的國家社會主義。這種意識型態的包袱是韓式多於俄式。要拋棄它，勢必會比當時東德脫離主導的意識形態難多了。一九九〇後東德的民主社會主義黨（PDS）之所以還有一段長時間獲得人民投票支持，是因為他們為東德民眾出聲，而不是因為意識型態的緣故。

很重要的是，北韓至今絕大部分還沒有融入國際關係網絡。東德在經濟方面曾參與經濟互助委員會（RGW），軍事上屬於華沙公約組織的一員。北韓與兩種組織保持距離，堅持走自己的路。這個國家為此付出的代價是貧窮，不過今天比當時的東德更有能力在隔絕中生存下去。

社會主義陣營中，東德屬於最富有的國家之一。在德國統一的例子當中，兩個來自完全不同世界，但卻是各領風騷的國家結合在一起。如果現在兩韓統一，那是一個強國和一個弱國在同一個現實環境下的結合，我們在這裡也看到一個完全不同的情況。

現在人們很喜歡用德國的例子來解釋兩韓統一的費用會更高，因為北韓的發展水準明顯低於東德，因此要克服更大的一段差距才能趕上南韓。從不同的原因來看，我們必須質疑這個邏輯。首先我只想針對一個假設提出懷疑，這個假設認為北韓人也期望有類似快速的同化過程，就像在東德的例子一樣，柯爾保證東德會有繁榮的景象以及和西德一般高的生活水準。[21]

與北韓人的對話讓我對未來的情況有另外一種推測。由於北韓接沒有南韓的媒體，所以那裡到目前為止也沒有過高的期望。幾乎沒有一個北韓人認為統一後一年裡能駕駛到中等轎車，擁有私人的小房子，一年有兩次飛往異國沙灘休假的機會，所有這些都跟一份薪水豐厚的終生固定職業相結合。大部分的北韓人對再度統一連帶產生的物質希望是好食物、冬季裡溫暖的公寓，和給孩子的一個未來。相反的，東德公民期待的是一比一的貨幣兌換率，薪水和退休金快速達到同樣水準。這個出於政治動機的好意所付出的代價是企業破產和失業。[22]

除此之外，北韓目前的發展已經脫離了典型的社會主義國家。我在其他地方曾經指出，市場經濟的行為如何進入了這個國家。長久以來，東德和北韓的共同點是貨品的缺乏，現在已漸漸為個人購買力不足所取代，比較像資本主義國家的常態。然而東德物資缺乏的情況從來沒有嚴重到變成饑荒，像一九九〇年中期北韓發生的情形一樣。就算偶爾有褐煤短缺的情形，公寓還是有暖氣，供電也很可靠。北韓電源卻常常斷電，冬季人們常常要在嚴寒下受凍。

雖然如此，北韓人民面對自己體系的態度跟東德人民截然不同。就以我接觸的經驗為基礎來說，奇怪的是，大部分的北韓人民並沒有意識到，社會主義的計畫（惡劣）經濟是他們國家經濟的主要問題。東德大部分的人民早在一九八九年前就已經了解這個問題，並且公開表達意見。原因除了實施社會主義之前的經驗完全不同，以及接收到西方或南方媒體的程度不同之外，大概也因為北韓的經濟計畫經年來由國家直陳。五年計畫不再公開發表。大部分的公民完全不清楚計畫的內容是什麼、如何計畫、為什麼如此計畫；於是也比較少有會起摩擦的地方。而且對北韓人而言，他們的領導人常常是很神祕的。

表單上的差異點當然還可以繼續列下去。但是它已經長到足以顯示，任何介於德國和兩韓，或是介於個別分裂國土之間的類比都不能叫人信服，因為這樣的比較缺乏厚實的基礎。

但這也不表示不能從中學到一點東西。只要不是搜尋簡單的公式，而是尋找期待會發生，或者極有可能不（再）重要的問題都能獲得更多的認知。畢竟韓國人向德國學習是為了要做好準備。雖然不能期待從我們的經驗中獲得現成的答案，至少能對未來可能面對的狀況有比較好的想像，然後再針對兩韓的特殊性做出相應的準備。

兩韓統一的挑戰

對未來做展望並不是很可靠，因為我們不知道，是否、什麼時候、在什麼情況下會統一。如果明天北韓分崩離析，南韓會以德國為範本簡單地接收北韓嗎？最糟糕的情況是發生第二次韓戰，用武力統一朝鮮半島？或許兩韓還會平行發展幾十年，北韓趕上，並根據中國的前例脫胎換骨，然後以平起平坐對等的關係進行統一？

有些東西是我們能從德國的案例上學到的：一瞬間可能發生最難以預料的事。就連沃爾夫岡．修伯勒（Wolfgang Schäuble），當時的西德總理府部長，對東德的了解比現在所有專家對北韓了解的總和還多，他的估計也不正確。一九八九年二月二十五日，也就是何內克垮台前不到八個月，柏林圍牆倒下前的九個月，他說：「雖然有種種困難，東德的政權還不到崩潰的時候……就目前的情況以及可以預見的未來，還看不出德國問題解答的端倪。」[23]

姑且不談機率的問題，一般的研究假設是一個迅速由南韓主導的統一，對象是政治失敗，經濟凋敝，也就是全面表現不如人的北韓。因為德國統一的模式也是如此進行，所以也就形成了這個唯一的推測，因此從德國的例子上尋求經驗是有意義的。

但是這裡產生一個問題。我在這本書裡嘗試要表達，北韓不斷在發展，速度不是那麼快，也許也不是完全朝著外國希望的方向發展。但是這個發展進行中，也會對統一問題造成影響。扼要地說，北韓會在某些方面跟東德越來越類似，但是在重要的領域也會超越東德當時的情況。

如果我們想想德國統一進程中出現的挑戰，那會特別清楚。除了比較容易理解的任務如貨幣聯盟、社會福利制度的轉移、薪水調整和基礎建設的擴建之外，總的來說，挑戰在於「容量的擴建」。這項行動非常單向：大多是東德公民直接或是迫於形勢被要求儘速學習新的遊戲規則，這些規則大部分符合西德的遊戲規則。適應的壓力非常巨大，因為遊戲已經開始；為了不在遊戲中失敗，不僅要瞭解規則，還要學習遵守遊戲規則不可或缺的能力。

為了至少避免部分過於主觀看待事物的危險，我把自己一九九〇年後的經驗放在一旁不加採用，而借用一本書裡的案例，雖然這本書的標題選得不是很成功，但卻是值得注意，總體而言是個客觀的時代見證。[24]它在三十三個來自東德和西德具體的生活經驗基礎上，顯示人們在各個不同的適應範圍裡要做出哪些調適。

表面上與對經濟以及廣義法律系統程序和規則的認識有非常大的關係，包括稅法和公司法。以及與此相關的形式方面，例如會計和財務。再者，某些機構以前並不存在，或是有其他的功能，跟新時代對它的要求不一樣。提森（Thießen）舉例指出銀行這塊範疇，東德受過良好訓練的行員在巨變後不久，完全無法勝任貸款發放，特別是貸款風險的評估工作。土木工程或是其他領域的新標準也必須重新學習。

對法律架構的「硬」了解之外，還要加上重要的「軟」行為方式，例如競爭能力和自我推銷。很多經理人在東德同事身上觀察到一種傾向，不願在危機時期擔當責任。這在東德的集體制度下完全合理：如果一個事先沒有得到指示而採取的行動失敗了，那就會成為自願負責的人的負擔。如果行動成功，所有人都受惠。所以為什麼要冒險呢？如果沒有上級的直接命令，最好什麼都不要做，因此也不會犯下任何過錯。一個對北韓的研究中引用了一個脫北者的話：「成分好[25]的工人不用多做工也可以得到提拔，成分不好的工人也不用多做工，反正不會帶來任何好處。」[26]一個西方企業家朋友，兩年前開始在平壤經營一家咖啡店，也觀察到非常類似的行為。員工能迅速毫無例外地以極高的品質執行他的指示，但是一旦他不在場，通常不會發生很多事。為了安全起見，大家會等待他的指令。如果外頭天熱就提供冷飲？沒有指令不行。

另外，市場知識在德國的例子上也扮演了一個角色，也就是正確估計一個想買賣的物品或是服務價格的能力。許多東德公民在面對保險和金融產品營業員時相當無助，因為他們常常不能估量這些服務的必要性、價值和風險。同樣的情形也適用於許多受國家操縱價格的貨品。

某些因安身立命產生的恐懼對東德公民來說是新的，例如失業的恐懼。這對教育和職業的選擇影響甚鉅。現在選擇或是拒絕某個職業教育的理由，跟一九九〇年前普遍流行的邏輯有基本上的差異。拿選修東亞研究做例子，早在統一很久之前我就做了這個決定，主要是受到能到國外旅行的願望所鼓舞——薪水高低或是工作位子穩定性的考量完全不重要。一九九〇年還夠年輕的人很幸運，能夠即時做出反應。已經四十歲中間或是更年長的人，大部分就只能靠他們所受過的訓練來應付，對於突如其來的西方系統，沒有長期做準備的可能。

德國過去有一個很大的問題，就是缺乏或是沒有明文規定的產權，常常讓投資受挫或是延誤。它也阻礙了人民累積資產。從過去到現在，許多東德的退休人士比西德的同胞在更高的程度上依賴退休金為唯一的收入，因為東德沒有其他類型的養老方法，例如投機的不動產財產、股票基金、投資理財型人壽保險等類似的產品。西方年輕的一代有希望繼承到父母或是祖父母實質上的資助和財富，讓財富的不平衡再維持一段時間。

對所有參與者而言，面對過往歷史也是件棘手的事。特別是對去東德的西德人，他們無法了解同事履歷上某些層面所代表的意義。如果某人以前是 **BGLer**（企業工會領導人），這意味著什麼？或者曾參加 **FDJ**（自由德國青年）？或者甚至是黨員？反過來也有差異嗎？如果西方某人畢業於哈佛大學或堪薩斯大學——美國不就是美國，難道不是嗎？東德人和西德人雙方都有困難去評估彼此正確的社會地位。

我們也絕對不能忘記還有其他的「軟」實力，例如關係。劇變後，這個常常被貶低為「結黨」的關係網絡在東德已經癱瘓或是失去它的價值；而相對應的關係網路在西方仍舊存在，並能使它們成員的工作進展得更容易。我們可以在相當短的時間下苦功研究理解法條和規定，但只能在生活中獲取和改善對於社會符碼和適當行為的深入認識。

西德人在簽署統一協議之後好幾年仍能主導統一過程的優勢，根據提森的看法是在於他們能更精確完善地掌握遊戲規則：「東德的每個領域都被西化，西德人新制度有較好的認知，到處扮演決定性的角色，並能貫徹實現他們的想法。」[27]同時間，許多東德人在東德時期費盡心力取得的能力就算還不至於變成負擔，卻仍在一瞬間失去了用武之地。

如果從這些觀點來觀察北韓幾年前還存在的情況，那可想而知在實際上跟東德有許多共同點。更有甚者：北韓的體制裡大大清除了民主和市民社會的元素，比東德更徹底。這個國家大幅度地干預公民的生活，個人做決定和發展的空間比較受限制，私有產權受到較嚴格的限制。東德公民在許多領域缺乏或是不再具有適切的認知，北韓人則完全一無所知。東德人可以貸款蓋房子，或是替自己的車子保險；雖然相關規定在一九九〇年後有更動，但是基本上人們至少知道是怎麼回事。直到前不久，北韓完全沒有這樣的可能性。

許多事情上，特別是意識形態，北韓還牢牢停留在一九八〇年代。在其他問題上，北韓向東德看齊，比如財產和個人的決定權。如同何內克那個時代，北韓領導階層也做出了策略性的決定，企圖經由物質上的成就來強化統治的合法性。例如他們將CNC（電腦數值控制工具機）確定為策略性的產品和技術，投資娛樂事業。儘管政府對消費仍有懷疑，但敵意逐漸在消退中。國民經濟又再度貨幣化，社會的分化也更細密。

然而我要特別強調，北韓在幾個領域的發展已經超越東德當時所能達到的成就。因此有很多直接的援助來擴展北韓的生產能力。我自己曾經參加過許多次給北韓領導階層的訓練計畫，一些組織如親自民黨（FDP）的腓特烈．瑙曼基金會（Friedrich-

Naumann-Stiftung），或是親基社黨（CSU）的漢斯・賽德基金會（Hanns-Seider-Stiftung）傳授他們西方經濟體制和法律、外貿以及財政範圍內技術方法的基本知識。其他專門機構如非營利組織朝鮮交流（Choson Exchange），或是由南韓基督徒成立的平壤科技大學（PUST），現在已經致力於確認哪些「硬」能力的不足，並加以補救。

特別值得注意的是，從一九九〇年代末期開始，因為不得已的情況而允許市場經濟機制進入最低階的以物易物層面，以及二〇〇二年結束與日本的經貿關係後，中國商人大舉進入北韓。這些情況導致北韓人現在雖然貧窮落後，但是比一九八九年當時的東德公民在很多方面上具有優勢。兩韓內部在經濟方面的互動，例如開城工業特區，受到政治上特別的照顧。但是大部分的中國小販和商人並不認識這樣的情況。他們給北韓人看見如何在市場經濟的條件下賺錢。但是我們從私人的意見以及媒體上所公開一些合資公司的命運得知，雙方面的經驗並不是一直都是正面的。[28]東德人民是統一後，在時間緊迫，沒有一個能保護他們的政府下累積這樣的經驗，北韓人民卻在統一前就已經可以經歷到相同的學習過程。

不過這樣的過程現在離影響北韓人民大眾，並徹底永續地改變他們實際生活狀況還有一段很遙遠的距離。無所不能的國家和它的官僚體制以及合法性一直還居主導地位。然而思想上的轉變已經開始，並且傳播開來。鄉村的家庭學習到，特定的產品可以比其他產品賣到更好的價格。他們牢記在心裡，除了有好的產品外，還必須有一個漂亮的包裝和銷售天分才能保證成功。他們被別人欺騙也欺騙別人，並學習什麼時候能逃避罪責，什麼時候不能。有些企業已經了解，雖然在某些情況下合作夥伴並不能強迫他們遵守合約，但是長時間看來，遵守合約還是值得的。孩子的未來打算跟十幾二十幾年前也不一樣了。外語和企業管理的知識很風行，不過在軍隊和政黨裡的職業生涯一直還是有吸引力，而且對國家服從和積極展現忠貞仍然有很高的重要性。但是後者會慢慢成為一個空殼。[29]

要是這個過程這樣或是更密集地進行若干年，就會有更多北韓人更深刻地認識南韓和其他市場經濟體的遊戲規則，並掌握其運用的能力和經驗。如果西德人面對東德同胞的實際優勢真的在於知識和能力上的差距的話，那南韓要有心理準備，未來統一的過程將有一個完全不同的走向。然而進展的情況還沒有那麼快，仍有足夠空間讓人做推測。

我們想像一下可能會是什麼樣的情形。北韓根據中國的榜樣進行改革，它擴展經濟特區，讓更多的外國投資者進入國內，強化市場經濟的元素。當地的工業興起，農業近乎私有化，國家只專注於關鍵重點工業。領導階層保持獨裁，但是也會漸趨集體領導；站在頂端的金正恩融合了鄧小平和朴正熙於一身。軍隊配合，因為從軍事企業中發展出北韓的財閥，可以藉此賺很多錢。政黨保留它的權力，但是也跟中國一樣讓黨內多元化。發展核子武器的計畫被凍結，國際觀察員得以進入北韓，制裁行動得以逐步取消。北韓終於可以在外國的協助下開採、加工和出口含量豐富的礦藏。因為緊鄰中國而帶來經濟的蓬勃發展。政治上的壓迫減少，開始謹慎處理過去的歷史。北韓人民認清南韓的經濟優勢，努力工作以達到相同的水準。

這對統一會帶來什麼結果呢？南韓會感受到巨大的壓力。貧富差距將消失，現在一方感受到的優越感和另一方感受到的自卑感也會隨著消失。北韓會繼續提出論證證明，駐紮在南韓的美軍是外力占領國土的表現，也會有越來越多的南韓人附和這個說法。針對統一的議題不再是圍繞著什麼時候如何將南韓的體制引進北韓，而更是討論一個共同的體制，最好的情況是能保有南韓體制中的一些要素。中國會對這個議題發揮很大的影響力。最後，北韓會靠國家主義意識形態、繁榮的經濟和強大的盟國中國在許多方面貫徹它的想法。

這純粹是推測，是眾多想像裡的其中一個。我沒說統一的情況將會是這樣，但是我說有可能會發生這樣的情形。如果想對兩韓的統一做好準備，也得考慮這樣的可能性。

兩韓統一的成本

統一議題中，經濟的代價無疑是最常被拿出來討論的面向，尤其是在南韓。不需要動用到交易成本理論，就知道兩個國家的統一不會是分毛不花就能達成的。但是我認為，以德國例子為基礎，看似有科學精準度所做出來的驚人估算，常常是從完全錯誤的假設出發，因為它沒有把重要的因素考慮進去。

首先要提到透過德國統一基金（Fonds Deutsche Einheit）在互助協定一（Solidarpakt I）框架下進行的兩德境內的付款行動。一般而言，從一九九〇到二〇〇五年這段期間，公告的數字大約是一點四兆德國馬克（大約是七千億歐元）。[30]但是在西德的眼中，裡面到底有多少錢是單方面的轉移，真的「一去不復返」呢？基礎建設計畫如高速公路整修，或是鋪設新的通訊管線所費不貲，毫無疑問。但是沿著施工路段行駛，我們看到Max Bögl、Heilit und Woerner、Bilfinger und Berger、Teerbau、Phillip Holzmann和其他公司的廣告招牌。他們全是西德的公司，建設東德為他們突然帶來前所未有的訂單量。所以一部分的錢，扣除付給當地工作人員的薪水，馬上又流回西德了。

許多錢用在建立相對應的機構上，從財稅局到警察局和邦政府等等。直到今天如果有領導階層在電視上發表公開談話，我們大都還是聽到西德口音。身為前薩克森邦首長的庫爾特·畢登庫福（Kurt Biedenkopf）只是冰山的一角。西德的領導階層深受歡迎，他們也做出了偉大的貢獻。如果因為單一負面的經歷而懷疑他們是不公平的。在這裡我主要是想指出，流向東德的薪水和工資，有一部分事實上又回到了西德。

不能忘記的還有社會福利的巨大支出，如健康保險、退休金、失業救濟金。這些錢直接進入東德人的口袋，他們用這些錢做了什麼呢？特別是低收入階層，也就是定義上的社會福利接受者，被迫將大部分的錢花在消費上。社會福利金只是這裡進那裡出，從西部轉移到東部這個領域的資源，馬上就用在房租、食物、衣服和日常生活用品上。而誰是房東？食物又是在哪裡製造的？汽車？電視？大型百貨公司和超級市場連鎖店的公司總部設在哪裡？沒錯，在西部。沒有東德的公民還買衛星或是瓦特堡轎車，現在必須是大眾、歐寶、奧迪和賓士。就算是法國車或是日本車，也要透過西德舊聯邦的進口商進口。有一陣子甚至要從西部購買基本的食物。德國統一在這裡對西德的經濟而言，也是一個龐大的景氣推動計畫，正常情況下會讓布魯塞爾的公平競爭官署馬上採取行動。

我們也應該提到，在東德消費的每一塊德國馬克，根據產品的種類和時間點而定，有百分之七到百分十六的增值稅立刻回流到全德的國庫。薪資方面，所得稅必須從轉移的金額中扣除。

對於兩韓社會統一所預期的成本這個問題，觀察一下南韓的社會制度——也就是同化過程的標準，是很有意思的。一九九〇年到二〇一四年為德國統一所支付的所有金額中，大約有百分之六十到六十五是用在社會福利，其中又屬退休金占絕大部分。[31] 二〇一二年大約有百分之三十的全德國家財政預算流入退休金。[32] 南韓呢？南韓政府二〇一四年只有支出百分之零點二六（！）的國家財政預算給退休人士，他們每個月得到最多八十三美元的基本退休金。[33] 只要南韓的社會福利支出一直這麼低，那北韓調整到這個水平的費用一定會比德國例子所造成的費用明顯便宜很多。

如果在這樣的背景下再次檢視德國境內的資金轉移，它看起來不再那麼有威脅性，剛好相反。南韓的經濟應該高興，如果統一，將會有一個由政府協調好的景氣推動計畫。藉由它的幫助，在市場上已取得一席地位的公司，工作職位受到保障，而且獲利源源不絕。至少目前在北韓，他們對社會福利的期待與東德相比低得多。

統一的紅利看起來怎麼樣？也就是說，透過統一，人們可以在正面的經濟觀點上期待什麼？畢竟德國信託是一個讓人警惕的例子，它可以把期待的收入變成高額的支出。如果在經濟上已經很發達的東德在跳蚤市場上一文不值，我們還能在北韓身上期待什麼呢？

我們在這裡也要小心避免做過度的類比。東德的經濟在進出口方面，大量依賴其他同是社會主義國民經濟的夥伴。因此當德國統一，蘇聯和它的衛星國也同時瓦解時，情況對它很不利。正常情況下要迅速找到買家已經是夠困難了，更不用提東德破敗沒有效率的企業，幾乎是不可能的任務。同時還要應付供應商突然要求用強勢貨幣付款的情形，而且德國貨幣的變更也將債務換成了強勢的德國馬克。

但是在兩韓統一的情況下，不會出現相同的適應過程。因為北韓在一九九〇年代初期已經經歷過這樣的過程了。當時國家陷入極大的困境，然而這個危機已經安然度過。北韓現在的對外經貿關係還遠遠不及它的潛力，但是很穩定。出口產品不多，但是卻有國際競爭力。付款方式是以外匯和世界市場價格進行。北韓的貿易不會在統一後癱瘓。

北韓會替共同的財政帶來什麼？根據現在的狀況我們可以假設，大部分的工業工廠會像在東德一樣被當成破銅爛鐵處理，最糟的情況是被當成還要花大錢處理掉的特殊廢棄物。這裡是值得擔心的地方。但是北韓有東德沒有的東西：有大量在國際市場上可以賣到好價錢的地下礦藏。如果有南韓的資金可供運用，將金礦、煤礦、菱鎂礦、鋅礦、稀土和其他原料從地下開採出來、運送、加工和出口，那將會出現無與倫比的榮景。而渴求原料的中國就在隔壁，也是另外一個獨特的運氣。總而言之：對南韓這麼一個依賴出口的經濟體而言，相較於它的競爭對手，有什麼比終於可以和最活躍和有潛力成為世界最大市場的國家有著一千四百公里長的邊界更讓人期待的呢？

然而這裡也存在著一個德國沒有，但可能會發生在南韓社會的問題。當邊界開放，卻幾乎沒有西方投資者前來時，東德人非常地失望。但是這些投資者為什麼要花這個功夫呢？薪資成本差不多高，賦稅也一樣，而地理位置的優勢也不明顯。這在南韓的例子上可能會不一樣。南韓一九四五年前的經濟結構是一個指標，可以顯示出工業將會在共同領域的哪個地方落腳。它會去有廉價水力發電和有礦藏的地方，它會遷往最重要的市場，也就是中國的附近。如果南韓有一個害怕統一的理由，那不應該是因為成本，而是要擔心重要的工業未來將移到北方，以及因此在南方出現的失業率和稅收減少的情況。

所以我們可以確定：在討論兩韓統一並為此擔太多心之前，我們應該對德國統一的成本在細節上做更透徹的了解。北韓經濟的結構轉變至少在對外貿易上已經開始進行，不再會起決定性的作用。跟德國情形不一樣的是，南北韓可能真的會有正面的統一紅利。而不能避免的結構性改變不只會在北韓發生，南韓也不能置身事外。

統一的方案

兩國針對統一都有或多或少縝密的計畫，統一是雙方特別強調的願望，也是政治上最高的目標。相關草案中兩個關鍵性問題是統一的途徑和結果。在南韓，人們到目前為止相當有信心，認為統一的結果只會是北韓垮台，統一的朝鮮半島實際上就意味著南韓國家領土的擴展及其所帶來的所有後果。

在北韓，人們的看法理所當然有點不同。自從藉由韓戰走上軍事這條路子沒有成功後，特別是從一九七〇開始，雙方力量結構的改變迫使平壤對它的統一計畫做些調整。今日北韓對統一的想像來自金日成於一九九三年四月提出來的十點計畫。

它的前身之一是兩韓在一九七二年七月四日發表的共同聲明。因此北韓在七月四日一直會舉辦有象徵意義的行動，包括外交談話，也包括火箭發射。這些行動在美國常常被誤解為是針對當地的獨立紀念日；但實際上是跟北韓與南韓之間的第一個協議有關。協議前，金日成和他的弟弟金英柱曾經和南韓的情報部部長李厚洛祕密會談。[34]雙方突然願意會談的誘因是，擔心著名的「尼克森震撼」出其不意拉近中美關係會產生的影響。一九七二年的協議有三個原則：獨立，也就是在沒有外力干預下的統一；和平，也就是放棄軍事行動；以及國家大團結，把國家主義當成統一的意識形態，並把在國外生活的韓國人也融入。這特別表示那些生活在日本親北韓的韓國人，金日成希望他們能幫助他改善勢力平衡的情勢。

朝鮮勞動黨一九八〇年十月舉行的第六屆黨代表會議在金日成的建議下，通過建立一個高麗民主聯邦共和國的主張。兩件事在這裡特別值得注意：聯邦的概念[35]和高麗這個名字。

最後一項是解決一個棘手問題的絕妙答案。我們德國並沒有這種形式的問題，雖然東德官方的圈子對「德意志」，還有特別是「德國」這些詞語一直有些羞於啟口，但是東西方之間對國家在語言上的稱謂並沒有差異。朝鮮半島的情況不一樣；北韓用「朝鮮」這個名字，而南韓稱國家為「韓國」。一個至少表面上看來公平對待兩個國家的再統一，是不可能用這兩個名字的其中一個。

所以需要第三條路，哪一條路可行呢？Korea是一個西方用語，並沒有漢字的基礎，韓文聽起來又很笨拙。但是這個名字源自高麗王朝，它九一八到一三九二年所涵蓋的領土幾乎與現在兩個韓國加在一起的面積相同。從南韓的角度來看，很可惜的是，正確的點子來自錯誤的一方。目前在首爾，至少官方沒有任何一個政府官員願意使用高麗，這個過去曾經統一過韓國的名字。[36]

金日成建議裡的聯邦概念包含了「一個國家，一個國土，兩個體制」的原則。相對於集權國家，聯邦制允許個別的夥伴保有政治上高度的獨立和主權。原則上只有外交政策是共同執行。但是南韓長時間來努力的目標是完全的統一，也就是政治和經濟制度的同質化。

高麗民主聯邦共和國應該要保持中立，也就是不屬於任何聯盟。因為東方集團已不復存在，按照現實的狀況，這主要意味著（南）韓和美國聯盟關係的中止。然而真的統一時，也無法保證北韓方面今天仍會堅決捍衛這個一九八〇年表達的想法。種種跡象顯示，保持對中國的獨立是統一後韓國最迫切的外交任務。與美國建立新的聯盟關係，加上可以投入戰爭的韓國核子武器，將能達成這項任務。現下聽起來相當不合情理，但是我們不應該忘記：平壤也可以很現實，而主體思想提供了必要的意識形態靈活性。

除了許多其他有類似內容的意向書外，包括金正日的「三點平台」，還必須提到一九九一年十二月第一份韓國內部基本協定。跟一九七二年一樣，歷史事件是這份協定的誘因。由於社會主義國家體制的崩潰，總統盧泰愚仿效威利・布蘭特（Willy Brandt）的東進政策發展出所謂的北方政策，在這個框架下，首爾先後跟北京和莫斯科建立外交關係。北韓也做出像南方靠攏的反應。基本協定的四個章節特別著眼於建立信賴關係。從現在的眼光來看，把這種文件純粹當成沒有約束力的廢紙很容易，而且也不一定是錯誤的；但是統一過程一旦真的啟動，它也完全有可能扮演一個重要的法律角色。

一九九三年，基本協定簽訂後兩年，金日成去世前一年，擬定的十點計畫是目前北韓官方對統一態度的基礎。國家大團結是一九七二年共同聲明中已為人所知的目標，這裡特別凸顯共存共榮的原則。這個原則證實了平壤想保有北韓政治秩序的希望，並且提出他們不斷重複的期待，希望南方能給予龐大的財政援助。

十點原則多次提到雙方應放棄用暴力的方式將自己的體制強加在對方身上；此外還要求放棄追究政治異議分子。並且要求統一後，國家以及集體的財產應該和私人財產一樣受到相同的尊重。這裡也可以很清楚看到——德國統一三年後——北韓的領導階層明顯害怕會和東德政治菁英有一樣的命運。

其他的協定最終都是在二〇〇〇年和二〇〇七年兩次韓國內部的高峰會議上簽訂的。它們包含具體的合作約定，例如已經提過的金剛山觀光計畫和開城經濟特區。

展望：統一的機會如何？

關於預測，我雖然多次強調要謹慎，但我堅信北韓和南韓終有一天會再統一，就算現在看起來沒有相關跡象。但是有很多理由指向這個可能。

一方面，雙方都有最堅定的統一決心，主要是靠泛韓國國家主義的支持以及相信分裂是外在環境加諸在國家上的悲劇。另外，南北韓人也覺得自己在地緣政治上面對一個威脅；所有鄰國都要比它強大好幾倍。因此，無論在北方還是在南方都可以聽到言論暗示，一個統一國家所結合的力量可以讓韓國在這個區域比較容易貫徹自己的利益。

統一對經濟來說肯定是有意義的。跟德國的情形不一樣，兩個韓國的國民經濟互補。北方有原料、廉價勞動力和與中國接壤的邊界；南方有資金、技術、關係網絡和專業知識。二〇一四年年初南韓女總統發布評估，將統一稱為「統一大發」（亦即「統一非常讚」），[37]尤其從經濟的角度來看是完全正確的。

儘管所有的計畫和企圖心，兩韓統一尚未實現有內在和外在的原因。

最晚從一九七〇年代開始，北韓的領導人看出來，對南方的勢力失衡日益擴大，達成的統一有可能就跟投降一樣，而德國的例子又大大支持了這個看法。只有當經濟發展調適到了南韓的水準，北韓才會嚴肅地考慮一個談判方案。在那之前要利用時間，盡可能從南方獲得大量的援助來達到相同的水平。

南韓對統一實際付出的政治努力也是有限度的。人們擔心為統一付出的花費會讓正跟已經遙遙領先的日本和迎頭趕上的中國處於競爭中的國家，在關鍵幾年中帶來毀滅性的不利影響。只有當南韓終於在全球經濟和東亞安全體系中找到它的位置後，才會以較大的自信來面對統一的問題。

對政治歷史的處理也同樣被延宕。韓戰期間以及接下來發展中的獨裁政權在南韓一直還留有許多起重大傷害人權的事件沒清算究責。政壇四分五裂，各個陣營之間充斥著不信任和常常無法化解的仇恨。對於北韓的宣傳可能對南韓公民造成的影響，首爾懷有荒謬的憂慮，這也可以從內部的分裂解釋，人們稱之為「南南葛藤」或「南南矛盾」。如果將來有一天人們能克服這些問題，也會容許以比較開放和自信的方式面對北方難以應付的兄弟。

特別是外國，到目前為止對兩韓的統一問題並沒有給予任何幫助。如果我們在這裡也先把公開表達的意向聲明放在一旁，冷靜切實地觀察利益關係，那真的沒有讓人能在短期內樂觀的理由。

中國不樂見統一的韓國，因為它有可能是美國的盟國。一個獨立但是弱小的北韓是目前比較好的解決方案，就算它是一個非常讓人頭疼的夥伴。此外北京也知道，時間站在它那邊。南韓與中國在經濟上的關係日益緊密，如果我們不願意說是依賴的話。於此同時，美國雖然極盡努力，卻逐步被排擠出這個區域。總有一天，美國和中國在東亞的勢力平衡會改變，讓統一的韓國不得不加入一種與中國聯盟的形式。只要北京看到時機到了，中華人民共和國就會支持兩韓快速統一。

日本是兩韓統一下損失最多的國家。經濟紅利可能會由南韓和中國瓜分，不會留給貸方的東京太多利益。南韓現在在造船業、汽車工業或是電子業已經是咄咄逼人的競爭者，會透過統一獲得極大的力量而出線，並與中國聯手，迫使日本轉為守勢。日本會失去市場，本來也就搖搖欲墜的技術領先地位也會成過往雲煙，而島國的孤立狀態會日趨嚴重。同時，和韓國的領土爭議如獨島問題會尖銳化，因為統一後的韓國有了新的自信，會將它的能量從內部的衝突轉移到外交上。不能忘記的是，為期三十五年的殖民帳在許多韓國人眼中還沒有算完。難怪日本擔心，不希望北韓崩潰，並特別在二〇一四年五月重新進行雙邊會談。

俄國長時間以來是唯一一個相當中立的鄰國。他們對重返國際政治舞台以及與區域中領先的工業國家對話特別感興趣，而北韓提供了受歡迎的話題。隨著新俄國國家主義的進展以及二〇一四年年初的克里米亞衝突，莫斯科與華盛頓的爭執越來越白熱化，因此俄國也發展出更強烈的興趣想削減美國在東亞地區的力量。出於戰略性考量，現在支持北韓的傾向也升高。

從莫斯科的角度來看，兩韓統一同時蘊含了機會和風險。跟一個穩定的北韓維持良好的關係，讓俄國成為對南韓極富吸引力的夥伴。俄國不會重蹈葉爾欽的覆轍，把這張王牌輕易地丟掉。[38]一個統一的韓國能讓俄國輕鬆地將天然氣和其他原料銷往亞洲，並實現計畫已久的鐵路路線，從日本[39]經由南韓橫越俄國到歐洲。然而韓國和中國的關係如果太緊密並不符合俄國的利益，所以莫斯科的態度還是會繼續保持大範圍的中立。然而由於跟美國關係惡化，針對北韓核武計畫召開的六方會談上的立場將會極端化，也會增強北韓在政治上的力量。

華盛頓對兩韓統一的看法也不全然是正面的。如果統一後的韓國親美，那到目前為止努力克制不爆發的對中國衝突將豁然明朗。北韓內政狀況一旦不穩定，中國派兵維持和平的想像是很可能的。美國應該如何反應呢？美國參加第二次韓戰的意願很低，失去韓國的機率將會很大。如果統一後的韓國親中，結果也會是一樣。美國必須離開幾十年來付出許多犧牲和代價建立起來的軍事、經濟和政治陣地，並退回日本，而那裡也開始對他們吹起相當寒冷的風。如果用詞尖銳一點，兩韓統一可能就是美國在東亞駐兵結束的開始，也代表著華盛頓在全球主導地位的結束。所以目前在這裡也以維持現狀為主。

這些都是讓兩韓統一困難重重的重要原因，但並不是不能克服。特別是德國的例子告訴我們，事件發展可能會有無法阻擋的動力。而中國和越南的例子也顯示，一個獨裁、經濟蕭條的政權也能夠不崩潰，並逐步往正面發展。兩種推測的情形，一是兩個不對稱的夥伴快速統一，一是兩個旗鼓相當的夥伴逐步完成統一，都是有可能的。

最終在這裡還要介紹最後一個關於統一的推測，它至少有部分會讓人憶起德國的例子，但特別是讓人想起歐洲的典範。如文所述，中國和美國對韓國有不同但是強烈的興趣。統一的韓國必須在兩個強大的盟國中選擇，就好像神話中航行於錫拉和卡力布狄斯的海峽一般（意指進退維谷），要如何才能全身而退？

一個出路是按照東南亞國協（ASEAN）的例子，將兩個韓國加入一個既不屬於美國也不屬於中國的東南亞聯盟裡。在這個多邊的架構中，兩個韓國可以先克服彼此的差異，而統一的韓國在團體的保護下，基本上也比較能抵禦這個或那個強權所釋出來纏人的友好表示。與北京和華盛頓的戰略上合作關係是由中級勢力國家組成的區域聯盟出面簽訂，而不是透過雙邊關係。

目前這個推測看起來不切實際。因為有數不清的組織、聯盟、合作關係和聯合會反映出東亞不同的國家利益。美國和中國也在這裡積極爭取區域性的領導角色。韓國不是這個區域裡唯一一個必須面對這個情況的國家。誰會想到歐洲人能克服幾個世紀以來的敵對狀態？

不只因為核武器和人權問題，也是根據對兩韓統一後角色的討論，我們越來越清楚看到，北韓的重要性超出朝鮮半島。對中國和美國有影響的事，不管我們願不願意，跟我們歐洲也有一點關係。我們對這個國家有足夠的了解嗎？不，就連那些我們自以為知道的東西有時候都很有問題，而且詮釋事實的時候，意見也常常分歧。但是把北韓當成地圖上尚未探究的地方——早已經不合實際狀況。我們每天對這個體制和人民都有多一些認識。很重要的是把兩者當成一體，一個整體中互相關聯的部分來觀察。只有這樣，我們才能對這個不同到常常令人茫然，但同時也讓人著迷的複雜社會有正確的評價。

後記：北韓二〇一四～二〇一六

北韓的動能

如果我們還需要一項證據去證明，表面上看似永遠不變的北韓其實完全不是靜止不動的，那麼我們只需去觀察一下，本書初版完稿之後兩年間的種種情況，也就足夠了。

在這個脈絡下，動並非必然總是正面的。前不久，北韓進行了第四次的核試爆，不久後，又立刻進了第五次。關於處決高層官員的種種傳聞甚囂塵上。關於輸出勞動力的一些報導，甚至還登上了我們的晚間新聞；其中包括了北韓工人被送往卡達，在惡劣的工作條件與微薄的酬勞下，在世界盃足球賽的工地裡賣命工作的故事。在侵害人權方面，有不少新的目擊者報告陸續發表。某些撼動人心的脫北者故事也時有所聞。不過，北韓的公關顯然尚稱成功。因此，某位以「逃出十四號勞改營」這個故事聞名於世的脫北者，在二〇一五年初時也不得不承認，自己所說的其實是嚴重虛假的陳述。

北韓的對外關係依舊困難。從潛水艇上發射導彈的測試仍在進行。一項成功的衛星發射計畫，則被西方國家烙上了「偽裝拙劣的洲際導彈測試」的印記。某些遊客因為多少有欠考慮的行為遭到了公開審判，甚至還被處以不成比例的刑罰。美國學生奧托・溫畢爾（Otto Warmbier）便是其中之一；他被指控在夜間闖入飯店中只有工作人員才能進出的區域，偷走了一張宣傳標語。此外，據稱，為了替金正恩復仇，北韓駭客入侵了索尼影業的電腦系統，因為該公司拍攝了一部嘲弄金正恩的低俗電影；不過，此舉卻也意外地為該片打響了知名度。

國際社會對北韓多半是採取對立態度。各種制裁變得更為嚴厲，其中尤以中國的態度最為耐人尋味。二〇一六年年初，這個總是手下留情的老大哥，居然同意了一項包裹著許多制裁措施的決議案，這讓北韓十分頭痛，因為它幾乎殃及北韓的所有外貿。美國與南韓卻絲毫不手軟，繼續一年多次於毗鄰北韓的邊界舉行聯合軍演，這些舉動當然也立刻引發了北韓的抗議與威脅。目前雖然尚未有中國北韓聯合軍演做為反制措施，不過，有鑑於中國抗議美國強行要在朝鮮半島上部署「終端高空防禦飛彈」（Terminal High Altitude Area Defense；簡稱THAAD，音譯「薩德」）的聲浪越來越強，也許在不久的將來，局勢就會有所改變。主要都是獨善其身的歐盟侷限於從遙遠的地方對北韓的所做所為發出「最嚴厲的」批判。個別的解決衝突倡議，往往都斷送在北韓人的笨拙與歐洲人的遲疑上。北韓的經濟特區持續為西方國家忽視。不過，前往北韓觀光的西方遊客依然川流不息。

除了這些反映出了一個往往令人不斷感到遺憾的事情以外，在這段期間裡，其實也不乏大大小小的各種驚喜。有些驚喜著實是任性，例如實施一套新的時區制度；目前全球有四個國家，在從外國入境該國時，人們不是以一整個小時為單位來調整時差，而是要在時差處往前或往後調整半小時，北韓就是這幾個國家之一。此外，也有一些驚人的倒退。舉例來說，開城工業區被南韓關閉。另外，在之前幾年裡成功幫助北韓推動現代化基礎建設發展的埃及電信企業 Orascom，顯然被北韓執政當局逐步地逼出了市場。與此同時，北韓又引入了像網路電視這類新媒體。

不過，在二〇一四到二〇一六年之間，最值得關注的莫過於朝鮮勞動黨的第七次全國代表大會；朝鮮勞動黨上回召開全國代表大會是一九八〇年那時，此次的會議已時隔三十六年，這在社會主義陣營史上可說是絕無僅有。

上述的某些事件，是這篇後記所要著墨的重點。在前面的篇幅裡曾經做過的陳述，隨著某些發展漸趨明朗，將在此被回過頭來嚴格地檢驗與質疑，若有必要，也將進行修正。相較於截至本書初版完稿的那個時點，目前金正恩的執政時間已接近當時的兩倍，這讓我們得以在此做出更準確的評價與某些謹慎的預測。

朝鮮勞動黨第七次全國代表大會：雷聲大，雨點小

在國家社會主義體制裡，黨的全國代表大會雖然是行禮如儀的一種活動，不過，計

畫與人事方面的重要決定卻也會在會中討論與公布，因此，如果一個官方始終自稱是社會主義國家的執政黨，有將近四十年的時間不召開黨的全國代表大會，這就不是普通的不尋常。

假設，一個人大概是從十四歲起會有政治知覺，那麼，至今五十歲以下的北韓人沒有一個曾經見識過，那個執政的黨是如何在它的全國代表大會中決定老百姓的日常生活，左右人民的命運。

在這段期間裡，自一九八〇年起，發生了許多事情。在前此最後一回舉辦全國代表大會時，鄧小平在中國的改革還方興未艾，戈巴契夫還得等五年和三位前任才能接掌蘇聯，尚屬軍事獨裁政權的南韓才剛血腥鎮壓了光州民主化運動，社會主義陣營顯然還相當鞏固，德國則依然處於分裂。這時的北韓還完全無法逆料一九九〇年代的飢荒，金日成還是身體健康，大權在握，當時還沒有核武發展計畫，沒有市場，沒有朝鮮半島內部的高峰會，沒有經濟特區，更沒有任何一部關於合營的法規。

期待

當朝鮮勞動黨終於在二〇一五年十月底宣布，將在闊別三十六年後於二〇一六年五月舉行第七次全國代表大會，北韓的民眾與外國的觀察家相應地給予了高度的期待。[1] 許多觀察家都曉得，過去在別的地方，黨的全國代表大會經常扮演著全面性改革的序幕；像是中國在一九八二年的第十二次全國代表大會，越南在一九八六年的第六次全國代表大會，蘇聯同樣也在一九八六年的第二十七次全國代表大會，都是我們所能想得到的。北韓需要改革，而且它還有個年輕的領導人，在經過幾年的鞏固權力後，如今他得兌現自己曾許下的改善人民生活的承諾；這已有足夠理由讓人們對於一場突破寄予厚望。

然而，當我們在預測未來時，總是必須注意避免流於一廂情願。如果冷靜地觀察，除了對於一場促進改革的全國代表大會所抱持的希望以外，其實還存在著一套平淡無奇、回歸某種「新常態」的劇本，換言之，中規中矩地表演完黨的全國代表大會，做為獨裁的另一項例行公事。[2] 依照目前的態勢，情況顯然就是如此。

新聞報導與準備

為數可觀的近五千名代表與觀察家，從二〇一六年五月六日至十日齊聚於平壤。為了避免尷尬地被捕捉到分心的神情，他們打起精神傾聽一連串冗長的演說。五月八日那場由金正恩親自發表的演說格外有意思，只不過，較多是因為領導人詳細描述了自己當前的定位，而非因為演說中提出了什麼堪與越南的「革新開放」、蘇聯的「開放政策」或「經濟改革」相提並論的政策。

關於這場演說的內容，我們所得知的一切，全得感謝北韓的國營媒體。雖然當時也有超過一百名西方記者受邀參與，不過，完全不令人意外地，畢竟那是在北韓，他們全被擋在真正舉行活動的會場外，不得其門而入。不僅如此，現場甚至也沒有任何友黨的正式代表團出席，和其他這類場合裡經常見到的一樣。朝鮮勞動黨的第七次全國代表大會儼然就是自家人在處理家務事。溫和地來說，平壤對待西方媒體的方式完全算不上聰明，因為反應是可以預期的。記者被「摒除在外」，連同一名基於其他原因前往北韓的BBC記者被拘禁了數小時，[3]成了西方媒體報導這場全國代表大會的重點話題。

如果有人期望那些被晾在一旁無所事事的媒體代表，至少可以去徹底分析一下官方所公布的正式文件，他顯然得要大失所望。在這上頭花點功夫研究，或許完全值得，因為金正恩雖然沒有明白承認一條全新的改革路線，但他也端上了一些「好菜」；關於這點，我在後頭還會再詳細說明。

在這方面令人憂心的是新聞報導中對相應評論所反映出的推測，也就是，在場媒體專業人士所讀的並非長達大約三十頁的韓文版演說全文，[4]而只是將近三頁的英文版演說摘要。[5]一個人如果想到像北韓這樣一個眾所周知不太親英美的國家採訪新聞，他就應該在那個國家的語言上下點功夫。在我們言之鑿鑿地將許多問題和威脅歸咎給北韓的情況下，我們實在負擔不起，資訊不夠充足就信口開河地亂下評語。

北韓那邊的準備工作，如同在這類大型活動方面可預期的那樣，是全面性的。在全國代表大會的準備階段裡，這個國家呈現出了最佳狀態。一直到這場會議開幕的四天前，我都還在北韓四處跑，而且我還經歷了過去二十五年來北韓從未有過的電力穩定供應。發電廠的煙囪冒著煙，在鄉間也整日有活水，農田裡可以見到的牽引機明顯多過了牛，馬路上可以見到中國廠牌的新型卡車穿梭。很顯然，儘管存在著二〇一六年三月的種種制裁措施，但這個國家既不缺煤，也不缺燃料。

如果我們回頭看看，這場全國代表大會的序幕，其實已經指出了一個趨於新正統與保守的方向。在訴諸數十年來已穩定建立起的群眾路線下，展開了一場加速工作的七十日大作戰。我在北韓全國各地都能見到像這樣的海報，上頭除了「還剩X天」這樣的倒數，還有一個問句：「同志，你是否也已完成了你今天的計畫呢？」北韓民眾顯然被操得精疲力竭。人們只能盼望北韓民眾不要心存妄想，期待接下來的步調比較和緩，因為，在全國代表大會結束後，隨之而來的又是另一場加速落實決議的兩百日大作戰！

故弄玄虛同樣也令人憶起了傳統的模式。當我在大會開幕的十一天前抵達平壤時，還沒有人曉得這場會議究竟何時開始，又要持續多久。雖然各種人民遊行與慶典正在緊鑼密鼓地籌備中，但卻完全無從得知實際的相關細節。就連舉行會議的地點也保密到家，只不過，從「四月二十五日文化會館」包裹著白布在進行整修，以及那裡的金、紅色黨徽閃閃發光等情況看來，我們倒也不難猜想這個問題的答案。如果有興趣的話，也可以進一步推敲一下，為何這個地點會雀屏中選。四月二十五日是北韓的建軍節。黨是要在軍方的地盤上作客，還是相反的，要讓那些被馴服的猛獸瞧瞧誰才是老大？在我看來兩者皆非。或許，北韓執政當局只是想強調這兩根權力支柱合一，又或許，那裡只是剛好可以使用的最大場地。

金正恩的演說

在結構與組織上，主要值得一提的是黨的最高領導職位更名。這個職位在二〇一二年才被改為「第一書記」，就在更早之前，逝世的金正日被尊為「永遠的總書記」幾個月以後。自從在全國代表大會上修改了黨的章程後，如今朝鮮勞動黨改由「委員長」金正恩領導。

金正恩在五月八日發表了關鍵的演講。一直到二〇一六年九月，講稿的全文依然只有韓文版；以下是根據演說內容順序所整理出的一些重點。[6]

公開批評中國：在一剛開始分析過往的部分裡，立刻就來上一段外交上的嚴詞抨擊：「儘管在我們的鄰邦颳起了資產階級自由、『改革』與『開放』等歪風，我們依然秉持著先軍政治的精神，相應地遵循著我們所選擇的社會主義道路前進。」[7] 鄰邦？改革與開放？這個句子我們很難誤解；在這裡，在一個不太尋常且極其突出的地方，中國被以獨一無二的方式直接地修理了一番。

對內的嚴厲批判：一個家父長體制裡的君主厲聲指出臣下的錯誤，這並非什麼新鮮事。早在金正恩上台幾週之後，他就曾表達過類似的不滿，一直到現在，他依然還是採取這套檢討別人的策略。此舉不僅旨在彰顯他自己的權力地位，同時也要正告國人，問題不是出在最高領袖，錯誤都是他手底下那些官僚造成的。不過，引人注目的是，在這場或許是至今最重要的演說中，金正恩再三強調官員們「濫權、官僚、貪污、腐敗」，甚至還用了不少篇幅去勾勒這些錯誤行為的細節。

強調年輕世代的角色：關於年輕世代、他們的角色及他們如何去扮演好自己的角色，金正恩指出，在國家的敵人致力於意識形態和文化方面的滲透下，這如今已成為「最棘手的問題」。事實上，我們在這裡可以看出，北韓的執政當局坦承，特別是從一九九〇年代起在種種改革中長大的這批年輕人，受到物質主義不同程度的影響。政府的資訊壟斷地位顯然已遭到侵蝕，至於意識形態的穩固性則至少部分地受到撼動。如同許多快速發展的國家那樣，北韓也流露出世代間的顯著差異。順道一提，在睽違了二十三年後，於二〇一六年八月時，才又召開了一場青年團會議，在這場會議上，金正恩重新訴諸年輕世代的良知與責任。

強調「金日成金正日主義」的重要性：早自二〇一二年初就開始的兩位已故領袖的思想融合在繼續進行，將馬克思與列寧的用語轉換成純北韓的用語也進行了一段時間，同樣也一直繼續。關於「金日成金正日主義」這個看起來十分笨重的術語，我們不妨引述一下金正恩的話，藉以瞭解其內容：「遵循金日成金正日主義來改造社會代表著，我們要以金日成金正日主義為唯一的指導思想來推進我們的革命，我們也必須仰賴金日成金正日主義，為我們的人民建設與改善成一個理想的社會。」看不懂這段話的人，我建議你，不妨把這個術語理解成本書所介紹過的兩位北韓已故領導人的所有思想和觀念的集合。

萬里馬的速度：從前面曾經提到過的「七十日大作戰」，我們應該不難猜想這是什麼意思。透過指示與意識形態誘因，去達成工作速度提升，這是金正恩當前提高生產的處方。過去蘇聯曾在一九三五年推行過「斯達漢諾夫運動」（Stakhanovite movement），中國曾在一九五八年搞過「大躍進」，在金正恩的祖父當政的時代裡，北韓也曾在一九五七至一九六一年進行過類似的運動，並以日行千里的「千里馬」來為此命名。時至今日，金正恩進一步在後頭多加了一個零，正式催生了「萬里馬」運動。在這裡頭，我們完全看不出西方自由主義訴諸物質激勵的效用。

專注於經濟與科技：本書前面已描述過，關於這方面令人聯想起何內克的最後十年。金正恩強調，經濟與科技方面進步是解決北韓經濟問題的基礎解答。國家在這些方面的支出應當有系統地提高，其他國家的研究成果也應當儘速地在北韓付諸實現。耐人尋味的是，金正恩居然要求各個研究機構，應當藉由生產高科技產品，自行籌措研究經費。順道一提，除了前已提及的阿里郎、三池淵和平壤等品牌，北韓現在又有最新一款名為雲林（Ullim）的平版電腦。外國人雖然可以購買這種裝置，但卻不能帶出北韓。

均衡的經濟發展：金正恩嚴詞批評，在過去幾十年間，不同經濟領域的發展在程度上相去甚遠，為此，他要求經濟發展的均衡。這點十分值得注意；在西方的發展經濟學裡，針對「均衡的成長」與「不均衡的成長」的好壞處，曾有過廣泛的爭論。後者建議我們，用人為的方式讓經濟失衡，交給市場在更高的層次上重建平衡。很顯然，金正恩並不准許市場扮演這樣的角色和發揮對此所必要的影響。

能源與糧食：這裡我們見識到北韓最高領導人的現實感，他不賦予重工業最高的優先權，而是把這樣的地位賦予能源與糧食的生產。只不過，其中依然不見農業私有化的指示。

國產的石油資源：北韓鑽探石油的傳聞由來已久。至於成功的機會則是眾說紛紜。不過，既然金正恩會在他的全國代表大會演說中要求，加強利用「諸如原油等國產的資源」，那麼我們就不能等閒視之。

新的核能電廠：電力短缺問題將透過包括興建核能電廠等方式來因應，這樣的宣示滋養了國際社會對於北韓核武發展計畫的憂心。不過，金正恩也同樣宣示要擴展其他替代的發電方式。

發表一項五年計畫：就內容而言，這肯定是金正恩這場演說的重點。由於遲遲不召開黨的全國代表大會，北韓出現了一種怪象，自一九八七至一九九三年的七年計畫結束後，就再也沒有發表過任何經濟計畫，唯一的一個例外是二〇一一年初的一個十分模糊的策略性十年計畫。如今又再次提出一個五年計畫，雖然，如同在北韓常見的那樣，相關的說明含糊不清，而且幾乎沒有什麼明確的數字。不過，我們至少可以期待，在未來的幾個月裡或許會透露更多的相關細節。目前我們只能暫時依賴金正恩所做的一些說明。他宣揚了擴展能源方面的建設，尤其是供電系統的現代化。後者可謂是國際咸認北韓改善電力供應的最大阻礙之一，因為，即便能從中國或南韓輸入電力，即便興建了許多現代化的新式電廠，最終也會栽在不堪負荷的殘破線路上。從這裡我們也可看出某種程度的現實感。

外貿的多元化：這又是北韓執政當局很清楚自己問題所在的另一項提示。有鑑於在貿易上過度仰賴中國，金正恩要求，必須改善這種「單邊」外貿。在這當中，出口加工產品是主要的手段，為了達到這個目的，必須強化合資企業的組建。至於該如何突破重重的國際制裁做到這一點，則完全沒有交代。

個別企業自給自足：這裡我們必須謹慎對待那些樂觀的詮釋，因為類似的宣示早自一九八〇年代起就已存在，但迄今未曾有過什麼實質的改變。不過，我們倒是應該注意，金正恩要求各個企業加強運用賦予他們的合法獨立管理機會。中央以消極的方式逕直抽離對地方產業所負的責任；在最好的情況下，這裡為一種去中心化的經濟提供了生殖細胞，正如它們在中國改革過程中於鄉間形成那樣。

放棄率先動用核武：儘管這一點也不新鮮，但這個段落卻被西方媒體密集地引述，這也有可能是因為它被收錄在英文版的演說摘要中。金正恩的原話是：「身為一個負責任的擁核大國……我們的共和國不會率先動用核武。前提是，敵對勢力不以核武傷害我們的主權。此外，我們也承認……我們對於國際社會負有不擴散核武的責任，同時也將致力於全球的去核化。」必須說明的是，目前美國正在進行一場關於放棄率先動用核武的爭辯，此外，先前北韓所使用的去核化一詞，基本上只是針對朝鮮半島或東亞，而非針對全世界。

金正恩的妹妹成為中央委員會的成員：北韓的人事是個不易處理的領域。某些人可能會先消失一段時間，爾後又再次出現，或是先被提拔、再被貶職、然後又獲得提拔。有時這些人還會更名。在二〇一六年年初時，南韓的韓聯社曾經披露，有位名叫李永吉的北韓高階將領遭到處決，然而在這場全國代表大會上，他居然「死而復生」地被選為朝鮮勞動黨中央政治局候補委員，這讓南韓的新聞媒體顏面盡失。也因此，我不是這類分析的大力支持者。不過，對於金與正的持續高昇，我們卻是不能忽視。除了她自己的事業以外，人們對於她有朝一日會與誰結婚也很感興趣，因為這會讓人聯想到金正日的妹夫張成澤，在他於二〇一三年底遭處決前所扮演的角色。

沒有更大規模的整肅：有鑑於在過去幾年裡許多確實或據說是搬了家的腦袋，可以確定的是，這場全國代表大會並不負有公審的任務。

結論

一般說來，人們得要等到會議結束過了幾個星期或幾個月後，才會曉得黨的全國代表大會的其他具體成果。不過，部分重點我們倒是在二〇一六年五月就已經知道。普遍缺乏進步的動能，明顯致力於回歸一九九〇年之前的常態，這些都是我們所難以忽視。這並不是一場改革的全國代表大會。金正恩心目中的第一要務是穩固，而非改革。樂觀的人或許會指出，黨的鞏固，還有特別是黨內最高決策機關的職位分配，原則上代表了該國領導責任的分攤。不過另一方面，金正恩的人馬卻又一如既往獲得了拔擢與強化，因此，要說北韓的領導如今已然顯露出意義深遠的集體化態勢，恐怕還言之過早。

另一方面，這場全國代表大會也讓我們清楚地看到了，這位新任領導人在內政上所要採取的策略。金正恩首次公開亮相就是在這樣的形式，但有四十四年未曾再舉辦過的場合上，也就是在二〇一〇年秋季舉行的黨代表會議。正式確認他的掌權，同樣也是以黨代表會議的形式來進行，那回則是在二〇一二年的四月。相隔短短四年之後，北韓勞動黨又迎來久違的第七次全國代表大會。在此期間，藉由「並進路線」的宣布，換言之，同時強化經濟發展與核武威懾實力，金正恩表明了捨棄獨尊軍事的路線。由此看來，金正恩似乎是遵循著兩種策略。他一方面利用黨，做為以意識形態為基礎的國家社會主義專政的權力工具，一方面他又昭示人民，為因應劇烈變化的外部條件而不得不採取一些特別的方法，那個時代已經過去了。北韓已然挺過了為期近三十個年頭的危機，如今應當再次往前看。相應地，人們或許可以期待，朝鮮勞動黨將有規律地在二〇二一年召開第八次全國代表大會。

如此的正常化或許可以為漸進的改變形成所需要的背景；畢竟，在中國與越南所發生的改革，都是以穩固的政權為出發點。儘管在這場全國代表大會上沒有任何對於市場經濟改革的熱情肯定，不過，過去幾年在這方面的進步，至少也沒有被一筆勾銷。

金正恩在他的演說中再三強調自己的承諾，要改善北韓人民的生活。我們從外部很難去評斷，北韓人民是否還相信這樣的承諾，又或者，由於欠缺有感的進步，他們其實早已對此感到失望。如果從一些非官方或半官方的消息來看，情況似乎比較傾向於後者。諸如北韓駐倫敦使館第二號人物舉家於二〇一六年八月叛逃之類的事件，我們很難認為這會是一種滿意與相信未來的表達。

光明：羅先經濟特區的存續

不必非得是專家才會曉得，在中國的經濟改革過程中，遠離蒙塵的計畫，走向現代的市場，經濟特區扮演了什麼關鍵性的角色。相應的，北韓在這方面發生了些什麼事，也特別令人感興趣。且讓我們先從一個好消息開始：位於這個國家東北部、毗鄰中國與俄國的羅先經濟特區依然存在。

在這本書的初版發行後，我又曾兩度拜訪過這個特區。這兩次的拜訪給我的主要印象是，如果允許且願意的話，人們在北韓還是可以有所不同。

曾經去過北韓的人或許就曉得這種感覺：自己雖然身在北韓，但又彷彿不在北韓。自己就像是一顆真人大小的透明橡皮球滾過大街小巷，雖然可以看到或聽到些什麼，然而，在大多數時候，自身與外在的現實環境之間，卻總是存在著一堵看不見但卻感受得到的牆。外國人很少能夠突破這層外罩，即使成功了，基本上，也只會是曇花一現。人們會在事後經常談起那樣的瞬間。畢竟，人們正是為此才不遠千里地前往北韓；為了一窺布景背後的真實情況，為了得知比自己從媒體上所看到的更多細節。遺憾的是，很少有人可以成功。這個國家遵照執政當局的指示刻意地封閉自己，一個外國人並不容易靠近。

相反的，在羅先至少比較常能突破這樣的藩籬。如果我們是從北韓的領土進入這個特區，我們絕對會感覺到自己彷彿離開了這個國家。不僅巴士會換，就連導遊和司機也都會換掉，人們會經過一個檢查站，會讓人不禁想到在過海關。對於一般的北韓人，這個特區始終還是禁區。有位和北韓高層有著良好溝通管道的友人曾告訴我，有一回，正值最高領導人誕辰之際，他獲得了最高當局的批准，可以帶著他在鄰省的導遊一起進入這個特區。在他眼裡，那些導遊就宛如聖誕夜裡的兒童那般興奮，四處好奇地左顧右盼。儘管他們就住在相隔不到八十公里遠的鄰城清津市，卻已有超過十年再沒到過羅先。

初來乍到之時，第一眼根本什麼也看不見；但這也正是迷人之處。完全有別於與南韓共同經營的開城工業園區，羅先經貿區不是什麼迪士尼樂園。它依然是北韓。街道多多少少都有點凹凸不平，有不少典型低矮平房所構成的村落，牛車穿梭而過，綁著紅領巾的兒童排隊上學，四處都可見到推崇「金正恩同志是二十一世紀的大太陽」或頌揚勞動黨的先軍政治的標語。在一個小山丘上，有一幅描繪兩位已故領導人金日成與金正日的巨型馬賽克肖像，就立於由泰國太平洋洛克斯利公司（Loxley Pacific）所興建的電信中心旁。另有一座兩位已故領導人的塑像則在二〇一五年揭幕。城裡的住宅區多配有太陽能板，陽台上的花盆裡則栽種著金正日花。秋季時，到處能見到有人在曬紅辣椒，之後它們將成為用大白菜醃漬的泡菜最重要的一樣配料。日本人在一九三六年所建的旅館，從那時起只做過一些簡單的修補，有時有水，有時沒水，電也是一樣。熱水只在早晨與晚間各規定好的一小時裡供應。早餐時間可以欣賞牡丹峰樂團的最新表演，她們若不是在歌頌非凡的金正恩，就是在讚揚軍人的光榮事蹟。

在東北難道沒有任何新鮮事嗎？絕非如此。「你就安心地拍照，如果有什麼是不准拍的，我會告訴你。你畢竟是觀光客，當然是想拍照——請拍，請拍，沒有問題！」哇咧，我的導遊說的是什麼話？這種態度並非只是一時的。人們可以隨興所致地坐進某家快餐店，吃點東西，喝杯啤酒，既不會引起在場的北韓人側目，也不會導致他們在騷動中奪門而出。我甚至可以和他們交談，當我以韓語表明，自己曾在平壤的金日成大學留學過，更從他們那裡獲得了親切的問候。

逛市場是西方遊客多半會被禁止的事。但這在羅先卻不成問題，只不過，還是不能拍照就是了；畢竟那裡還是北韓。除此之外，在這裡我還能體驗到，相應的基礎建設有多麼現代化。某個直到二〇一四年都還在營業、典型一層樓、會讓人聯想到倉庫的市場，到了二〇一五年突然搖身一變，成了一個現代化、附有停車場及大型櫥窗的兩層樓複合市場。在這裡賣東西的清一色是女性，她們比肩而坐，販賣所有能販賣的東西，從鮮魚到冰箱應有盡有。水果攤上可以看到香蕉、鳳梨、油桃、葡萄和許許多多其他的水果。售價都很便宜，畢竟，根據市場女販們的透露，所有一切都是從中國進口。付款是用人民幣，一公斤香蕉賣十四塊人民幣，相當於兩歐元。我曾詢問以北韓圓支付的價錢，換來的卻是女販的一陣猶豫。這其實不是什麼祕密，沒有人會在這裡使用國內的貨幣付款，為此，女販還得迅速地換算一下。後來我自己計算了一下，市場的匯率大概是一比一千三百。

我在第二天去拜訪「金三角銀行」，那是一棟由鋼骨、水泥和玻璃帷幕所構成的多層樓建築，我終於瞭解到，為何人們不再辛苦地去保守這個「祕密」。在銀行的牆上明明白白標示著：一歐元兌一〇四七一北韓圓。在北韓的其他地方，北韓目前所流通的貨幣對外國人是個禁忌。然而在這裡，人們卻能公然地取得當地的貨幣，儘管還是不能將它們攜帶出境。有誰還會說這個匯率是「黑市匯率」？

在參觀某間紡織廠期間，經理很熱心地透露女工們的工資，視績效而定，她們每個月大約可以獲得五百人民幣。他表示，她們在目前所生產的滑雪衣繡上「Made in

China」，如此一來，南韓的委託人也能在南韓販售這些服裝。在參觀了某間以類似模式運作的製鞋廠後，我們去到了港口，這個港口也曾在我們的媒體上獲得過些許關注。港口的三個碼頭有兩個被租用了五十年；一個租給中國，另一個租給俄國。後者在不久前曾經花了不少錢整修，如今已配備了不少高聳入天的起重機。工人們大部分的時間都無所事事，雖然近來俄國的煤從這個不凍港轉運至南韓與中國有不少工作要做。在中國租用的碼頭那裡，有一條前不久才剛開通的現代化公路直達中國琿春。中國人可以駕著自己的私家車入境。不過，截至目前為止，倒還不用擔心會有塞車的情形。

皇帝飯店圍繞著一股特殊的氣息。一九九九年由來自香港的中國人興建，位在景致特別優美的東海岸一隅，距離羅先市約二十分鐘車程。清澈的水、森林、草地，除此之外一無所有。中國人會來這家五星級飯店住宿、用餐，只要他們的政府沒有特別禁止，還會在飯店裡的賭場賭錢。一旁還有一個爛尾樓。據說，有個中國人相中了這裡海邊的一塊好地，以每平方公尺三十美元的價格買下了那塊地，誓言要投資數百萬美元開發。然而至今為止，除了幾間低矮的小工寮，一事無成。這個中國人其實只是打算坐等地價上揚，想要從中套利。遺憾的是，他的財產在等待的期間裡遭到沒收，偷雞不著蝕把米。

這也顯示出羅先經貿特區的悲哀。這裡的情況就如同在沒有更大的改革與花費下北韓所能做到的那樣，更開放、更有人情味、更可親近、更坦誠，而且對於和外國人在經濟上合作有著濃厚的興趣。對於外國人來說，不再是個絕緣的橡皮氣囊。這正是我們一直在要求的。執政當局敢於（肯定不是沒有私心）創造這個特區，將種種限制降至最低限度，通過投資者所希望的法令，但是所有的努力卻幾乎沒能換來任何成果。北韓開放了自己，卻沒有人要來，除了一些中國投機客。

要是這塊飛地裡的真實情況傳到這個國家的其他地方，那會怎麼樣呢？為此，羅先經貿特區必須成功消除骨幹人員的疑慮。然而，目前的情況顯然不是如此。至今在這個「東北的金三角」裡獲致成功的投資，就連中國的小城市也比不上。國際社會一方面忽視羅先，一方面又要求北韓更開放。

陰暗：開城工業區遭到關閉

從二〇一六年二月起，羅先經貿特區的續存就為這個特區另外加了分。從這時起，人們只能有所保留地談論開城工業區。

開城工業區可謂是前南韓總統金大中的陽光政策，與前北韓領導人金正日的務實主義相互結合下的產物。在二〇〇〇年首次披露這項計畫時，幾乎沒有人相信真能催生出這樣一個工業園區。自二〇〇四年開幕後，它又經歷了許多風風雨雨。關於工資、使用費、邊境管制和第三國企業的參與等問題，始終爭執不休。到了二〇一三年時，北韓官方以做為入侵通道的戰略位置為由，暫時關閉了這個工業園區，突然升高了朝鮮半島的緊張情勢。當數月之後開城工業區重新開放時，雙方達成協議，日後不准再以它當作政治施壓的工具。

遺憾的是，這項共識只維持到二〇一六年二月十日。就在這一天，南韓政府宣布，所有南韓的國民與企業不可改變地撤出這個工業區。措手不及的南韓業主立刻加快速度，盡可能將原料和半成品運回家鄉。北韓隨即也以徵用遺留下的動產與不動產來回應。

南韓政府所給的理由是，由於北韓接連於二〇一六年一月六日與二月七日進行了核子測試與導彈測試，關閉開城工業區與國際制裁一致，都旨在切斷北韓軍事計畫的重要財源。北韓則嚴詞批評南韓不守信用，並且表示，此舉無異葬送了兩韓和平統一的契機。

在觀察這起事件時，難免會興起一些疑問。為何南韓偏偏選在這個時候做出關閉的決定？畢竟，無論是來自這個工業區的收入，抑或是核武與導彈的發展計畫，其實早已存在超過十年。特別是，這樣的舉動的獲利者是誰，損失的又是誰？對此，國際間的答案眾說紛紜，這顯然取決於觀察的視角。[8]

首先讓我們來審視一下動機。有鑑於開城工業區與核武發展計畫的存在並非一天兩天的事，單純只是想要藉此切斷北韓的相應財源，這種說法並不是很有說服力。否則的話，早在二〇〇六年北韓首次核試時，其實就應該關閉開城工業區。南韓的評論家指出，南韓總統朴槿惠企圖利用關閉工業區的舉動，在二〇一六年四月的國會大選中為自己加分。只可惜她的如意算盤終究未能成功，執政的新國家黨遭到了慘敗。另一種解釋則是站在長期的角度，認為關閉開城工業區代表的是有意識且有系統地揚棄兩位「進步的」前總統金大中與盧武炫的成就，改對北韓採取鐵腕政策。朴槿惠原本標榜以「信任進程」來對待北韓這個難搞的鄰邦，後來她的政府卻幾乎隻字不提。

對於這項舉動的動機所做的各種揣測，基本上總是有問題，因為它們往往既複雜又矛盾，頂多也只能演繹地證明。除了當前開城工業區未來命運這個開放的問題以外，去問問這個工業區的成本與效益，或許也能讓我們得到一些啟發。

純以經濟的角度來看，南韓所需付出的代價其實很低。雖然南韓有一百二十四家廠商在開城工業區裡營運，可是，二〇一五年的五億美元營業額卻還不到南韓國內生產總值的百分之〇．〇四。因此，就算那些百分之百會被關閉工業區殃及的企業、員工及供應商發出了絕望的抗議，他們的抗議聲也引不起巨大迴響。

南韓政府視關閉開城工業區為一項外交成就。他們終於可以展現出自己的堅毅，不會再對北韓的種種挑釁行為忍氣吞聲。南韓執政當局這時可以正告其他對於實施制裁猶豫不決的國家自己的態度，要求它們採取同樣的作為。不過，同樣也有一些相反的評價，主要是來自中國的專家學者。朴槿惠可能會因為關閉開城工業區被打成不知變通的強硬派；北京方面一直把開城工業區視為穩定朝鮮半島的一項重要因素，萬一將來發生了什麼衝突，南韓可能就得背上大部分的責任。

糟糕的是，南韓因此喪失了一個這種形式的特殊資訊來源。瞭解北韓的動態，尤其對於南韓來說十分重要。我們雖然可以假設，園區裡的五萬四千名女工都是經過北韓的國安部門精挑細選，嚴格培訓。然而經驗顯示，就算是這樣，也會有資訊外流；不是關於核武發展計畫，而是關於北韓國內的氛圍、最新的趨勢、流行的話題等等。諸多細節能夠幫助我們拼湊出一個全貌。在北韓的情況裡，特別是取得這類資訊的管道，遭到了強力封鎖。脫北者的報導往往都不具時效性，而且他們多半都是來自於東北部的孤立區域。此外，他們所陳述的故事有時會基於商業目的而加油添醋，有時則可能由於個人的創傷經驗而造假。由於關閉了開城工業區，南韓明顯減少了對北韓的認識，這是個不爭的事實；除非南韓目前在北韓布建了一個完美的特務網。

從策略的角度來看，南韓的這個動作也並非什麼明智之舉。在國際安全的重要問題上，人們其實還是明顯地以諸如美國與中國等其他主角馬首是瞻。開城工業區可說是極少數純朝鮮半島內部的計畫之一，在這當中，南韓可以獨立操作，更可以與北韓進行對話。如今這個選項卻被南韓政府自行剝奪。

有人或許會說，南韓其實不是為了增益自己，損害北韓才是真正的目的。這個目的果真達到了嗎？

基本上，北韓必然也從開城工業區獲得了好處，否則的話，北韓根本就不會答應這個工業區的開發，更遑論業已超過十年的經營。贊成關閉開城工業區的西方支持者，其主要的論點都是經濟。他們認為，北韓年復一年地從開城工業區賺取了十分珍貴的外匯，這些外匯不是流向核武發展計畫、就是用於維持獨裁政權。為了挑動公眾的情緒，人們還喜歡暗示，金正恩用這些錢為自己與自己的擁護者購買了許多奢侈品，即使可以證明這種情況純就技術上來說是不可能的，因為開城工業區所關乎的並非北韓政府唯一的財源。

然而事實是，錢的確流向了北韓。從南韓的財報上，我們可以清楚地看出這涉及到多大的數額，每年將近一億兩千萬美元。[9]

不過對於這樣一筆錢的重要性，在經濟學家間倒是有激烈的爭論。一億兩千萬美元究竟是多還是少？

有些分析將這個數額拿去和北韓的貿易逆差相比，換言之，進口與出口的差距。過去幾年，北韓每年的貿易逆差平均是在十億美元左右，開城工業區的外匯收入大約可以抵掉這個金額的八分之一。果真如此，這確實很可觀。如果我們只考慮對中國的逆差，我們甚至還能再提高這個比例，但這只是些統計的把戲。另一種比較標準是出口總額，在二〇一四年時大約是三十二億美元。[10]來自開城工業區的收入這時會驟降為這個金額的百分之四。雖然也是一大筆錢，但不具有系統重要性。

最後我們也可以來觀察一下，北韓藉由以其他方式販賣勞動力給外國所獲得的收入；如此一來，我們也直接碰觸到影響未來的問題。根據官方統計，目前大約有四萬名北韓人在中國工作，每年總共可以賺進大約一億四千萬美元。[11]此外，北韓還有從俄國的木材工業或卡達的建築工地等方面獲取的收入。換言之，北韓價格低廉且遵守紀律的勞動力頗受青睞。在那些地方，西方國家所擔憂的侵害人權問題多半不被考慮。特別是北韓人的工資在中國不斷上漲，在直接與北韓接壤的延邊早就突破了兩百美元大關，因此許多中國廠商早已紛紛將自己的生產線移往衣索匹亞。然而，北韓在地理與文化上其實更為接近。換言之，我們可以說，如果北韓試著將自己的勞動力投到中國或其他地方，藉以彌補關閉開城工業區失去的收入，其實很有機會成功。羅先經貿特區或許就能提供這樣的機會。

至於偶爾會提到的透過開城工業區進行的技術移轉，在歷經了十年之後，我們必須考慮到邊際效用的問題。簡單來說：可以學的，北韓大概也都學走了。

相較於經濟方面的種種因素，審視一下開城工業區的政治面與思想面，我們可以得到一個十分清楚的面貌。若不去考慮「被遺棄者」暫時地失去顏面，在這些方面，北韓明顯是關閉開城工業區的贏家。誠如在第七章裡所示，開城工業區對北韓來說其實是個安全風險，是個可能的污點，因為，正直的社會主義女性必須在那裡為敵對資本家的獲利工作。

總的說來，開城工業區的關閉其實根本沒有任何贏家。連同國家、企業及個人在內的所有參與者，統統都輸了；輸掉了資訊、交流、好職位。從經濟角度看來，北韓輸得比南韓多，無論如何，就短期來說確實如此；不過從政治的角度看來，情況則正好顛倒過來。倘若開城工業區持續關閉，這將對兩韓之間積極靠攏的希望潑下一大盆冷水。

冷戰2.0：核武、導彈、戰略

如前所述，南韓以北韓重啟核武與導彈測試為由，關閉了開城工業區。儘管飽受種種制裁的壓迫，面臨國際間排山倒海的抗議，金正恩還是在二〇一六年一月六日引爆了被申明是氫彈的另一枚核彈。一個月後，就在二〇一六年二月七日，他又下令發射一枚衛星上太空。到了同年的九月九日，他再次進行了一場核子試爆，這回的爆炸威力堪與過去在廣島引爆的核彈匹敵。

我不打算在這裡討論技術方面的細節；一如既往，人們對於北韓的說法總是抱持著高度懷疑，特別是北韓宣稱二〇一六年一月所測試的是顆氫彈，同年九月所測試的則是顆真的核彈頭。

不過，有鑑於這個國家在內政方面的未來，我們也不能夠忽略這樣的問題：為何明知會引起反制，北韓執政當局還是一再違逆國際社會的期望，長此以往，這會帶來什麼後果？

引人注目的是，為這些測試所挑選的日子總是頗具政治意涵，像是兩位已故元首的冥誕、建黨紀念日或其他的民族節日。然而，基本上，每當北韓的科學家需要一些新數據，其實就會進行測試。核試是一套長期戰略的一部分，獨立於日常政治之外。

另一方面，導彈的研發也不斷在齊頭並進。這方面的目標則是讓核武反擊的威脅更為可信。因此，除了從本土發射的洲際飛彈以外，北韓也在加緊提升從潛艇發射核子導彈的實力。一旦美國至少在理論上已落入北韓核武的射程範圍內，這對美國來說將是顯著的威脅。

北韓執政當局完全不打算屈從於國際的壓力，單方面自行中止核武發展計畫，一如國際社會所要求。這點證明了以下這樣的推斷：此處涉及到的是一項將會貫徹到底的戰略決定。在這裡，北韓與其主要敵人在傳統戰力上的不對稱扮演了一個重要角色，北韓想要藉助核武的威脅來消弭這樣的不對稱。

除了核武掌控在某個獨裁者手裡這樣的直接威脅以外，北韓的核武發展計畫也間接成為東亞核武競賽的催化劑，因此極具危險性。日本與南韓都是這樣一場競賽的主要可能人選。它們擁核不僅會刺激區域的緊張態勢，更會引發全球性的動盪。

在這件事情上，沒有人有好處。因此我們應該換個方式來想，也就是說，北韓在這裡走進了一條死巷。超越簡單的民族主義，北韓的執政當局其實也可以有不一樣的盤算。在陷入第二次冷戰的危險與全球再度分裂為兩大敵對陣營（分別以美、中為首）的背景下，北韓擁核或許可以創造出做為中國未來盟友的特殊地位，正如在一九四五年後的冷戰裡，對於美國來說，英國與法國曾是地位高過其他北約夥伴的特殊盟友。

只不過，在那之前，北韓的經濟無論如何都會受創。在二〇一六年六月時，美國財政部根據美國愛國者法案（USA Patriot Act）的三一一條款，將北韓列為除了伊朗以外唯一具有「重大洗錢疑慮」的國家。具體來說，這項定位代表著，幾乎再也不可能與北韓有正式的商業關係。這點同樣適用於那些可能與北韓有這類關係的中國或西方的銀行。舉例來說，在二〇一六年時，有位紐西蘭的國民想從自己家鄉的某家銀行，將一筆僅有三位數的小額款項匯往設址於倫敦的某家英國的旅行社，由於他在事由上填寫了「前往北韓旅行」，於是國際的關係銀行便拒絕執行這筆匯款，後來他只好改以現金支付。

從二〇一六年三月起，中國明顯更加積極配合各種制裁北韓的措施。國營旅行社暫時停止了販售前往北韓的旅遊行程，儘管私人旅行社依然繼續提供這類行程。經濟特區的開發也停下了腳步。不過最重要的是，中國同意了聯合國安理會於二〇一六年三月二日所做成的二二七〇號決議，根據這項決議，所有駛往或駛離北韓的貨船都有接受搜索的義務。此舉導致許多港口都拒絕這類船隻入境，以避免手續的麻煩與風險。就連將自己的旗幟賣給北韓的船隻也遭到禁止，北韓飛機的飛越領空權也會被以涉嫌不法行為為由加以拒絕。此外，北韓的正規外貿同樣受到嚴重的限制。諸如煤、金、釩、鈦等礦物出口都遭到波及。特別辛辣的是，稀土的出口遭禁。這點對於中國來說應該算是不錯，畢竟如此一來，中國在這類產品上的壟斷地位還能再延長一段時日。最後而且同樣重要的是，飛機燃料也被禁止輸往北韓。

有鑑於北韓的外貿結構，長期貫徹這些制裁措施將對北韓造成嚴重的打擊。這個國家主要出口的是礦產，主要進口的則是石油與石油產品。

從二〇一六年起，人們不難看出，聯合國安理會的國際制裁確實有了一些質的改變。在此之前（諸如一七一八號、一八七四號、二〇八七號與二〇九四號決議），制裁多半是特別的，主要是針對可能支持北韓核武與導彈發展計畫的一切。近來的制裁措施則明顯地擴大打擊面，設定的目標在於從這個國家抽走盡可能多的資源，甚至拒不給予任何資源。

如果將這些制裁措施和開城工業區的關閉擺在一起觀察，我們將不難看出在經濟上對北韓斷糧的試圖。可以預期北韓的領導人將會以「走著瞧」來回應。就連二〇一六年五月朝鮮勞動黨全國代表大會所得出的那些對於改革和市場不太友善的結論，就這方面看來，也需要一個新的詮釋。

遺憾的是，北韓偶爾發出的對話意願信號鮮少被獲悉，或根本不被認真檢驗。是不是詭計，唯有試過才知道。只不過，人們往往缺乏這方面的勇氣，來自國際的壓力經常卻又太大。

在二〇一六年一月時，差一點就有個難得的正面例外。經過很長一段時間的預備工作（我也在其中參與了某個部分），北韓的代表團終於獲邀參加在達沃斯（Davos）舉行的世界經濟論壇。在耐心的對話中，成功地讓北韓的領導人瞭解這樣一個出訪的機會。

在起初的一陣猶豫後，北韓外務省終於在二〇一五年聖誕節前夕表明積極參與的意願，將由外務相李洙墉率團出席。除了人權問題以外，放棄率先動用核武與停止核武發展計畫，也都是要與他商討的議題。

當北韓於二〇一六年一月六日引爆了第四顆核彈後，原本對於北韓代表團的邀請遭到撤回，最終演變成一場廣受媒體關注的外交爭吵事件。[12]在可預見的將來，這個管道恐怕會持續關閉。在這樣的情況下，沒有任何既存的問題獲得解決。

西方國家的兩難是，在我們自己所劃定的絕不妥協的「紅線」前，我們幾乎再也動彈不得。對話被當成是行為得當的獎賞，而非衝突的解決途徑。在北韓於二〇一六年九月進行了第五次核試後，美國外交部最先的反應之一就是再次重申，永遠也不會承認北韓是擁核大國。然而，人們究竟該如何去處理一個人們否認其存在的問題，這依然是個謎。

注釋

1 傳統與起源

1. 西方世界主要的韓國史著作請參考 Ki-baek Yi: *A New History of Korea* (Harvard University Press, Cambridge 1984).
2. 當時的一種詮釋可見於 John Jorganson: »Tan'gun and the Legitimization of a Threatened Dynasty: North Korea's Rediscovery of Tan'gun», *Korea Observer* XXVII/2, 1996, S. 273-306.
3. Karl August Wittfogel: *Wirtschaft und Gesellschaft Chinas. Versuch der wissenschaftlichen Analyse einer grossen asiatischen Agrargesellschaft* (C. L. Hirschfeld, Leipzig 1931); *Oriental Despotism. A Comparitive Study of Total Power* (Yale University Press, New Haven 1957).
4. Gregory Henderson: *Korea. The Politics of the Vortex* (Harvard University Press, Cambridge 1968).
5. M. Kang: »Merchants of Kaesong«, *Economic Life in Korea* (Seoul: International Cultural Foundation 1978), S. 88-119.
6. 在北韓稱為「朝鮮字」。
7. 荷蘭學者亨尼・薩芬尼耶（Henny Savenije）致力於研究荷蘭水手韓佳克・哈梅爾（Hendrik Hamel）的故事。在他的網站上可以找到哈梅爾的日記、評注及背景資訊：http://henny-savenije.pe.kr/index.html（取用時間 23. 4. 2014）。
8. 這裡也用這個名稱：Andrei Lankov: *The Real North Korea: Life and Politics in the Failed Stalinist Utopia* (Oxford University Press, London und New York 2013).
9. Brian Myers: *The Cleanest Race. How North Koreans See Themselves and Why It Matters* (Melville House, New York 2011). 中譯：《最純淨的種族：北韓人眼中的北韓人》。
10. 日本與同盟國於一九五一年——正值韓戰時期——在舊金山簽署了和平條約。蘇聯因為中國缺席，並且抗議將日本建立為美國的軍事基地而拒絕簽約。直到一九五六年，日本與蘇聯才擬定共同宣言，認定戰爭狀態正式結束，兩國恢復外交關係。
11. 北韓官方的金日成傳值得一讀，第一冊已有英文譯本，網路上也可搜尋到。Il-sung Kim: *With the Century,* http://www.korea-dpr.com/lib/202.pdf（取用時間 25. 4. 2014）。關於金日成的西方權威著作請參考：Dae-sook Suh: *Kim Il Sung. The North Korean Leader* (Columbia University Press, New York 1988).
12. 關於修正這幅壁畫的討論請見 Frank Hoffmann: »Brush, Ink and Props«, in: Rüdiger Frank (Hg.): *Exploring North Korean Arts* (Verlag für Moderne Kunst, Nürnberg 2011), S. 159f.
13. 北韓特色中有一件事值得注意：一九四五至一九五〇年之間是北韓被記錄與考察最完善的發展時期，而之後數十年的發展狀況，我們卻相對找不到那麼多細節。這有兩個原因：朝鮮半島尚未分裂，客運交通依然自由；美國在韓戰期間大肆掠奪了官方檔案室裡的內部資料，得以讓情報官員與後來的學者深入認識解放後那些年的政治狀況。例如：Charles Armstrong: *The North Korean Revolution 1945-1950* (Cornell University Press, Ithaca und London 2003).
14. 簡單易讀的著作：Adrian Buzo: *The Guerilla Dynasty. Politics and Leadership in North Korea* (Tauris, London 1999). 經典著作：Dae-sook Suh: *Korean Communism,*

1945-1980: A Reference Guide to the Political System (University of Hawaii Press, Honolulu 1981).

15. Bruce Cumings: *The Origins of The Korean War* (2 Bände, Princeton University Press 1981/Cornell University Press 2004) 曾經有很長一段時間是討論韓戰的經典著作，到今天已受爭議，但仍然值得閱讀。蘇聯與東歐國家檔案室內有各式各樣相關文件，尤其在探討韓戰開端的問題，這些可以在華盛頓的威爾遜國際學者中心的「冷戰國際史研究中心」查詢，網路查詢：http://www.wilsoncenter.org/program/cold-warinternational-history-project.
16. Rüdiger Frank: *Die DDR und Nordkorea. Der Wiederaufbau der Stadt Hamh ng 1954-1962* (Shaker, Aachen 1996). 我這本書的根據來自與時代見證者的訪談，例如 Hans Grotewohl，他是東德第一任總理格羅提渥之子，根據也來自德國統一社會黨（SED）以前檔案室與位於德紹的包浩斯設計學校的文件。
17. 探討中蘇因為北韓的關係對立所造成的影響，這本書調查得十分詳盡：*Balazs Szalontai: Kim Il Sung in the Khrushchev Era. Soviet-DPRK Relations and the Roots of North Korean Despotism, 1953-1964* (Stanford University Press, Redwood City 2006).

2 意識形態和領導人：國家內部的凝聚力

1. Kim Jong Il: Sasangsa bŭl ap'seunŭn kŏsŭn sahoejuŭiwi psuhaengŭi p'ilsujŏk yoguida（意識形態工作優先是實施社會主義的基本要求）, 19. 6. 1995, http://redyouthnyc.files.wordpress.com/2013/06/kim-jongil-ideological.pdf（取用時間 29. 4. 2014）；由作者翻譯。
2. 這方面的優越著作請閱讀：Janos Kornai: *The Socialist System. The Political Economy of Communism* (Princeton University Press 1992).
3. 這段長達八分鐘的演說可以從這裡調閱：Deutsches Rundfunkarchiv: Volkskammer-Videos 1989, http://1989.dra.de/ton-und-videoarchiv/videos.html（取用時間 30. 4. 2014）。
4. www.rodong.rep.kp 這個網站上還可找到黨報《勞動新聞》的 PDF 版。國營媒體「朝鮮中央通訊社」（KCNA）也有自己的網站：www.kcna.kp. 但是偶爾會有資料傳輸的問題。自從一九九八年起，KCNA 在日本伺服器上建立的網站 www.kcna.co.jp 比較容易讀取，雖然格式較老舊，但是能讀到北韓國營媒體的每日報導。
5. 麥爾斯在《最純淨的種族：北韓人眼中的北韓人》中提出，從系統觀之，北韓人被當成孩童看待，而這正與教育有關。同第 1 章注 9。
6. »Genosse Kim Jong-un besucht Vergnugungspark Mangyŏngdae«, KCNA, 9. 5. 2012, http://www.kcna.co.jp/calendar/2012/05/05-09/2012-0509-010.html（取用時間 30. 4. 2014; 作者翻譯）。
7. 有一群世界各國的專家在探討北韓藝術的各種表現形式：Rüdiger Frank (Hg.): *Exploring North Korean Arts* (Verlag fur Moderne Kunst, Nurnberg 2011).
8. Kim Dschong Il: *Über die Filmkunst* (Verlag für fremdsprachige Literatur, Pjongjang 1989).
9. 同上，第 31 頁。
10. 文本比較請見：http://www.dailynk.com/english/keys/2001/6/06.php. 關於其形成與內容請見：James Person: »The 1967 Purge of the Gapsan Faction and Establishment of the Monolithic Ideological System«, *NKIDP e-Dossier* Nr. 15 (Woodrow Wilson Center, Washington, D.C. 2013).
11. »Information. Die Politik der Bruderparteien der sozialistischen Lander«, in: *Archiv*

der Parteien und Massenorganisationen der ehemaligen DDR im Bundesarchiv, Aktenbestand der Abteilung Internationale Verbindungen, IV 2/20/32, Bl. 176. 進一步討論可參考：Rüdiger Frank: *Die DDR und Nordkorea*, 同第 1 章注 16。

12. 其中一例是以兩冊出版的金正日童年：Su Zo: *Kim Dschong Il, Führer des Volkes*, Bd. 1 (Verlag fur Fremdsprachige Literatur, P'yŏngyang 1983).
13. 金正淑是金日成的第一任妻子，也是金正日的生母。今日她被視為革命的楷模，朝鮮女性的典範。
14. Zo, 同本章注 12, S. 1-6。
15. Hyang Jin Jung (2013): »Jucheism as an Apotheosis of the Family: The Case of the Arirang Festival«, *Journal of Korean Religions*, Bd. 4/2, Oktober 2013, S. 93-122.
16. 可見於維也納應用藝術博物館 2010 年 5 月 19 日至 9 月 15 日的展覽品目錄 »Blumen für Kim Il Sung« (Verlag fur Moderne Kunst, Nurnberg 2010) 第 98 頁。
17. Helen Louise Hunter: *Kim Il-song's North Korea* (Praeger, Westport 1999).
18. 從這裡還可以判定關於北韓的學術報告與新聞報導。若還在使用「敬愛的指導者」一詞，寫這樣的報導人顯然沒有讀過韓文原作。
19. 可參考：»Bizarrer Auftritt von Dennis Rodman in Nordkorea«, *Die Welt Online*, 8. 1. 2014, http://www.welt.de/sport/article123648941/Bizarrer-Auftritt-von-Dennis-Rodman-in-Nordkorea.html（取用時間 1. 5. 2014）。
20. 關於二〇一一年政權移交的深入討論請見 Rüdiger Frank: »North Korea after Kim Jong Il: The Kim Jong Un era and its challenges«, *The Asia-Pacific Journal* Bd. 10/2, 9. 1. 2012, http://www.japanfocus.org/-R__diger-Frank/3674（取用時間 1. 5. 2014）。
21. 這兩組名詞定義出自馬克斯列寧主義，認為民主是多數統治。因為只有兩個階級——無產階級與中產階級——，因此占社會多數的無產階級專制也就是完美的民主。
22. 關於朝鮮勞動黨中央委員會政治局另一場會議的報導請見 Rodong Sinmun, 9. 12.2013, S. 1（作者翻譯）。
23. Rüdiger Frank: »Exhausting Its Reserves? Sources of Finance for North Korea's Improvement of People's Living«, *38 North*, 12.12.2013, http://38north.org/2013/12/rfrank121213（取用時間 1. 5. 2014）。
24. 可做為比對的討論請見 Seong-Chang Cheong: »Stalinism and Kimilsungism: A Comparative Analysis of Ideology and Power«, *Asian Perspective* 24/1, 2000, S. 133-161.
25. 要注意的是，金日成說的是「人民大眾」不是「工人階級」。
26. Kim Il Sung: »Antworten auf Fragen australischer Journalisten vom 4. 11.1974«, in: *Werke*, Bd. 29 (Verlag fur Fremdsprachige Literatur, Pjongjang 1987), S. 543-544; 韓文原文請見金日成全集第 56 冊。
27. Kim Il-sung: »Über die Beseitigung des Dogmatismus und des Formalismus sowie uber die Herstellung des Juche in der ideologischen Arbeit«, *Rede* vom 28. 12. 1955 (Verlag fur Fremdsprachige Literatur, P'yŏngyang 1971).
28. Brian Myers: »The Watershed that Wasn't: Re-Evaluating Kim Il Sung's ›Juche Speech‹ of 1955«, *Acta Koreana* 9.1.2006, S. 89-115.
29. 關於馬克斯與黑格爾關係的討論以及費爾巴哈的論點請見：Paul Thomas: *Marxism and Scientific Socialism: From Engels to Althusser* (Routledge, London 2008).
30. *Neues Deutschland*, 15. 8. 1989, S. 1.

31. Kim Jong-il: *Über die Dschutsche-Ideologie* (Verlag fur Fremdsprachige Literatur, P'yŏngyang 1982).

32. John Jorganson: »Tan'gun and the Legitimization of a Threatened Dynasty: North Korea's Rediscovery of Tan'gun«, *Korea Observer* XXVII/2, 1996, S. 273-306.

33. *Rodong Sinmun*, 1. September 2010, http://www.kcna.co.jp/calendar/2010/09/09-01/2010-0901-014.html（取用時間 2. 5. 2014）。

34. *Rodong Sinmun*, 3. 4. 2003.

35. Selig Harrison: *Korean Endgame. A Strategy for Reunification and U.S. Disengagement* (Princeton University Press, Princeton 2002).

36. 作者翻譯，出處：*Rodong Sinmun*, 21.3. 2003

37. 如果注意到在萬壽台兩位領導人紀念碑左方最前鋒的戰士手上高舉著《共產黨宣言》……北韓無法用邏輯理解。

38. 作者翻譯，出處：*Rodong Sinmun*, 3. 4. 2003.

3 政治體制：權力結構的三大支柱

1. 見 http://world.moleg.go.kr/KP/law/23273?astSeq=582 或是 http://unibook.unikorea.go.kr/?sub_num=53&recom=1（取用時間 5. 5. 2014）。

2. 目前最新的版本只有韓文。參考 http://naenara.com.kp/ko/great/constitution.php（取用時間 5. 5. 2014）。這個以及之後所有出自北韓憲法的引言都是摘自此來源，並由作者翻譯。

3. 一份特別具有說服力的報導文學，請見 Blaine Harden: *Escape from Camp 14 : One Man's Remarkable Odyssey from North Korea to Freedom in the West.*

4. »Lächerliche Aufregung um ›Menschenrechte‹«, *KCNA*, 9. 4. 2008, http://www.kcna.co.jp/calendar/2008/04/04-09/2008-0408-010.html（由作者翻譯，取用時間 5. 5. 2014）。

5. 參考 »Windpower Project in North Korea«, 7. 8. 1998, http://www.wiseinternational.org/node/2073（取用時間 6. 5. 2014）。

6. 直轄市有平壤、羅先、南浦和開城。九個省分和它們的省會是平安北道（新義州）、平安南道（平城）、慈江道（江界）、兩江道（惠山）、黃海北道（沙里院）、黃海南道（海州）、咸鏡北道（清津）、咸鏡南道（咸興）和江原道（元山）。

7. »Zentrales Wahlkomitee: Über die Resultate der Wahl zur 13. Obersten Volksversammlung«, *KCNA,* 11.3. 2014, http://www.kcna.co.jp/calendar/2014/03/03-11/2014-0311-007.html（取用時間 28.3. 2014）。

8. »Election of Deputies to 13th SPA Under Way«, *KCNA,* 9. 3. 2014, http://www.kcna.co.jp/item/2014/201403/news09/20140309-11ee.html（由作者翻譯自英文，取用時間 28. 3. 2014）。

9. »DPRK Seething with Election Atmosphere«, *KCNA,* 9. 3. 2014, http://www.kcna.co.jp/item/2014/201403/news09/20140309-13ee.html（由作者翻譯自英文，取用時間 28. 3. 2014）。

10. 數據來源同上。也可參考：Rüdiger Frank: »Some Thoughts on the North Korean Parliamentary Election of 2014«, *38North*, http://38north.org/2014/03/rfrank031414（取用時間 6. 5. 2014）。

11. 參考 »Why does autocratic North Korea hold elections? It's not merely a political ruse«, *New Focus International*, 24. 1. 2014, http://newfocusintl.com/autocratic-north-korea-

hold-elections-merelypolitical-ruse（取用時間 28. 3. 2014）。

12. 參考這個例子：»Rodong Sinmun: Lobpreisung von Kim Jongun's Errungenschaften«, *KCNA,* 5. 2. 2014, http://www.kcna.co.jp/calendar/2014/02/02-05/2014-0205-008.html（由作者翻譯，取用時間 31. 3. 2014）。
13. 根據二〇一四年五月的情況，一個副總理沒有業務範圍，其他副總理的職權範圍分別是國家計畫、化學工業和農業。
14. 還可以參考 Andrei Lankov: *North of the DMZ. Essays on Daily Life in North Korea*（McFarland, Jefferson 2007）。
15. 泡菜是韓國的國家象徵。大白菜抹上鹽、大蒜和辣椒醃製，因為乳酸發酵而能長期保存。
16. 這些主要得自南韓的文獻，它們處理了許多脫北者的報告。可參考 Sŏng-yun Kang et al.: *Pukhan Chŏngch'i- iŭIhae* [Nordkoreas Politik verstehen] (Seoul 2001); MOU: *Understanding North Korea* (Ministry of Unification: Seoul 2012)。
17. 在韓國夫妻雙方有不同的姓是完全正常的。他們在婚後仍保有原來的姓。
18. Markus Weber: »Peace: Axe macht aus Diktatoren romantische Helden«, W&V, 16.1. 2014, http://www.wuv.de/marketing/peace_axe_macht_aus_diktatoren_romantische_helden（取用時間 6. 5. 2014）。
19. »Korea Execution Is Tied to Clash Over Businesses«, *The New York Times*, 23.12.2013, http://www.nytimes.com/2013/12/24/world/asia/north-korea-purge.html?pagewanted=all&_r=0（取用時間 6. 5. 2014）。
20. »Erster Sekretär Kim Jong-un gibt Anleitung für eine Artillerieabteilung von Einheit 681«, *KCNA*, 26.4. 2014, http://www.kcna.co.jp/calendar/2014/04/04-26/2014-0426-001.html（取用時間 6. 5. 2014）。
21. 參考 Office of the Secretary of Defense: *Military and Security Developments involving the Democratic People's Republic of Korea*, Annual Report to Congress, 15.2. 2013, http://www.defense.gov/pubs/report_to_congress_on_military_and_security_developments_involving_the_dprk.pdf（取用時間 6. 5. 2014）下面資料的部分數據與上者截然不同：http://www.globalfirepower.com/country-military-strengthdetail.asp?country_id=north-korea（取用時間 6. 5. 2014）。
22. 朝鮮半島能源發展組織乃根據一九九四年的框架協議，於一九九五年三月成立。該組織的重要文獻可見於 http://www.kedo.org。
23. Rüdiger Frank: »Can North Korea Prioritize Nukes and the Economy at the Same Time?«, *Global Asia*, Bd. 9, Nr. 1, Spring 2014, S. 38-42.

4 經濟：未經雕琢的鑽石

1. Rüdiger Frank: »Currency Reform and Orthodox Socialism in North Korea«, *NAPSNet Policy Forum* 09-092, 2009.12.03, http://nautilus.org/napsnet/napsnet-policy-forum/currency-reform-and-orthodoxsocialism-in-north-korea（取用時間 2014.05.20）。
2. 從一九六三到一九八九年，前東德政府曾販售過超過三萬三千名犯人給西德政府，因此獲得的收入高達三十五億馬克。Anja Mihr: *Amnesty International in der DDR* (Ch. Links, Berlin 2002), p. 41。
3. 交換環在個人的層面上也是常見的。赫曼·康德（Hermann Kant）的小說《第三根釘子》（*Der Dritte Nagel*）是這方面的一個美妙例子，裡頭描述了許多與此有關的怪象。
4. 可參閱：Rüdiger Frank: *Die DDR und Nordkorea*, 同第 1 章注 16。另可參閱非常值

得一讀的一篇論文：Liana Kang-Schmitz: *Nordkoreas Umgang mit Abhängigkeit und Sicherheitsrisiko am Beispiel der bilateralen Beziehungen zur DDR*, unpublished dissertation, 2010.08.27, Universität Trier, http://ubt.opus.hbz-nrw.de/volltexte/2011/636/pdf/Nordkorea_DDR.pdf（取用時間 2014.05.15）。

5. Rüdiger Frank: »Lessons from the Past: The First Wave of Developmental Assistance to North Korea and the German Reconstruction of Hamh ng«, *Pacific Focus*, Vol. XXIII, No. 1 (april 2008), p. 46-74。
6. Bank of Korea: »2012 nyŏn pukhan kyŏngjesŏngjangryul ch'ujŏng kyŏlgwa podojaryo«（二〇一二年北韓國民生產總值估計）, www.bok.or.kr。
7. 現代研究所，www.hri.co.kr。
8. 這裡涉及所謂的「第二經濟」，不能與地下經濟混淆。這個詞彙指的是，直接隸屬於軍方的包括生產民用物資在內的正規企業，它們無須經過國家預算直接對軍方提供補給。
9. 參閱：http://www.theglobaleconomy.com/rankings/coal_production（取用時間 2014.05.16）。
10. USGS (2008): *2007 Minerals Yearbook: North Korea* [Advanced Release], Washington, D.C.: U.S. Department of the Interior, U.S. Geological Survey, http://www.nkeconwatch.com/nk-uploads/usgsdprk.pdf（取用時間 2014.05.18）。
11. Edward Yoon: *Status and Future of the North Korean Minerals Sector* (Nautilus Institute, San Francisco 2011), p. 6。
12. Yonhap North Korea Newsletter No. 230, 2012.10.04。
13. 關於北韓的稀土與 SRE 礦產有限公司的計畫，可在 www.sreminerals.com 這個網頁上獲知更多詳情；另可參閱：Frik Els: »Largest known rare earth deposit discovered in North Korea«, http://www.mining.com, 2013.12.05。
14. Thompson, Drew (2011): *Silent Partners. Chinese Joint Ventures in North Korea*, U.S.-Korea Institute, Washington, D.C., p. 53；IFES: »Transfer of Management Rights to Chinese Investment Companies within North Korea«, *NK Brief* 11-04-05 (Institute of Far Eastern Studies, Seoul 2011)。
15. 可參閱：John Feffer: »North Korea's wealth gap«, *Asia Times Online*, 2012.03.14, http://www.atimes.com/atimes/Korea/NC14Dg01.html（取用時間 2014.05.20）。
16. 目前關於北韓農業最詳盡且最可信的資料來源，當屬救濟世界飢餓組織的報告，該組織長期且全面地深耕於北韓。最新的相關報告可參閱：FAO: *Democratic People's Republic of Korea - FAO/WFP Crop and Food Security Assessment Mission*, November 2013, http://www.wfp.org/content/democratic-peoples-republic-koreafao-wfp-crop-food-security-assessment-nov-2013（取用時間 2014.05.16）。
17. 這項目標在北韓新任領導人於二〇一一年十二月底公開亮相時，就曾出現在現場的標語牌上，後來在二〇一三年的新年談話中也曾出現。參閱：»New Year Address Made by Kim Jong Un«, *KCNA*, 2013.01.01, http://www.kcna.co.jp/item/2013/201301/news01/20130101-13ee.html（取用時間 2014.05.20）。
18. Rüdiger Frank: »Can North Korea Prioritize Nukes and the Economy at the Same Time?«, 同第 3 章注 23。
19. Statistics Korea: *Main Statistical Indicators of North Korea* (Korea National Statistics Office, Taejŏn 2011), p. 12。
20. Korea Meteorological Administration, quoted in: *Yonhap North Korea Newsletter* Nr. 195, 2012.02.02。

21. Hermann Lautensach: *Korea. A Geography Based on the Author's Travel and Literature* (Springer Verlag, Berlin 1988), p. 93, 172。
22. FAO (2013), 同注 16。
23. Statistics Korea (2011), 同注 19, p. 24。
24. 所有最新的報告都可在聯合國糧食及農業組織的網站上查閱。FAO (2013), 同 16。
25. 另可參閱：Rüdiger Frank: »Classical Socialism in North Korea and its Transformation: The Role and the Future of Agriculture«, *Harvard Asia Quarterly*, Vol. X/2, 2006, p. 15-33。
26. Statistics Korea (2011), 同注 19, p. 22。
27. »German Embassies Help Korean Farmers«, *KCNA*, 2009.10.28, http://www.kcna.co.jp/item/2009/200910/news28/20091028-16ee.html（取用時間 2014.05.20）。
28. FAO (2013), 同注 16。
29. Stephan Haggard and Marcus Noland: *Famine in North Korea: Markets, Aid, and Reform* (Columbia University Press, New York 2007), p. 3。
30. FAO (2013), 同注 16。
31. FAO (2013), 同注 16。
32. »Reclamation of Sepho Tableland Progresses Apace«, *KCNA*, 2013.08.24, http://www.kcna.co.jp/item/2013/201308/news24/20130824-19ee.html（取用時間 2014.05.20）。
33. Randall Ireson: »Food Security in North Korea: Designing Realistic Possibilities«, Stanford: *Walter H. Shorenstein Asia-Pacific Research Center Working Paper*, february 2006, http://iis-db.stanford.edu/pubs/21046/Ireson_FoodSecurity_2006.pdf（取用時間 2014.05.21）。
34. Korea Development Bank: *Pukhan sanŏphyŏnhwanggwa nambuk sanŏphyŏmnyŏk panghyang*（北韓工業現況與南北合作趨勢）, Seoul 2013, p. 47。
35. 同上，p. 48。
36. Gary Clyde Hufbauer, Jeffrey J. Schott and Kimberly Ann Elliott: *Economic Sanctions Reconsidered: History and Current Policy* (Institute for International Economics, Washington, D.C. 1990).
37. 各項制裁的詳細表列請參閱：Mary Beth Nikitin et al.: *Implementation of UN Security Council Resolution 1874*, Special Report, 2010.11.11 (Congressional Research Service, Washington, D. C. 2010) 與 Karin Lee and Julia Choi (2009): *North Korea: Unilateral and Multilateral Economic Sanctions and U.S. Department of Treasury Actions, 1955–April 2009* (National Committee on North Korea, Washington D. C. 2009).
38. Kimberly Ann Elliott: »Factors Affecting the Success of Sanctions«, in: David Cortright and George A. Lopez (ed.): *Economic Sanctions: Panacea or Peacebuilding in a Post-Cold War World* (Westview Press, Boulder, Colorado 1995), p. 51-60.
39. Felix Abt: *A Capitalist in North Korea*, Kindle edition, 2012, www.amazon.com.
40. »Schweiz verbietet Skilift-Lieferung an Nordkorea«, *Die Welt*, 2013.08.20, http://www.welt.de/wirtschaft/article119190192/Schweizverbietet-Skilift-Lieferung-an-Nordkorea.html（取用時間 2014.05.21）。
41. 在這方面，歡迎外國人自由發揮。範例之一：»News Analyst on U.S. ›Provocation and Threat‹ Ballad«, *KCNA*, 2014.05.06, http://www.kcna.co.jp/item/2014/201405/news06/20140506-14ee.html（取用時間 2014.05.21）。
42. Joy Gordon: »Economic Sanctions, Just War Doctrine, and the ›Fearful Spectacle of the

Civilian Dead‹«, *Cross Currents*, Bd. 49/3, 1999, www.crosscurrents.org/gordon.htm.

43. Marc Bossuyt: *The Adverse Consequences of Economic Sanctions on the Enjoyment of Human Rights* (United Nations Economic and Social Council, Commission on Human Rights, Genf 2000).

44. 詳情可參閱：John McGlynn: »Banco Delta Asia, North Korea's Frozen Funds and US Undermining of the Six-Party Talks: Obstacles to a Solution«, *The Asia Pacific Journal*, 2007.06.09, http://www.japanfocus.org/-John-McGlynn/2446（取用時間 2014.05.21）。

45. 參閱：»Joint Statement of the Fourth Round of the Six-Party Talks Beijing 19 September 2005«, US Department of State, http://www.state.gov/p/eap/regional/c15455.htm（取用時間 2014.05.21）。

46. Jungen Woo: *Race to the Swift. State and finance in Korean Industrialization* (Columbia University Press, New York 1991)。這本書對於南韓的發展有十分精闢的分析，其中還包含了對於各種手段及其副作用的批評。

47. 某個經常嚴詞譴責北韓的組織，於二〇一四年發表了一份報告，其中提到某種「脫離常軌的轉變」。根據這份報告，先前政府在從事的非法活動，像是販賣毒品、製造偽鈔、走私香菸等，如今已轉移到新興的私人領域。參閱：Sheena Chestnut Greitens: *Illicit. North Korea's Evolving Operations to Earn Hard Currency* (Committee for Human Rights in North Korea, Washington 2014).

48. KOTRA: *Trends im Außenhandel Nordkoreas 2011* (Korea Trade and Investment Promotion Agency, Seoul 2012)。應該注意的是，在這項統計中並未提及朝鮮半島內部的貿易。

49. 資料根據 KOTRA: *Trends im Außenhandel Nordkoreas 2012* (Korea Trade-Investment Promotion Agency, Seoul 2013)。

50. KOTRA 2013，同上。

51. Alexander Vorontsov: »Is Russia-North Korea Cooperation at a New Stage?«, *38North*, 2014.05.08, http://38north.org/2014/05/avorontsov050814（取用時間 2014.05.16）。

52. »Russia writes off 90 percent of North Korea debt, eyes gas pipeline«, *Reuters*, 2014.04.19, http://www.reuters.com/article/2014/04/19/ukrussia-northkorea-debt-idINKBN0D502V20140419（取用時間 2014.05.16）。

53. 資料根據：*Nambuk Kyoyŏkt'onggye*（南北貿易統計）(Korea International Trade Association, Seoul 2013)。

54. Mark Manyin and Mary Beth Nikitin: *Foreign Assistance to North Korea* (Congressional Research Service, Washington, D.C. 2011).

55. Benjamin Habib: »North Korea's surprising status in the international climate change regime«, *East Asia Forum*, 2013.11.09, http://www.eastasiaforum.org/2013/11/09/north-koreas-surprisingstatus-in-the-international-climate-change-regime（取用時間 2014.06.23）。

56. »N. Korea desperate to rake in foreign currency amid isolation and poverty«, *North Korea Newsletter* 317, 2014.06.12, http://english.yonhapnews.co.kr/northkorea/2014/06/11/57/0401000000AEN20140611008900325F.html（取用時間 2014.06.25）。

5 改革進一步，退兩步

1. Janos Kornai: *The Socialist System*, 同第 2 章注 2。

2. 《무역성을 대외경제성으로 하기로 결정》（將貿易省改為對外經濟省之決定），

KNCA, 2014.06.18, http://www.kcna.co.jp/calendar/2014/06/06-18/2014-0618-031.html（取用時間 2014.06.18）。

3. 前東德知名作家有個值得注意的描述，那就是：Stefan Heym: *5 Tage im Juni* (btb, München 1974/2005)。
4. 熊彼德成名的論點之一就是資本主義需要創造性的破壞，藉以讓自己持續地更新。在這樣的觀點下，危機、破產、結構轉變不僅正常，而且必要；若企圖阻止這一切，長期將會有負面的後果。參閱：Joseph A. Schumpeter: *Capitalism, Socialism and Democracy*（Harper and Brothers, New York 1942; 德文版：*Kapitalismus, Sozialismus und Demokratie*, (Francke, Bern 1972)。
5. Edward E. Rice: *Mao's Way* (University of California Press, Berkeley und London 1974)。本書詳細研究了毛澤東及其種種作為的本源。
6. 美國中情局的一位女性高級職員曾經根據無數與一九七〇和八〇年代北韓叛逃者對話，生動說明了這種團結如何運作。參閱：Helen-Louise Hunter: *Kim Il-song's North Korea* (Praeger, Westport and London 1999)。
7. Lars Müller: »Vor 55 Jahren sorgte Adolf Hennecke für Aufsehen«, *Mitteldeutsche Zeitung*, 2003.10.10, http://www.mz-web.de/politik/sonderschicht-vor-55-jahren-sorgte-adolf-hennecke-fuer-aufsehen,20642162,17561576.html（取用時間 2014.06.03）。
8. »Great Edifices Mushroom in DPRK«, *KCNA*, 2009.09.04, http://www.kcna.co.jp/item/2009/200909/news04/20090904-11ee.html（取用時間 2014.06.03）。
9. 另可參閱：Hy-Sang Lee: »North Korea's Closed Economy: The Hidden Opening«, *Asian Survey*, Bd. 28, Nr. 12 (December 1988), p. 1264-1279.
10. 許多韓人在二十世紀時分別以不同方式去日本，其中不乏是在完全非自願的情況下，例如在殖民時期於二戰期間做奴工，或是在一九四五年後由於政治迫害的緣故必須逃離南韓。這些人雖然大多擁有日本國籍，但迄今仍被冠以「在日」二字，明顯受到歧視，這是一種民族主義的排外反應，其中有部分原因在於這些人有部分是支持北韓。這些韓人或他們的祖先多半其實是來自南方，這點顯然無關緊要。不過在過去幾年裡，由於包括日本社會大眾對核武發展及綁架事件猛烈批評在內等原因，總聯的影響力明顯減退。另可參閱：Apichai W. Shipper: »Nationalisms of and Against Zainichi Koreans in Japan«, *Asian Politics & Policy*, Bd. 2/1, 2010, p. 55-75.
11. »National Exhibition of August 3 Consumer Goods Held«, *KCNA*, 2013.08.20, http://www.kcna.co.jp/item/2013/201308/news20/20130820-17ee.html（取用時間 2014.06.03）。
12. 參閱：Ilpyong J. Kim: »Kim Jong Il's Military First Politics«, in: Young W. Kihl and Hong Nack Kim (editor): *North Korea: the Politics of Regime Survival* (M.E. Sharpe, Armonk 2006), p. 69 f.
13. 所發表的聯合聲明全文見以下網址：http://www.mofa.go.jp/region/asia-paci/n_korea/pmv0209/Pyongyang.pdf
14. 對此有篇十分精闢的分析，參閱：Alexandre Mansourov: »The Kelly Process, Kim Jong Il's Grand Strategy, and the Dawn of a Post-Agreed Framework Era on the Korean Peninsula«, *Nautilus Policy Forum Online* 02-06A, 2002.10.22, http://oldsite.nautilus.org/archives/fora/security/0206A_Alexandre.html（取用時間 2014.06.03）。
15. Complete, Verifiable and Irreversible Dismantlement 的縮寫。
16. 關於歐盟制裁北韓的清單，參閱：http://www.consilium.europa.eu/uedocs/cms_Data/docs/pressdata/EN/foraff/136733.pdf（取用時間 2014.06.03）。關於朝鮮半島能源開

發組織，參閱本書第三章。

17. Rüdiger Frank: »Economic Reforms in North Korea (1998-2004): Systemic Restrictions, Quantitative Analysis, Ideological Background«, *Journal of the Asia Pacific Economy* (Routledge), Bd. 10/3 (2005), p. 278-311.

18. 另可參閱：Kim Yong-sop: »Two Sirhak Scholars 'Agricultural Reform Theories«, *Korea Journal* 14/10 (Oktober 1974), p. 13-26.

19. 遺憾的是，這方面十分具有啟發性的研究只發表於北韓唯一的經濟學專業期刊《經濟研究》（경제연구）上，用韓文寫作的一些論文；這份期刊是由平壤的科學百科全書出版社所編。

20. Nam, Won-suk: *Economic Development Plan: Major Policies and Performance* (KOTRA, Seoul 2001).

21. 金正日：《二十一世紀是一個巨大的改變及創造的時代》，*勞動新聞*，2001.01.04，p. 2（作者翻譯）。

22. »Kim Jong Il's Plan to Build Powerful Nation«, *People's Korea*, 2003.01.31, http://www.koreanp.co.jp/pk/174th issue/2002/013101.htm（取用時間 2003.05.02）。

23. 主要可能是指國家在經濟中所扮演的核心角色。

24. 不要忘了：最終朝鮮失去了自己的獨立，成了日本的殖民地。

25. Leon V. Sigal: »Nuclear North Korea: A Debate on Engagement Strategies«, *Korean Studies*, Bd. 29, January 2005, p. 170-173.

26. 在二〇一四年五月底時，北韓與日本之間在於一九七〇年代被綁架的日本國民的問題上有所突破，這也促成了雙邊相互制裁的終結與重啟經濟方面的接觸。Justin McCurry: »North Korea to reopen inquiry into abductions of Japanese during cold war«, *Japan Times*, 2014.05.29, http://www.theguardian.com/world/2014/may/29/north-koreareopen-inquiry-abductions-japanese-cold-war（取用時間 2014.06.03）。

27. Barry Naughton: *The Chinese Economy: Transitions and Growth* (MIT Press, Cambridge and London 2006).

28. 此項與其他關於食物需求的估算，以及二〇〇二年七月物價改革的相關數據，詳見：Rüdiger Frank: »Economic Reforms in North Korea«, 同第 5 章注 17。

29. *China Statistical Yearbook 2013* (China Statistics Press, Beijing 2013).

30. 這項與其他很有幫助的北韓資訊可在聯合國糧食及農業組織的網頁上找到：http://www.fao.org/countryprofiles/index/en/?iso3=PRK

31. 《二〇〇二年國家預算執行暨二〇〇三年國家預算之報告》，*KCNA*, 2013.03.26, http://www.kcna.co.jp/calendar/2003/03/03-27/2003-03-27-002.html（取用時間 2014.01.23）。

32. Robert Collins: *Marked for Life: Songbun, North Korea's Social Classification System*（The Committee for Human Rights in North Korea, Washington, D. C. 2012）

33. »Inside North Korea's Crystal Meth Trade«, *Foreign Policy*, 2013.11.21, http://www.foreignpolicy.com/articles/2013/11/21/inside_north_koreas_crystal_meth_trade（取用時間 2013.12.07）。

34. 統計所用的是發表於 www.kcna.co.jp 上的英文文章。搜尋關鍵字所獲得的文章數量以每年所發表的文章總數加權，藉以製造出可比性。

35. 關於這些非政府組織的活動情況，可參閱：Mi Ae Taylor & Mark Manyin: *Non-Governmental Organization's Activities in North Korea* (Congressional Research Service, Washington, D. C. 2011).

36. »Workers of Kangson Take Lead in Great Revolutionary Upsurge«, *KCNA*, 2009.01.02, http://www.kcna.co.jp/item/2009/200901/news02/20090102-11ee.html（取用時間 2014.06.03）。
37. InSung Kim & Karen Lee: »Mt. Kumgang and Inter-Korean Relations«, *National Committe on North Korea*, http://www.ncnk.org/resources/briefing-papers/all-briefing-papers/mt.-kumgang-andinter-korean-relations（取用時間 2014.06.03）。
38. Rüdiger Frank: »Socialist Neoconservatism and North Korean Foreign Policy in the Nuclear Era«, in: Kyung-ae Park (editor): *New Challenges to North Korean Foreign Policy* (Palgrave Macmillan, New York 2010), p. 3-42.
39.《위대한 령도자 김정일동지께서 황해제철련합기업소를 현지지도》（總書記金正日親臨黃海鋼鐵聯合企業指導），*KCNA*, 2009.03.12, http://www.kcna.co.jp/calendar/2009/03/03-12/2009-0312-015.html（取用時間 2014.06.03）。
40. »DPRK revalues currency«, *North Korean Economy Watch*, 2009.12.04, http://www.nkeconwatch.com/2009/12/04/dprk-renominates-currency（取用時間 2014.06.05）。
41. »North Korean singer rumoured to have been executed appears on TV«, *The Guardian*, 2014.05.17, http://www.theguardian.com/world/2014/may/17/north-korean-singer-rumoured-executedappears-tv（取用時間 2014.06.05）。

6 經濟特區：金雞母與危險因子

1. 關於這個部分和北韓的經濟特區，參閱：Bernhard Seliger: »Special Economic Zones, Trade, and Economic Reform: The Case of Rason City«, in: Rüdiger Frank et al. (editor): *Korea 2012: Politics, Economy and Society* (Brill, Leiden 2012), p. 209-237.
2. 關於最初針對未來的潛力所做的一些討論，另可參閱：Eckart Dege: »Die Tumen-Mündung: Nordost-Asiens ›Goldenes Delta‹ oder größter Flop?«, in: *Koreana* 2/1993, p. 18-22.
3. 條文內容可上以下網址查閱：http://www.nkeconwatch.com/nk-uploads/Law-on-Rason.pdf（取用時間 2014.06.06）
4. Seliger: »Special Economic Zones«, 同注 1。
5. 更多的相關細節，請上以下網址：http://www.tumenprogramme.org。
6. 不過這點最近遭到北韓方面否認。據推測，這或許和張成澤在二〇一三年十二月遭處決有關；張成澤被指控的罪名包括了將北韓的領土出賣給外國人。
7. 參閱：Ambrosius Hafner: *Langs der Roten Strase* (EOS Verlag, St. Ottilien 1960)。這本書對於北韓的本篤會在一九四五年後的遭遇有著十分生動的描述。
8. Kim Son Hoang: »Göttlicher Beistand für Nordkorea«, *Der Standard*, 2013.11.13, http://derstandard.at/1381371685722/Goettlicher-Beistand-fuer-Nordkorea（取用時間 2014.06.06）。
9. 關於二〇一三年第三屆貿易展的報導，參閱：»3rd Rason Int'l Trade Exhibition under Way«, *KCNA*, 2013.08.21, http://www.kcna.co.jp/item/2013/201308/news21/20130821-17ee.html（取用時間 2014.06.06）。
10. 另可參閱：»Korean cows breach cold war frontier«, BBC, 1998.10.27, http://news.bbc.co.uk/2/hi/asia-pacific/202107.stm（取用時間 2014.06.06）。
11. InSung Kim and Karen Lee: »Mt. Kumgang and Inter-Korean Relations«，同第 5 章注 37。
12. 這樣的形容並非沒有問題，因為它真正的意涵並不清楚，而且還會隨著時間而改變。在這裡，我只是借用在南韓的相關討論中所使用的詞彙。

13. 參閱：Kisam Kim and Donald Kirk: *Kim Dae-jung and the Quest for the Nobel: How the President of South Korea Bought the Peace Prize and Financed Kim Jong-il's Nuclear Program* (Palgrave Macmillan, New York 2013)。這本書對此提出了特別強烈的批評。
14. 其中一個例子：»Rodong Sinmun Calls for Ending S. Korean Conservative Regime«, *KCNA*, 2012.11.27, http://www.kcna.co.jp/item/2012/201211/news27/20121127-08ee.html（取用時間 2014.06.06）。
15. »Lee Myung Bak Regime's Sycophancy towards U.S. and Anti-DPRK Confrontation Hysteria Blasted«, *KCNA*, 2008.04.01, http://www.kcna.co.jp/item/2008/200804/news04/01.htm1（取用時間 2014.06.06）。
16. Eul-Chul Lim: *Kaesong Industrial Complex: History, Pending Issues, and Outlook* (Haenam Publishing, Seoul 2007).
17. 關於開城工業區的設立經過及最初發展，參閱處同上。
18. »Several companies at joint Korean venture already packing up«, *The Hankyoreh*, 2006.10.11, http://www.hani.co.kr/arti/ISSUE/29/163526.html（取用時間 2014.06.06）。
19. »NoKo ›Made In North Korea‹ Jeans Pulled From Sweden's Shelves«, *The Huffington Post*, 2010.03.18, http://www.huffingtonpost.com/2009/12/07/noko-made-in-north-korea_n_382436.html（取用時間 2014.06.06）。
20. Dick K. Nanto and Mark E. Manyin: *The Kaesong North-South Korean Industrial Complex* (Congressional Research Service, Washington, D. C. 2011).
21. 最新資料可上以下網址查閱：http://www.unikorea.go.kr。
22. Madison Park, Frances Cha and Evelio Contreras: »How Choco Pie infiltrated North Korea's sweet tooth«, *CNN*, 2014.01.27, http://edition.cnn.com/2014/01/27/world/asia/choco-pie-koreas（取用時間 2014.06.06）。
23. 另可參閱：»Security Council Condemns Use of Ballistic Missile Technology in Launch by Democratic People's Republic of Korea in Resolution 2087«, UN Security Council, 2013.01.22, http://www.un.org/News/Press/docs/2013/sc10891.doc.htm（取用時間 2014.06.06）。
24. »High-Tech Industrial Park to Be Built in Kaesong, DPRK«, *KCNA*, 2013.11.13, http://www.kcna.co.jp/item/2013/201311/news13/20131113-17ee.html（取用時間 2014.06.06）。
25. 同注 16，第 9 頁。
26. 同上，第 11 頁。
27. Hendrik Ankenbrand: »Nordkorea. Die bizarre Kapitalisteninsel und ihr gefallener König«, *Der Spiegel*, 2002.10.04, http://www.spiegel.de/wirtschaft/nordkorea-die-bizarre-kapitalisteninsel-und-ihr-gefallener-koenig-a-216772.html（取用時間 2014.06.06）。
28. »China's Embrace of North Korea: The Curious Case of the Hwanggumpyong Island Economic Zone«, *38North*, http://38north.org/2012/02/hgp021712（取用時間 2013.07.09）。
29. 同上。
30. »New bridge connects China, DPRK this year«, *People's Daily*, 2014.01.14, http://

english.peopledaily.com.cn/90883/8512607.html（取用時間 2014.06.06）。

31. »Provincial Economic Development Zones to Be Set Up in DPRK«, *KCNA*, 2013.11.21, http://www.kcna.co.jp/item/2013/201311/news21/20131121-24ee.html（取用時間 2014.06.06）。
32. 部分相關細節與特區位置圖，參閱：»North Korea to set up 14 new special economic development zones«, *The Hankyoreh*, 2013.11.22, http://english.hani.co.kr/arti/english_edition/e_northkorea/612341.html（取用時間 2014.06.06）。
33. »Report on Implementation of State Budget for 2013 and State Budget for 2014«, *KCNA*, 2014.04.09, http://www.kcna.co.jp/item/2014/201404/news09/20140409-09ee.html（取用時間 2014.06.06）。

7 金正恩治下的北韓

1. 到底有多「私有」其實並不是很明確。某些陳述相互矛盾。至少在使用方面確實是私有的；至於在所有權方面，則可能是借用某個合作社來充當人頭。
2. 關於這個主題，如今已有許多論文發表。可參閱其中之一：Lawrence J. Lau, Yingyi Qian and Gerard Roland: »Reform without Losers: An Interpretation of China's Dual Track Approach to Transition«, *Journal of Political Economy*, Bd. 108/1, February 2000, p. 120-143.
3. 我們擁有關於人均熱量需求量的可靠數據資料。為了簡單起見，我們假設女性、男性、兒童、上班族、體力勞動者、高大與瘦小的人在北韓大致均勻分布，經過四捨五入，我們保守估計，平均每個北韓人每日所需的熱量大約為二五〇〇大卡。開發中國家的人，有將近百分之七十五的熱量需求是以含澱粉的食物來支應；這大約是一八七五大卡。朝鮮半島是以稻米為主食，根據品種的不同，一〇〇公克的稻米大約能提供三七〇大卡左右的熱量。所有其他的糧食都能以稻米當量來換算。北韓目前的人口，同樣也採四捨五入，大約為兩千五百萬。和其他所有地方一樣，一年通常都是三六五天。如果我們將上述的數目相乘，就會得出北韓每年需要大約四百六十萬噸稻米，或者，也可以根據稻米的當量，換算成其他含澱粉的糧食，像是玉米、小麥、大麥或馬鈴薯。倘若再把為來年預留的種子和在倉儲或運輸過程中的損失那百分之十五計入，就會得出北韓一年的總需求大約為五百三十萬噸。
4. FAO: »Democratic People's Republic of Korea - FAO/WFP Crop and Food Security Assessment Mission«, Food and Agriculture Organization of the United Nations, November 2013, http://www.wfp.org/content/democratic-peoples-republic-korea-fao-wfp-crop-food-securityassessment-nov-2013（取用時間 2014.05.16）。
5. 這裡適用既存的限制，從一定的可支配量起，食物會從維生資源變成享樂資源，這會強烈影響需求行為。儘管如此，這在政治上還是十分重要；過去在前東德，諸如咖啡和熱帶水果等進口食物的短缺，也曾是民眾對於政府不滿的一項重要原因。
6. »N. Korea's food ration hits lowest level in 4 months«, *Global Post*, 2014.06.03, http://www.globalpost.com/dispatch/news/yonhap-newsagency/140602/n-koreas-food-ration-hits-lowest-level-4-months（取用時間 2014.06.17）
7. 其中有超過百分之五十用在糧食方面，有將近百分之四十用在能源方面。Mark E. Manyin and Mary Beth D. Nikitin: »Foreign Assistance to North Korea«, FF (Congressional Research Service, Washington D.C. 2014), http://www.fas.org/sgp/crs/row/R40095.pdf（取用時間 2014.06.17）。

8. 關於一九六五年協定的細節與賠償給北韓的總金額的推測，參閱：Mark E. Manyin: »North Korea-Japan Relations: The Normalization Talks and the Compensation/Reparations Issue«, *CRS Report for Congress*, 2001.06.13, http://assets.opencrs.com/rpts/RS20526_20010613.pdf（取用時間 2014.06.17）
9. 關於指控的全文，《朝鮮勞動黨中央委員會延會報告》，*Rodong Sinmun*（勞動新聞），2013.12.08, p. 1。
10. 薩克斯反對那些對於他的角色所做的批評。他主要把自己定位成某種「急救醫生」，必須在最短的時間內為趴到地上的國民經濟尋找解方。他拒絕被套上「自由主義的『華盛頓共識』（Washington Consensus）的代言人」這樣的形象。Jeffrey Sachs: »What I did in Russia«, 2012.03.14, http://jeffsachs.org/2012/03/what-i-did-in-russia（取用時間 2014.06.17）。
11. Chalmers Johnson: *MITI and the Japanese Miracle: The Growth of Industrial Policy 1925–1975* (Stanford University Press, Stanford 1982)，可謂是這方面的經典研究之一。
12. Jung-en Woo: *Race to the Swift*, 同第 4 章注 46。這是本非常值得一讀的好書，裡頭深入研究了南韓的相應過程，其中包括了逮捕公司老闆和關閉大型企業集團等等。
13. 關於台灣的經濟發展，請參閱典範著作，Robert Wade: *Governing the Market. Economic Theory and the Role of Government in East Asian Industrialization* (Princeton University Press, Princeton 2004).
14. 在這當中，國內的企業雖然得在出口市場上與國際對手競爭，同時也擁有一個相對穩定的國內市場為基礎。之後，國家也可以藉由針對性的、能透過關稅或配額加以管制的進口，在國內迫使企業提升效率。
15. 讀者切勿被這些人的照片所迷惑。在兩韓，高齡人士將頭髮染黑，可說是極為常見的事。
16. 這讓歷史悠久的萊比錫報紙寫了不只一篇報導。參閱 Ulrike John and Matthias Roth: »Lange Schlangen vor Leipziger Straßenbahnen in Pjöngjang«, *Leipziger Volkszeitung,* 2011.04.04, http://www.lvz-online.de/nachrichten/topthema/lange-schlangen-vor-leipziger-strassenbahnen-in-pjoengjang/r-topthema-a-82614.html（取用時間 2014.06.17）。
17. 關於「北韓的腳踏車」和其他有趣的主題，我要感謝 Dr. Barbara Unterbeck 女士深刻的洞察。
18. »Profound Consolation and Apology Expressed to Bereaved Families of Victims of Construction Accident«, *KCNA*, 2014.05.18, http://www.kcna.co.jp/item/2014/201405/news18/20140518-05ee.html（取用時間 2014.06.17）。
19. 這項主題較新的研究之一：Yon-ho Kim: *Cellphones in North Korea: Has North Korea Entered the Telecommunications Revolution?* (US-Korea Institute at SAIS, Washington D. C. 2014).
20. Rüdiger Frank: »The North Korean Tablet Computer Samjiyon: Hardware, Software and Resources«, *38 North*, 10/2013, U.S.-Korea Institute at the School of Advanced International Studies (SAIS), Johns Hopkins University, http://38north.org/wp-content/uploads/2013/10/SamjiyonProductReview_RFrank102213-2.pdf（取用時間 2014.06.06）。這是一篇針對三池淵平版電腦所做的綜合評論，共有十六頁篇幅，包括了其內建的各種應用軟體與電子書的評述。
21. 這是一項保守估計。當中我只計入了行動電話的所有人，但沒有計入他們的家庭成員。然而，我們必須假設，流通中的手機數量與手機用戶的數量兩者並不相等，因為許多北韓人其實擁有多支手機。

22. 一直到二〇〇八年，市場交易商的最低法定年齡曾經數度提高，從三十歲提高到了四十九歲。參閱：*North Korea Today* Nr. 117, GoodFriends, Seoul, March 2008, http://goodfriendsusa.blogspot.co.at/2008/04/north-korea-today-no117.html（取用時間2014.06.18）。
23. 更詳細的分析另可參閱：Rüdiger Frank: »Exhausting Its Reserves? Sources of Finance for North Korea's ›Improvement of People's Living‹«, in: *38 North*, 12/2013, U.S.-Korea Institute at the School of Advanced International Studies（SAIS）, Johns Hopkins University, http://38north.org/2013/12/rfrank121213.
24. 這與二〇一三年底出售黃金的報導相符，雖說對於這類報導我們總是應該謹慎以對。參閱：»N. Korea sells gold in sign of imminent economic collapse: source«, *Yonhap*, 2013.12.11, http://english.yonhapnews.co.kr/northkorea/2013/12/11/33/0401000000AEN20131211004100315F.html?9caee628（取用時間 2014.06.18）。

8 大規模的阿里郎節：九十分鐘看北韓

1. 非常值得推薦一部紀錄片《一種心態》（A State of Mind），由英國的熱血拍片人和成功的旅遊企業家尼克・伯納（Nick Bonner）拍攝。紀錄兩個參加表演節目的女孩子的日常生活和準備阿里郎節的情形。下面這篇文章則對歐洲的典範與音樂做了很好的介紹：Lisa Burnett: »Let Morning Shine over Pjongjang: The Future-Oriented Nationalism of North Korea's Arirang Mass Games«, *Asian Music*, Bd. 44/1, Winter/Spring 2013, S. 3-32.
2. 在 Youtube 上可以欣賞到一九八七年的秀：http://www.youtube.com/watch?v=WcE4oRAo2iA
3. 請參閱：»Kivett Productions amazed crowds with the USAA Tribute Vikings Card Stunt on November 11, 2012. Vikings fans show their military appreciation during the ›Salute to Service‹card stunt, presented by USAA«, http://www.cardstunts.com/usaatribute-vikings-card-stunt（取用時間 3. 1. 2014）。
4. Hyang Jin Jung: »Jucheism as an Apotheosis of the Family: The Case of the Arirang Festival«, *Journal of Korean Religions*, Bd. 4/2, Oktober 2013, S. 93-122.
5. Andray Abrahamian: »Are the Arirang Mass Games Preparing People for A Chinese Path?«, *38North*, 13. 8. 2012, http://38north.org/2012/08/aabrahamian081312（取用時間 18. 6. 2014）。
6. 韓國人的日常服飾直到二十世紀真的都是白色，這很讓人驚奇，因為這樣的衣服很容易髒。原因是：自從一三九二年開始，韓國奉行儒家思想，嚴格規定如果有近親或是國王去世，必須戴孝好幾年。而孝服的顏色是白色。因為必須經常穿它，以致於成了日常的服飾。
7. 韓國有自己的文字，在北韓特別被嚴格執行。但是很多韓文和大部分的名字都有一個漢字詞的核心。所有北韓人都認識他們名字的基本漢字。隨著中國在經濟上的意義越來越重要，兩韓學中文的人口也越來越多。
8. Mitsubishi 的日文是「三菱」，但是這應該只是巧合。
9. 「里」是韓國測量距離的單位，這裡不是按照字面的意思：一萬這個數字在東亞代表「多」的意思。你也許聽過日本的戰役口號「萬歲」（bansai）。所以一萬里僅表示「很遠」的意思。
10. 關於這個主題的可信資料請參考麥爾斯的著作《最純淨的種族：北韓人眼中的北韓人》，同第 1 章注 9。

11. Katrin Bischoff: »Robert der Rammler goes East«, *Berliner Zeitung*, 6. 1. 2007, http://www.berliner-zeitung.de/archiv/karl-szmolinskyzuechtet-riesenkaninchen---jetzt-auch-fuer-nordkorea-robertder-rammler-goes-east,10810590,10446372.html（取用時間 30. 6. 2014）。
12. 出自作者翻譯。
13. 我要感謝維也納的同事，漢學家 Richard Trappl 和 Felix Wemheuer，沒有他們，我不會發現隱藏在這背後的觀點。

9 統一：對未來的展望

1. 關於地點、意義與內容的批判性討論請參考 Rüdiger Frank: »Fire the Speech Writers: An East German's Perspective on President Park's Dresden Speech«, *38 North, 4/2014*, U.S.-Korea Institute at the School of Advanced International Studies（SAIS), Johns Hopkins University, http://38north.org/2014/04/rfrank040314.
2. 對德國統一的論述以及從一九九〇到大約二〇一〇年發展的全面介紹可以參考 Raj Kollmorgen, Frank Thomas Koch und Hans-Liudger Dienel (Hg.): *Diskurse der deutschen Einheit* (Springer, Wiesbaden 2011).
3. 對德國統一非常精確詳細的論述是 Werner Weidenfeld: *Außenpolitik für die Deutsche Einheit:Die Entscheidungsjahre 1989/90* (DVA, Stuttgart 1998).
4. 對韓國國家主義的詳盡探討可參考 Gi-Wook Shin: *Ethnic Nationalism in Korea: Genealogy, Politics , and Legacy* (Stanford University Press, Redwood City 2006).
5. 如同二〇〇六年世界盃足球賽時的情形。可參考 Markus C. Schulte von Drach: »Party-Patriotismus ist Nationalismus«, *Süddeutsche Zeitung*, 29. 6. 2012, http://www.sueddeutsche.de/wissen/fahnenmeere-zur-em-party-patriotismus-ist-nationalismus-1.1394854（取用時間 15. 5. 2014）。
6. Chŏng Ŭn-mi（2013）: »Min'gwani hamkkehanŭn t'ongil kibanjosŏngŭi p'ilyo«（統一需要一個由官方與私人資助的基金會）, *Minjokhwahae*（民族和解）, Bd. 11-12, Seoul, Dezember 2013, S. 24-27.
7. »6 out of 10 S. Koreans view N. Korea as partner of cooperation: poll«, *Yonhap*, 29. 5. 2014, http://english.yonhapnews.co.kr/northkorea/2014/05/29/12/0401000000AEN20140529002400315F.html（取用時間 31. 5. 2014）。
8. 與日本之間主要有對獨島的衝突，韓國的國家主義對中國也主張部分滿洲國的領土。請特別參閱 Andre Schmid: *Korea between Empires* (Columbia University Press, New York 2002), S. 213.
9. 二〇一四年五月，南韓的國防部長在他們的女總統受到一連串特別嚴重的謾罵，尤其被說成「年老色衰的妓女」之後表示北韓「必須盡快消失」。北韓則威脅將消滅南韓政府裡的每位成員。請參考 »North Korea threatens to ›wipe out‹ South Korea after defense ministry insults Kim Jong-un«, *National Post*, 13. 5. 2014, http://news.nationalpost.com/2014/05/13/north-korea-threatens-to-wipe-outsouth-korea-after-defence-ministry-insults-kim-jong-un（取用時間 15. 5. 2014）。
10. 參考德國廣播電台檔案館（DRA）: »Ausreise«, http://1989.dra.de/no_cache/themendossiers/politik/ausreise.html（取用時間 7. 5. 2014）。
11. 共有九十八個人在企圖跨越柏林圍牆時喪生。請參考 Hans-Hermann Hertle und Maria Nooke: *Die Todesopfer an der Berliner Mauer 1961-1989. Ein biographisches Handbuch* (Ch. Links, Berlin 2009).
12. Ronald Galenzia und Heinz Havemeister (Hg.): *Wir wollen immer artig sein … Punk,*

New Wave, HipHop und Independent-Szene in der DDR von 1980 bis 1990（Schwarzkopf und Schwarzkopf, Berlin 2005）.《細語與呼喊》（Flüstern und Schreien）這部電影由德國國家電影股份公司（DEFA）委託導演迪特・舒曼（Dieter Schumann）於一九八五至一九八八年間拍攝，一九八八年（統一之前）首映。

13. Eckhard Jesse: »Wessis im Osten«, in: Friedrich Thießen (Hg.): *Die Wessis. Westdeutsche Führungskräfte beim Aufbau Ost*（Boehlau, Köln, Weimar und Wien 2009）, S. 27-36.

14. 數字來源：Bettina Effner and Helge Heidemeyer (Hg.): *Flucht im geteilten Deutschland. Erinnerungsstätte Notaufnahmelager Marienfelde* (be.bra Verlag, Berlin 2005); T'ongilbu（南韓統一部）: »Pukhan it'aljumin hyŏnhwang«（脫北者現況）http://www.unikorea.go.kr/index.do?menuCd=DOM_000000105006006000（取用時間 8. 5. 2014）。

15. »Südkorea rechtfertigt tödliche Schüsse auf Schwimmer«, *Der Standard*, 17. 9. 2013, http://derstandard.at/1379291077377/Suedkorearechtfertigt-toedliche-Schuesse-auf-Schwimmer（取用時間 21. 4. 2014）。

16. 例子請見 Egon Krenz: *Herbst 89* (Edition Ost, Berlin 2009), Hans Modrow (mit Hans-Dieter Schütt): *Ich wollte ein neues Deutschland* (Dietz Verlag, Berlin 1998).

17. 這是對南韓工業綜合集團如三星或是現代的稱呼，它們是一九六〇年代初期在朴正熙領導下快速發展中的關鍵參與者。

18. 深入的評論討論請見 Aurel Croissant: »Südkorea: Von der Militärdiktatur zur Demokratie«, in: Thomas Heberer und Claudia Derichs (Hg.): *Einführung in die politischen Systeme Ostasiens* (VS Verlag für Sozialwissenschaften, Wiesbaden 2008), S. 285-349.

19. 幾則出自一九五〇年代的鮮明例子請參考：Rüdiger Frank: *Die DDR und Nordkorea,* 同第 1 章注 16。

20. 二〇一四年初出版了一份三百七十頁關於北韓的聯合國人權報告，相關譴責總結在此：http://www.ohchr.org/EN/HRBodies/HRC/CoIDPRK/Pages/ReportoftheCommissionofInquiryDPRK.aspx. 平壤政府立即對此表達強烈抗議。針對此份報告採用方法的評論請見：Felix Abt: »Das ist eine massive Übertreibung«, *Baseler Zeitung*, 21. 2. 2014, http://bazonline.ch/ausland/asien-und-ozeanien/Das-ist-eine-massive-Uebertreibung/story/23026835（取用時間 9. 5. 2014）。

21. 政治家如派凱批評在兩德統一的準備階段裡，預期收益受到政治強化影響並且造成透支。參考：Karl-Heinz Paqué: *Die Bilanz. Eine wirtschaftliche Analyse der Deutschen Einheit* (Hanser Verlag, München 2009).

22. 此主題經典著作的副標就已意味深長（政治約束與經濟規則的矛盾）：Dieter Grosser: *Das Wagnis der Währungs-, Wirtschafts- und Sozialunion. Politische Zwänge im Konflikt mit ökonomischen Regeln* (DVA, Stuttgart 1998).

23. 引自 Wolfgang Jäger: *Die Überwindung der Teilung. Der innerdeutsche Prozess der Vereinigung 1989/1990* (DVA, Stuttgart 1998), S. 15.

24. Friedrich Thießen (Hg.): Die Wessis, 同本章注 13。

25. Robert Collins: Marked for Life, 同第 5 章注 32。

26. Robert L. Worden (Hg.): *North Korea: A Country Study* (Library of Congress, 2008); 由作者翻譯。

27. 同注 13 的第 10 頁。

28. 海城西洋集團是一個例子，他們把在北韓投資生產鋼鐵產品的合資公司形容成一個惡夢，而北韓則譴責中國的夥伴沒有遵守協議。請參考 »North Korea Blasts Chinese Company in Failed Deal«, *The New York Times*, 5. 9. 2012.

29. Jeong-ah Cho et al.: *The Emergence of a New Generation: The Generational Experience and Characteristics of Young North Koreans*, Study Series 14-03（Korea Institute for National Unification, Seoul 2014）.

30. 針對統一成本及其轉移的詳細廣泛討論請見：Marco Hietschold: *Die Integration des »Aufbau Ost« in die bundesdeutsche Finanzordnung: Potentiale und Perspektiven wachstumswirksamer Transfermittelverwendung* (Cuvillier, G.ttingen 2010), 特別是 34-50 頁。

31. »Deutsche Einheit hat fast zwei Billionen Euro gekostet«, *Frankfurter Allgemeine Zeitung*, 4. 5. 2014, http://www.faz.net/aktuell/wirtschaft/expertenschaetzung-deutsche-einheit-hat-fast-zwei-billionen-eurogekostet-12922345.html（取用時間 12. 5. 2014）。

32. Lena Schipper: »Die Rente frisst den Bundeshaushalt auf«, *Frankfurter Allgemeine Zeitung*, 4. 9. 2013, http://www.faz.net/aktuell/wirtschaft/wirtschaftspolitik/staatsausgaben-die-rente-frisst-denbundeshaushalt-auf-12556533.html（取用時間 12. 5. 2014）。

33. Jungmin Shon and Howard A. Palley: »South Korea's Poverty-Stricken Elderly«, East Asia Forum, 10. 5. 2014, http://www.eastasiaforum.org/2014/05/10/south-koreas-poverty-stricken-elderly（取用時間 12. 5. 2014）數字十分低；許多南韓人的退休金大多來自保險，特定職業類型受到特別規範。下面文章的兩位作者指出，以平均收入的百分之五為退休金，與德國相較之下還是低得可憐。請參考：Ji Young Kang und Jieun Lee: »A comparison of the public pension systems of South Korea and Japan from a historical perspective focusing on the basic pension schemes«, Paper bei der Konferenz »Asian Social Protection in Comparative Perspective«, University of Maryland, 9. 1. 2009, http://www.umdcipe.org/conferences/policy_exchanges/conf_papers/Papers/1051.pdf（取用時間 30. 6. 2014）。

34. B. C. Koh: »Inter-Korean Relations: Seoul's Perspective«, *Asian Survey*, Bd. 20/11, November 1980, S. 1108-1122.

35. 在韓文中，「聯邦」與「聯盟」是同一個概念，即使出現在官方文獻中也會有翻譯上的誤解。根據計畫內容來看，意思很明確是指「聯盟」，一種「政治共同體」，並非德國的聯邦制。

36. 有一個有趣的附帶說明：一九四八年南韓採取臨時政府的名字而使用現今通用的大韓民國（簡稱韓國）之前，也曾經短暫地考慮過用高麗這個名字來稱呼新成立的共和國。

37. Ji-Eun Seo: »Unification may be jackpot: Park«, *Korea Joongang Daily*, 7. 1. 2014, http://koreajoongangdaily.joins.com/news/article/article.aspx?aid=2983129（取用時間 20. 6. 2014）。

38. 在與俄國外交部所屬官員的談話中，一而再再而三聽到他們抱怨，「業餘的政治家」當時因為想贏得南韓的好感，因此特別在經濟援助上對北韓採取強硬的路線。但是結果事與願違：當首爾發現，俄國不再有通往平壤的特殊管道時，南韓失去了興趣，而莫斯科對金援的希望也跟著泡湯。北韓方面則覺得受到前夥伴的背叛，讓關係重建的道路長時間受阻。

39. 第一段鐵路將會是從日本對馬島到南韓釜山的海底隧道。

後記：北韓二〇一四～二〇一六

1. 朝鮮勞動黨中央政治局召開第七次全國代表大會決議，http://www.kcna.kp（取用時間 2015.11.01）。
2. Rüdiger Frank: »The 7th Congress of the Worker's Party of Korea in 2016: Return to a New Normal or Risk a Take-Off?«, *38 North*, 2015.11, U.S.-Korea Institute at the School of Advanced International Studies (SAIS), John Hopkins University, http://38north.org/2015/11/rfrank111115（取用時間 2016.10.10）。
3. »Detained and interrogated for 10 hours in North Korea«, BBC, 2016.05.20，http://www.bbc.com/news/magazine-36200530（取用時間 2016.10.10）。
4. http://www.rodong.rep.kp/ko/index.php?strPageID=SF01_02_01&newsID=2016-05-08-0001（取用時間 2016.10.10）。
5. 김정은：조선로동당 제 7 차대회에서 한 당중앙위원회 사업총화보고（金正恩：在朝鮮勞動黨第七次全國代表大會上所提出的中央委員會工作報告），*Rodong Sinmum*, 2016.05.08, http://www.rodong.rep.kp/ko/index.php?strPageID-SF01_02_01&newsID=2016-05-08-0001（取用時間 2016.10.10）。
6. 詳細分析請參閱：Rüdiger Frank: »The 7th Party Congress in North Korea: An Analysis of Kim-Jong-un's Report«, *The Asia Pacific Journal*, Vol. 14, Issue 14, No. 8 July 2016, http://apjjf.org/2016/14/Frank.html（取用時間 2016.10.10）。
7. 參閱金正恩：中央委員會工作報告；這篇與其他的段落由作者翻譯。
8. 關於關閉開城工業區的得失全面性探討，請參閱：Rüdiger Frank and Théo Clément: »Closing the Kaesŏng Industrial Zone: An Assessment«, *The Asia Pacific Journal*, Vol. 14, Issue 6, No. 7, March 2016, http://apjjf.org/2016/06/Frank.html（取用時間 2016.10.10）。
9. »S. Korea tracks money flow over N. Korea's Kaesŏng revenue use«, *Yonhap*, 2016.02.15, http://english.yonhapnews.co.kr/news/2016/02/15/0200000000AEN20160215005100315.html（取用時間 2016.10.10）。
10. KOTRA: »2014 년 북한의 대외무역동향«（二〇一四年北韓外貿趨勢），http://www.globalwindow.org/gw/krpinfo/GWKITR020M.html?BBS_ID=16&MENU_CD=M10403&UPPER_MENU_CD=M10401&MENU_STEP=2&ARTICLE_ID=5031941&ARTICLE_SE=20346（取用時間 2015.11.20）。
11. 韓媒稱朝鮮向中國東北輸出大量勞工賺取外匯，參考消息，2016.02.01, http://www.cankaoxiaoxi.com/china/20160201/1066952.shtml（取用時間 2016.02.01）。
12. »In Davos, Shunning Controversy in Favor of Restrained Debate«, *The New York Times*, 2016.01.19, http://www.nytimes.com/2016/01/19/business/dealbook/muting-the-global-dialogue-in-davos.html?_r=o（取用時間 2016.10.10）。

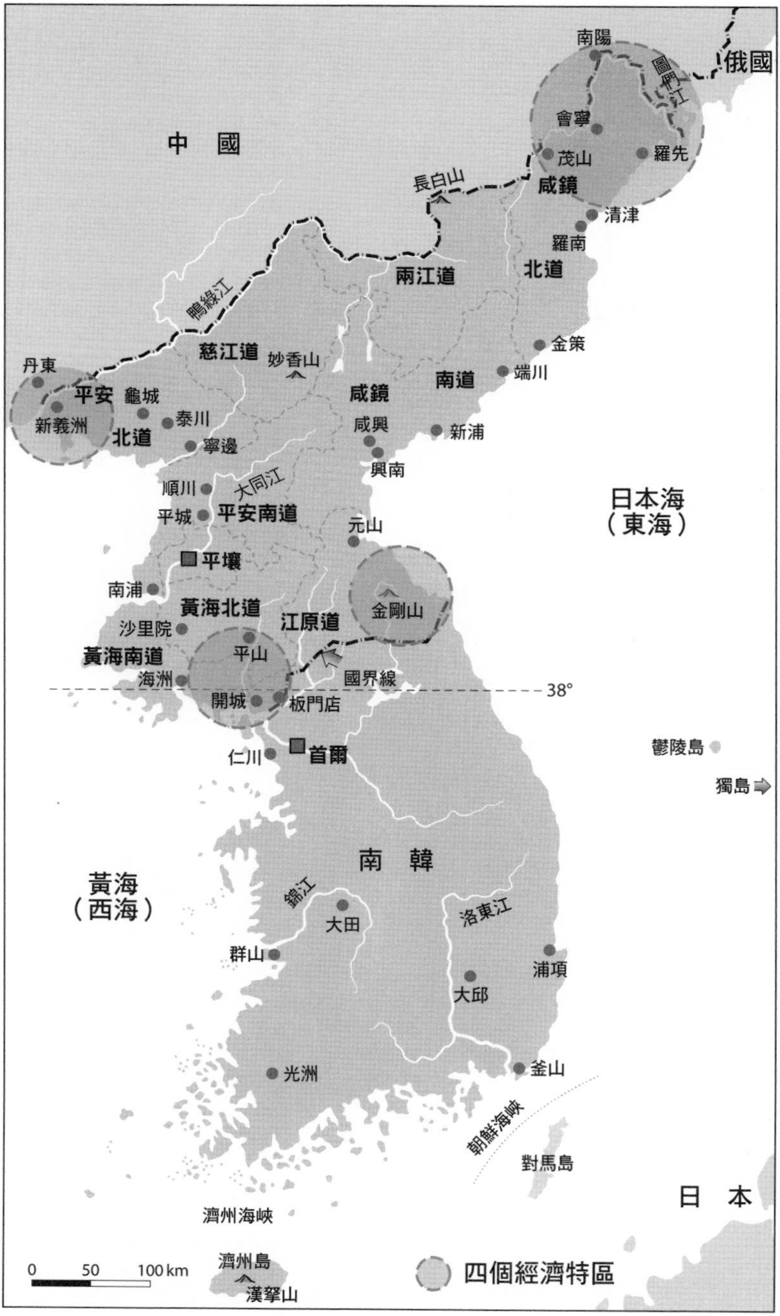
中國
俄國
南陽
圖們江
會寧
茂山
羅先
長白山
咸鏡
清津
羅南
北道
兩江道
鴨綠江
慈江道
妙香山
金策
端川
南道
丹東
平安
龜城
泰川
新義州
北道
寧邊
咸鏡
咸興
新浦
興南
順川
大同江
平城
平安南道
日本海
(東海)
元山
平壤
南浦
金剛山
黃海北道
江原道
沙里院
黃海南道
平山
國界線
海洲
開城
板門店
38°
仁川
首爾
鬱陵島
獨島
南韓
黃海
(西海)
錦江
大田
洛東江
群山
浦項
大邱
釜山
光洲
朝鮮海峽
對馬島
日本
濟州海峽
0
50
100 km
濟州島
漢拏山
四個經濟特區

國家圖書館出版品預行編目資料

北韓，下一步?!：國際經濟學家所觀察的北韓現況與未來 / 陸迪格 . 法蘭克 (Rüdiger Frank) 著；王瑜君，王榮輝，彭意梅譯 . -- 初版 . -- 臺北市：商周出版：家庭傳媒城邦分公司發行，2018.04

面；　公分 . -- (生活視野；23)
譯自：Nordkorea : Innenansichten eines totalen Staates

ISBN 978-986-477-424-1 (平裝)

1. 政治經濟分析　2. 北韓

552.328　　　　107002789

北韓，下一步？！——國際經濟學家所觀察的北韓現況與未來

Nordkorea: Innenansichten eines totalen Staates

作　　者／陸迪格・法蘭克（Rüdiger Frank）
譯　　者／王瑜君、王榮輝、彭意梅
企劃選書／余筱嵐
責任編輯／余筱嵐

版　　權／林心紅
行銷業務／林秀津、王瑜
總 編 輯／程鳳儀
總 經 理／彭之琬
發 行 人／何飛鵬
法律顧問／元禾法律事務所 王子文律師
出　　版／商周出版
台北市104民生東路二段141號9樓
電話：(02) 25007008　傳真：(02)25007759
E-mail：bwp.service@cite.com.tw
Blog：http://bwp25007008.pixnet.net/blog
發　　行／英屬蓋曼群島商家庭傳媒股份有限公司城邦分公司
台北市中山區民生東路二段141號2樓
書虫客服服務專線：(02)25007718；(02)25007719
服務時間：週一至週五上午 09:30-12:00；下午 13:30-17:00
24 小時傳真專線：(02)25001990；(02)25001991
劃撥帳號：19863813；戶名：書虫股份有限公司
讀者服務信箱：service@readingclub.com.tw
城邦讀書花園：www.cite.com.tw
香港發行所／城邦(香港)出版集團有限公司
香港灣仔駱克道193號東超商業中心1樓
E-mail：hkcite@biznetvigator.com
電話：(852) 25086231 傳真：(852) 25789337
馬新發行所／城邦(馬新)出版集團【Cite (M) Sdn. Bhd. 】
41, Jalan Radin Anum, Bandar Baru Sri Petaling,
57000 Kuala Lumpur, Malaysia.
Tel: (603) 90578822　Fax: (603) 90576622
Email: cite@cite.com.my

封面設計／朱陳毅
排　　版／極翔企業有限公司
印　　刷／韋懋實業有限公司
經 銷 商／聯合發行股份有限公司
電話：(02) 2917-8022　Fax: (02) 2911-0053
地址：新北市231新店區寶橋路235巷6弄6號2樓

■2018年4月24日初版　　Printed in Taiwan
定價520元

Original title: Nordkorea: Innenansichten eines totalen Staates by Rüdiger Frank
Copyright © 2014 by Deutsche Verlags-Anstalt, a division of Verlagsgruppe Random House GmbH, München, Germany.
Complex Chinese language edition arranged through Andrew Nurnberg Associates International Limited.
Complex Chinese Translation copyright © 2018 by Business Weekly Publications, a division of Cité Publishing Ltd.
ALL RIGHTS RESERVED
All inside photos © Rüdiger Frank (except the upper right photo on color plate, page 5, which is courtesy of Georgy Toloraya)
Map: Peter Palm, Berlin

城邦讀書花園
www.cite.com.tw

版權所有，翻印必究 ISBN 978-986-477-424-1

廣 告 回 函
北區郵政管理登記證
北臺字第000791號
郵資已付，免貼郵票

104　台北市民生東路二段141號2樓

英屬蓋曼群島商家庭傳媒股份有限公司城邦分公司　收

請沿虛線對摺，謝謝！

書號：BH2023	書名：北韓，下一步？！	編碼：

請於此處用膠水黏貼

商周出版

讀者回函卡

感謝您購買我們出版的書籍！請費心填寫此回函卡，我們將不定期寄上城邦集團最新的出版訊息。

不定期好禮相贈！
立即加入：商周出版
Facebook 粉絲團

姓名：＿＿＿＿＿＿＿＿＿＿ 性別：□男 □女

生日：西元＿＿＿＿＿年＿＿＿＿＿月＿＿＿＿＿日

地址：＿＿＿＿＿＿＿＿＿＿

聯絡電話：＿＿＿＿＿＿＿＿ 傳真：＿＿＿＿＿＿＿＿

E-mail ：

學歷：□ 1. 小學 □ 2. 國中 □ 3. 高中 □ 4. 大學 □ 5. 研究所以上

職業：□ 1. 學生 □ 2. 軍公教 □ 3. 服務 □ 4. 金融 □ 5. 製造 □ 6. 資訊
□ 7. 傳播 □ 8. 自由業 □ 9. 農漁牧 □ 10. 家管 □ 11. 退休
□ 12. 其他＿＿＿＿＿＿＿＿

您從何種方式得知本書消息？

□ 1. 書店 □ 2. 網路 □ 3. 報紙 □ 4. 雜誌 □ 5. 廣播 □ 6. 電視
□ 7. 親友推薦 □ 8. 其他＿＿＿＿＿＿＿＿

您通常以何種方式購書？

□ 1. 書店 □ 2. 網路 □ 3. 傳真訂購 □ 4. 郵局劃撥 □ 5. 其他＿＿＿＿

您喜歡閱讀那些類別的書籍？

□ 1. 財經商業 □ 2. 自然科學 □ 3. 歷史 □ 4. 法律 □ 5. 文學
□ 6. 休閒旅遊 □ 7. 小說 □ 8. 人物傳記 □ 9. 生活、勵志 □ 10. 其他

對我們的建議：＿＿＿＿＿＿＿＿＿＿
＿＿＿＿＿＿＿＿＿＿
＿＿＿＿＿＿＿＿＿＿

【為提供訂購、行銷、客戶管理或其他合於營業登記項目或章程所定業務之目的，城邦出版人集團（即英屬蓋曼群島商家庭傳媒（股）公司城邦分公司、城邦文化事業（股）公司），於本集團之營運期間及地區內，將以電郵、傳真、電話、簡訊、郵寄或其他公告方式利用您提供之資料（資料類別：C001、C002、C003、C011 等）。利用對象除本集團外，亦可能包括相關服務的協力機構。如您有依個資法第三條或其他需服務之處，得致電本公司客服中心電話 02-25007718 請求協助。相關資料如為非必要項目，不提供亦不影響您的權益。】

1.C001 辨識個人者：如消費者之姓名、地址、電話、電子郵件等資訊。
2.C002 辨識財務者：如信用卡或轉帳帳戶資訊。
3.C003 政府資料中之辨識者：如身分證字號或護照號碼（外國人）。
4.C011 個人描述：如性別、國籍、出生年月日。

請於此處用膠水黏貼